SCHÄFFER
POESCHEL

Svea von Hehn

Systematisches Talent Management

Kompetenzen strategisch einsetzen

2., überarbeitete Auflage

2016
Schäffer-Poeschel Verlag Stuttgart

Autorin:
Dr. Svea von Hehn (geb. Steinweg), Return on Meaning GmbH, Berlin

Das Buch widme ich meinem Mann Arist und unserem Sohn Aaron.

Gedruckt auf chlorfrei gebleichtem, säurefreiem und alterungsbeständigem Papier

Bibliografische Information der Deutschen Nationalbibliothek
Die Deutsche Nationalbibliothek verzeichnet diese Publikation in der Deutschen Nationalbibliografie; detaillierte bibliografische Daten sind im Internet über <http://dnb.d-nb.de> abrufbar.

Print: ISBN 978-3-7910-3473-7   Bestell-Nr. 20539-0002
ePDF: ISBN 978-3-7992-7013-7   Bestell-Nr. 20539-0151

Dieses Werk einschließlich aller seiner Teile ist urheberrechtlich geschützt. Jede Verwertung außerhalb der engen Grenzen des Urheberrechtsgesetzes ist ohne Zustimmung des Verlages unzulässig und strafbar. Das gilt insbesondere für Vervielfältigungen, Übersetzungen, Mikroverfilmungen und die Einspeicherung und Verarbeitung in elektronischen Systemen.

© 2016 Schäffer-Poeschel Verlag für Wirtschaft · Steuern · Recht GmbH
www.schaeffer-poeschel.de
service@schaeffer-poeschel.de

Umschlagentwurf: Goldener Westen, Berlin
Umschlagestaltung: Kienle gestaltet, Stuttgart
Bildnachweis: Shutterstock
Satz: Johanna Boy, Brennberg
Druck und Bindung: BELTZ Bad Langensalza GmbH, Bad Langensalza

Printed in Germany
Juni 2016

Schäffer-Poeschel Verlag Stuttgart
Ein Tochterunternehmen der Haufe Gruppe

Geleitwort zur 2. Auflage

»Talent Management« ist zunächst Sache des Einzelnen: seine eigenen Talente erkennen und zur Geltung bringen. Talent ist nichts Außergewöhnliches, jede/r hat Talent. Jede/r kann etwas besser (=Talent) und etwas anderes weniger gut. Das Talent muss sie/er stärken. Was sie/er weniger gut kann, darum sollte sie/er nur insoweit sich kümmern, wie es unabdingbar ist; ansonsten sollte man sich damit nicht beschäftigen.

Talent Management lohnt sich für Organisationen. Es ermöglicht, die besten Leute zu halten, auszuwählen und weiterzuentwickeln. Gleichzeitig ist es wichtig, eine entsprechende Kultur aufzubauen und zu leben. Ausbildung in Führung, Teamwork, Verhandeln, Präsentation, Projektmanagement etc. heißt auch, die Mentalität, die wir nach außen zeigen, nach innen zu leben und in der Organisation eine entsprechende Kultur zu etablieren: Wie sprechen wir miteinander, wie arbeiten wir unter schwierigen Bedingungen zusammen, wie präsentieren wir unsere Ergebnisse etc. Talent Management bedeutet mehr Flexibilität und Anpassungsfähigkeit einer Organisation an Markt- und Arbeitsmarktentwicklungen, sie bringt nicht nur persönliche Zufriedenheit in der Arbeitswelt, sondern auch Wettbewerbsvorteile.

Zugleich ist Talent Management die Antwort der Unternehmen auf die sich stetig verändernden Rahmenbedingungen, etwa Fachkräftemangel und veränderte Erwartungen von jungen, exzellenten Köpfen. Im Konsumgüterbereich z. B. ist dies schon lange bekannt, in den Unternehmen weitgehend umgesetzt. Nun hat es auch die Kanzleien in Deutschland erreicht. Mehr und mehr verstehen sich auch (nicht nur) Kanzleien als Dienstleister. Zwei Jahrhunderte lang leisteten deutsche Anwälte auch den Unternehmen Dienste und entwickelten sich hervorragend[1], seit vielleicht zwei Jahrzehnten kommen zur anwaltlichen Exzellenz weitere Anforderungen hinzu.

Hintergrund sind die veränderten Anforderungen sowohl an Juristen in Unternehmen als auch an solche, die Unternehmen und andere Organisationen beraten. Auch wenn notwendige Bedingung nach wie vor exzellente juristische Fachkenntnisse sind, werden Juristen doch verstärkt als Business-Partner gefragt und müssen deshalb ihre Beratungskompetenzen erweitern. Infolgedessen entstehen gute Mandantenbeziehungen, da Mandanten nicht nur die/den versierte/n Fachfrau/Fachmann vor sich sehen, sondern auch von der Persönlichkeit überzeugt sein wollen. Dazu kommt, dass junge Anwälte neben einem guten Gehalt, Büroausstattung und interessanten Mandantenprojekten auch erwarten, ihre Persönlichkeit durch individuelles Feedback und flexible Karrierepfade zu entwickeln, von Partnern und sehr guten Dozenten zu lernen, Wertschätzung für ihre Leistung zu erhalten und eine angenehme Kultur in den Teams sowie Mitsprachemöglichkeiten in Entscheidungsprozessen vorzufinden. Auch andere Aspekte größerer Diversität (gender, international, Spezialisierung) schaffen zusätzli-

---

[1] Pöllath/Saenger, 2009, 200 Jahre Wirtschaftsanwälte in Deutschland.

che Herausforderungen und Möglichkeiten. Wir bei P+P reagieren auf diese Anforderungen mit einem systematischen Talent Management und verändern unsere interne Kultur Schritt für Schritt.

Allen Anwälten ist zu raten: Investieren Sie in Ihre eigenen Qualitäten. Überlegen Sie sich, was Sie gut können, und konzentrieren Sie sich auf Ihre Kompetenzen. Entwickeln Sie außerordentliche Fähigkeiten in der Tiefe statt Mittelmaß in der Breite. Zur »Tiefe« gehören auch wirtschaftliche sowie Branchen- und Marktkenntnisse. Alles kann man nicht können und es ist wichtig, Stärken zu stärken. Ein Talentprogramm hilft den Kollegen, sich eigener Stärken und Schwächen bewusster zu werden und professionell damit umzugehen.

Das vorliegende Buch zeigt nicht nur Techniken zu den Personal- und Führungsprozessen und Kulturveränderungen auf. Es ist Begleiter und Berater auf dem Weg zur Implementierung eines systematischen Talent Managements in Organisationen und Unternehmen. Praktisch anwendbar und fachwissenschaftlich fundiert bringt es dem Leser die wichtigsten Bausteine des Talent Managements näher. Dabei zeigt es zugleich Spielräume zur individuellen Ausrichtung einer Strategie im Kontext eines jeden Unternehmens auf. Die Autorin bringt ihre über 15-jährige Erfahrung als Beraterin und ihre fundierten Kenntnisse praxisnah ein. Systematisch bauen die einzelnen Kapitel aufeinander auf und beleuchten den Kontext der Leistungserbringung, der Leistungskontrolle, des Qualitäts- und des Selbstmanagements. Das Buch gibt eine Antwort auf die unternehmerischen Herausforderungen unserer Zeit, jede Führungskraft, die Talente fördern und Unternehmenskultur entwickeln und gestalten will, sollte es in die Hand nehmen.

Prof. Reinhard Pöllath, Aufsichtsratsvorsitzender Beiersdorf AG
und Gründungspartner der Kanzlei P+P Pöllath + Partners

Geleitwort zur 1. Auflage

Unscharfe Strukturen

»Je weniger scharf ein Begriff definiert ist, desto leichter lässt er sich und lässt sich damit kommunizieren.« Eine solche Unschärferelation der Kommunikation vermag leicht zu erklären, warum in der Praxis so gern mit nebligen Begriffen umgegangen wird, während die Wissenschaften, idealer Weise, die »Anstrengung des Begriffs« nicht scheuen.

Betrachtet man den Boom des Talentbegriffs, wird man den Verdacht nicht los, es handele sich dabei tatsächlich um einen solchen unstrukturierten Nebel. Das Talent Management ist dabei, das Kompetenzmanagement zu überrunden, »Talente« sind fast noch begehrter als kompetente Mitarbeiter.

Mehrere deutschsprachige Autoren haben erfolgreich versucht, Strukturen im Talentnebel zu entdecken (z.B. Heyse, Ortmann 2008; Jäger, Lukasczyk 2009). Mit dem hier vorliegenden Buch gelingt dies unseres Erachtens erstmals auf eine umfassend-systematische Weise. Der Titel ist Programm und das programmatische Vorhaben voll gelungen.

Doch glauben wir, zwei Tatsachen erklären zu müssen: Zum einen, warum dieses Buch in einer Folge von Titeln erscheint, die sich, von uns wie vom Verlag erklärtermaßen angestrebt, mit Kompetenzen befassen und befassen werden, also mit Kompetenzmessung, Kompetenzentwicklung und Kompetenzmanagement, so die Absicht der 3K-Reihe (vgl. Erpenbeck, von Rosenstiel, 2006).

Zum anderen, warum wir gerade diesen Titel ausgewählt haben, denn der Wettbewerb der Talente auf dem Gebiet des Talent Managements ist groß.

Talent und Kompetenz

Bereits eingangs erfahren wir: »In vielen Unternehmen wird die Arbeit mit Kompetenzmodellen auch Kompetenzmanagement genannt. Ohne Kompetenzmanagement ist ein Talent Management System nicht realisierbar« (S. 7). Auch ein kurzer Blick in das Inhaltsverzeichnis des Buches macht klar, dass und wie eng Talent und Kompetenz miteinander verwoben sind. Nachdem nämlich der Rahmen eines Talent Management Systems, die damit verbundene Unternehmensstrategie und die Indikatoren und Kriterien für einen Erfolg festgelegt sind, muss man nach den Instrumenten und Verfahren fragen, mit deren Hilfe ein solches System gestaltet werden kann. Dabei spielen Kompetenzmodelle eine Schlüsselrolle. Dafür führt die Autorin zunächst wichtige Argumente ins Feld:
- McClellands Erkenntnis, dass Zensuren und Qualifikationen nicht ausreichen, um unter den heutigen Arbeitsbedingungen die Passung eines Mitarbeiters für einen Job vorauszusagen, dass man auf die Messung von Kompetenzen zurückgreifen muss;

- Lombardos und Eichingers Einsicht, dass nicht Wissen, sondern Lernfähigkeit und Offenheit Neuem gegenüber, also fachlich-methodische Kompetenzen die besten Prädiktoren für beruflichen Aufstieg sind;
- Golemans breit rezipierte Feststellung, dass fachliche und intellektuelle Gründe für ein erfolgreiches Handeln im Unternehmen nicht ausreichen, sondern emotional gestützte personale und soziale Kompetenzen ein entscheidendes Gewicht besitzen;
- Hogans und Hollands entschiedene Aussage, soziale Kompetenzen seien sehr viel bessere Prädiktoren für Leistungen als kognitive Fähigkeiten.

Mit solchen Beispielen ließe sich mühelos ein Buch von ähnlichem Umfang wie das hier vorliegende füllen. Dann wäre Talent Management also kaum etwas anderes als Kompetenzmanagement? Alter Wein in neuen Schläuchen? Dass es so einfach nicht ist, macht die Autorin vollkommen klar. Dabei bedient sie sich eines Kompetenzbegriffs, wie wir ihn selbst bevorzugt und oft propagiert haben: »Kompetenzen sind die Fähigkeiten einer Person zu selbstorganisiertem Handeln« (S.60). Auch knüpft sie an Vorstellungen von Kompetenzmodellen an, wie sie beispielsweise in dieser 3K-Reihe von Grote, Kauffeld und Frieling (2006) entwickelt wurden. Sie liefert zum Verständnis, zur Entwicklung und zum Einsatz von Kompetenzmodellen einen grundlegenden und eigenständigen Beitrag. Der tiefere Zusammenhang wird deutlich, wenn man die Begriffserwägungen der Abschnitte A.4.4.4 bis A.4.4.6 verfolgt. Talente umfassen Persönlichkeitseigenschaften ebenso wie Kompetenzen, besitzen aber weder die Stabilität der Ersteren noch die Flexibilität und Trainierbarkeit der Letzteren. Talente »entfalten« sich, können jedoch auch im Verborgenen blühen, Kompetenzen entwickeln sich und lassen sich entwickeln, trainieren. Kompetenzen haben ihre Wirklichkeit im Handeln. Talente sind rar, Kompetenzen hat jeder. Damit ist bereits die doppelte Sicht von Unternehmen und Personalverantwortlichen offengelegt: Einerseits wollen sie aus eine großen Anzahl von Bewerbern die »wirklichen«, also passenden Talente herausfischen. Dahinter liegt die – oft fragwürdige – Annahme, man könne von Persönlichkeitseigenschaften direkt auf die zukünftige Handlungsfähigkeit, die Performanz, schließen. Oft genug erweisen sich die großen Talente als große Versager, weil sie nicht auf die Position passen. Andererseits wollen die Verantwortlichen die selbstorganisierten Handlungsfähigkeiten, die Kompetenzen ihrer Belegschaften optimal einsetzen, wollen alle Kompetenzen entdecken und fördern und nicht nur die der außergewöhnlichen Talente. Sie wollen möglichst direkt vom sichtbaren, selbstorganisierten Handeln auf die zugrunde liegenden Handlungsfähigkeiten schließen. Und sie wollen da, wo Kompetenzen nicht in ausreichendem Maße vorhanden sind, diese systematisch entwickeln und trainieren.

Talent und Talenterfassung sind also nicht mit Kompetenz und Kompetenzerfassung identisch. Wo es jedoch um eine gewollte, gelenkte und geplante Entwicklung von Talenten geht, laufen Talententwicklung und Kompetenzentwicklung praktisch auf das Gleiche hinaus. Eben deshalb legt die Autorin auf die Entwicklung von Kompetenzmodellen als Erfassungs- wie als Entwicklungsgrundlagen ein so großes Gewicht. Eben deshalb legen wir ein so großes Gewicht darauf, dass dieser Titel in der 3K-Reihe erscheint.

Zwei weitere interessante Brückenschläge machen dieses psychologisch-praktische Herangehen noch interessanter. Erstens werden nicht nur die unterschiedlichen Kompetenzen als Ganzes, sondern auch ihre Determinanten im Einzelnen berücksichtigt, insbesondere ihre kognitiven, emotional-motivationalen und aktivitätsbezogenen, Letztere vor allem durch Wollen und Können manifestiert. Die Rückgriffe auf Ansätze wie die Handlungsregulationstheorie von Kuhl, die Selbstwirksamkeitstheorie von Bandura oder das Handlungsmodell von Vroom erweisen sich dabei als sehr förderlich. Zweitens werden Kompetenzen als kontextabhängig begriffen und beschrieben. Einerseits können Kontexte insgesamt und für alle Handelnden performanzerhöhend oder -verringernd sein. Andererseits wirken sich die Kontexte unterschiedlicher Hierarchieebenen – Bereichsleiter, Abteilungsleiter, Mitarbeiter ... – deutlich unterschiedlich auf die Kompetenzentwicklung aus (S.81 ff.).

Die Autorin kombiniert beide Sichtweisen, fragt, auf die Kompetenzentwicklung bezogen, für jede Hierarchieebene sowohl nach dem Kontexteinfluss wie nach dem Einfluss der kognitiven, emotionalen und instrumentell-aktionsorientierten Determinanten, die in der Praxis – wie hier – häufig mit »Kopf«, »Herz« und »Hand« übersetzt werden.

Als erstes Fazit kann man also feststellen, dass für die Autorin ein systematisches Talent Management mehr umfasst als ein systematisches Kompetenzmanagement, dass es Ersteres ohne Letzteres aber schlicht nicht gibt.

Systematisches Talent Management – systematisches Kompetenzmanagement

Das Mehr, das über ein systematisches Kompetenzmanagement Hinausreichende, wird in dem von der Autorin dargestellten Rahmenmodell eines integrierten Talent Management Systems deutlich. Dessen drei kontextabhängige »Säulen« – Strategie, Kultur und Human-Ressource-Praktiken – prägen sowohl Persönlichkeitseigenschaften als auch die Kompetenzen, wirken auf alle Kompetenzentwicklungen ein. In dem Buch wird praxisnah und wissenschaftlich fundiert dargestellt, wie die Unternehmensstrategie Eingang in dieses Talent Management System findet und Unternehmen dabei unterstützt, angestrebte Geschäftserfolge zu erreichen. Von dem System ausgehend, lassen sich viele personalwirtschaftlich relevante Human-Ressource-Praktiken neu sehen und darstellen, z.B.
- Die Mitarbeiterbeurteilung,
- die Talentidentifikation,
- die Nachfolgeplanung,
- die Mitarbeiterentwicklung,
- die Mitarbeiterbindung und
- die Mitarbeiterrekrutierung.

Es ist eine überzeugende Qualität des vorliegenden Werkes, dass das Talent Management System und die zugehörigen Human-Ressource-Praktiken nicht bloß abstrahierend-systematisch, sondern mit stetigem Bezug auf die einschlägige Praxis behandelt werden. Dazu wird, zum einen, – übrigens erstmalig in der Literatur! – die Arbeit mit

Kompetenzmodellen dreier zu den größten weltweit agierenden Human-Ressource-Beratungen zählenden nebeneinander stehend skizziert (DDI, PDI und SHL, vgl. Abschnitt 5). Dazu werden, zum anderen, ausgedehnte Interviews mit 17 namhaften Unternehmen benutzt, die ihre Vorgehensweisen offen legen und zu denen die Autorin Zugang gewann, weil sie selbst teilweise diese und andere Unternehmen darin beraten hat, ein systematisches Talent- und Kompetenzmanagement einzuführen. (So, in alphabetischer Reihenfolge, bei: adidas AG; Audi AG; Aviva plc.; Axel Springer AG; Beiersdorf AG; BMW Group; Cargill Europe BVBA; Daimler AG; DOUGLAS HOLDING AG; LANXESS Deutschland GmbH; McKinsey & Company, Inc.; Merck KGaA; Microsoft Deutschland GmbH; SAP AG; Sparkasse Krefeld; Symrise GmbH & Co. KG sowie tesa AG.) Es wäre ein Leichtes gewesen, wie in vielen vergleichbaren, praxisnahen Büchern üblich, diese 17 Interviews als Fallstudien eklektisch hintereinander zu stellen. Die Autorin extrahiert jedoch die Kernaussagen entlang ihrer Überlegungen zu einem systematischen Talent Management. Das erlaubt ihr eine detaillierte Darstellung aktueller Unternehmenspraktiken und Trends bei gleichzeitiger Wahrung der Anonymität der Interviewpartnerinnen und -partner.

Das aus unserer Sicht vielleicht interessanteste Ergebnis dieses Vergleichs ist die Tatsache, dass bei den betrachteten, durchweg renommierten Unternehmen Talent nicht mehr auf die wenigen besten Mitarbeiter bezogen und Talent Management darauf ausgerichtet wird, diese wenigen Mitarbeiter zu identifizieren, zu fördern und zu binden. Vielmehr wird Talent als Begabung gesehen, die jeder Mitarbeiter hat und die ein für das Unternehmen nutzbares Potenzial darstellt. Der solcherart »demokratisierte« Talentbegriff rückt dem Kompetenzbegriff außerordentlich nahe.

Natürlich darf nicht unerwähnt bleiben, dass die Autorin eine Reihe wichtiger psychologischer Modelle selbst entwickelt hat, so das Modell individueller Performanz-Einflüsse (Abschnitt A. 4.4.5–4.4.7), das Reflexionsstufen-Modell (Abschnitt C. 4.1.1), das Modell der Transformations-Übergänge (Abschnitt C. 4.1.2) sowie das auf den Unternehmenskontext übertragene Investitionsmodell der Bindung (Abschnitt 5).

Dieses Buch kann sowohl Großunternehmen wie auch kleinen und mittleren Unternehmen dazu dienen, ein systematisches Talent Management einzuführen oder bereits etablierte Verfahren zu modifi zieren und zu optimieren. Es stellt aus beiden Bereichen erfolgreiche Beispiele dar, diskutiert mögliche Hindernisse und entsprechende Lösungsansätze. Es gibt praktische Hilfestellungen, um ein eigenes Talent Management System aufbauen. Viele pragmatische und innovative Techniken werden vorgestellt, die meisten von ihnen sind direkt nachnutzbar.

Talent – Prinzip Hoffnung

Das moderne Talent Management, wie es hier dargestellt wird, erweist sich als ein tief lotendes Kompetenzmanagement, erweitert um Zukunftshoffnungen, die aus Persönlichkeitseigenschaften und Potenzialannahmen resultieren. Über die Kompetenzentwicklung hinausgehend wird auf die Entfaltung verborgener Talente gesetzt. Talent – das ist das Prinzip Hoffnung im Personalwesen. In Zeiten großer, auch krisenhafter Veränderungen in Wirtschaft, Politik und Kultur wird das Prinzip Hoffnung zum Handlungsgebot für die Zukunft. Eben deshalb trifft das hier vorliegende Buch den Geist der Gegenwart. Wir wünschen ihm eine rasche Verbreitung in der Gegenwart und einen andauernde Wirksamkeit in der Zukunft.

Prof. Dr. John Erpenbeck
Prof. Dr. Dr. h. c. Lutz von Rosenstiel

Literatur

Erpenbeck, J. & Rosenstiel, L. von (2006): Geleitwort. In: S. Grote, S. Kauffeld & E. Frieling (Hrsg.) (2006): Kompetenzmanagement. Grundlagen und Praxisbeispiele. Stuttgart.

Heyse, V. & Ortmann, S. (2008): Talent-Management in der Praxis: Eine Anleitung mit Arbeitsblättern, Checklisten, Softwarelösungen. Münster, New York, München, Berlin.

Jäger, W. & Lukasczyk, A. (2009) Talentmanagement: Mitarbeiter erfolgreich finden und binden. Köln.

Vorwort zur 2. Auflage

Ein großer Dank geht an viele Klienten aus dem privaten, öffentlichen und gemeinnützigen Sektor, mit denen ich in den letzten 15 Jahren Talent-Management-Projekte in unterschiedlichen Ländern begleiten durfte und durch deren konstruktive Zusammenarbeit die in diesem Buch skizzierten Techniken kontinuierlich weiterentwickelt werden konnten.

Besonders danken möchte ich dem gesamten Return on Meaning-Team für die inspirierende Zusammenarbeit in den letzten Jahren. Nils Cornelissen, Claudia Braun, Dr. Julius Goldmann, Dominik Schmid und Dr. Andreas Hoyndorf möchte ich speziell für die gemeinsame Arbeit an Talent-Management-Projekten danken – viele Ideen konnten Eingang in dieses Buch finden! Rebecca Blum danke ich herzlich für ihr Engagement bei der Erstellung der zweiten Auflage.

Einen ausdrücklichen Dank möchte ich Marita Mollenhauer und dem Schäffer-Poeschel Verlag für die entgegenkommende verlegerische Betreuung aussprechen. Für ihr außerordentlich professionelles Lektorat danke ich Daniela Böhle.

Ich danke auch Prof. Dr. John Erpenbeck für seinen Zuspruch und seine Freundschaft.

Mein spezieller Dank gilt meinem Mann Arist für seine bereichernden Perspektiven aus seiner internationalen Arbeit und seine ihm eigene Gelassenheit und Unterstützung, ohne die ich ein Leben mit Familie, Firma und Autorenschaft nicht gestalten könnte.

Schließlich bin ich unseren Freunden und Familien für ihre wunderbar aufmerksame und ihre liebevolle Begleitung dankbar.

Berlin, im März 2016 *Dr. Svea von Hehn*

Vorwort zur 1. Auflage

Ein großer Dank geht an meine Interviewpartnerinnen und -partner, dafür dass sie mir in den Interviews einen Einblick in ihre Arbeit ermöglicht haben: Ich danke namentlich[1] Herrn Tilo Kann, Leiter Development & Training Region EMEA adidas AG; Herrn Ralph Linde, Geschäftsführer Audi Akademie GmbH; Herrn Arvinder Dhesi, Group Talent Management Director Aviva plc.; Herrn Dr. Christian Wein, Leiter Nachwuchskräfteentwicklung Axel Springer AG; Herrn Dr. Siegfried Marks, Corporate Vice President HR Development Beiersdorf AG; Frau Annette Bothe-Danckers, Leiterin Qualification Projects (inkl. Competence Management Aftersales und Sales) BMW Group; Frau Karina Janning, Leitung Executive Management Development Cargill Europe BVBA; Herrn Martijn van den Assem, Executive Management Development/Executive HR Daimler AG; Frau Birgit Massalsky, Leitung Managemententwicklung DOUGLAS HOLDING AG; Frau Izabela Megerle, Head of Management Development LANXESS Deutschland AG; Herrn Lars Putzer, Associate Principal McKinsey & Company, Inc.; Frau Andrea Schäfer, Senior HR Manager Corporate HR/Management Development Merck KGaA; Frau Tina Goddard, People Organization Capability Lead Germany Microsoft Deutschland GmbH; Herrn Dr. Harald Borner, Global Head Top Talent Management SVP Office of the CEO SAP AG; Frau Andrea Kolleker, Senior HR Manager Sparkasse Krefeld; Frau Dr. Andrea Beddies, Human Resources EAME HR Director Head of HR Scents & Care Symrise GmbH & Co KG sowie Herrn Helge Kochskämper, Vice President Human Resources tesa AG.

Besonders danken möchte ich Herrn Prof. Dr. John Erpenbeck und Herrn Prof. Dr. Lutz von Rosenstiel für fördernde Diskussionen sowie für ihre hilfreiche Unterstützung und wertvollen fachlichen Anregungen.

Einen besonderen Dank möchte ich auch Frau Marita Mollenhauer und dem Schäffer-Poeschel Verlag für beispielhafte verlegerische Betreuung aussprechen.

Besonders danken möchte ich weiterhin Frau Johanna Junholm und Herrn Dr. Tillmann Knoll für die wertvollen Anregungen aus der Praxis. Mein spezieller Dank gilt zudem Herrn Boris von der Linde für seinen kritischen Blick auf das Werk und seine motivierende Unterstützung.

Danken möchte ich auch ganz besonders meiner Mitarbeiterin Frau Anja Pistorius für ihr unermüdliches Engagement und ihre gewissenhafte Unterstützung bei der Erstellung dieses Buches.

Ich danke Frau Alexandra Maria Linder M.A. für ihre Lektoratsarbeit.

Herzlich danke ich Herrn Peter Bostelmann als verständnisvollen und geduldigen Partner in der besonderen Zeit. Auch danke ich meinen Freunden Frau Gesa Gräfer, Frau Sabine Kipper, Herrn Dr. Christian Montel, Herrn Dr. Andreas Hoyndorf, Herrn Kai

---

[1] Die genannten Positionen wurden von den Interviewpartnerinnen und -partnern zum Zeitpunkt des Interviews bekleidet.

Winter und Herrn Carsten Stiel dafür, dass sie mich begleiten. Ich danke Frau Dr. Imke Listerman, Herrn Dr. Thomas Listerman, Frau Dr. Anne-Lore Schlaitz und Herrn Dr. Sebastian Schuck für die unkonventionelle freundschaftliche Unterstützung. Freundschaftlich verbunden danke ich Herrn Prof. Dr. Rasmus Winther für kreative Inspirationen.

Meiner Familie danke ich für ihren Zuspruch und dafür, dass sie immer da ist.

Ich danke meinen Lehrern, dass sie mir geholfen haben, die richtigen Fragen zu stellen, und meinen Studenten, dass sie mir geholfen haben, die passenden Antworten zu finden.

San Francisco, im Dezember 2008 *Dr. Svea Steinweg*

Inhaltsverzeichnis

Geleitwort zur 2. Auflage V
Geleitwort zur 1. Auflage VII
Vorwort zur 2. Auflage XIII
Vorwort zur 1. Auflage XV
Zur Autorin XXIII

Zum Hintergrund des Buches 1

Das Rahmenmodell zum Talent Management System 3

1. Was heißt Talent und was bezeichnet Talent Management? 3
    1.1   Der konventionelle vs. integrierte Ansatz 4
    1.2   Was beinhaltet das Talent Management System? 7

2. Wozu ein Talent Management System: Zahlen, Fakten und Hintergründe 11
    2.1   Erfolgskennzahlen und Talent Management System 13
    2.2   Fakten zum demografischen Wandel und seine Auswirkungen
            auf den Arbeitsmarkt sowie auf die Personalpraktiken
            im Unternehmen 15

A. Die Strategie — Erreichen der Geschäftsziele durch das Talent Management System 23

1. Zielbildung 24
    1.1   Ableitung der Ziele, um mit Veränderungen umgehen zu können 25
    1.2   Ableitung der Ziele, um die Geschäftsstrategie mit den passenden
            Mitarbeitern umzusetzen 26
    1.2.1   Darstellung der Geschäftsstrategie 26
    1.2.2   Übersetzung in TMS-Ziele 27
    1.3   Situationsanalyse 27

2. Planung der Aktivitäten mit Terminierung sowie Klärung der Rollen und Verantwortlichkeiten 29
    2.1   Quantitative Mengenbedarfsplanung 29

2.2	Planung des qualitativen Bedarfs	30
2.2.1	Planung der Soll-Profile	30
2.2.2	Planung der Erhebung und Datenspeicherung der Ist-Profile	34
2.2.3	Gegenüberstellung der Ist- und Soll-Profile	34
2.3	Planung der Personalbereitstellung	35
2.3.1	Interne Personalsuche: Planung der Talent-Identifikation und der Nachfolgeplanung	35
2.3.1.1	Talent-Identifikation	36
2.3.1.2	Nachfolgeplanung	36
2.3.2	Externe Personalsuche und -auswahl: Planung der Rekrutierung	37
2.3.2.1	Personalmarketing und -ansprache	37
2.3.2.2	Personalauswahl	38
2.3.3	Weitere Planungen des Personaleinsatzes	38
2.4	Entwicklungsplanung	38
2.5	Planung der Verzahnung der Personal-Praktiken	39
2.5.1	TMS-gesteuerter Weg der Mitarbeiter	39
2.5.2	Performance Cycle aus Sicht der Führungskraft	40
2.6	Terminierung	41
2.7	Rollen und Verantwortlichkeiten	42

3. Festlegung der Erfolgskriterien und Indikatoren ... 42

3.1	Übersicht von Erfolgskriterien und Indikatoren	44
3.2	Durchführung der Evaluation und Festlegung der Reviews	49

4. Instrumente und Verfahren ... 50

4.1	Schlüsselpositionskriterien	50
4.2	Anforderungsanalyse	51
4.2.1	Top-down-Verfahren	52
4.2.2	Bottom-up-Verfahren (Critical-Incident-Methode)	52
4.2.3	Synthese	54
4.2.4	Gewichtung	55
4.3	Leadership-Pipeline	55
4.4	Kompetenzmodelle	63
4.4.1	Grundsätzlicher Aufbau eines Kompetenzmodells	65
4.4.2	Was unterscheidet Kompetenzmodelle von Unternehmens- oder Führungsleitlinien?	71
4.4.3	Einsatz der Kompetenzmodelle in Personal-Praktiken	73
4.4.4	Was macht Kompetenzen aus?	75
4.4.5	Determinanten von Kompetenzen	76
4.4.6	Variationen von angewandten Kompetenzmodellen	85
4.4.7	Entwicklung eines Kompetenzmodells	91
4.4.8	Zusammenfassung	92

5. Herangehensweisen von drei weltweit agierenden HR-Beratungsfirmen ... 94

6.	Zusammenfassung der strategischen Planung des TMS	99

B. Die Kultur ... 103

1.	**Unternehmenskultur**		104
	1.1	Mentale Modelle als kognitive Landkarten	105
2.	**Techniken zur Etablierung einer Kultur gemäß den vier Haltungen im TMS**		107
	2.1	Die Führungskräfte führen achtsam (mitarbeiter- und ergebnisorientiert)	108
	2.1.1	Techniken & Instrumente zur Förderung des achtsamen (mitarbeiter- und ergebnisorientierten) Führungsstils	108
	2.1.1.1	Maßnahmen, die sich auf die »Kopf«-Ebene beziehen	108
	2.1.1.2	Maßnahmen, die sich auf die »Hand«-Ebene beziehen	110
	2.1.1.3	Maßnahmen, die sich auf die »Herz«-Ebene beziehen	114
	2.2	Das Senior-Management zeigt Eingebundenheit und Engagement in den TMS-Prozessen	117
	2.2.1	Techniken & Instrumente zur Förderung der Einbindung und des Engagements des Senior-Managements	117
	2.2.1.1	Maßnahmen, die sich auf die »Kopf«-Ebene beziehen	117
	2.2.1.2	Maßnahmen, die sich auf die »Hand«-Ebene beziehen	118
	2.2.1.3	Maßnahmen, die sich auf die »Herz«-Ebene beziehen	119
	2.3	Die Mitarbeiter demonstrieren Offenheit für Veränderungen und Lernfähigkeit	120
	2.3.1	Techniken & Instrumente zur Unterstützung der Mitarbeiter, Offenheit für Veränderungen und Lernfähigkeit zu demonstrieren	120
	2.3.1.1	Maßnahmen, die sich auf die »Kopf«-Ebene beziehen	120
	2.3.1.2	Maßnahmen, die sich auf die »Hand«-Ebene beziehen	123
	2.3.1.3	Maßnahmen, die sich auf die »Herz«-Ebene beziehen	124
	2.4	Die HR-Manager agieren proaktiv als Business-Partner	127
	2.4.1	Techniken & Instrumente, um HR-Manager dabei zu unterstützen, proaktiv als Business-Partner agieren zu können	128
	2.4.1.1	Maßnahmen, die sich auf die »Kopf«-Ebene beziehen	128
	2.4.1.2	Maßnahmen, die sich auf die »Hand«-Ebene beziehen	128
	2.4.1.3	Maßnahmen, die sich auf die »Herz«-Ebene beziehen	130

C. Die Personal-Praktiken ... 133

1.	**Bewertung und Performance Management**		135
	1.1	Mitarbeitergespräche	136
	1.1.1	Mitarbeitergespräch 1	137

1.1.2	Mitarbeitergespräch 2	143
1.2	Faire Bewertungen	145
1.2.1	Bewertungsprinzipien für eine faire Bewertung	145
1.2.2	Psychologische Prozesse bei der Bewertung	146
1.3	Bewertung von Leistung (Ergebnisse und Kompetenzen)	149
1.4	Potenzialeinschätzung	150
1.5	Gängige psychometrische Verfahren zur Bewertung von Potenzial	155

2. Talent-Identifikation ... 155

2.1	Talentkonferenz	156
2.1.1	Ablauf der Talentkonferenz	160
2.2	Performance-Potenzial-Matrix	160
2.3	Feedback	164
2.4	Potenzialreservoir	168
2.5	Talent-Development-Seminar: Vereinfachtes Instrument zur Aufstellung eines Potenzialreservoirs	171

3. Nachfolgeplanung ... 172

3.1	Die Nachfolgekonferenz	174
3.1.1	Vorbereitung	175
3.1.2	Durchführung der Nachfolgekonferenz	180
3.1.3	Nachbereitung und Bewertung der Gesamtsituation	182
3.2	Ampelmatrixvorgehen: Vereinfachung der Talentidentifikation und Nachfolgeplanung	183

4. Mitarbeiterentwicklung ... 185

4.1	Wie entwickeln sich Menschen?	186
4.1.1	Reflexionsstufenmodell	187
4.1.2	Modell der Transformationsübergänge	190
4.2	Welche Entwicklungsmaßnahmen werden eingesetzt?	192
4.2.1	Zielgruppen für Entwicklungsmaßnahmen	192
4.2.2	Entwicklungsmaßnahmen on-the-job und off-the-job	193
4.2.2.1	Providerauswahl für In-house-Akademien bzw. systematisch aufgebaute Entwicklungsprogramme	194
4.2.3	Maßnahmen für Mitarbeiter aller Ebenen	197
4.2.4	Entwicklungstreiber für Führungskräfte und Manager	198
4.2.5	Maßnahmen für Teilnehmer des Potenzialreservoirs	199
4.2.6	Maßnahmen speziell für Führungskräfte	199
4.2.6.1	Die Führungskraft als Coach	202
4.2.6.2	Grundlegende Coachingtechniken	202

5. Mitarbeiterbindung ... 215

5.1	Positive Folgen von Bindung an das Unternehmen	216
5.2	Rolle von Werten und Lebensstilwandel	216

5.3	Investitionsmodell	217
5.4	Maßnahmen zur Steigerung von Bindung	219
5.5	Wirkung von TMS auf die Bindung	228

6. Rekrutierung ... 229
- 6.1 Employer Branding ... 229
- 6.2 Personalauswahlverfahren ... 230
- 6.2.1 Vorgehen bei der Vorauswahl ... 232
- 6.2.2 Vorgehen bei der Eignungsbeurteilung ... 232
- 6.2.3 Gängige Verfahren zur Personaldiagnostik ... 233
- 6.3 Onboarding ... 237
- 6.3.1 Was Onboarding bringt und welche Techniken häufig genutzt werden ... 237
- 6.3.2 Onboarding einer neuen Führungskraft in ein bestehendes Team ... 239

Resümee ... 241

Anhang ... 243

Literatur ... 251

Stichwortverzeichnis ... 261

Zur Autorin

Dr. Svea von Hehn (geb. Steinweg) arbeitet seit 1999 international als Managementberaterin mit den Schwerpunkten Veränderungsmanagement in Organisationen (z. B. nach Strategieänderungen), Führung (u. a. Coaching von Topteams) und Talent Management (u. a. Implementierung von Performance-Management-Systemen). Zu ihren Klienten in den letzten Jahren zählen u. a. mehrere internationale Konsumgüter- und Chemieunternehmen, Regierungen sowie Finanzinstitute. Fast 4 Jahre arbeitete sie für McKinsey & Company, zuletzt als Projektleiterin. Sie war zuvor u. a. stellvertretende Leiterin des Hamburger Büros der internationalen Unternehmensberatung SHL.

Frau Dr. von Hehn ist diplomierte Psychologin und hat während ihrer Berufstätigkeit bei Prof. Dr. H. Wottawa promoviert, gefördert durch ein Stipendium aus Mitteln des Bundesministeriums für Bildung und Forschung. Sie ist zertifizierter Coach am Institut für systemische Beratung in Wiesloch; am Systemischen Institut in Wien sowie am »Search Inside Yourself Leadership Institute« (https://siyli.org/certified-teachers/, wo das Achtsamkeits-Programm von Google gelehrt wird) und Mitautorin von Fachbüchern (z. B. »Achtsamkeit in Beruf und Alltag«, »Kulturwandel in Organisationen«). Sie engagiert sich ehrenamtlich für soziale Projekte (z. B. das Hospiz und Zen-Haus Domicilium Weyarn) und wurde mit ihrem Team von der Bundeskanzlerin Dr. Merkel für ihr soziales Engagement ausgezeichnet.

Seit Anfang 2013 ist sie gemeinsam mit Nils Cornelissen Geschäftsführerin der RETURN ON MEANING GmbH, einer Unternehmensberatung mit Sitz in Berlin, und für Klienten in ganz Europa und den USA tätig (www.returnonmeaning.com).

Sie können der Autorin schreiben unter info@returnonmeaning.com.

Zum Hintergrund des Buches

Das vorliegende Buch beinhaltet viele Prozesse und Techniken, die typischerweise in Organisationen für ein funktionierendes Talent Management System (TMS) genutzt werden. Da ein TMS auf die Unternehmensfaktoren wie Unternehmensgröße, -branche, -markt und -strategie zugeschnitten sein muss, kann hier kein »Königsweg« beschrieben werden. Vielmehr werden typische Vorgehensweisen so aufgeführt, dass sie zwar aufeinander aufbauen, der Leser sich aber dennoch die für seine Situation passenden Tipps und Techniken aussuchen kann. Für die praktische Durchführung der am häufigsten anzutreffenden Techniken werden Checklisten und Vorlagen angeboten.

Das hier dargestellte TMS-Rahmenmodell basiert zum einen auf der langjährigen Erfahrung der Autorin und des Beratungsteams der Return on Meaning GmbH, die viele DAX-Unternehmen und mittelständische Unternehmen bei der Implementierung und Verbesserung ihres Talent Management Systems unterstützen. Die Erfahrungen decken ein breites Spektrum an Unternehmen ab, etwa von der jahrelangen Begleitung eines Konsumgüterherstellers, eines IT-Unternehmens und eines Telekommunikationsunternehmens bis hin zu einem Bauunternehmen, einem Krankenhaus und einer Großkanzlei. Eines der Ziele dieser Organisationen war es, die Arbeitgeberattraktivität — sichtbar in den entsprechenden Rankings — zu steigern, um bestehende Talente zu halten und neue anzuziehen. Die Steigerung im Ranking konnte bereits bei einigen der genannten Organisationen nachgewiesen werden, zurückzuführen auf den Aufbau von systematischen Prozessen in den Bereichen Kultur — insbesondere zur Führungskultur, flankierend zu Maßnahmen in der Mitarbeiterbeurteilung, -bindung und -entwicklung. Zum anderen geht das TMS-Rahmenmodell auch auf die Ergebnisse von Studien mit 32 namhaften Unternehmen in Deutschland zurück: der Studie aus der ersten Auflage des vorliegenden Buches (Steinweg, 2009) sowie einer Studie in Kooperation mit der Fresenius-Universität 2013 (s. S. 18 f.; Stulle, Wensing, Steinweg, Cornelissen & Braun, 2014). Die Liste der Interviewpartner und Teilnehmer ist im Anhang zu finden. Zudem werden passende Modelle der Management-Psychologie und Auswertungen der Literatur zum Talent Management aus dem europäischen und amerikanischen Raum hinzugezogen.

Talent Management hat sich in den letzten Jahren durchgesetzt als ein Bündel von personalbezogenen Aufgaben, die zwar noch stark von der Personalabteilung unterstützt, aber längst mehr von den Führungskräften einer Organisation durchgeführt werden. Zeitgemäße Innovationen im Talent Management einer Organisation setzen sich v. a. dann durch, wenn das Topmanagement diese vorantreibt und vorlebt — beraten und unterstützt durch die Personalabteilung bzw. Human Resources (HR), aber eben nicht als HR-Projekt durchgeführt. Zudem macht die gelebte Führungskultur neben den HR-Prozessen einen wichtigen Bestandteil des Talent Managements aus. In diesem Sinne ist das vorliegende Buch nicht nur für Personaler bzw. HRler, sondern auch für Führungskräfte gedacht.

Ziel des Buches ist es, die wesentlichen Aspekte und Techniken eines Talent Management Systems, die sich bei erfolgreichen Unternehmen durchgesetzt haben, darzustellen. Diese können als Best Practices verstanden werden, da sie von den betrachteten Unternehmen erprobt sind, die sich durch hohe Performanz, hohe Bewerberzahlen und teilweise in üblichen Rankings als attraktivste Arbeitgeber auszeichnen. Dass Talent Management einen großen Einfluss auf diese Erfolge hat, wird mittlerweile anerkannt und ist durch Studien belegt. Auf diese wird weiter unten in 2.1 kurz eingegangen.

Es werden mögliche Hindernisse bei der Ein- und Durchführung eines TMS mit entsprechenden Lösungsansätzen diskutiert. Komplexen Vorgängen werden vereinfachte Alternativen gegenübergestellt. Das vorliegende Buch liefert so einen hilfreichen Vergleich sowohl für Großunternehmen als auch für kleine und mittlere Unternehmen (KMU), um bereits bestehende Prozesse optimieren oder mit praktischen Hilfestellungen ein eigenes Talent Management System aufbauen zu können.

Die Einführung der Systeme erfolgt bei den Unternehmen mit sehr unterschiedlichen Prioritäten, beispielsweise haben Startup-Unternehmen durch rapides Wachstum häufig Führungskräfte ohne Erfahrung in verantwortungsvollen Positionen, sodass der Schwerpunkt auf Führungskräfteentwicklung gelegt wird. In alteingesessenen mittelständischen Unternehmen trifft man noch immer eine Kultur an, in der die Mitarbeiter nicht im Vordergrund stehen, sodass dort parallel zur Einführung von Techniken ein Bewusstsein für die Relevanz der Bedürfnisse von Mitarbeitern und der Beziehungen untereinander geschaffen werden muss. Internationale Großkonzerne haben bereits ein systematisches Talent Management und suchen nach Lösungen, um Prozesse zu vereinfachen oder den Veränderungen gerecht zu werden, die durch den beständigen Wandel an Rahmenbedingungen eintreten. Ein Eingehen auf die unterschiedlichen Implementierungsmöglichkeiten, z. B. Einführung durch Prototypen, Eigenheiten von Kulturwandelprozessen u. Ä., würde den Rahmen dieses Buches sprengen. Hier kann z. B. auf die aktuelle Veröffentlichung zu Kulturwandel in Organisationen der Autorin und ihres Teams verwiesen werden (von Hehn, Cornelissen & Braun, 2015).

Neuerdings werden im amerikanischen und westeuropäischen Raum auch radikal andere Ansätze von Organisationsführung und -aufbau diskutiert (vgl. Laloux, 2014), die einen großen Einfluss auf das Talent Management eines Unternehmens haben. Werden Hierarchien abgelöst durch andere Entscheidungsstrukturen und Verantwortungsübernahme aller Mitarbeiter, verändert dies z. B. Performance Management und Kompensation — so gibt es Beispiele, in denen Mitarbeiter über ihr Gehalt (mit-) bestimmen können. Noch gibt es nur wenige einzelne Beispiele solcher Unternehmen und es sind nur wenige Organisationen und v. a. Topteams bereit zu einem solch radikalen Wandel. Daher liegen bisher nur sehr begrenzt Erfahrungswerte vor, die als Basis für Best Practices in diesem Buch dienen könnten. Es scheint allerdings wahrscheinlich, dass wir in den kommenden Jahren und Jahrzehnten einen zunehmenden Trend in diese Richtung sehen werden, sodass an einigen Stellen darauf hingewiesen wird.

Das Rahmenmodell zum Talent Management System

1. Was heißt Talent und was bezeichnet Talent Management?

Im konventionellen Talent Management werden die wenigen besten Mitarbeiter[1] als Talente bezeichnet und die Aktivitäten darauf ausgerichtet, diese wenigen Mitarbeiter zu identifizieren, zu fördern und zu binden. Dieser Ansatz greift zu kurz, da Unternehmen — angesichts des demografisch bedingten Rückgangs des Arbeitskräfteangebots bei gleichzeitig steigenden Anforderungen — es sich nicht erlauben können, nur in eine Minderheit ihrer Mitarbeiter zu investieren. Im hier vorgestellten Talent Management System (TMS) [2] wird dagegen Talent als Begabung gesehen, die jeder eingestellte Mitarbeiter hat und die — in unterschiedlichem Ausmaß — ein unternehmerisches Potenzial darstellt. Das Talent Management System ist darauf ausgerichtet, dieses Potenzial strategiekonform für gegenwärtige und zukünftige Herausforderungen optimal zu nutzen. Um dies zu gewährleisten, steht das TMS auf drei Säulen: Strategie, Kultur und Personalpraktiken. Die Strategie im TMS ermöglicht eine konsequente Ausrichtung der Personalaktivitäten auf die geschäftlichen Herausforderungen und eine Verzahnung der HR-Prozesse. Eine Lern- und Führungskultur bildet das Fundament für die Durchführung der Prozesse und Nutzung der Instrumente. Die Personalpraktiken unterstützen u.a. eine Positionierung der Mitarbeiter entsprechend ihren Talenten, eine stärkere interne Rekrutierung sowie die Entwicklung von Kompetenzen, die relevant sind, um

---

1   Im folgenden Text werden an Stelle der Doppelbezeichnung für die männliche/weibliche Form aus Gründen der Vereinfachung meist die männlichen Formen verwendet. Unabhängig davon sind Personen beiderlei Geschlechts gemeint.
2   Im Text häufig verwendete Abkürzungen sind:
    BU   Business Unit
    FK   Führungskraft
    HR   Human Resources (Personalabteilung)
    KMU   Kleine und mittlere Unternehmen
    MA   Mitarbeitende
    N   Mitarbeitende
    N + 1   Vorgesetzter des Mitarbeitenden
    N + 2   Vorgesetzter des Vorgesetzten
    TM   Talent Management
    TMS   Talent Management System

auf Veränderungen zu reagieren. Jedes Talent Management System basiert auf Kompetenzmanagement. Die drei Säulen werden zu einem kohärenten Ganzen integriert, wie das TMS-Rahmenmodell dieses Buches veranschaulicht (s. Abb. 1).

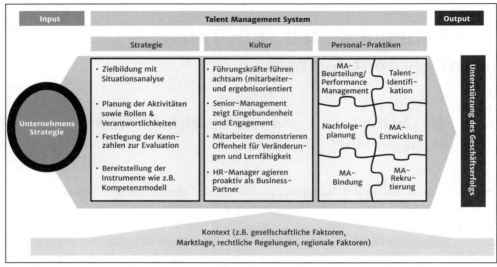

Abb. 1: Das Rahmenmodell zum Talent Management System

1.1 Der konventionelle vs. integrierte Ansatz

Was ist mit »Talent« gemeint? Der konventionelle »Besten«-Ansatz geht davon aus, dass nur wenige Prozent der Belegschaft zu den Talenten gehören, es sind gewöhnlich etwa 3–10 Prozent der Mitarbeiter, auch häufig A-Performer genannt. Sie generieren doppelt so viel Umsatz und Produktivität wie durchschnittliche Mitarbeiter und werden gleichgesetzt mit High-Potential[3], High-Performer oder schlicht mit »den Besten«. Der Begriff »Talent« bezeichnet einen Status, den ein Mitarbeiter erlangen kann, wenn er sowohl sehr hohe Leistung über einen längeren Zeitraum demonstriert als auch ein hohes Potenzial für die nächsthöhere Position zugesprochen bekommen hat. Abbildung 2 verdeutlicht diesen Zusammenhang. Ein Mensch *ist* ein Talent, allerdings nur temporär: Da diejenigen Mitarbeiter Talente sind, die ein hohes Potenzial für eine noch nicht ausgeführte Position zeigen, verlieren sie diesen Status, sobald sie die Position erlangt haben, da sie das Potenzial für die nächsthöhere Position erst wieder unter Beweis stellen müssen. Ein Talent ist demnach die Kombination der zwei höchsten Ausprägungen auf der Achse des Potenzials und der Achse der Leistung.

---

3   Wenn sich die englischen Bezeichnungen im Kontext von Führung und Management nicht vermeiden lassen, weil sie sich auch in den Unternehmen in Deutschland durchgesetzt haben, werden sich auch hier genutzt.

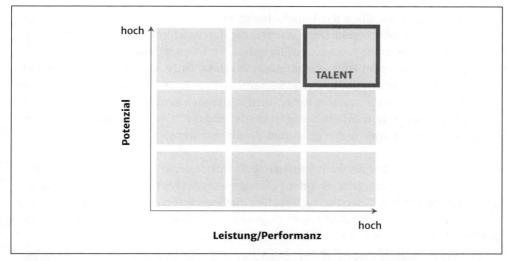

Abb. 2: Talent als Statusbezeichnung in der Mitarbeiterbeurteilung, generiert durch hohe Leistung und hohes Potenzial

Diese Statuszuweisung wird im Rahmen der Mitarbeitereinschätzung genutzt, um die kleine Gruppe der Besten zu identifizieren. Talent Management ist hier ausschließlich darauf ausgerichtet, diese kleine Anzahl von Talenten zu entdecken, zu binden und zu entwickeln. Der Schwerpunkt der HR-Arbeit liegt in der internen Auswahl und Testung der Mitarbeiter, der externen Rekrutierung dieser Talente sowie der Weiterentwicklung mit exzellenten Programmen und Nachfolgeplanung für diese Personen. Die Nachteile des Ansatzes werden mittlerweile in vielen Firmen deutlich:
1. Die wenigen Talente, die wie Kronprinzen behandelt werden und von denen in »one-who-fits-all-sizes«-Manier verlangt wird, dass sie sämtliche Probleme meistern, fühlen sich teilweise unter Druck und unter ständiger Beobachtung.
2. Diejenigen Mitarbeiter, die den Großteil der Belegschaft ausmachen und nicht in die Talentkategorie fallen, fühlen sich zweitklassig und untalentiert und sehen Talent Management als Bezeichnung für eine »Goldfischteichbewässerung«. Vor dem Hintergrund, dass die Talentkategorie unerreichbar erscheint, kann dieser Ansatz Frustration auslösen und zu Demotivation führen. Zudem kann der Fokus auf Testung und Auswahl Mitarbeiter misstrauisch machen: Entwicklungsprogramme wie das 360-Grad-Feedback[4] laufen Gefahr, nicht angenommen zu werden, weil man sie als getarnte Testung wahrnimmt.

---

4 Das 360-Grad-Feedback ist ein Beurteilungsinstrument, das vom wahrgenommenen Verhalten in einer authentischen Situation am Arbeitsplatz ausgeht. Es stellt eine Rundum-Beurteilung dar: die Selbstbeurteilung des Teilnehmers wird mit der Beurteilung durch das gesamte relevante Umfeld — Vorgesetzte, Kollegen, Mitarbeiter und Kunden — verglichen.

3. Die sog. Talente können das Unternehmen verlassen. Ehrgeizige Talente wechseln Unternehmen, weil regelmäßige Wechsel die Karriere fördern; dies gilt umso mehr, wenn sie zur besonders wechselwillig geltenden »Generation Y« gehören[5].
4. High-Performer oder High-Potentials sind effektiver, wenn sie innerhalb lebendiger Netzwerke operieren können (Subramaniam & Youndt, 2005). Auch ihre Leistung leidet, wenn die sozialen Netze nicht vorhanden sind (Groysberg, 2004). Daher ist die Konzentration auf die wenigen Besten und die Vernachlässigung des sozialen Systems, beispielsweise des gesamten Teams, kontraproduktiv.

Unternehmen, die statt der konventionellen Talentstrategie mit Konzentration auf die wenigen Besten ein integriertes Talent Management System anwenden, berücksichtigen jeden Mitarbeiter. Talent bezeichnet hier die Begabungen, die in künftigen — meist positiv bewerteten — geistigen oder physischen Handlungen zum Tragen kommen können. Talente stellen Ansprechbarkeiten[6] für Handlungsfähigkeiten dar. Menschen verfügen über verschiedene Talente. Mit einem entsprechend positiven Menschenbild lässt sich sagen, dass jeder Mensch Talent hat. Diese Definition wird im Talent Management System eingesetzt.

Im hier vorgestellten Talent Management System beginnt die Talentdefinition bereits bei der Auswahl der Mitarbeiter: Nur jene Bewerber finden Eingang in die Organisation, die zur Organisation passen und ein Interesse daran haben, ihre Begabungen, also ihre Talente, einzubringen. Dies kann damit verbunden sein, dass sie die Motivation mitbringen, Neues zu lernen und sich persönlich weiterzuentwickeln. Dies kann Menschen, die weniger lernbegeistert sind, von vornherein ausschließen. Sie finden keinen Eingang in das Unternehmen. Durch valide Auswahlverfahren, die genau festlegen, wer zum Unternehmen passt und welche Erwartungen an die Mitarbeiter gestellt werden, sowie durch konsequentes Performance Management[7] mit klarem Feedback wird die Anzahl derjenigen, die wenig leisten bzw. unpassend eingesetzt werden, niedriger. Die Belegschaft stellt danach eine bereits gefilterte Menge Mitarbeiter dar. Damit wird die Annahme einer normal verteilten Gruppe hinfällig und die Belegschaft eines Unternehmens kann im Idealfall vollständig als talentierte Menge gesehen werden[8] (s. Abb. 3). Da davon ausgegangen wird, dass der Erfolg des Geschäfts von allen Mitarbeitern abhängt, wird konsequenterweise auch davon ausgegangen, dass alle Mitarbeiter gleich wichtig sind und entsprechende Wertschätzung erfahren müssen. Der

---

5 Zur Generation Y gehören die nach 1980 Geborenen. Sie zeichnen sich unter anderem durch eine weltoffenere Haltung aus als frühere Generationen und sind weniger bereit, sich wie die Eltern auf Lebenszeit an ein Unternehmen zu binden, zumal viele die Erfahrung gemacht haben, dass die Eltern entlassen worden sind. Diese Generation erwartet von ihrem Beruf mehr Freiheit sowie Flexibilität und ist zudem wechselwillig (vgl. Erickson, 2008).
6 Mit Ansprechbarkeiten sind Dispositionen gemeint; diese sind hier nicht als angeboren zu verstehen, sie können auch durch Erfahrungen erworben worden sein.
7 Unter Performance Management fallen Zielvereinbarungssysteme, die die Beurteilung und Entwicklung von Mitarbeitern beinhalten.
8 Ein Unternehmen, das konsequent jeden Mitarbeiter als Talent bezeichnet, ist beispielsweise der Interviewpartner Aviva (Dhesi, 2007), Talent Management Director Arvinder Dhesi verfolgt diesen Talent-Ansatz mit Vehemenz. Aviva gehört zu den weltweit größten Versicherern.

Ansatz, dass alle Mitarbeiter bereits durch die Auswahlverfahren bewiesen haben, dass sie Talent haben, führt idealerweise zu einer wertschätzenden Kultur. Unternehmen wie Google Inc. betonen, dass sie die Diversität von Mitarbeitern schätzen und die Aufgaben entsprechend den jeweiligen Talenten ihrer Mitarbeiter stellen und nicht umgekehrt (z. B. Kohl-Boas, Head of HR Google Northwest, Central & Eastern Europe, mündlich 2015).

Der Fokus im hier vorgestellten Talent Management System liegt nicht mehr in der Identifikation der wenigen Besten im Unternehmen — auch wenn der Ansatz das Bedürfnis nach hochleistenden Mitarbeitern nicht ausschließt —, sondern in der Positionierung aller Mitarbeiter auf für sie passende Stellen zur richtigen Zeit. Ein Mitarbeiter, der weniger Leistung erbringt als erwartet, ist möglicherweise nicht passend für seinen Job und kann sein Talent an anderer Stelle deutlicher hervorbringen. Eine entscheidende Talent-Management-Aufgabe ist es, Veränderungen im Job, in der Hierarchieebene oder in den Bedingungen vorwegzunehmen und Mitarbeiter proaktiv mit Entwicklungsprogrammen darauf vorzubereiten. Auf diesem Wege erwerben Mitarbeiter entsprechende Kompetenzen für zukünftige Herausforderungen und wachsen sukzessive in höhere Positionen hinein.

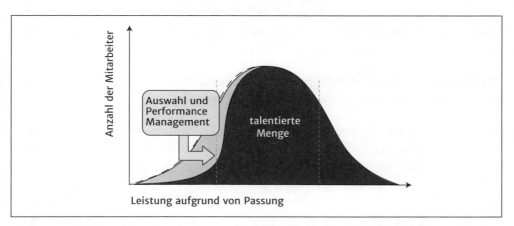

Abb. 3: Durch Auswahl und Performance Management wird die Zahl derjenigen Mitarbeiter, die weniger Leistung zeigen, geringer (in Anlehnung an Dhesi, 2007)

1.2 Was beinhaltet das Talent Management System?

Das Talent Management System ist die Bezeichnung für einen integralen Teil der Geschäftsstrategie von Unternehmen, in denen die funktionierenden Personalpraktiken einen Wettbewerbsfaktor darstellen und für das Erreichen der Geschäftsziele einen hohen Stellenwert einnehmen. Unternehmen wollen durch TMS adäquat auf Veränderungen reagieren und ihre unternehmerischen Ziele mit den passenden Mitarbeitern umsetzen können. Um dies gewährleisten zu können, wird ein TMS beginnend bei der Zielsetzung über die Umsetzung bis hin zur Messung des Erfolges wie andere Geschäfts- oder Managementprozesse strategisch geplant. Zur TMS-Strategie gehört zudem die Bereitstellung entsprechender Instrumente. Hier nimmt das Kompetenzmodell einen wichtigen Stellenwert ein, da es die Basis für die Ausrichtung auf erfolgskritisches Verhalten in der Organisation liefert. In vielen Unternehmen wird die Arbeit mit Kompetenzmodellen auch Kompetenzmanagement genannt.

Das Fundament für das integrierte Talent Management System bildet eine entsprechende Unternehmenskultur, in der die TMS-Strategie umgesetzt wird: Die achtsame, wertschätzende Haltung der Führungskräfte sowie die Fähigkeit, klares Feedback zu geben und Mitarbeiter zu entwickeln, sind nur einige der wichtigen Aspekte. Zu den kulturellen Aspekten gehört zudem, dass nicht in den dichotomen Kategorien »Talent« und »Nicht-Talent« gesprochen wird, sondern differenzierte Kategorien gefunden werden, die dem Mitarbeitereinsatz gerechter werden. Eine Unternehmenskultur, in der Offenheit und Lernfähigkeit gefördert werden, ermöglicht eine schnelle Anpassung und Nutzung von Veränderungen. In dem Talent Management System ist auch das Selbstverständnis der Personalabteilung als HR-Business-Partner mit Sinn für die Geschäftsziele und mit Blick auf zukünftige Herausforderungen ein wichtiger Aspekt.

Anhand der Techniken und Prozesse der Personalpraktiken werden die TMS-Ziele realisiert. Folgende Personalpraktiken werden in dem Talent Management System berücksichtigt und miteinander verknüpft: Mitarbeiterbewertung bzw. Performance Management, Talentidentifikation, Nachfolgeplanung, Mitarbeiterentwicklung, Mitarbeiterbindung und Rekrutierung.[9] Diese beinhalten folgende Personalprozesse:

MA-Bewertung bzw. Performance Management: Zielvereinbarungen; faire Beurteilung von Leistung und Potenzial; Feedback an Mitarbeiter

Talentidentifikation: Benennung von Leistungs- und Potenzialträgern in Talentkonferenzen; Abgleich der Passung der Mitarbeiter; Förderung ausgewählter Mitarbeitergruppen im Potenzial-Reservoir

Nachfolgeplanung: Planung der Nachfolger, insbesondere der Schlüsselpositionen; schnelle Besetzung von Vakanzen, Übersicht über die Talent-Pipeline (»Ersatzbank«)

MA-Entwicklung: systematischer Aufbau von Kompetenzen; zielgruppenspezifische Entwicklungsmaßnahmen on-the-job, z. B. Mentoring, und off-the-job, z. B. Aufbau einer internen Akademie mit externen Lernpartnern

MA-Bindung: Bindung der Mitarbeiter durch Berücksichtigung ihrer Bedürfnisse; Entwicklung von Karrierepfaden; Mitarbeiterbefragungen und Exit-Interviews als Evaluationsinstrumente

---

9 Diese Darstellung wurde gewählt, um den Schwerpunktthemen in den Interviews gerecht zu werden. HR-Praktiken werden in Unternehmen unterschiedlich benannt oder zusammengefasst (z. B. zu Performance Management).

MA-Rekrutierung: Personalmarketing i. S. von Anziehung talentierter Bewerber; Bewerberauswahl; Einarbeitung bzw. Onboarding von neuen Mitarbeitern; Onboarding einer Führungskraft in ein bestehendes Team

Personalpraktiken wie Personalentwicklung oder Rekrutierung werden auch ohne TMS angewendet. Doch das Talent Management System ist mehr als nur die Summe der einzelnen Personalpraktiken. Erst durch die Verzahnung und systematische Abstimmung der Personalpraktiken untereinander sowie die Synchronisation mit der Unternehmensstrategie und Einbettung in eine entsprechende Kultur können sich Organisationen nachhaltig und strategiekonform auf die Zukunft vorbereiten. Dies kann durch den Einsatz isolierter Personalpraktiken nicht gewährleistet werden.

Bei der Einführung eines TMS bleiben viele Personalprozesse wie z. B. das Mitarbeitergespräch prinzipiell erhalten. Je nach Ziel und Stand bisheriger Vorgehensweisen modifizieren Unternehmen bei der Einführung von TMS ihre Prozesse und integrieren die schon vorhandenen Personalpraktiken systematisch.

Durch diese Ausführungen wird deutlich, dass das Talent Management System auf drei Säulen steht:
- der Strategie, die die Richtung angibt,
- der Kultur, die den Boden bereitet.
- den Personal-Praktiken, um Personalprozesse umzusetzen.

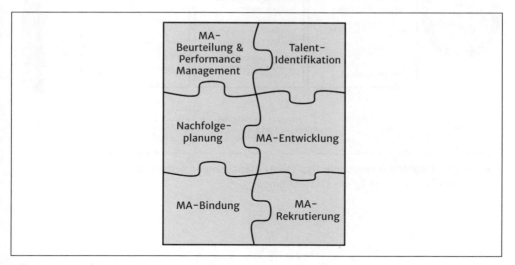

Abb. 4: Verzahnung von Personalpraktiken

Die Planung und Durchführung des Talent Management Systems wird durch den Kontext, in dem sich die Organisation befindet, beeinflusst. Um ein effektives Talent Management System zu betreiben, werden die situationsbedingten Faktoren wie Globalisierung, gesellschaftliche und regionale Faktoren sowie die Marktlage betrachtet. Diese Faktoren beeinflussen das Talent Management System in direkter Weise, beispielsweise durch eine niedrige Bewerberquote infolge des demografischen Wandels. Zudem beeinflussen die externen Faktoren das Talent Management System indirekt, da sich die Unternehmensstrategie den Gegebenheiten anpasst, beispielsweise mit einer internationalen Ausweitung des Geschäfts, der Erneuerung der Produktion durch neue Technologien oder einer Auslagerung von Produktion in andere Länder. Die systemische Betrachtungsweise, die die Kontextfaktoren bereits bei der strategischen Planung des TMS berücksichtigt, erlaubt eine zukunftsorientierte Planung und erhöht damit die Chance, nachhaltiger und proaktiv zu agieren. Ein durch das Talent Management System langfristig unterstützter Geschäftserfolg ist der angestrebte Output, wie in der Zieldefinition eingangs deutlich wurde.

Die bisher skizzierten Charakteristiken des Talent Management Systems lassen sich im TMS-Rahmenmodell (Abb. 5) abbilden.

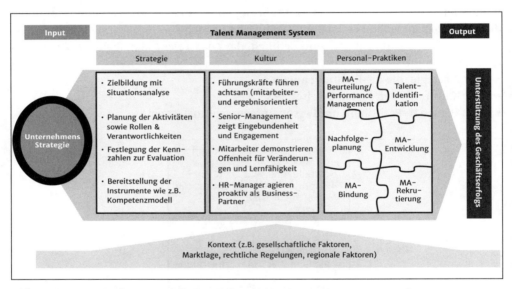

Abb. 5: Das TMS-Rahmenmodell: Das Talent Management System unterstützt den Geschäftserfolg des Unternehmens

2. Wozu ein Talent Management System: Zahlen, Fakten und Hintergründe

»The greatest danger in times of turbulence is not the turbulence, but acting with yesterday's logic« (Drucker, 1993, S. 22).

Unternehmen stehen zunehmend vor unvorhergesehenen Veränderungen und einem verstärkten Wettbewerbsdruck. Die Welt, in der die meisten Organisationen agieren, wird als volatil, unsicher, komplex und voller Ambiguitäten (als VUCA für engl. volatile, uncertain, complex, ambiguous) bezeichnet (vgl. Apollo Research Institute, 2012). Laut einer IBM-Studie (2010) erwarten 79 % der über 1.500 befragten weltweiten Top-Manager, dass die Welt noch komplexer wird. Hervorgerufen werden diese Herausforderungen durch die Intensivierung des globalen Wettbewerbs und die fortschreitende technologische Weiterentwicklung. Aber auch demografischer Wandel, veränderte Werte und Lebenseinstellungen der Menschen sowie Klimawandel sind Themen, mit denen sich Wirtschaftsorganisationen auseinandersetzen müssen. Diese Turbulenzen sind nicht mehr nur als Problem wahrzunehmen, das sich lösen lässt: Der Wandel ist vielmehr der Normalfall. Zwar haben Veränderungen stets stattgefunden, in der heutigen Organisationswelt allerdings vollziehen sie sich rasch; die damit einhergehenden Auswirkungen werden als wenig kalkulierbar wahrgenommen und aufgrund der kaum zu überblickenden Zusammenhänge zwischen verschiedenen Beteiligten als intensiv erlebt. »Um hier ein Beispiel herauszugreifen: »Industrie 4.0« bezeichnet die zunehmende Digitalisierung in der Wirtschaft auch über Wertschöpfungsketten und Industriegrenzen hinweg. Selbstfahrende Autos entwickelt von Computerkonzernen konfrontieren die Automobilindustrie; erhöhtes Car-Sharing in Großstädten durch pragmatische Apps demonstrieren Einstellungsänderungen beim Verbraucher weg vom Statussymbol Auto hin zu einer »sharing economy«; Lebensmittelzulieferer sprechen mit ihrer Werbung auf sozialen Medien Konsumenten direkt an« (von Hehn, Cornelissen & Braun, 2015, S. 15). Im Rahmen dieser Transformation fusionieren manche Firmen ihre IT-Abteilung mit Marketing und Vertrieb oder ändern die Organisationsstruktur anderweitig. Anspruchsvolle Dienstleistungen rücken in den Industriestaaten weiter in den Vordergrund: »Uber, das größte Taxiunternehmen der Welt, besitzt keine Fahrzeuge. Facebook, der weltberühmteste Medienbesitzer, kreiert keine Inhalte. Alibaba, der Einzelhändler mit dem höchsten Wert, hat kein Inventar. Und Airbnb, der weltweit größte Anbieter von Unterkünften, besitzt keine Immobilien. Etwas Interessantes passiert« (Goodwin, 2015). 70 % des Bruttoinlandsprodukts (BIP) hierzulande werden mit Dienstleistungen erwirtschaftet. Zugleich ist es Deutschland wie kaum einem anderen Industrieland gelungen, im globalen Wandel ein starker Produktionsstandort zu bleiben — mit einem Viertel Anteil am BIP und 7,7 Millionen Beschäftigten in diesem Bereich (BMBF, 2014). Kaum ein Unternehmen baut nur noch auf die Qualifikation bei der Erstausbildung seiner Mitarbeiter. Denn nicht jene Menschen, die besser ausgebildet sind als die anderen, sind erfolgreicher, sondern jene, die ihre Stärken am besten einsetzen können. Zudem können Unternehmen heute kaum noch auf die

Erstausbildung setzen: Die Menschen, die jetzt ihre Ausbildung machen, werden ungefähr in 50 Jahren in Rente gehen und Jobs ausüben, die heute noch niemand kennt. Mitarbeitende werden kontinuierlich vor neue Anforderungen gestellt, eine entsprechende Personalentwicklung als wichtiges Puzzlestück im Talent Management System ist unabdingbar.

Lernfähigkeit ist in der Organisationswelt die beste Strategie, um erfolgreich zu bleiben, sich Veränderungen optimal anzupassen und sich trotz widriger Bedingungen weiterzuentwickeln — und nicht mit längst veralteten Herangehensweisen neuen Herausforderungen zu begegnen. Dafür müssen Unternehmen durch entsprechende Mitarbeitende fähig sein, Veränderungen vorherzusehen und darauf zu reagieren. Die Mitarbeiter sind längst vom ehemaligen Produktionsfaktor zum strategischen Erfolgsfaktor avanciert. Mit den Mitarbeitern sichern Unternehmen den aktuellen Unternehmenserfolg sowie die zukünftige Wettbewerbsfähigkeit (z. B. Vahs & Schäfer-Kunz, 2007). Aus diesem Blickwinkel betrachtet, wird ein besseres Zusammenspiel zwischen den inter- und intrapsychischen Prozessen von Individuen und der ökonomischen Zielerreichung angestrebt.

Was heißt dies für die Unternehmensführung? Was macht Menschen in sich stetig verändernden Organisationen erfolgreich? Wie bereitet sich eine Organisation auf Herausforderungen vor, die noch nicht vorhersehbar sind? Wie findet ein Unternehmen entsprechend lernfähige Fach- und Führungskräfte, wenn diese immer seltener auf dem Arbeitsmarkt zu finden sind, gleichzeitig aber ihre Bedeutung für den Geschäftserfolg steigt? Um diese Fragen zu beantworten, denkt die Unternehmensführung um: Personalwirtschaftliche Aufgaben haben stark an Bedeutung gewonnen und beschränken sich längst nicht mehr auf die Organisationseinheit »Personal/HR«, sondern sind zur Aufgabe aller betrieblichen Funktionsbereiche geworden. Dies bedeutet insbesondere für Führungskräfte, dass sie die Rolle eines Personalentwicklers oder Talent Managers wahrnehmen, da sie aufgrund ihrer engen Zusammenarbeit mit den Mitarbeitern diese am besten kennen. Personalwirtschaftliche Aufgaben — Vorstellungsgespräche, Coaching der Mitarbeiter etc. — haben seit 1990, wie es Schäfer-Kunz & Vahs (2007) datieren, stark an Bedeutung gewonnen und werden nicht mehr vorwiegend von der Personalabteilung oder externen Beratern abgedeckt. Stattdessen bringen sich Führungskräfte in allen Funktionen und Geschäftsbereichen in diese Themen verstärkt ein. Schäfer-Kunz & Vahs (2007) sprechen hier von einer »Personalinterfunktionalität«, womit eine Rückdelegation von Personalaufgaben an das Linienmanagement gemeint ist. Diese zeige, wie sich der Fokus der Führungskräfte auf die Bedeutung von Personal gerichtet hat, wodurch von den Führungskräften wiederum eine höhere soziale und emotionale Kompetenz gefordert wird. Gleichzeitig sei ein Anstieg eben dieser Personalkompetenz im Unternehmen zu verzeichnen (z. B. Zaugg, 2009). In einer eigenen Studie der Return on Meaning GmbH mit einer der größten Banken in Europa stellte sich heraus, dass ein bestimmter Führungsstil signifikant mit der Leistung im Zusammenhang steht: eine Kombination von Klarheit und Stringenz in der Delegation der Aufgabe und der Erwartungshaltung mit einem unterstützenden Coaching- und mitarbeiterorientiertem Führungsverhalten, den wir im Folgenden als achtsame Führung bezeichnen werden (von Hehn & von Hehn, 2015).

Mitarbeiterbindung, die Fluktuationen verhindert, erfährt zudem vor dem Hintergrund des demografischen Wandels eine besondere Relevanz. »In den meisten Branchen können sich insbesondere Dienstleister eine Mitarbeiterfluktuation nicht leisten. Erstens kostet jeder qualifizierte Mitarbeiter, der eine Firma verlässt, Geld: Denn das Management muss einen Ersatz für ihn finden und diesen einarbeiten. (...) Und was noch wichtiger ist: Bei den Dienstleistern handelt es sich um personenorientierte Unternehmen. Wettbewerbsvorteile hängen weniger von Größe und Umfang ihrer Serviceleistungen ab (und das auch nur, wenn die Konkurrenten ebenfalls groß und diversifiziert sind), sondern stärker von den Fähigkeiten und Netzwerken ihrer Mitarbeiter« (DeLong, Gabaroo & Lees, 2008).

Die Personalpraktiken werden durch ein Talent Management System zum aktiven Teil einer Unternehmensstrategie zur Sicherung der Wettbewerbsfähigkeit und die Kultur wird zu dessen Nährboden.

2.1 Erfolgskennzahlen und Talent Management System

Unterschiedliche Studien belegen den Zusammenhang zwischen Talent Management und Erfolgskennzahlen von Organisationen. In einer Studie vergleichen beispielsweise Egon Zehnder und McKinsey Wachstumskennzahlen von rund 50 global operierenden Unternehmen mit ihren Strategien und Profilen von ihren etwa 5 0000 obersten Führungskräften über einen Zeitraum von fünf Jahren (Herrmann, Komm, McPherson, Lambsdorff & Kelner, 2011). Zu den zentralen Ergebnissen gehören, dass Unternehmen mit überdurchschnittlich kompetenten Top Management Teams deutlich stärker wachsen als ihre Wettbewerber, und auch, dass erfolgreiche Unternehmen ihr Talent Management auf ihre Strategie ausrichten (im Vergleich zu weniger erfolgreichen Unternehmen). Demnach können Unternehmen, die zwischen Kompetenzen, Strategie und Ergebnissen einen Zusammenhang erkannt haben, beispielsweise ihre Führungskräfteentwicklung merklich effizienter, weg vom Gießkannenprinzip gestalten.

Das McKinsey-Team zur »War for Talent«-Forschung zeigt auch mit verschiedenen Ergebnissen von globalen McKinsey-Quarterly-Studien, dass ein Talent Management System und Profitabilität untrennbar verbunden sind: Komm, Putzer und Cornelissen (2007) kommen in einer internationalen Studie mit 46 Unternehmen zu dem Schluss, dass Firmen, die erfolgreich TMS betreiben, deutlich mehr Gewinn erzielen als der Durchschnitt der untersuchten Firmen. Unterstützt wird dies von einer weiteren Studie mit mehr als 450 Managern verschiedener Unternehmen, in der Guthridge und Komm (2008) einen Bezug herstellen zwischen zehn Dimensionen von Talent Management wie beispielsweise konsistentem Talent-Evaluations-Prozess und Profit pro Person: Unternehmen, die in der Beurteilung bzgl. der Dimensionen zu Talent Management zu den besten gehörten, zeigten eine signifikant höhere Profitabilität als jene, die weniger gutes Talent Management betreiben; die durchschnittliche Profitabilität pro Person war um 40 % geringer.

McKinseys Forschung zeigt zudem kontinuierlich den Zusammenhang zwischen passendem Führungsstil — ein Bestandteil von TMS — und Aktienrendite (shareholder returns; z. B. De Smet, Schaninger & Smith, 2014). Auch für bestimmte Branchen oder

Funktionen wird auf die Relevanz von Talent Management hingewiesen z. B. für exzellente Forschung bzw. R&D (Research & Development), sowohl in der Industrie als auch im akademischen Bereich (Aghina, de Jong, & Simon, 2011). Hier wurde gezeigt, dass Talent sei der wichtigste Motor der Produktivität von R&D. Interessanterweise ist Talent Management auch die Praktik, die am meisten Raum für Verbesserung zeigt. Das macht es zu einem wirkungsvollen Hebel, um R&D-Produktivität zu steigern, unabhängig vom aktuellen Niveau. Debane, Defossez & McMillan (2014) weisen darauf hin, dass für erfolgreiche große IT-Projekte der Fokus auf Talent Management eines der Erfolgsfaktoren ist.

Die Managementberatung Hewitt befragte 120 000 Mitarbeiter und 3 000 Manager aus 600 Unternehmen in europäischen Ländern zu ihrer Arbeitsplatzqualität und zeigte, dass Firmen, die Wertschätzung, Führungsstil und Entwicklungsmöglichkeiten im Sinne eines Talent Management Systems bieten, im Schnitt eine um 24 % höhere Aktienrendite erzielen als unattraktivere Arbeitgeber — also Arbeitgeber, die solche Aspekte nicht bieten (Bischoff, 2008). Attraktive Arbeitgeber erhalten zudem viermal so viele Bewerbungen (ebenda). Engagierte Mitarbeiter gehören zu den Erfolgsfaktoren eines Unternehmens. Seit 2001 erstellt das US-Beratungsunternehmen Gallup für verschiedene Länder jährlich einen »Engagement Index«, mit dem sie u. a. messen, wie hoch die Zufriedenheit mit dem Job ist, ob sich Mitarbeiter »richtig« am Arbeitsplatz fühlen und inwieweit sie Vertrauen in den Arbeitgeber haben (Gallup, 2015), und bringt dies mit bestimmten Produktivitätskennzahlen in Verbindung. Die Folgen aus niedriger Bindung sind erhöhte Fehltage, größere Fluktuation, niedrigere Produktivität sowie messbar weniger Ideen. Die aktuelle Studie zeigt, dass die wenig gebundenen Mitarbeiter laut Gallup über 57 % mehr Fehltage (8,8 im Vergleich zu 3,8 der hoch gebundenen Mitarbeiter) verzeichnen. »Jeder Fehltag kostet ein Unternehmen im Schnitt 252 Euro. Aus dem Mehr an Fehlzeit aufgrund fehlender oder nur geringer emotionaler Mitarbeiterbindung entstehen einem Unternehmen mit 2.000 Mitarbeitern Kosten in Höhe von rund 1,3 Millionen Euro« (Kestel, 2015). Alles in allem gingen den deutschen Unternehmen bis zu 95 Milliarden Euro durch fehlendes Engagement verloren, ergaben Modellrechnungen von Gallup. Zudem kündigen ungebundene Mitarbeiter eher und wechseln zu einem attraktiveren Arbeitgeber. »Die Frage nach dem Grad der Bindung der Mitarbeiter an ihr Unternehmen steht und fällt mit der Qualität der Führung.« Gallup hat sich auf der Suche nach den Ursachen besonders mit Führungskräften beschäftigt: »Der alte Spruch, Mitarbeiter kommen wegen des Jobs und gehen wegen des Chefs, wird auch in dieser Umfrage durch neue Zahlen untermauert: 42 % der emotional nicht Gebundenen erwogen in den vergangenen 12 Monaten, ihr Unternehmen wegen ihres Vorgesetzten zu verlassen, 13 % waren es unter den Mitarbeitern mit geringer Bindung. Ein Viertel aller befragten Mitarbeiter hat diesen Schritt schon einmal in ihrem Berufsleben vollzogen und die eigene Stelle wegen des Chefs gekündigt, um sich besser zu fühlen. Und 39 % der nicht Gebundenen würden ihren Chef sofort entlassen, wenn sie könnten«, heißt es im Harvard Business Manager (Kestel, 2015). Somit lässt sich ein deutlicher Zusammenhang zwischen Talent Management System und dem Engagement der Mitarbeiter herstellen.

Die Führungskultur des im vorliegenden Buch vorgestellten Talent Management Systems hilft, die Mitarbeiter im Unternehmen zu halten und das Engagement zu erhöhen; die dazu vorgestellten Personalpraktiken geben Vorgesetzten konkrete Techniken an die Hand, um Mitarbeiter zu fordern und zu fördern und letztlich eine bessere Zusammenarbeit herzustellen.

Unternehmen können es sich nicht mehr erlauben, Mitarbeiter zu verlieren oder qualifizierte Bewerber erst gar nicht anzuziehen. Durch den demografischen Wandel — insbesondere durch den Geburtenrückgang — werden gute Bewerber rar. Im Rahmen von Globalisierung und dem Anstieg der Nachfrage von Wissensarbeitern entsteht ein starker Wettbewerb um passende sowie um die besten Mitarbeiter.

2.2 Fakten zum demografischen Wandel und seine Auswirkungen auf den Arbeitsmarkt sowie auf die Personalpraktiken im Unternehmen

Laut Berechnungen des Statistischen Bundesamtes werden 2030 statt heute knapp 50 Millionen lediglich 44–45 Millionen Menschen in Deutschland auf dem Arbeitsmarkt zur Verfügung stehen. Bis 2060 wird die Zahl — je nach Zuwanderungsrate — weiter abnehmen bis auf 34 bzw. 38 Millionen Menschen im Erwerbsalter, was bis zu 30 % weniger als bisher wäre (Statistisches Bundesamt, 2015).

Der demografische Wandel in Deutschland ist ohne historisches Beispiel: Die Gesellschaft schrumpft, das Durchschnittsalter steigt beträchtlich, die Erwerbsbevölkerung nimmt ab, der Anteil von Menschen mit Migrationshintergrund nimmt deutlich zu. Der demografische Wandel vollzieht sich zwar langsam, aber mit erheblichen Folgen und es wird Jahrzehnte dauern, um seine Richtung zu verändern. Die geburtenstarken Jahrgänge, die sog. Baby Boomers, von deren Leistungen Deutschland heute noch profitiert, werden in den kommenden Jahren das Rentenalter erreichen. Die Folgen für den Arbeitsmarkt: Der Rückgang des Arbeitskräfteangebotes und die steigenden Qualifikationsanforderungen können dazu führen, dass der schon bestehende Fachkräftemangel weiter zunimmt und gleichzeitig die Arbeitslosigkeit von Geringqualifizierten steigt (Forum demografischer Wandel des Bundespräsidialamts, 2005).

Eine Studie der Vereinigung der Bayerischen Wirtschaft (vbw, 2012) geht trotz Zuzug aus europäischen Krisenländern davon aus, dass bundesweit bis 2020 1,7 Millionen und bis 2035 vier Millionen Fachkräfte fehlen (s. Abb. 6).

In vielen mit Deutschland vergleichbaren Staaten zeichnen sich ähnliche Entwicklungen ab. Nahezu alle westlich orientierten Gesellschaften haben Geburtenraten unter dem bestandserhaltenden Niveau und rechnen mit steigenden Lebenserwartungen. Die Überalterung ist ein weltweites Phänomen. Das Wachstum der Weltbevölkerung findet fast ausschließlich in den Entwicklungsländern statt. Die Folgen des demografischen Wandels sind bereits zu spüren. Laut einer von Haufe herausgegebenen Studie mit deutschen Mittelstandsunternehmen bejahen knapp 70 % der befragten Organisationen die Frage, ob die Auswirkungen des Fachkräftemangels im Unternehmen bereits zu spüren sind; knapp 30 % verneinen (Gottwald, 2013).

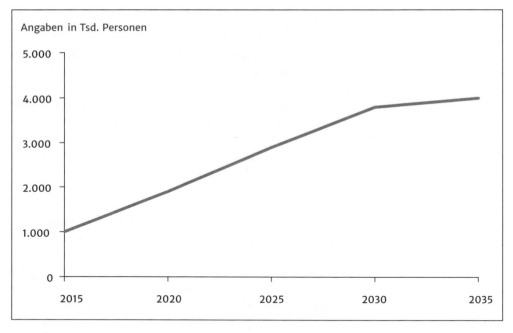

Abb. 6: Prognostizierter Fachkräftemangel (Quelle: Vereinigung der Bayerischen Wirtschaft (vbw), 2012)

Vorhandene Potenziale werden gesucht, so rückt z. B. die Gruppe der erwerbstätigen Mütter in den Mittelpunkt. 2006 lag die Erwerbsquote bei Müttern im erwerbsfähigen Alter mit Kindern unter 3 Jahren bei nur 28 %, wohingegen Väter in gleicher Situation zu 82 % arbeiteten (Krieger & Weinmann, 2008); durch angepasste Arbeitsbedingungen für Mütter soll die Frauenerwerbsquote erhöht werden. Maßnahmen wie diese können neben dem Abbau von Arbeitslosigkeit, späterem Renteneintrittsalter und qualifizierter Zuwanderung die Entwicklung abschwächen, aber aller Voraussicht nach nicht vollständig kompensieren (Forum demografischer Wandel des Bundespräsidenten in Zusammenarbeit mit der Bertelsmann Stiftung, 2005). Im Jahr 2020 sollen nach einer Studie des Instituts der deutschen Wirtschaft rund 230 000 Ingenieure, Naturwissenschaftler und Techniker fehlen (Schenk & Spiewak, 2008). Auch eine Studie von McKinsey bestätigt, dass in Deutschland schon 2020 ca. 6 Mio. qualifizierte Arbeitskräfte fehlen werden (McKinsey & Company, 2008). Aus dem Ausland wird dieser Bedarf nicht zu decken sein, 2007 wanderten gerade mal 466 »Hochqualifizierte« ein. Zu berücksichtigen ist hier, dass manche qualifizierte Einwanderer nicht als solche identifiziert werden, weil ihre Abschlüsse — z. B. aus der ehemaligen Sowjetunion — nicht immer in Deutschland anerkannt werden (Schenk & Spiewak, 2008). Inwieweit der Zuzug an aus ihren Heimatländern Geflüchteten zu einer Verringerung des Fachkräftemangels führt, wird zurzeit diskutiert.

Nicht nur von quantitativen, auch von qualitativen Lücken wird berichtet: Die Organisation for Economic Cooperation and Development (OECD) beschreibt einen Trend, dass Deutschland im internationalen Vergleich der Qualifizierung durch Hochschulen nicht mithält: Die OECD zeigt für das Jahr 2006, dass nur 35 % aller formal studierfähigen Schulabgänger in Deutschland ein Studium aufnahmen, während dieser Prozentsatz in Korea bei 59 %, in Island und Polen bei ca. 78 % und bei Spitzenreiter Australien sogar bei 84 % lag (OECD, 2008a). Zudem hat Deutschland weniger Bildungsausgaben als andere Länder: Der Anteil an öffentlichen Mitteln, der in Deutschland 2005 für Bildungsaufgaben ausgegeben wurde, lag bei nur 9 % — Korea im Vergleich gab 15 % aus, was einem Wert von 2 % über dem OECD-Durchschnitt entspricht (OECD, 2008b).

Die geringere Zahl an Köpfen und Qualifikationsdefizite werden die Zahl geeigneter Nachwuchskräfte in Deutschland senken und damit die internationale Wettbewerbsfähigkeit und Attraktivität des Standortes vermindern. Wie stark dies durch die Kreativität und Fortbildung Älterer sowie eine bessere Ausbildung des verbleibenden Nachwuchses — der zunehmend einen Migrationshintergrund haben wird — kompensiert werden kann, ist ungewiss, zumal die moderne Wirtschaft ohnehin immer besser qualifizierte Arbeitnehmer braucht und das Bildungssystem mit langfristig sinkenden Schüler- und Studentenzahlen vor große Herausforderungen stellt.

Diese gesellschaftliche Entwicklung stellt die Personalarbeit der Unternehmen vor Herausforderungen, z. B.

- **Personalgewinnung:** Die Kosten bei der Personalauswahl steigen, da bei einer niedrigen Anzahl passender Bewerber kostenintensive Auswahlverfahren eingesetzt werden, um die passende Person herauszufinden. Da zudem stark umworbene Personen hohe Einstiegsgehälter fordern können, wird die Besetzung höherer Positionen zunehmend mit internen Mitarbeitern intensiviert, um Kosten zu reduzieren.
- **Personalidentifizierung und Nachfolgeplanung:** Um Stellen intern besetzen zu können, wird der Fokus auf die Identifikation der zukünftigen Führungskräfte sowie auf die interne Nachfolgeplanung gelegt.
- **Personalmarketing:** Unternehmen sind bestrebt, durch innovative Konzepte anziehend auf qualifiziertes Personal zu wirken und entsprechendes Marketing zu betreiben.
- **Personalentwicklung:** Um eine systematischere Nachfolgeplanung zu gewährleisten, müssen Entwicklungsmaßnahmen sukzessive auf nächsthöhere Positionen vorbereiten. Der Wissenstransfer von Mitarbeitern, die in den Ruhestand gehen, soll durch Konzepte des Wissensmanagements gewährleistet werden.
- **Personaleinsatz:** Da das Durchschnittsalter im Unternehmen steigt, müssen die Arbeitsaufgaben entsprechend der älteren Erwerbsgruppe gestaltet sein. Zudem werden an weniger Mitarbeiter höhere Erwartungen gestellt, sodass ein entsprechendes Gesundheitsmanagement Konzepte für die steigende Arbeitsbelastung bereithalten muss.
- **Personalbindung:** Ambitionierte Mitarbeiter zeigen nicht selten eine hohe Wechselbereitschaft und werden durch exklusive Weiterbildungsprogramme und Herausforderungen im Job gefördert und gebunden. Um passende Mitarbeiter an das Unternehmen zu binden, müssen zudem die individuell unterschiedlichen Bedürfnisse der Erwerbsgruppen durch die Gestaltung der Arbeitsbedingungen berücksichtigt werden, beispielsweise indem der Gruppe der berufstätigen Mütter flexible Kon-

zepte wie Arbeitsplatzteilung[10] angeboten werden. Da aufgrund der höheren Lebenserwartung eine längere Lebensarbeitszeit wahrscheinlich ist, wird ein »Beförderungsstau« in klassischen Führungslaufbahnen möglich. Alternativen, die attraktive Karrierechancen darstellen, werden gebraucht. Karrierewege in Projekt- oder Fachleiterlaufbahnen stellen eine Möglichkeit dar.

Studie zu »Best Practices« zur Bestimmung des TM-Reifegrades von Unternehmen

Zielgruppe der Untersuchung der Return on Meaning GmbH in Kooperation mit der Fresenius-Universität (Stulle, Wensing, Steinweg, Cornelissen & Braun, 2014) im Jahr 2013 waren Personalexperten aus DAX- und anderen größeren Unternehmen in Deutschland. 15 Fragebögen konnten ausgewertet werden. Zu den Ergebnissen zählen folgende Erkenntnisse:

- Während die definierten »Best Practices« in allen Bereichen des Talent Managements in bestimmten Unternehmen zu finden sind, gibt es gleichzeitig bei allen Unternehmen in einzelnen Bereichen signifikante Verbesserungspotenziale. Fast immer existieren Werkzeuge oder Prozesse, aber sie werden oft (noch) nicht als wertstiftend von den Führungskräften empfunden.
- Performance Management — dazu gehören die Mitarbeitergespräche — wird von den 6 Bereichen als der wichtigste wahrgenommen, entsprechend wird diesem der höchste Ressourcenaufwand zugewiesen.
- 80 % der befragten Unternehmen haben eine Liste kritischer Positionen und pflegen und diskutieren interne Nachfolger; 74 % der Führungspositionen können intern nachbesetzt werden. Pro Führungskraft sind im Schnitt 2 Nachfolger nominiert; Führungskräfte bleiben laut Teilnehmer durchschnittlich 5 Jahre auf ihrem Posten.
- Der Personalbereich wird in keinem Unternehmen als durchweg positiv wahrgenommen und vom Management nicht regelmäßig zu strategischen Fragen konsultiert; knapp die Hälfte sehen Verbesserungsbedarf bei den Kompetenzen von HR zu strategischen Themen und sehen HR zu 60 % als administrative Rolle und nur zu 40 % als strategische Rolle.
- Über alle Bereiche hinweg zeigt sich, dass eine Investition in die einzelnen Bereiche des Talent Managements zu besseren Ergebnissen in diesen Bereichen führt, Ressourcenaufwand und Reifegrad stimmen in der Rangfolge fast vollständig überein.
- Während es essenziell ist, in allen Bereichen des Talent Managements ein Mindestmaß an Qualität sicherzustellen, müssen sich Unternehmen überlegen, in welche (wenige) Bereiche sie wirklich investieren wollen, um dort herausragend zu sein.

---

10 Die Arbeitsplatzteilung, auch Jobsharing genannt, ist ein Arbeitszeitmodell, das auf Teilzeitarbeit basiert. Mehrere Arbeitnehmer teilen sich einen Arbeitsplatz und legen dabei die Arbeitszeit individuell fest.

Abb. 7: Aufgaben von Personalleitern/HR-Business Partner

- Hierbei ist es entscheidend, dass dies in Anlehnung an die Geschäftsstrategie passiert; in der vorliegenden Untersuchung erfolgt dies lediglich bei gut 10 % der Unternehmen. Außerdem ermitteln weniger als die Hälfte der befragten Unternehmen konkrete Zahlen für die Bedarfe der Führungskräfte in den nächsten drei Jahren — und nur 2 (von 15) tun dies in Anlehnung an die Geschäftsstrategie.
- Insbesondere beim Thema Kultur liegt die Bedeutung weit über dem Ressourcenaufwand; eine mögliche Erklärung hierfür könnte sein, dass Unternehmen nicht immer wissen, wie sie das Thema Kultur angehen können.
- Das Thema Training und Entwicklung andererseits erreicht bei der Bedeutung keinen so hohen Rang, während es sehr viele Ressourcen in Anspruch nimmt; ähnlich verhält es sich bei externen Einstellungen; eine mögliche Erklärung hierfür könnten die großen finanziellen Ressourcen sein, die insbesondere für externe Unterstützung und Logistik notwendig sind. Alle befragten Unternehmen nutzen individuelle Entwicklungspläne und definieren Ziele für Schulungen und Entwicklungsmaßnahmen. Dies geschieht in 20 % der Fälle nur für Führungskräfte, nicht für alle Mitarbeiter. Schulungs- und Entwicklungsziele werden nur bei 20 % der befragten Unternehmen aus der Geschäftsstrategie abgeleitet. Knapp drei Viertel der Unternehmen messen ausschließlich die Teilnehmerzufriedenheit bzgl. Qualifizierungsmaßnahmen; nur bei einer Minderheit wird der Lernerfolg durch Trainings- und Entwicklungsmaßnahmen auch im Zeitverlauf gemessen und durch Eindrücke der jeweiligen Vorgesetzten kalibriert.
- Nur knapp 15 % der Befragten sind mit der Eingliederung externer Fach- und Führungskräfte nach Vertragsunterzeichnung zufrieden; die anderen sehen sich mit Abgängen erfahrener Führungskräfte (»Senior Hires«) nach zwei bis drei Jahren konfrontiert. Analog dazu artikulieren 40 % der Unternehmen deutliches Verbesserungspotenzial beim Onboarding.
- In fast allen Unternehmen sind Personalthemen für das Top Management eine Priorität; jedoch könnte bei 80 % der Unternehmen das Top Management eine stärkere Vorbildfunktion für gewünschtes Verhalten wahrnehmen.

(Quelle: Return on Meaning)

Abb. 8: Heutige und zukünftige Personalmanagement-Prioritäten

(Quelle: Ray, Mitchell, Abel, Phillips, Lawson, Hancook, Watson & Weddle (2012), S. 5)

In einer Studie von McKinsey und dem Conference Board (Ray, Mitchell, Abel, Phillips, Lawson, Hancock, Watson & Weddle, 2012) wurden 2012 international 517 HR-Manager befragt, was diese als die drei kritischsten Prioritäten bzgl. Personalmanagement für sich und ihre Organisation einstufen würden. Für den Zeitraum der letzten 12 Monate bzw. der kommenden 12 Monate (erste Prozentzahl) sowie für die Zukunft in 2-3 Jahren (zweite Prozentzahl) identifizierten die Befragten die gleichen Prioritäten (vollständige Liste siehe Abb. 8)

- 63 % (Zukunft: 65 %) Führungskräfteentwicklung und Nachfolgemanagement,
- 53 % (Zukunft: 55 %) Talentakquise und Bindung,
- 48 % (Zukunft: 53 %) strategische Personalplanung sowie
- 39 % (Zukunft: 36 %) Mitarbeiterzufriedenheit und Engagement.

Die aktuellen Prioritäten werden in Zukunft also noch bestehen bleiben, die ersten drei werden zunehmend wichtiger werden (ebenda, 2012).

Beim Mittelstand sieht es bzgl. der Prioritäten ähnlich aus: Talentakquise und Bindung der Talente gehören zu den beiden wichtigsten Themen, von 64 % als Priorität genannt (Kolb, 2014): In einer Studie »HRTrends Mittelstand 2014« wurden 2014 Mittelstandsunternehmen in Deutschland von der Personalberatung QRC in Kooperation mit der Fachhochschule Erfurt befragt, 280 Unternehmen beteiligten sich. Die Studie ergab, dass nur rund 40 % der 280 Befragten über ein Talent-Management-Programm verfügen und auch Personalplanung und Nachfolgemanagement kaum als aktives Personalmanagementinstrument genutzt werden. Das Thema Personalgewinnung liege trotz der hohen Priorität noch brach, hier bestehe Bedarf an einer Implementierung von Maßnahmen (Kolb, 2014).

Die Firma Softselect führte gemeinsam mit Haufe in 2012 ebenfalls eine Studie mit deutschen Mittelstandsunternehmen durch und befragte diese zu Talent Management in ihren Organisationen (Gottwald, 2013). Die 212 teilnehmenden Unternehmen räumen dem Talent Management einen hohen Stellenwert ein. So hat Talent Management für drei Viertel dieser Unternehmen eine hohe (55 %) oder sogar sehr hohe (22 %) Bedeutung. Das verbleibende Viertel misst Talent Management zu 16 % eine weniger hohe und zu 6 % eine geringe Bedeutung bei. Laut der Studie sei erkennbar, dass größere Unternehmen (mehr als 2.000 Mitarbeiter) häufiger eine Talent-Management-Strategie verfolgen (83 %) als kleinere Unternehmen (250-750 Mitarbeiter) mit 65 %. Die Branchenausrichtung spielt für die Relevanz von Talent Management eine untergeordnete Rolle. »Jeweils ca. drei Viertel der befragten Fertigungs-, Handels- und Dienstleitungsunternehmen bejahten die Fragen nach der Verfolgung einer Talent-Management-Strategie. Lediglich öffentliche Einrichtungen fallen demgegenüber ab. Nur 59 % der Befragten konnten hier die Frage positiv beantworten. Eine Erklärung hierfür könnte im Vergleich zur Privatwirtschaft in geringerem Wettbewerbsdruck liegen« (ebenda, S. 6).

Talent Management gehört auch global gesehen zum Trendthema: Die Studie »Die Geschäftsentwicklung beschleunigen — Globale Trends, Herausforderungen und Prioritäten«, die von Right Management 2014 durchgeführt wurde, befragte über 2.200 Führungskräfte und Personalchefs in 13 Ländern und 24 Sektoren weltweit (Beattie, Cole, Jauffret, Lowsky, Schaefer & Swan, 2014). Zusammenfassend stellen die Autoren heraus, dass

- 40 % der befragten 2.200 Personen aussagen, dass ihre Führungskräfte den Zusammenhang zwischen Investition in Talent Management und deren Auswirkung auf den Geschäftserfolg erkennen,
- Unternehmen den Mangel an qualifizierten und talentierten Mitarbeitern in Schlüsselpositionen mit 28 % als ihre dringendste Talent-Management-Herausforderung bezeichnen,
- Die Entwicklung von Führungsqualitäten jetzt oberste Priorität hat; 46 % der Befragten legen ihr Hauptaugenmerk bei der Talent-Management-Investitionsstrategie auf diesen Punkt.
- Nur wenige Unternehmen sind überzeugt von ihrer eigenen Talent-Pipeline, der »Ersatzbank« mit Nachfolgemanagement mit Entwicklung von Führungskräften. Nur 13 % gaben an, dass eine weitreichende Talentförderung ihren Bedarf decke (ebenda).

Diese Überlegungen zeigen eindrücklich, dass das Talent Management System ein integraler Bestandteil einer langfristigen Geschäftsstrategie sein sollte und nicht nur kurzfristig zu betrachten ist.

A. Die Strategie — Erreichen der Geschäftsziele durch das Talent Management System

Strategie

- Zielbildung mit Situationsanalyse
- Planung der Aktivitäten sowie Rollen & Verantwortlichkeiten
- Festlegung der Kennzahlen zur Evaluation
- Bereitstellung der Instrumente wie z.B. Kompetenzmodell

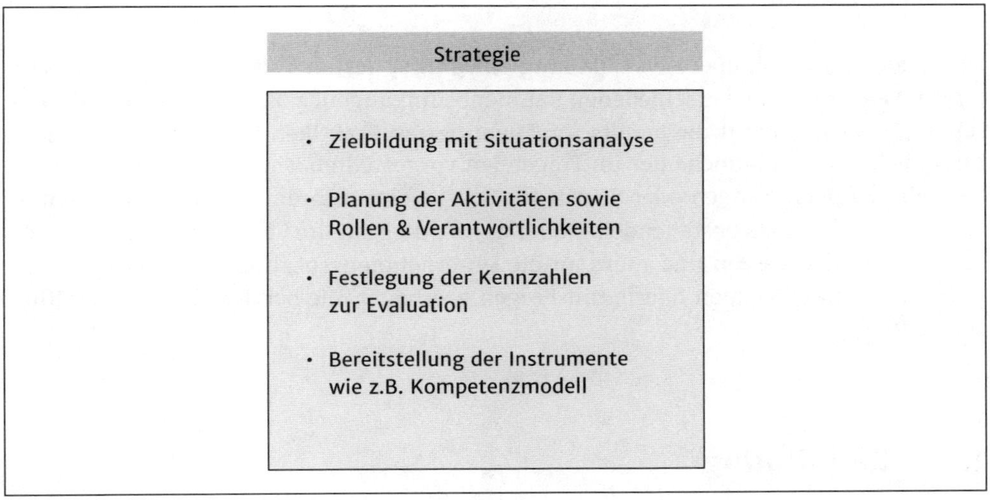

Abb. 9: Elemente der Strategie im Talent Management System

Eine TMS-Strategie ist das Entscheidungs- und Maßnahmenbündel, das der Unterstützung des langfristigen Unternehmenserfolgs dient. Sie gehört zum integralen Bestandteil der Unternehmensstrategie. Die TMS-Strategie beinhaltet folgende Punkte:
1. Zielbildung mit Situationsanalyse,
2. Planung der Aktivitäten mit Terminierung sowie Klärung der Rollen und Verantwortlichkeiten,
3. Festlegung der Erfolgskriterien und Indikatoren, um die Aktivitäten zu bewerten,
4. Bereitstellung der grundlegenden Instrumente und Verfahren.

Für die Planung[1] der Aktivitäten im Rahmen der TMS-Strategie werden innerhalb des TMS-Strategieworkshops die Maßnahmen und Alternativen besprochen, entsprechend der Ziele priorisiert und adäquate Aktivitäten geplant. Ist das Senior-Management an

---
1 Eine Planung ist ein systematischer Prozess, in dem Probleme antizipiert und gelöst werden.

der Planung der Themen beteiligt, wird die spätere Umsetzung reibungsloser stattfinden, denn durch die Einbindung des Senior-Managements wird die Umsetzung von Anfang an auf die Bedürfnisse des Managements abgestimmt. Zudem hat das Senior-Management als Befürworter der Maßnahmen einen starken Einfluss auf die spätere Umsetzung. Je nach Aufwand der Planung ist die Involviertheit nicht für jeden Schritt oder jedes Detail möglich. Die Maßnahmen sollten allerdings in jedem Fall vom Senior-Management verabschiedet werden.

Die fundamentalen Verfahren und Instrumente liegen bestenfalls bereits vor dem TMS-Strategieworkshop vor. Dazu gehören

- Analyse von Schlüsselpositionen,
- Anforderungsanalyse,
- Leadership-Pipeline,
- Kompetenzmodell.

Die strategische und operative[2] Planung eines integrierten Talent Management Systems ist abhängig von verschiedenen Rahmenbedingungen, z. B. der Größe der HR-Abteilung, oder inwieweit die bereits implementierten Praktiken unterstützend wirken. Entsprechend sind manche der im Folgenden vorgestellten Themen routiniert zu behandeln, zu überspringen oder Schritt für Schritt einzuführen, je nach Implementierungsgrad des bereits bestehenden TMS. Das hier dargestellte Vorgehen kann als Richtschnur gesehen werden und muss an die Unternehmensspezifika angepasst werden. Daher wird im Folgenden häufig mit Fragen gearbeitet, die bei der Planung behilflich sein sollen.

1. Zielbildung

Die Zielbildung ist der erste Punkt innerhalb der strategischen Planung. Mit der Entwicklung von Zielen als anzustrebende Soll-Zustände wird die Basis geschaffen, um später getroffene und in Handlung umgesetzte Entscheidungen beurteilen zu können. Prinzipiell verfolgen die Unternehmen, die TMS einsetzen, grundlegend zwei Richtungen mit einem Talent Management System: Sie wollen erstens adäquat auf Veränderungen reagieren können und zweitens ihre Geschäftsstrategie mit den passenden Mitarbeitern umsetzen.

---

[2] Eine strategische Planung bezieht sich auf global definierte Ziele und Maßnahmen innerhalb eines längeren Zeitraums, z. B. 5-8 Jahre, was allerdings branchenabhängig ist. Eine operative Planung bezieht sich auf detaillierte und kurzfristig orientierte Pläne (bis zu einem Jahr).

1.1 Ableitung der Ziele, um mit Veränderungen umgehen zu können

Um auf Veränderungen reagieren zu können, werden Ziele gesetzt, die die Lernfähigkeit des Unternehmens verbessern. Eine lernfähige Organisation weitet kontinuierlich die Fähigkeit aus, ihre eigene Zukunft schöpferisch zu gestalten. Eine solche Organisation gibt sich nicht damit zufrieden, zu überleben, indem sie sich anpasst, sondern gestaltet kreativ den Wandel. Die Idee der Lernenden Organisation geht auf Senge (1996) zurück. Die Lernfähigkeit des Unternehmens ist abhängig von der Unternehmenskultur, die wiederum von den Protagonisten im Rahmen von TMS gebildet wird; dies sind die Mitarbeiter, die Führungskräfte, die HR-Manager und das Senior-Management. An sie werden vielfältige Erwartungen gestellt. Beispielsweise kann hinterfragt werden, inwieweit Führungskräfte ihre Aufgabe im Führen von Mitarbeitern oder eher im Managen von Aufgaben sehen. Eine detaillierte Erläuterung der Erwartungen wird im Kapitel B. »Kultur« geschildert, in dem eine idealtypische Kultur skizziert wird. Die Kriterien sollen an dieser Stelle vorweggenommen werden, da sie als Suchraster dienen können, um spezifische Ziele ableiten zu können. Im Rahmen der Zielbildung kann hinterfragt werden, inwieweit folgende Punkte in der Unternehmenskultur verankert sind:

- die Führungskräfte führen achtsam (mitarbeiter- und ergebnisorientiert),
- das Senior-Management zeigt Eingebundenheit und Engagement in den TMS-Prozessen,
- die Mitarbeiter demonstrieren Offenheit für Veränderungen und Lernfähigkeit,
- die HR-Manager agieren proaktiv als Business-Partner.

Damit das Talent Management System zukunftsorientiert ausgerichtet ist, müssen Trends und ökonomische wie gesellschaftliche Veränderungen, die das Geschäft in naher Zukunft beeinflussen können, berücksichtigt werden. Um an künftige Herausforderungen strategisch herangehen zu können, nutzen Unternehmen idealerweise Ergebnisse aus der Trendforschung und aus kontinuierlicher Marktbeobachtung. Sie beobachten v. a. technologische Trends und entwickeln Zukunftsszenarien. Hilfreiche Instrumente zur Generierung möglicher zukünftiger Szenarien sind regelmäßige Kundenbefragungen, interne Ideenworkshops sowie Wissensmanagement[3]. In manchen großen Unternehmen werden eigene Abteilungen damit beauftragt.

Zu dem Thema »Umgang mit Veränderung« ergeben sich aus den bisherigen Überlegungen beispielsweise folgende Ziele:
- Etablierung einer proaktiven Personalabteilung, die Sinn für die Geschäftsziele und einen Blick für zukünftige Herausforderungen hat,
- stärkere Einbindung des Senior-Managements,

---

[3] Wissensmanagement bezeichnet die Planung und Umsetzung von Prozessen, die den bestmöglichen Umgang mit Wissen umsetzen. Eine detaillierte Ausführung hierzu folgt im Kapitel B.

- verbesserte Nutzung des Wissens-[4] und Kompetenzkapitals[5] im Unternehmen, um Lernfähigkeit zu steigern,
- kontinuierliche Entwicklung von Mitarbeitern,
- Verbesserung der Feedbackkultur,
- Förderung der Vielfältigkeit der Organisation.

Zur Zielableitung können auch Evaluationsdaten der bereits durchgeführten Bewertungen der bisherigen Talent-Management-Maßnahmen richtungsweisend sein, sofern diese bereits vorliegen. Auch Vergleiche mit anderen Unternehmen können hilfreich sein, um Ziele zu bestimmen.

1.2 Ableitung der Ziele, um die Geschäftsstrategie mit den passenden Mitarbeitern umzusetzen

Um bei der Erreichung der Geschäftsstrategie unterstützend tätig sein zu können, werden die Ziele des Talent Management Systems aus der Geschäftsstrategie abgeleitet.

1.2.1 Darstellung der Geschäftsstrategie

Zunächst werden die Geschäftsstrategie und die Geschäftsziele der einzelnen strategischen Geschäftsfelder durch die Unternehmensleitung aktualisiert dargestellt. Hier werden die Ist-Situation des Geschäfts und der Soll-Zustand skizziert. Hilfreiche Fragestellungen sind beispielsweise:
- Wo steht das Unternehmen jetzt, wie ist z. B. der Marktanteil?
- Was sind die jetzigen und zukünftigen unternehmerischen Kernkompetenzen[6]?
- Auf welchen Märkten soll das Unternehmen präsent sein?
- Welche Produkte sollen auf den Märkten angeboten werden?
- Welche neuen Technologien sollen eingesetzt werden?
- Was sind konkrete Kennzahlen, mit denen der Erfolg abgebildet wird?
- Was bedeutet dies für die einzelnen Funktionen im Unternehmen?
- Welche Werte und welche Geschäftsphilosophie sind damit verbunden?

Anhand dieser Überlegungen zur Geschäftsstrategie bzw. dem Abgleich der Ist- und Soll-Situation werden unternehmerische Herausforderungen abgeleitet, wie z. B. aufgrund des Wettbewerbsdrucks Präsenz auf neuen ausländischen Märkten etablieren, innovative und ökologische Produkte zu entwickeln, Standortwechsel, Zielgruppenveränderung

---

4   Wissenskapital bezeichnet das vorhandene Wissen aller Wissensträger (nach Nonaka, Byosiere, Borucki & Konno, 1994).
5   Das Kompetenzkapital kann als die Gesamtheit der Kompetenz, die im Unternehmen durch die Mitarbeiter repräsentiert wird, gesehen werden.
6   Kernkompetenzen eines Unternehmen sollen Wettbewerbsvorteile gegenüber Mitbewerbern schaffen und sind definiert durch folgende Kriterien: Nutzenstiftung am Markt, Seltenheit, beschränkte Imitierbarkeit sowie Nicht-Substituierbarkeit (vgl. Prahalad & Hamel, 1990).

oder -erweiterung, Kostenführerschaft, Produktneueinführung, Rationalisierungsmaßnahmen oder Wachstumspolitik. Diese geschäftlichen Herausforderungen werden in die Herausforderung für die Personalfunktion und ihre Personal-Praktiken übersetzt.

1.2.2 Übersetzung in TMS-Ziele

Die Aufgabe der HR-Business-Partner ist es, die Überlegungen zur Geschäftsstrategie in TMS-Ziele zu übersetzten. TMS-Ziele sind jene, die durch das Talent Management System erreicht werden können, also jene, die die Unternehmensbelegschaft und die Unternehmenskultur in die Richtung steuern, die für die Erreichung der Unternehmensziele von Nutzen ist. Zum Beispiel werden aufgrund der Geschäftsstrategie »Erschließung neuer Märkte in Asien« neue Positionen zu besetzen sein. Dafür muss der HR-Business-Partner nicht nur die Rekrutierung planen, sondern auch die geschäftlichen Herausforderungen in Kompetenzen übersetzen, beispielsweise »unternehmerisches Denken« und »Beharrlichkeit«. Welche TMS-Ziele gesetzt werden können und was mit Kompetenzen gemeint ist, wird in diesem Kapitel dargestellt.

1.3 Situationsanalyse

Eine Situationsanalyse verschafft Klarheit zur Präzisierung und Priorisierung der Ziele: Unternehmen, deren Umsatz von den kreativen Ideen der Mitarbeiter abhängt, priorisieren beispielsweise die Etablierung von Offenheit für neue Einflüsse in der Unternehmenskultur; vertriebsstarke Firmen dagegen konzentrieren sich auf die Steigerung von Verkaufszahlen durch Kundenorientierung.

Die SWOT-Analyse ist ein klassisches Instrument zur systematischen Situationsanalyse. SWOT steht für Strengths (Stärken), Weaknesses (Schwächen), Opportunities (Gelegenheiten) und Threats (Bedrohungen) und verschafft einen Überblick über die internen Stärken und Schwächen sowie die externen Gelegenheiten und Bedrohungen. Die SWOT-Analyse bietet damit sowohl einen unternehmensinternen als auch einen kontextbezogenen Überblick. Folgende externe Faktoren sollten in die SWOT-Analyse einbezogen werden:

- gesellschaftliche Faktoren wie Bevölkerungsstruktur und Wertewandel,
- die Arbeitsmarktlage,
- Bildungsstruktur,
- die Marktlage für die Branche,
- gesetzliche Bestimmungen,
- politische Faktoren,
- die Stärke und Aktivitäten von Mitbewerbern,
- regionale Faktoren.

Aufgrund der Einbeziehung von eventuell vorliegenden Evaluationsdaten der bisherigen Maßnahmen können interne Bedingungen hinterfragt werden. Zudem ist es hilfreich, folgende Rahmenbedingungen in die Situationsanalyse einzubeziehen:

Unternehmenskultur: Zu den internen Faktoren gehört die Unternehmenskultur, weil Prozesse und Instrumente nur erfolgreiche Anwendung erfahren, wenn sie mit der Kultur harmonieren. Ansonsten sind Widerstände oder Hindernisse zu erwarten.

Budgetierung: Der Rahmen wird durch die Budgetierung gesetzt. Folglich werden Prioritäten gesetzt in Bezug auf Aktivitäten und Zielgruppen, d. h. es muss entschieden werden, ob alle Mitarbeiter in die Prozesse integriert werden oder nur bestimmte Hierarchieebenen oder Mitarbeitergruppen. Diskussionen um Kostenreduzierungen beinhalten Themen wie Einkauf oder Eigenleistung von Assessment Center-Durchführungen oder ob es u. a. günstiger ist, bestehende Mitarbeiter weiterzuentwickeln oder neue einzustellen.

Software-Systeme: Auch die Auswahl der passenden IT- und Datenverwaltungssysteme muss berücksichtigt werden. Ziele, die mit Verarbeitung von großen Datenmengen verbunden sind, sollten eingeschränkt werden, wenn mit einfacheren Systemen gearbeitet und keine für TMS entwickelte Software genutzt wird.

Ein Unternehmen kann beispielsweise folgende Ergebnisse aus einer SWOT-Analyse gewinnen:
- Interne Stärken: attraktiver Arbeitgeber nach außen, Implementierung eines unternehmensweit eingesetzten Kompetenzmodells;
- Interne Schwächen: bisher hohe Kosten durch externe Rekrutierungen bei höheren Positionen (80 % der Positionen von außen, 20 % von innen besetzt), keine systematische Nachfolgebesetzung, schwache Feedbackkultur;
- Externe Gelegenheiten: jüngere Absolventen von Universitäten durch BA-Studiengänge;
- Externe Bedrohungen: demografischer Wandel; wenig erfahrene Führungskräfte bewerben sich.

Auf Basis dieser Analyse lässt sich beispielsweise das geschäftliche Ziel »neu geschaffene Position für Asien besetzen« präzisieren und so darstellen:

Da deutlich wird, dass aufgrund der Arbeitsmarktlage wenige Fach- und Führungskräfte zur Verfügung stehen und eine Wachstumsstrategie in Asien neue Positionen schafft, könnte der interne Aufbau von entsprechend qualifizierten Mitarbeitern intensiviert werden. Folgende TMS-Ziele können damit zusammenhängen:
- Erarbeitung des Soll-Profils für Positionen in Asien,
- Kostensenkung der Rekrutierung durch Fokus auf Stellenbesetzungen aus der bestehenden Belegschaft,
- Vergleich der internen Mitarbeiter mit dem Soll-Profil,
- Anbieten von Entwicklungsmaßnahmen, um Kompetenzlücken zu beheben (z. B. interkulturelle Erfahrungen in Asien),
- Bindung von Mitarbeitern und Verhindern der Abwanderung, d. h. Senkung der Fluktuationsrate.

2. Planung der Aktivitäten mit Terminierung sowie Klärung der Rollen und Verantwortlichkeiten

Sind die Ziele festgelegt und ausgewählt, werden im Maßnahmenplan die Aktivitäten mit Terminierung festgelegt und die Rollen und Verantwortlichkeiten geklärt. Im Folgenden werden mögliche Aktivitäten dargestellt, die bei der Aufstellung des Maßnahmenplans berücksichtigt werden.

2.1 Quantitative Mengenbedarfsplanung

Zu der klassischen Personalplanung gehören Mengenbedarfsplanungen, die beleuchten, wie viele Personalkapazitäten zur Realisierung der Unternehmensziele benötigt werden. Es wird der Bedarf an Beschäftigten aufgrund der Aktualisierung der Geschäftsziele in der Planungsperiode erhoben. An dieser Stelle wird quantitativ danach gefragt, wie viele Personen bis wann für welche Regionen und welche Organisationseinheiten (Abteilungen, Bereiche) benötigt werden. Zur quantitativen Rechnung wird vom Bruttopersonalbedarf am Jahresende der Personalbestand am Jahresanfang abgezogen und um die Zahlen der Personalbestandsentwicklung bereinigt. Diese setzen sich aus Zu- und Abgängen zusammen: Pensionierungen, Invalidität, Kündigungen, Beförderungen, Entlassungen, temporäre Fluktuation durch Mutterschutz oder Sabbaticals[7]. Abgezogen werden auch bereits bestehende Personalzugänge während des Jahres. Daraus errechnet sich der zu deckende Netto-Personalbedarf bzw. der abzubauende Netto-Personalüberhang (vgl. Vahs & Schäfer-Kunz, 2007).

Aus diesen Berechnungen bzw. Planungen leiten sich erforderliche Personalbereitstellungen, -entwicklung und -freisetzungen ab. Entstehen Vakanzen für einen internen Wechsel bei gleichbleibender Mitarbeiterzahl, wird die Nachfolgeplanung priorisiert. Gibt es offene Positionen durch eine Wachstumsstrategie, muss mit einer Einstellungsplanung bzw. Rekrutierung reagiert werden. Es ist hilfreich, die Schlüsselpositionen mit hoher Relevanz zur Realisierung der Ziele zu identifizieren, um die Aktivitäten im TMS — wenn z. B. geeignete Mitarbeiter für diese Positionen fehlen — darauf zu konzentrieren. Unter Schlüsselpositionen werden jene verstanden, die einen direkten Einfluss auf die Umsetzung der Geschäftsstrategie haben. Ein Instrument zur Ableitung der Schlüsselpositionen wird im Unterkapitel »Instrumente und Verfahren« (S. 50) erläutert. Die Positionsinhaber der Schlüsselpositionen sollten auf ihr Abwanderungsrisiko hin untersucht werden. Kriterien für diese Einschätzung werden im Kapitel C.3 »Nachfolgeplanung« (S. 172) vorgestellt. Neben der quantitativen Bedarfsplanung erfolgt die Planung des qualitativen Bedarfs.

---

7   Ein Sabbatical ist eine unbezahlte Freisetzung zu einem bestimmten Zeitraum; meist wird diese Zeit von Mitarbeitern dazu genutzt, die Welt zu bereisen oder sich persönlich weiterzubilden. Es wird auch von Mini-Retirement gesprochen.

2.2 Planung des qualitativen Bedarfs

Der qualitative Bedarf wird durch eine Gegenüberstellung der qualitativen Soll- und Ist-Profile bestimmt. Es wird festgestellt, welche Fertigkeiten und Fähigkeiten bzw. Kompetenzen — ausgedrückt in den Ist-Profilen — bereits vorliegen und welcher Bedarf sich im Abgleich mit den Soll-Profilen daraus ergibt.

Die Soll-Profile dienen als Grundlage für
- die strategiekonforme Steuerung der Aktivitäten im Unternehmen: In Zielsetzungsvereinbarungen werden die Anforderungsprofile genutzt, um Ziele für die Mitarbeiter zu setzen. So kann sichergestellt werden, dass Mitarbeiter entsprechend den Geschäftszielen wertschöpfende Aufgaben erfüllen;
- die Beurteilung von Mitarbeitern: Anhand des Soll-Profils können die Ist-Profile der Mitarbeiter verglichen und bewertet werden;
- die Rekrutierung: Das Soll-Profil und insbesondere die konkreten Beschreibungen der Verhaltensweisen werden zur Beschreibung von Stellenanzeigen sowie für die Personaldiagnostik eingesetzt, um z. B. im Assessment Center oder Interviewverfahren als Beobachtungsvorlage zu dienen oder die Vorauswahl zu gestalten;
- die Besetzung von Positionen: Soll-Profile werden mit den Ist-Profilen der Mitarbeiter oder Bewerber abgeglichen und Positionen entsprechend besetzt;
- die Planung von Entwicklungsmaßnahmen: Durch den Vergleich von Ist- und Soll-Profil werden Kompetenzlücken erkannt und entsprechende Entwicklungsmaßnahmen eingeleitet.

Zunächst wird an dieser Stelle auf die Planung der Soll-Profil-Erstellung eingegangen. Danach werden die Planung der Ist-Profil-Erstellung sowie die anschließende Gegenüberstellung skizziert.

2.2.1 Planung der Soll-Profile

Das Soll-Profil beinhaltet fachliche und überfachliche Anforderungen, die an die Positionsinhaber gestellt werden, damit sie die Stelle erfolgreich ausfüllen. Der qualitative Bedarf wird anhand von Soll-Profilen systematisch ermittelt. Dabei werden neu zu schaffende Positionen ebenso einbezogen wie bereits bestehende. Zunächst werden die jeweiligen Unternehmensziele auf die Geschäftsfelder und auf die unterschiedlichen Geschäftseinheiten oder Abteilungen in Hauptverantwortlichkeiten übersetzt, die definieren, zu welchem Zweck es die Position gibt. Die Hauptverantwortlichkeiten fragen danach, welchen Wertschöpfungsbeitrag die jeweilige Position für das Gesamtunternehmen leistet. Sie können für ein Team, z. B. ein Marketingteam, das ein Konzept für ein bestimmtes Produkt erarbeitet, ähnlich sein und sollten sehr allgemein gehalten werden. Darauf aufbauend werden individuelle Anforderungen für die einzelnen Mitarbeiter abgeleitet und in einem Soll-Profil dargestellt. Die Soll-Profile werden für jede Position auf allen Funktionen und Hierarchieebenen erstellt. Alternativ werden Soll-Profile nur für Schlüsselpositionen (s. unten) erarbeitet. Liegen diese Soll-Profile noch nicht vor, gibt es unterschiedlich aufwendige Methoden zur Erstellung sowie zwei Mo-

delle, die bei der Erstellung nützlich sein können. Diese werden hier kurz im Überblick skizziert und später detailliert dargestellt.
- **Aufgabenkaskade:** Der einfachste Prozess ist die Ableitung der Anforderungen aus den geschäftlichen Zielen mittels einer Aufgabenkaskade. Dies ist ein intuitiv gesteuerter Prozess, der zu einer generellen Darstellung der Erwartungen in einem Soll-Profil führt.
- **Anforderungsanalyse:** Das Soll-Profil wird präzise auf Basis einer Anforderungsanalyse erstellt. Hier werden Anforderungen mittels Analyse von erfolgsentscheidenden Situationen abgeleitet, die durch Befragungen mit Experten — meist den Stelleninhabern — generiert werden. Das Soll-Profil ist dann gleichzusetzen mit einem Anforderungsprofil, welches fachliche und überfachliche Anforderungen beinhaltet. Die überfachlichen Anforderungen werden dabei in einem sog. Kompetenzprofil dargestellt.

Je nach Methodik variiert ein Soll-Profil im Detaillierungsgrad. Eine Anforderungsanalyse mit einem Kompetenzprofil wird erst für komplexe Anforderungen erstellt, in denen erfolgskritische Verhaltensweisen einen Einfluss auf das Ergebnis haben, so macht beispielsweise kundenorientierte Handlung einen Unterschied bei Dienstleistungsaufgaben. In Aufgaben, die weniger komplex sind, reichen Angaben zu spezifischen Kenntnissen, Fertigkeiten und Qualifikationen im Soll-Profil aus.

Zwei Modelle, die für komplexe Aufgaben bei der Erstellung des Soll-Profils helfen, sind die Leadership-Pipeline und das Kompetenzmodell. Beide werden ab S. 55 detailliert erläutert. Zur Erstellung des Soll-Profils soll an dieser Stelle skizziert werden, warum sie hilfreich sind:
- **Leadership-Pipeline:** Die »Leadership-Pipeline[8]« von Charan, Drotter & Noel (2001) stellt ein Modell dar, das die Verhaltenserwartungen an verschiedene Führungsebenen definiert, damit nicht etwa ein Bereichsleiter Aufgaben eines Abteilungsleiters übernimmt. Es ist ein Modell zur systematischen Stärkung der Unternehmensführung durch lückenlose und aufeinander aufbauende Planung der Erwartungen an alle Führungsebenen. Dies kann als Vorlage helfen, die Erwartungen an die Führungspositionen im Soll-Profil zu beschreiben. Die Leadership-Pipeline ist insbesondere hilfreich, wenn ein TMS-Ziel darin besteht, die Unternehmensführung zu stärken.
- **Kompetenzmodell:** Ein Kompetenzmodell ist eine Bündelung der Verhaltensweisen, die für die Erfüllung der strategiekonformen Aufgaben erfolgskritisch sind. Unternehmensrelevante Kompetenzen wie »unternehmerisches Denken« oder »Teamfähigkeit« werden mit konkreten Verhaltensweisen beschrieben. Das Kompetenzmodell wird in allen Personal-Praktiken im Rahmen des TMS angewendet. Liegt dies vor, können leicht die überfachlichen Anforderungen, also das Kompetenzpro-

---

8 Der Begriff »Leadership Pipeline« wird im Folgenden verwendet, zum einen, weil er sich zum feststehenden Begriff entwickelt hat und zum anderen, weil er sich nicht ins Deutsche übertragen lässt; es könnte alternativ von Führungsebenen-Logik gesprochen werden.

fil, abgeleitet werden, es reduziert den Aufwand bei der Erstellung der Soll-Profile erheblich.

Um das Soll-Profil in einem Strategieworkshop zu erstellen, sollte die aufwendige Anforderungsanalyse bereits stattgefunden haben und sollten die genannten Modelle bereits vorliegen. Sie werden daher gesondert unten genauer beschrieben.

Beispiel eines Anforderungs- bzw. Soll-Profils[9]

Das Anforderungsprofil gibt einen Überblick über die fachlichen Anforderungen, z. B. betriebswirtschaftliche Fähigkeiten, die sich in Qualifikationen darstellen, und überfachlichen Fähigkeiten, z. B. Kundenorientierung oder Kommunikationsfähigkeit. Die Anforderungen werden für die jeweiligen Positionen gewichtet, beispielsweise auf einer Rating-Skala von 1 bis 4. Die Tabelle 1 gibt ein Beispiel für ein Anforderungsprofil. Die Kompetenzbeschreibungen werden mit konkreten Verhaltensweisen hinterlegt, wie z. B. »Kundenorientierung: geht auf die individuellen Bedürfnisse des Kunden ein; macht proaktiv Vorschläge; bleibt auch bei fordernden Kunden freundlich.«

		1	2	3	4
Sozialkompetenz	Konfliktfähigkeit			X	
	Einfühlungsvermögen			X	
	Kommunikationsfähigkeit				X
	Interkulturelles Verständnis			X	
Motivationsstruktur	Leistungsvermögen			X	
	Belastbarkeit		X		
	Lern- und Veränderungsbereitschaft			X	
Fachkompetenz	Betriebswirtschaftliche Kenntnisse			X	
	EDV-Kenntnisse		X		
	Fremdsprachenkenntnisse		X		
	Qualitätsorientierung				X
1 = niedrig ausgeprägt	4 = hoch ausgeprägt	X = Soll-Wert			

Tab. 1: Beispiel eines Anforderungsprofils

Einfachere Variante zur Erstellung eines Soll-Profils

Entscheidet sich ein Unternehmen, eine einfachere Variante zur Ableitung der Anforderungen zu nutzen, kann im Strategieworkshop die Aufgabenkaskade besprochen werden. Basis ist, wie oben beschrieben, die Ableitung der relativ global gehaltenen

---

9   Wird das Soll-Profil anhand einer Anforderungsanalyse erstellt, ist es identisch mit dem Anforderungsprofil.

Hauptverantwortlichkeiten aus den Geschäftszielen. Darauf aufbauend werden die individuellen Aufgaben für die einzelnen Mitarbeiter abgeleitet, z. B. Reduzierung der Beschwerderate um x Prozent. An die Erfüllung der Aufgaben wiederum sind fachliche und überfachliche Anforderungen geknüpft. Um diese zu generieren, wird gefragt, welches Verhalten bzw. welche Kompetenzen wichtig sind, um die Aufgaben zu erfüllen, sowie welche Qualifikationen und Erfahrungen entscheidend sind. Die Antworten dazu erfolgen intuitiv aus der Erfahrung der teilnehmenden Manager. Als Vorlage ist eine grundsätzliche Einteilung von Kompetenzen (vgl. Erpenbeck & von Rosenstiel, 2007; Erpenbeck & Heyse, 2007) hilfreich:

- personale Kompetenzen: z. B. Selbstreflexion, Leistungsmotivation;
- aktivitäts- und umsetzungsbezogene Kompetenzen: z. B. Tatkraft, Initiative, Mobilität;
- fachlich-methodische Kompetenzen: z. B. Einsatz von Wissen und Methoden;
- sozial-kommunikative Kompetenzen: z. B. Umgang mit anderen Menschen.

Die beschriebene Ableitung erfolgt für jede Position in allen Funktionen und auf allen Ebenen. Da sie von allgemein formulierten Geschäftszielen zu konkreten Aufgaben stufenförmig weiterleitet, aus denen Anforderungen abgeleitet werden, kann diese Technik als Aufgabenkaskade bezeichnet werden. In Tabelle 2 wird als Beispiel eine Aufgabenkaskade für eine Führungskraft dargestellt, die ein bestimmtes Produkt betreut.

Die Geschäftsziele		Marktanteilerhöhung von x Prozent bis zum Jahr 20xx; EBIT-Ziele und neue Geschäftsstrategie für Region xy und Zertifizierung im Qualitätsmanagement
Hauptverantwortlichkeiten		Vertrieb des Produktes xz; Betreuung der Kunden in Region x
Aufgaben		X prozentige Erhöhung des Umsatzes mit Kunden x; Reduzierung der Beschwerderate um x Prozent; Führung des Teams xy; Erhöhung der Zufriedenheit bei Hauptkunden x; Cross-Selling bestehender Kunden; neue Kunden akquirieren; verbessertes Qualitätsmanagement durch Dokumentation der Daten xyz und Weiterleitung innerhalb von 5 Wochen an xyz.
Anforderungen	Verhaltensweisen	Kundenorientierung: geht auf die individuellen Bedürfnisse des Kunden ein; macht proaktiv Vorschläge; bleibt auch bei fordernden Kunden freundlich
		Kommunikation: geht auf die Sichtweise des Gegenübers ein; hört genau zu; ist sich über eigene Wirkung bezüglich nonverbaler Signale bewusst
		(...)
	Qualifikationen/ Fachkompetenz	EDV-Kenntnisse Produktkenntnisse

Tab. 2: Beispiel mit Auszügen einer Aufgabenkaskade

Ganz gleich, ob das Soll-Profil durch die Anforderungsanalyse in ein gewichtetes Anforderungsprofil mündet oder die Aufgabenkaskade als Soll-Profil ausreichen muss: Wichtig ist, dass die Erwartungen an die Mitarbeiter für gegenwärtige und zukünftige Herausforderungen festgehalten werden. Daher ist die Einbeziehung der Vertreter des Senior-Managements entscheidend, da sie Aussagen zu den zukünftigen Anforderungen machen können.

2.2.2 Planung der Erhebung und Datenspeicherung der Ist-Profile

Die qualitativen Bestände im Gegensatz zum Mengenbedarf werden im Rahmen der Personalplanung anhand von Ist-Profilen bzw. Qualifikationsprofilen abgebildet. Diese sollten in Qualifikationsdatenbanken oder sog. Talent-Datenbanken vorliegen. Softwaresysteme unterstützen die Erstellung, Planung und Kontrolle der Datenbanken durch ein zahlreiches Angebot von adäquaten Softwarelösungen. Sie erstellen neben elektronischen Personalakten und Organigrammen eine Vielzahl an Lösungen, um die Datenmengen im Rahmen des TMS zu sortieren und die Komplexität zu reduzieren.

Werden in einer Organisation unterschiedliche Systeme genutzt, sollte in der Planungsphase darauf geachtet werden, dass diese kompatibel sind. Zudem ist zu beachten, dass die Anwender gegebenenfalls geschult werden. Hier ist zu diskutieren, wie Daten zur Erstellung der Qualifikationsdatenbank erhoben und dokumentiert werden: Die wichtigste Datenquelle stellt in der Regel der Vorgesetzte dar, der das Ist-Profil seiner Mitarbeiter durch Leistungsbeurteilungen erhebt, welche im Rahmen der Mitarbeitergespräche dokumentiert werden.

Im Rahmen dieser Diskussion kann hinterfragt werden, wie Führungskräfte unterstützt werden, um ihre Mitarbeiter fair beurteilen zu können, damit die so gewonnenen Daten den Mitarbeitern gerecht werden.

Neben der Vorgesetzteneinschätzung werden auch andere Quellen genutzt, z. B. durch die Abfrage der Einschätzung durch Kollegen oder Kunden, wie beispielsweise durch die Multiple-Feedback-Methode (vgl. Kapitel C.1 »Beurteilung«). Zudem werden auch eignungsdiagnostische Methoden angewendet wie Management Audits[10], Assessment Center, Tests und Persönlichkeitsfragebögen. Hier ist zu klären, an welcher Stelle diese Instrumente einen zusätzlichen Nutzen zur Vorgesetztenbeurteilung bringen und wie sie zur Unternehmenskultur passen.

2.2.3 Gegenüberstellung der Ist- und Soll-Profile

Um den qualitativen Nettobedarf zu ermitteln, sind die gegenwärtig verfügbaren Ist-Profile — also die Qualifikationsprofile — den zukünftig erforderlichen Soll-Profilen — bestenfalls die Anforderungsprofile — gegenüberzustellen. Durch die grafische Veranschaulichung werden »Kompetenzlücken« ersichtlich, die durch entsprechende Entwicklungsmaßnahmen gefüllt werden können. In Abbildung 10 wird eine fünfstu-

---

10 Ein Audit ist ein diagnostisches Verfahren zur Erhebung von Potenzial im Management.

fige Ratingskala genutzt, die häufig anzutreffen ist. Es ist selbstverständlich, dass die Rating-Skala der Soll- und Ist-Profile identisch ist.

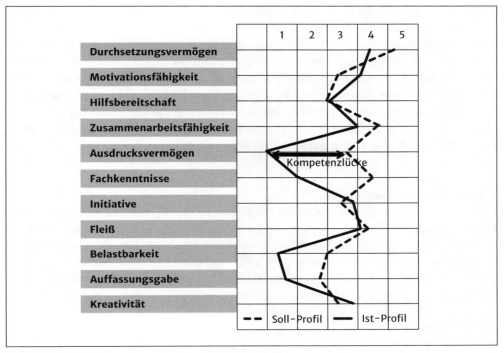

Abb. 10: Gegenüberstellung der Ist- und Soll-Profile

2.3 Planung der Personalbereitstellung

Nach der oben beschriebenen Bedarfsklärung wird bestimmt, wie das erforderliche Personal bereitgestellt werden kann. Dazu gehören Personalsuche und Personalauswahl.

2.3.1 Interne Personalsuche: Planung der Talent-Identifikation und der Nachfolgeplanung

Falls einem Unternehmen bisher noch keine Soll- bzw. Anforderungsprofile oder Kompetenzbeschreibungen[11] vorliegen, können diese zur Priorisierung der Aktivitäten im TMS auch zunächst nur für Schlüsselpositionen erstellt werden. Um dies zu gewährleisten, müssen zunächst die Kriterien für Schlüsselpositionen festgelegt werden (s. Abschnitt A.4 »Instrumente und Verfahren« (S. 50 ff.)).

---

11 Anforderungsprofile beinhalten Kompetenzbeschreibungen. Soll-Profile und Anforderungsprofile sind identisch, wenn die Soll-Profile anhand von Anforderungsanalysen entstanden sind.

Bei der Planung sollte berücksichtigt werden, dass nicht nur die wichtigsten Positionen per se, sondern Positionen, in denen Maßnahmen der Talent-Identifikation und Förderung einen spürbaren Unterschied für den Geschäftserfolg ausmachen, für Aktivitäten im TMS in Betracht gezogen werden. Selbst wenn beispielsweise sehr gute Piloten besser fliegen als gute Piloten, generiert die Entwicklung dieser relevanten Positionen im Unternehmen nicht unbedingt einen höheren Mehrwert für dieses Unternehmen als die Betrachtung »kleinerer« Positionen: Ein sehr guter Fahrer dagegen, der Waren ausliefert, bringt wahrscheinlich spürbar bessere Ergebnisse verglichen mit einem weniger guten Fahrer, der schlechter organisiert ist und weniger Kundenbindung etabliert. Häufig werden die kleineren Mitarbeiterebenen aus dem Talent Management System ausgeschlossen, was aus den dargestellten Gründen und aus der Überlegung, dass jeder Mitarbeiter Talent hat und zum Geschäftserfolg beitragen kann, überdacht werden sollte.

2.3.1.1 Talent-Identifikation

Um intern die passenden Personen für Positionen zu finden, stellt sich die Frage, welche Instrumente im Unternehmen genutzt werden, um passende Mitarbeiter zu erkennen und sie auf die Positionen hin zu entwickeln. Im Rahmen dieser Diskussion kann die Frage nach der Talent-Identifikation aufgeworfen werden: Wie werden die Potenziale im Unternehmen erkannt? Wie werden überdurchschnittliche Potenziale erkannt? Und wie werden die Informationen eingesetzt?

Talent-Scouts

Intern werden in manchen Unternehmen sog. Talent-Scouts eingesetzt, die potenzielle interne Nachfolger für Vakanzen vermitteln. Sie werden auch interne Head-Hunter genannt, die einen direkten Kontakt mit überdurchschnittlich talentierten Mitarbeitern sowie Schlüsselpositionsinhabern pflegen. Sie gehören dem Senior-Management an, da zum sinnvollen Einsatz eines Talent-Scouts gehört, dass er das Unternehmen kennt und über entsprechend gute interne Netzwerke verfügt. Zudem sollte die Person selbst bereits so hoch in der Hierarchieebene angesiedelt sein, dass sie bereitwillig andere empfiehlt.

2.3.1.2 Nachfolgeplanung

Um die Nachfolgeplanung für die Positionen zu erstellen, wird geklärt, wie dem Senior-Management ein Überblick über die Stärken und Schwächen in der Belegschaft vermittelt und auf welche Art verfolgt wird, welcher Mitarbeiter auf Basis der Erwartungen in welchem Zeitraum welche Position nachbesetzen kann.

Steht das Unternehmen vor dem Problem, dass für die Soll-Profile der gehobenen Führungskräfte keine Entsprechungen in den Ist-Profilen der Belegschaft zu finden sind und deshalb stärker extern rekrutiert wird oder dass beförderte Führungskräfte nicht genügend auf ihre neue Rolle vorbereitet werden, stellt das einen Ansatzpunkt für Maßnahmen dar. In diesen Fällen wird hinterfragt, ob Mitarbeiter aufgrund ihrer hervorragenden Leistung in der momentanen Position befördert werden, ohne zu wissen, ob sie für die neue Position qualifiziert sind. Dies birgt die Gefahren der Nichtpassung und der Überforderung. So nützen einem guten Vertriebler für Medikamente in einem Pharmakonzern, der aufgrund seiner hervorragenden Verkaufsergebnisse zum Sales-Manager, d. h. zur Führungskraft (FK), die andere Vertriebler leitet, befördert wird, seine Produktkenntnisse nicht mehr viel. Er muss stattdessen ein Team leiten, Menschen motivieren, Aufgaben delegieren etc., um erfolgreich zu sein. Wird eine Führungskraft befördert, sollte sie das Potenzial für die nächsthöhere Position mitbringen und zudem vorbereitet sein. Hieraus ergeben sich Konsequenzen zur Mitarbeiterbeurteilung: Wird bisher lediglich die Leistung der Mitarbeiter beurteilt, sollte man überlegen, deren Potenziale in die Beurteilung mit einzubeziehen. Zudem ist die Einführung von Instrumenten zur systematischen Beurteilung von Potenzial und Leistung sowie eine Nachfolgeplanung mit »Frühwarnsystem«, die frühzeitig meldet, wenn wichtige Positionen vakant werden, zu diskutieren. Im Rahmen dieser Diskussion spielt auch eine Rolle, ob den Mitarbeitern bekannt ist, was genau von ihnen gefordert wird. Die Etablierung eines Führungsmodells nach dem Vorbild der »Leadership-Pipeline« (s. S. 55) sowie eine entsprechende Synchronisation der Entwicklungs- und Feedbackprozesse können als Maßnahmen in Betracht gezogen werden.

2.3.2 Externe Personalsuche und -auswahl: Planung der Rekrutierung

Um zu planen, wie extern passendes Personal gefunden wird, werden Fragen zum Personalmarketing, zur Personalansprache sowie zur Personalauswahl diskutiert.

2.3.2.1 Personalmarketing und -ansprache

Um passende Bewerber anzuziehen, werden zunächst Schritte für das Personalmarketing ausgearbeitet. Im Zuge dessen wird ein Alleinstellungsmerkmal erarbeitet, das die Firma im Vergleich zu Wettbewerbern hervorhebt. Dies wird in einem Nutzenversprechen, einer sog. Value-Proposition dargestellt, z. B. indem flexible Arbeitsmodelle oder ungewöhnliche Karrieren hervorgehoben werden. Zu beachten ist hier, dass für die Generation Y oder die sog. »Millennials«, also die bis in die frühen 2000er-Jahre geborenen, andere Anreize gelten als traditionelle wie Gehalt und Karriere (z. B. Warner, 2013).

Zudem werden Strategien entwickelt, um potenzielle Bewerber anzusprechen, z. B. die Arbeit mit externen Personaldienstleistern oder Jobplattformen, Anzeigen, Business Communities wie »Xing« oder »LinkedIn« im Internet sowie soziale Medien wie Facebook. Auch Möglichkeiten des Hochschulmarketings, der Messen und innovativer Workshops oder Ausschreibungen, bei denen potenzielle Bewerber die Firma kennenlernen können, gehören zu den Techniken des Marketings. Auch Ideen, wie die eigenen Mitarbeiter motiviert werden können, um ihre eigenen Netzwerke zu nutzen, mögliche Kandidaten anzusprechen, gehören zum Personalmarketing. Um als Wunscharbeitgeber anerkannt zu werden, nehmen Firmen bei »Great Place to Work«-Ausschreibungen oder entsprechenden Studien zu Arbeitgeberattraktivität teil, was im Vorfeld geplant werden muss, weil damit beispielsweise aufwendige Mitarbeiterbefragungen verbunden sind.

2.3.2.2 Personalauswahl

Es werden diejenigen Auswahlverfahren geplant, die zur Vorauswahl und zur Eignungstestung angewendet werden, um die Ist-Profile der Bewerber zu generieren. Die Abfolge des diagnostischen Prozesses von Bewerbungseingang, Vorauswahl mit Leistungstests, Interviews mit Managern aus dem Fachbereich, Auswahl der psychometrischen Verfahren wie Assessment Center oder Persönlichkeitsfragebogen werden festgelegt. In dem Rahmen kann geklärt werden, ob und welche Manager an Interviewtrainings teilnehmen, um die Qualität der Auswahlinterviews zu erhöhen.

2.3.3 Weitere Planungen des Personaleinsatzes

Zur Planung des Personaleinsatzes gehören neben den bisher getroffenen Überlegungen auch Fragen zur Einarbeitung, zu den Arbeitsbedingungen, zur Arbeitszeit und zur Vergütung. Diese Themen haben im Rahmen des Talent Management Systems zwar insofern eine wichtige Bedeutung, als sie insbesondere auf die Bindung von Mitarbeitern Einfluss haben. Da es sich aber um klassische personalwirtschaftliche Planungen handelt, die zudem sehr unternehmensspezifisch zu planen sind, wird hier auf eine detaillierte Darstellung verzichtet.

2.4 Entwicklungsplanung

Ziel der Entwicklungsplanung ist es, dafür zu sorgen, dass Maßnahmen eingeplant werden, um die Kompetenzlücken zwischen Ist- und Soll-Profil zu schließen und wertschöpfende Aktivitäten im Sinne der Geschäftsstrategie zu tätigen. Zudem können Entwicklungsprogramme attraktiv geplant werden, sodass sie zur Bindung von Mitarbeitern beitragen.

Um Personalentwicklungsmaßnahmen zu planen, wird zielgruppenspezifisch — z. B. nach Funktionen wie Marketing oder nach Hierarchieebene — sowie themenspezifisch — z. B. Umgang im Team, Kundenorientierung — vorgegangen. Die Maßnahmenplanung wird in lokale Programme und unternehmensweite Programme aufgeteilt. Zur Planung werden Bedarfsanalysen durchgeführt und Diskussionen aus Konferenzen aufgegriffen, in denen über Mitarbeiter im Rahmen der Talent-Identifikation gesprochen wird. Diese Konferenzen werden im Kapitel C »Personal-Praktiken« beschrieben. Auch werden die Erwartungen an die verschiedenen Zielgruppen mit den Entwicklungsprogrammen harmonisiert. Das Kompetenzmodell oder die Anforderungsprofile dienen als Planungsvorlage. Zudem sollten Entwicklungsmöglichkeiten auf allen Ebenen von der Praktikantenstelle bis zum Senior-Management aufeinander aufbauen. Hier sind nicht nur Erwartungen an die gegenwärtige Position, sondern auch an die nächsthöhere Position zu berücksichtigen. Auf diesem Wege können Mitarbeiter im Laufe ihres Berufslebens von Position zu Position sukzessiv Fähigkeiten, Wissen und Kompetenzen aufbauen, die nicht nur auf der gegenwärtigen, sondern auch auf den nächsthöheren Ebenen benötigt werden.

Inhaltlich wird zu Planungszwecken diskutiert, welche Fähigkeiten entwickelt werden sollen, insbesondere, um auf zukünftige Herausforderungen vorzubereiten. Es steht also die Frage im Mittelpunkt, welche Rollen und welche Kompetenzen in Zukunft entsprechend der Unternehmensstrategie benötigt werden. Es können, wie bereits erwähnt, z. B. Trendanalysen genutzt werden, um Impulse für Personalentwicklungsprogramme zu erhalten. Lernfähigkeit ist für die Vorbereitung auf die Zukunft eine häufig genannte Voraussetzung, die in die Entwicklungsplanung einbezogen werden sollte.

2.5 Planung der Verzahnung der Personal-Praktiken

Bei der Planung der Personal-Praktiken Rekrutierung, Mitarbeiterbewertung, Talent-Identifikation, Nachfolgeplanung, Mitarbeiterentwicklung und Mitarbeiterbindung ist zu berücksichtigen, dass sie Strategiekonformität herstellen, d. h. dass durch sie die Unterstützung der Geschäftsstrategie konsequent verfolgt wird. Damit dies gelingt, müssen die Personal-Praktiken zum einen untereinander ein konsistentes Gesamtbild ergeben. Zum anderen sollte der Geschäftskalender mit den Personalterminen synchronisiert werden. Die Vernetzung der Personal-Praktiken ist aus Anwenderperspektive spürbar, daher werden hier zwei typische Prozesse dargestellt, die zum einen aus Sicht der Mitarbeiter und zum anderen aus Sicht der Führungskräfte die Verknüpfung der HR-Prozesse darlegen. Bei der Planung der Praktiken können diese Perspektiven hilfreich sein.

Aus Mitarbeitersicht wird im Folgenden die Verzahnung der Personal-Praktiken durch eine Prozessdarstellung des TMS-gesteuerten Weges des Mitarbeiters erläutert. Aus Sicht der Führungskraft wird die Verzahnung durch einen sog. Performance Cycle beschrieben.

2.5.1 TMS-gesteuerter Weg der Mitarbeiter

Für Mitarbeiter im Unternehmen ergeben personalrelevante Maßnahmen ein Gesamtbild, wenn die Erwartungen bzw. Anforderungen an die Positionen, die Entwicklungsmaßnahmen und die Karriereschritte pro Hierarchieebene und Funktion systematisch aufeinander aufbauen. Wenn in der Planung also aufeinander abgestimmt berücksichtigt wird,
- was erwartet wird,
- was als nächstes möglich ist, sowie
- was für den nächsten Schritt entwickelt werden muss.

Die Planung kann entsprechend möglicher Karrierepfade erfolgen, die Mitarbeitern Orientierung geben, indem transparent Karrieremöglichkeiten dargelegt werden. Zudem kann eingeplant werden, wie der jeweilige Abgleich der individuellen Erwartungen an die Mitarbeiter — also die jeweiligen Soll-Profile — mit dem Ist-Profil an die Entwicklungsabteilung zurückgemeldet werden, damit entsprechende Maßnahmen ergriffen werden können, um Kompetenzlücken zu schließen; dies gelingt beispielsweise durch entsprechende Formulare in den Mitarbeitergesprächen.

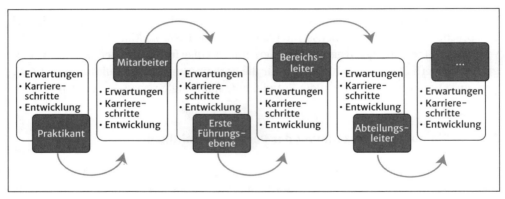

Abb. 11: TMS-gesteuerter Weg der Mitarbeiter

2.5.2 Performance Cycle aus Sicht der Führungskraft

Ein typischer Zyklus, der Entwicklung, Beurteilung, Talent-Identifikation und Nachfolgeplanung verzahnt, wird im Folgenden »Performance Cycle« genannt. Der Performance Cycle ist ein Kreislauf im TMS mit Personal-Praktiken, die periodisch ablaufen und in die Abläufe des Geschäftsjahres integriert werden. An dieser Stelle wird der Zyklus dargestellt, um zu zeigen, wie die Prozesse typischerweise geplant werden. In Kapitel C »Personal-Praktiken« werden Techniken und Vorgänge differenziert erläutert.

Die Führungskraft ist im TMS die treibende Kraft. Sie fordert Leistung, setzt Ziele, fördert, coacht und gibt Feedback; sie beurteilt die Mitarbeiter, schätzt das Potenzial ein und ist für die Entwicklung verantwortlich. Wenn sie nicht agiert, werden auch die besten HR-Instrumente nicht greifen. Eine sorgsame Planung, die die personalrelevanten Prozesse logisch miteinander verbindet, erleichtert Führungskräften die Personalarbeit. Der Zyklus zeigt, was eine Führungskraft im TMS prototypisch in ihrem Arbeitsalltag innerhalb eines Jahres an Maßnahmen durchführt (vgl. Abb. 12).

Jede Führungskraft (FK) führt Mitarbeitergespräche, in den meisten Fällen in halbjährlichem Rhythmus. Hier werden Ziele und Standards für die nächste Periode gesetzt und Anforderungen geklärt sowie die vergangene Leistung bewertet. Danach findet eine divisionale bzw. lokale Konferenz statt, in der über die Mitarbeiter gesprochen wird, auch Talentkonferenz genannt. Hierfür bereitet sich die FK vor, indem sie die Leistung, die Kompetenzen und Potenziale ihrer Mitarbeiter reflektiert. In der Talentkonferenz wird die FK ihre Ergebnisse den Kollegen der gleichen Hierarchieebene vorstellen, um gemeinsam Nachfolgeplanungen aufzustellen. Nach der Konferenz wird das Feedback aus den Ergebnissen der Konferenz an die Mitarbeiter vermittelt. Möglicherweise muss mit jenen Mitarbeitern, die eine schlechtere Leistung erbracht haben, deutlich darüber reflektiert werden, warum über eine längere Zeit die Standards nicht erfüllt wurden und ob sie eine für sie unpassende Position besetzen. Hier werden möglichst die Talente aller Mitarbeiter sowie deren passender Einsatz berücksichtigt. Jene Mitarbeiter, die überdurchschnittliche Leistung und besonderes Potenzial gezeigt haben, werden für sog. Potenzial-Reservoirs nominiert. In der Nachfolgekonferenz, die auf Corporate Level, also auf höchster Hierarchieebene, stattfindet, werden diese Personen für unter-

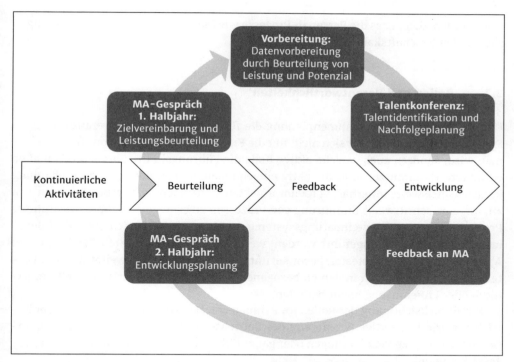

Abb. 12: Leistungsmanagementkreislauf bzw. Performance Cycle mit Personal-Praktiken aus Sicht der Führungskraft

nehmensweite Schlüsselpositionen vorgeschlagen. Dieses Prozedere gehört zur Nachfolgeplanung. Das zweite Mitarbeitergespräch findet ein halbes Jahr später statt; hier liegt der Fokus auf den konkreten Entwicklungsmaßnahmen, womit der Bereich der Entwicklung integriert wird. Kontinuierlich über das Jahr verteilt, bewertet die FK die Leistung ihrer Mitarbeiter, gibt auch informelles Feedback und entwickelt ihre Mitarbeiter weiter. Hier werden die Beurteilungs- und Entwicklungsvorgänge verknüpft.

Um die Personal-Praktiken miteinander zu verzahnen, werden typischerweise zwei Instrumente genutzt: Die Leadership-Pipeline und der Einsatz eines Kompetenzmodells. Die unternehmensweite Festlegung von Schlüsselpositionen sowie das Verfahren der Anforderungsanalyse sind ebenfalls hilfreich, um eine Basis für verschiedene Personal-Praktiken zu liefern. Diese werden im Abschnitt A.4 »Instrumente und Verfahren« (S. 50) dargestellt.

2.6 Terminierung

Die konkreten Schritte und Prozesse sollten zeitlich so geplant sein, dass die Zeitpunkte nicht mit anderen Geschäftsprozessen kollidieren und dem Geschäftsrhythmus dienlich sind. Der Geschäftskalender mit den Terminen wie »Budgetplanung, Bonusplanung, Geschäftsführertreffen, Zielplanung« sollte mit dem HR-Kalender synchronisiert werden, d. h., dass die Personal-Prozesse wie MA-Gespräch, Nachfolgeplanungen sich an den Geschäftskalender anpassen.

2.7 Rollen und Verantwortlichkeiten

Um im Rahmen der Maßnahmenplanung die für die Zielerreichung verantwortlichen Personen festzulegen, stellt sich nicht nur die Frage, welche Aktivität von HR übernommen wird, sondern auch, welche aktive Rolle die Führungskräfte übernehmen und ob es weitere Unterstützer gibt, die aktiv eingebunden werden können. Die Einbindung kann beispielsweise innerhalb von Pilotprojekten stattfinden. Pilotierungen bieten sich an, um eine schrittweise Einführung von Prozessen zu ermöglichen. Sollen bestimmte Prozesse wie z. B. Zielvereinbarungssysteme im Mitarbeitergespräch oder die Talentidentifikationen neu eingeführt werden, werden diese in bestimmten Bereichen oder Abteilungen zunächst getestet, bevor sie unternehmensweit ausgeweitet werden. Vorteilhaft ist es, wenn sich in den einbezogenen Bereichen Befürworter des TMS im Senior- oder Linienmanagement befinden.

Zur Berücksichtigung der Rollen im Rahmen der TMS-Planung gehört auch der Betriebsrat. Die frühzeitige Beteiligung des Betriebsrates sollte eingeplant werden, ansonsten kann es zu Verzögerungen oder gar zur Blockierung der Einführung neuer Prozesse kommen.

Wichtig ist zudem, einen Ansprechpartner als Schnittstelle zwischen HR und Senior-Management oder einen Ansprechpartner zu Fragen bezüglich des Talent Management Systems für Mitarbeiter bzw. Mitarbeitergruppen zu benennen.

Externe Personengruppen sind ebenfalls einzubeziehen: Diplomanden oder Doktoranden beispielsweise können bei einer Einführung von neuen Projekten als wissenschaftliche Begleitung zur Evaluation hilfreich sein.

Zudem sollte geklärt werden, ob und mit welchen externen Beratungen gearbeitet wird und ob deutlich ist, welche Beratung in welchen Bereichen besonders erfahren ist, um die möglichst erfahrensten Berater in dem Bereich zu engagieren.

3. Festlegung der Erfolgskriterien und Indikatoren

A difference which makes no difference is no difference.«
(William James, amerikanischer Psychologe und Philosoph, 1842-1912)

Um den Zielerreichungsgrad durch die Aktivitäten im Talent Management System zu bewerten und eine kontinuierliche Verbesserung der Prozesse gewährleisten zu können, ist die Evaluation[12] der Maßnahmen erforderlich. Die Quantifizierung des Kosten-

---

[12] Etymologisch leitet sich der Begriff Evaluation aus dem Englischen ab; das Wort »value« bedeutet hier so viel wie »Wert« oder, als Verb verwendet, »schätzen, bewerten«.

Nutzen-Verhältnisses der Maßnahmen im Talent Management System stellt aufgrund der Reziprozität der vielfältigen Einflussfaktoren eine Herausforderung dar. Soll die Wirksamkeit von TMS-Maßnahmen z. B. an einer Steigerung des Umsatzes gemessen werden, muss von multikausalen Zusammenhängen ausgegangen werden. Natürlich ist nicht nur das Talent Management System, sondern sind auch Faktoren wie die Marktlage, der Erfolg oder Misserfolg eines Produktes und weitere für den Umsatz verantwortlich.

An dieser Stelle muss betont werden, dass die Art der Evaluation bzw. Bewertung der Maßnahmen natürlich von der individuellen Situation des Unternehmens abhängt. Die Ausgangslage — die Ist-Situation — vor den TMS-Maßnahmen und die jeweiligen Ziele — die Soll-Situation — bestimmen die Wirksamkeitsindikatoren. Daher wird hier eine Auswahl verschiedenster Erfolgskriterien dargestellt, wie z. B. »stärkere Mitarbeiterbindung«, die je nach Ziel ausgewählt werden können. Um Aussagen über das Erreichen des Erfolgskriteriums machen zu können, werden sog. Key Performance Indikatoren (KPI[13]) festgelegt, die messbar sind, z. B. Vergleich der Fluktuationsrate vor der Durchführung von Maßnahmen zur Fluktuationsrate nach der Durchführung. Im Folgenden wird kurz auf verschiedene Ebenen der Evaluation eingegangen und entsprechende Kennzahlen skizziert, um dann überblicksartig in einer Tabelle Erfolgskriterien und Indikatoren für ein TMS gegenüberzustellen.

Es kann zwischen drei Arten von Bewertungsfaktoren unterschieden werden:

- **Input-Faktoren:** Wurden Instrumente angewandt? Dies kann gemessen werden an der Reaktion der Beteiligten, z. B. durch Anzahl der Anmeldungen oder Anzahl von Downloads. Auch die Häufigkeit der Anwendung der Verfahren kann in diesem Zusammenhang gemessen werden.
- **Output-Faktoren:** Haben die Instrumente entsprechende Ergebnisse geliefert? Hier kann betrachtet werden, ob die Art der Anwendung der Verfahren die gewünschten Ergebnisse geliefert hat.
- **Outcome-Faktoren:** Hat der Einsatz der Instrumente das Erreichen des Ziels bewirkt?

Input- und Output-Faktoren beziehen sich auf die Prozessevaluation. Um die Outcome-Faktoren zu bewerten, können folgende Kennzahlen genutzt werden:
- Business Impact: Inwieweit haben die Maßnahmen Einfluss auf die Erreichung der Geschäftsziele?
- Return on Investment: Inwieweit tragen die Investitionen zum Erfolg bei und inwieweit wurden Vorteile erreicht, durch die sich die Kosten der Maßnahmen amortisieren?
- Return on Expectations: Grad der Zielerreichung, die mit der Anwendung der Instrumente anvisiert wurde, z. B. die Lernentwicklung der Beteiligten.

---

[13] Key Performance Indicator bezeichnet Kennzahlen, mittels derer der Erfüllungsgrad von Zielen oder Erfolgsfaktoren gemessen oder ermittelt wird.

Ob ein Talent Management System als erfolgreich zu bewerten ist und ob die damit verbundenen Kosten sich amortisiert haben, hängt mit den damit verbundenen Zielen zusammen. Ein Talent Management System, das zu einer höheren internen Stellenbesetzung führt — was zu den wichtigsten Zielen im TMS gehört (vgl. Sebald, Enneking & Woeltje, 2005), spart beispielsweise folgende Kosten der externen Rekrutierung:

- Anzeigen und Marketing,
- administrative Kosten durch Bewerbungsprozess,
- eventuell Headhunter-Kosten,
- Auswahlverfahren wie Assessment Center,
- Einarbeitungszeit im Unternehmen sowie
- den Saldo zwischen dem Gehalt des internen Mitarbeiters und dem höheren Einstiegsgehalt des externen Bewerbers.

3.1 Übersicht von Erfolgskriterien und Indikatoren

Zur Evaluation können keine generellen Kennzahlen herangezogen werden, nach denen man sich richten kann, weil die Veränderungen durch ein Talent Management System multikausal und nicht univariat[14] sind. So müssen beliebig viele Annahmen getroffen werden, die angreifbar sind. Hier soll daher eine Reihe von möglichen Kriterien und korrespondierenden Indikatoren vorgestellt werden, welche je nach Ziel zur Erfolgsmessung betrachtet werden können.

	Erfolgskriterium	Indikator (Key Performance Indikator)	
☐	Annahme der Instrumente im Talent Management System	Anzahl Teilnehmer an Weiterbildungsmaßnahmen	☐
		Grad der Abstimmung der Trainingskataloge auf Kompetenzmodell (inkl. Ebenen)	☐
		Anzahl Klicks auf Intranet-Seite der HR-Instrumente	☐
		Anzahl Downloads der Instrumente	☐
		Abwesenheitsrate der Manager in Maßnahmen wie Talentkonferenz; Anmeldungen von Managern als Beobachter in diagnostischen Verfahren (wie Management Audit)	☐
☐	Sicherung der Nachfolgebesetzung von Schlüsselpositionen	Zeit, in der Top-Potenziale oder Top-Performer auf einer Stelle/einem Job bleiben, ohne befördert oder horizontal bewegt zu werden	☐
		Besetzungsquote der Vakanzen	☐
		Zeit, in der Vakanzen unbesetzt bleiben	☐
		Zeit, die zwischen Freiwerdung einer Position und Bemühung, diese zu besetzen, vergeht	☐

---

14 Univariat meint die Betrachtung von nur einer Variablen. Hier ist also gemeint, dass ein Talent Management System nicht nur anhand einer Kennzahl evaluiert werden kann.

	Erfolgskriterium	Indikator (Key Performance Indikator)	
☐	Höhere Leistung der Mitarbeiter	Anzahl der positiven Feedbacks von Kunden	☐
		Kundenzufriedenheitsbefragungen	☐
		Veränderung der Beurteilung in Mitarbeitergesprächen; Bonusausschüttungen	☐
		Anzahl Ideen, die eigeninitiativ von Mitarbeiter vorgeschlagen und umgesetzt werden	☐
		Vergleich der Unternehmensergebnisse (mit oben genannter Vorsicht bei deren Interpretation)	☐
		Anzahl Beförderungen bzw. Übernahme von Aufgaben mit größerer Bedeutung und Verantwortung pro Abteilung/BU im Vergleich zu Zeitpunkt vor TMS	☐
		Erfolgsrate der Mitarbeiter, z. B. Kennzahlen wie Umsatz/Mitarbeiter, Gewinn/Mitarbeiter, Verkauf/Mitarbeiter, Innovationen/Mitarbeiter	☐
☐	Überblick an Talenten bzw. Nachfolgern für gezielte Nachfolgeplanung	Anzahl passender Nachfolger für Schlüsselpositionen	☐
		Anteil betrachteter Mitarbeiter in Talentkonferenz im Vergleich zu Gesamtmitarbeiterzahl	☐
☐	Kostenersparnis durch Reduktion der Einstellung unpassender Teilnehmer	Zufriedenheit der Vorgesetzten nach Einstellung der Kandidaten	☐
		Erhöhung der Rate der Passenden bei der Vorauswahl, gemessen an der Anzahl passender Teilnehmer im Einstellungs-Assessment-Center	☐
☐	Kostenersparnis durch den Einsatz onlinebasierter Beurteilungsinstrumente	Vergleich der Kosten anderer Instrumente mit Online Assessments	☐
☐	Anziehung talentierter Bewerber	Anzahl passender Bewerbungen im Verhältnis zur Anzahl unpassender Bewerber im Vergleich zu Zeitpunkt vor Verbesserung des Personalmarketings	☐
☐	Kostenersparnis durch weniger externe Rekrutierung	Anzahl der Einstellung externer Kandidaten im Vergleich zu Zeitpunkten vor der Einführung von TMS	☐
		Gegenüberstellung der Prozentzahl interner und externer Besetzung von Kernpositionen	☐
☐	Systematischer Einsatz von Entwicklungsverfahren	Teilnehmerfeedback	☐
		Vorgesetztenfeedback	☐
☐	Stärkere Mitarbeiterbindung	Positive Ergebnisse der Commitment- & Engagement-Analysen	☐
		Fluktuationsraten	☐
☐	Bindung und Einsatz von Talenten	Verweildauer von Talenten im Unternehmen	☐
		Menge an Entwicklungsmaßnahmen, an denen Mitarbeiter aus Potenzial-Reservoir im Vergleich zu Nicht-Talenten teilgenommen haben	☐

	Erfolgskriterium	Indikator (Key Performance Indikator)	
☐	Bindung und Einsatz von Talenten	Menge an Beförderungen, die Mitarbeiter aus Potenzial-Reservoir im Vergleich zu Nicht-Talenten erhalten haben	☐
		Anzahl jener Mitarbeiter in Potenzial-Reservoir, die auf verantwortungsvollere Positionen gesetzt wurden, im Verhältnis zu Anzahl aller in Potenzial-Reservoir	☐
		Grad der Abwanderung derjenigen, die im Potenzial-Reservoir bzw. an besonderen Entwicklungsmaßnahmen teilgenommen haben	☐
☐	Höhere Arbeitsplatzzufriedenheit	Ergebnisse der Mitarbeiter- bzw. Arbeitsplatzzufriedenheitsanalysen	☐
		Ergebnisse der »Great place to work«-Analyse[15]	☐
		Abwesenheits- und Abwanderungsdaten	☐
☐	Besetzung der Schlüsselpositionen mit den passenden Mitarbeitern	Vergleich der Unternehmensergebnisse (mit oben genannter Vorsicht bei deren Interpretation)	☐
		Ergebnisse des 360-Grad-Feedbacks	☐
		Feedback der Vorgesetzten	☐
		Vergleich der Ergebnisse (Verkaufszahlen etc.) und Erfolge der jeweiligen Positionen	☐
		Feedback des Mitarbeiters, der die Schlüsselposition bekleidet Verminderung von burn-out-bedingten Krankheitsfällen im Unternehmen	☐
☐	Höhere Anzahl von Top-Performern und Top-Potenzialen im Unternehmen	Anzahl erfolgreicher Beförderungen	☐
		Prozentzahlen in Talentkonferenz zu den entsprechenden Kategorien	☐
		Langzeitvergleich von Kennzahlen wie Umsatz/Mitarbeiter, Gewinn/Mitarbeiter, Verkauf/Mitarbeiter	☐
☐	Einheitliche Nutzung des Kompetenzmodells in allen Regionen und Abteilungen/Funktionen	Reduktion von Koordinationskosten zwischen Bereichen und Ländern durch verminderte Anzahl an Absprachen, vereinfachte Prozesse bei Rotationen	☐
☐	Effizienz und Effektivität der Trainingsmaßnahmen	Qualifikationsstruktur (Anzahl Mitarbeiter mit einer bestimmten Qualifikation im Verhältnis zur Gesamtzahl Mitarbeiter)	☐
		Weiterbildungszeit je Mitarbeiter (Gesamtzahl)	☐
		Weiterbildungstage/Gesamtzahl der Mitarbeiter	☐
		Investition in Entwicklungsmaßnahmen	☐
		Vergleich mit Wettbewerbern	☐

---

15 Das Great Place to Work Institut beschäftigt sich mit der Attraktivität der Arbeitgeber. Es erstellt jedes Jahr eine Liste der Unternehmen, die für die Mitarbeiter einen ausgezeichneten Arbeitsplatz darstellen. Auf die Kriterien wird in Kapitel C. eingegangen.

	Erfolgskriterium	Indikator (Key Performance Indikator)	
☐	Effizienz und Effektivität der Trainingsmaßnahmen	Learner Survey Daten[16]	☐
		Bewertung von Vorgesetzten	☐
☐	Identifikation und Reduktion von Besetzungsrisiken durch verbesserte Vorhersage	Ergebnisse der Validierungs-Studien (z. B. unter Begleitung durch wissenschaftliche Arbeit wie Master- oder Diplomarbeit)	☐
		Anzahl der Besetzung der Schlüsselpositionen mit internen Mitarbeitern	☐
		Zeit, die zwischen Freiwerdung und Besetzung von Schlüsselposition vergeht	☐
☐	Abstimmung der Unternehmensstrategie auf HR-Instrumente	Feedback vom Top-Management	☐
☐	Je nach Geschäftsziel: Veränderung der Servicekultur, erfolgreiche Kulturveränderung nach einem Merger[17], Ausweitung nach Asien u. a.	Z. B. Kundenfeedback, Kulturerhebungen[18], Anzahl der Abwanderungen, Anzahl rekrutierter Mitarbeiter für neue Märkte	☐
☐	Geminderte Fluktuation	Messung der Fluktuation	☐
☐	Attraktivität des Unternehmens	Ergebnisse der Great-place-to-work-Analyse	☐
		Anzahl der Bewerbungen auf Stellenausschreibung (Bewerberquote)	☐
		Anzahl der Initiativbewerbungen	☐
		Anzahl Bewerber für Personalmarketing-Events (wie Kennenlern-Workshops, Kennenlernwochenenden, Vorstellungen in Hochschulen)	☐
		Fluktuationsrate	☐
☐	Bereitschaft der Führungskräfte, Mitarbeiter durch Coaching und Feedback zu entwickeln und differenziert das leistungsrelevante Verhalten zu beurteilen	Feedback von Mitarbeitern, ob ihnen Rückmeldung gegeben wurde	☐
		Anzahl Feedbacks, die zwischen Vorgesetzen und Mitarbeiter stattfanden	☐
		Zeit, die zwischen Feedbacks liegt, bzw. Zeit, die zwischen Abschluss eines Projektes und Feedback liegt	☐
		Prozentzahl ausgefüllter Entwicklungspläne	☐

---

16 »Learner Surveys« sind Befragungen von Lernenden, die Weiterbildungsmaßnahmen wahrnehmen. Dazu gehören auch Personalentwicklungsmaßnahmen wie Seminare und Trainings.
17 Merger bezeichnet die Zusammenführung von Unternehmen, oft durch Kauf, Eigentümerwechsel oder Übernahme.
18 Erhebungen zur Unternehmenskultur werden oftmals mit anonymen Befragungen per Fragebogen abgewickelt, da dies die kostengünstigste Variante ist. Aufwändiger, qualitativ ertragreicher aber meist auch auf eine kleinere Teilnehmerzahl begrenzt sind Verfahren wie z. B. Workshops, persönliche Interviews, die z. B. in Form von Kulturaudits verschiedener Beratungen angeboten werden.

	Erfolgskriterium	Indikator (Key Performance Indikator)	
☐	Bereitschaft der Führungskräfte, Mitarbeiter durch Coaching und Feedback zu entwickeln und differenziert das leistungsrelevante Verhalten zu beurteilen	Gegenüberstellung der Ergebnisse der Talentkonferenz über Jahre, wie differenziert findet Beurteilung statt, wie viel Prozent der Mitarbeiter in welche Performance-Potenzial-Kategorie fallen	☐
☐	Aufgeben von Silo-Denken[19]	Bewegung von Top-Potenzialen und Top-Performern innerhalb des Unternehmens durch Rotation oder Auslandsaufenthalte	☐
		Prozentzahl der beförderten Talente im Potenzial-Reservoir nach 24 Monaten bzw. durchschnittliche Verweildauer von Talenten im Potenzial-Reservoir	☐
☐	Individuelle Entwicklung aller Mitarbeiter	Anzahl Entwicklungspläne im Verhältnis zu Gesamtzahl der Mitarbeiter	☐
☐	Verbesserung der Feedbackkultur und Arbeitsatmosphäre	Messung einer »guten Führungskultur« durch Darlegung eines Gesamtreports von 360-Grad-Feedback-Ergebnissen über bestimmte Mitarbeitergruppen (z. B. Hierarchieebenen) hinweg (die dennoch anonym bleiben)	☐
		Ergebnisse der Great place to work- und Mitarbeiterzufriedenheitsanalyse	☐
		Erhebung der Firmenkultur durch Fragebögen	☐
		Anzahl Teilnehmer bei Firmenevents	☐
		Angabe von Gründen bei der Kündigung von Top-Performern oder Top-Potenzialen	☐
		Veränderung der Verteilung der Top-Performer und Top-Potenziale je Einheit/Division/Team; zu sehen in Talentkonferenz	☐

Tab. 3: Kriterien und Indikatoren zur Evaluation des Erfolgs eines Talent Management Systems

---

19 Silo-Denken beschreibt engstirniges Denken und die Haltung von Mitarbeitern, in ihrem Geschäftsfeld bzw. Bereich zu denken und den Rest des Unternehmens bzw. Umfeldes auszublenden.

3.2 Durchführung der Evaluation und Festlegung der Reviews

Anhand der Auswahl der geeigneten Erfolgskriterien und der KPI lassen sich in Anlehnung an die Balanced Scorecard (BSC)[20] von Kaplan & Norton (1994) die Ergebnisse der Aktivitäten im Rahmen des TMS übersichtlich messen, steuern und dokumentieren. Die BSC wurde ursprünglich dafür eingesetzt, nicht nur die Finanzperspektive, sondern auch qualitative, sog. »weiche« Faktoren zu betrachten, die sich langfristig auf die finanzielle Perspektive auswirken werden. Im TMS können statt der Perspektiven die Bereiche des TMS, z. B. »Bindung« oder »Rekrutierung« mit Zielen, Kennzahlen, Vorgaben und Maßnahmen hinterlegt werden (s. Abb. 13). Idealerweise beeinflussen sich die Kennzahlen untereinander, z. B. kann die Erhöhung der Teilnehmerzahlen in Entwicklungsprogrammen einen Einfluss auf die Mitarbeiterzufriedenheit und damit auf die Bindung haben. Auf Basis der Scorecard sind Zielanpassungen oder Maßnahmenmodifikationen ableitbar. Die BSC gibt einen Überblick über die Leistungsfähigkeit und Effektivität des TMS.

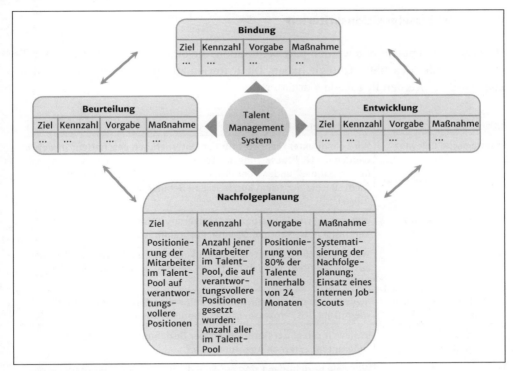

Abb. 13: Balanced Scorecard mit dem Beispiel der Nachfolgeplanung

---

20 Übersetzt heißt Balanced Scorecard ausbalancierte Kennzahlentafel (Vahs & Schäfer-Kunz, 2007), da eine umfassende Sicht auf verschiedene Perspektiven angestrebt wird, um ein ausgewogenes Bild der Zielerreichung zu erhalten; so vereint eine BSC die Kunden-, Finanz-, Prozess- und Mitarbeiterperspektive; es sind auch andere Perspektiven möglich, z. B. Lieferanten, je nachdem, welche Stakeholder für das Unternehmen relevant sind.

Die Durchführung der Evaluation wird in manchen Unternehmen mit wissenschaftlicher Begleitung durch Studenten, die ihre Bachelor- oder Diplomarbeit darüber schreiben, unterstützt. Um eine kontinuierliche Bewertung im Sinne eines Reviews zu etablieren, bieten sich Personalkonferenzen innerhalb des Prozesses der Nachfolgeplanung (s. Kapitel C. »Personal-Praktiken«) an. Hier beraten das Senior-Management bzw. der Vorstand gemeinsam mit HR und den vereinzelten Vorgesetzten die Nachfolge und gegebenenfalls über Modifikationen der Talent Management Strategie. Die Evaluationsdaten können hier unterstützend eingesetzt werden. Es sollte auf jeden Fall im Sinne der Qualitätssicherung festgehalten werden, wo und wann die Ergebnisse präsentiert und diskutiert werden und wie entsprechend Konsequenzen aus der Evaluation gezogen werden.

4. Instrumente und Verfahren

4.1 Schlüsselpositionskriterien

Unter Schlüsselpositionen werden jene verstanden, die einen direkten Einfluss auf die Umsetzung der Geschäftsstrategie haben. Die Kriterien zur Identifikation von Schlüsselpositionen werden in Tabelle 4 erläutert:

Kriterien	Entsprechende Fragen
Strategische Relevanz	Wird ein direkter Mehrwert für das Unternehmen geschaffen? Inwieweit würden bei Nichtbesetzung strategische Ziele — bezogen auf den Markt, auf die Kunden oder Produkte — beeinträchtigt? Würde eine Nicht-Besetzung schon kurzfristig zu Behinderungen des Geschäfts führen?
Finanzielle Relevanz	Wie wichtig ist die Position zur Steigerung/Erhaltung finanzieller Kennzahlen wie Umsatz, Gewinn, Profitabilität? Würde eine Nicht-Besetzung schon kurzfristig zu Kosten oder Umsatzausfällen führen? Würden bei Nicht-Besetzung andere finanzielle Risiken eingegangen?
Komplexität innerhalb des Unternehmens	Inwieweit ist der Positionsinhaber mit hoher Komplexität konfrontiert wie Anzahl BUs, Prozesse, Länder, Produkte, Kundengruppen?
Vernetzung mit Stakeholdern	Inwieweit pflegt der Positionsinhaber Beziehungen zu Kunden, Lieferanten, externen Agenturen u. a.? Wie viele Beziehungen sind es? Sind die Beziehungen international? Wie unersetzbar sind diese?
Schwierigkeit der Nachbesetzung	Sind mit der Positionsbesetzung hohe fachliche Anforderungen, Qualifikationen oder Spezialisierungen verbunden? Sind besonders selten ausgeprägte Kompetenzen erforderlich? Ist die Nachbesetzung aufgrund gesetzlicher Bestimmungen erschwert?

Tab. 4: Schlüsselpositionskriterien

Die Fragen können entsprechend der Anforderungen des Unternehmens bzw. der Abteilungen oder Bereiche umformuliert werden.

4.2 Anforderungsanalyse

Mittels einer Anforderungsanalyse werden fachliche und überfachliche Erwartungen an eine Position systematisch erhoben und als Resultat wird ein Anforderungsprofil erstellt. Dieses umfasst — je nach Schwierigkeitsgrad und Komplexität der Position — spezifische Kenntnisse, Fähigkeiten, Fertigkeiten, Verhaltensweisen und Eigenschaften und besteht aus einem fachlichen Teil und einem Kompetenzprofil. Letzteres wird erst für komplexe Positionen erstellt. Meist finden sich allgemeine Angaben zu den fachlichen Anforderungen in Arbeitsplatz- oder Stellenbeschreibungen. Sie sind allerdings nicht spezifisch genug und es fehlen konkrete Angaben zu überfachlichen Verhaltensweisen, d. h. zu den Kompetenzen.

In der Beschreibung des Soll-Profils wurde bereits erörtert, dass Anforderungsprofile die Grundlage für die Personaldiagnostik, also die Beurteilung von Mitarbeitern, die Rekrutierung und die Auswahlverfahren, einer systematischen Planung der Entwicklungsmaßnahmen sowie der Steuerung der Aktivitäten durch Zielsetzungsverfahren ist. Zudem werden Anforderungsanalysen genutzt, um Kompetenzmodelle zu entwickeln. Dafür werden nur die überfachlichen Anforderungen dargestellt.

Es wurde bereits erwähnt, dass die Anforderungen aus den konkreten Aufgaben abgeleitet werden, die eine Person auf der Position zu erfüllen hat. Anforderungsanalysen basieren auf Experteninterviews mit erfolgreichen Stelleninhabern, was als »Bottom-up«-Ansatz bezeichnet wird. Damit Anforderungsprofile nicht nur auf die gegenwärtigen, sondern auch auf zukünftige Herausforderungen ausgerichtet sind, wird eine Integration des »Bottom-up-« mit einem »Top-down«-Verfahren empfohlen. Im Top-down-Verfahren wird eine zukünftige Perspektive eingenommen und es werden typische Anforderungen aus abzusehenden Aufgaben aufgrund von Veränderungen im Markt- und Unternehmensumfeld abgeleitet. Der Ablauf lässt sich folgendermaßen skizzieren:
1. Ableitung von Aufgaben aus der Geschäftsstrategie entlang der Aufgabenkaskade sowie Ableitung erfolgskritischer Verhaltensweisen zur Ausführung der Aufgaben aus Sicht der Geschäftsleitung unter Einbeziehung von Unternehmensleitlinien und Werten (Top-down-Verfahren);
2. Definition der erfolgskritischen Verhaltensweisen zur Ausführung der Aufgaben aus Sicht erfolgreicher Mitarbeiter (Bottom-up-Verfahren);
3. Synthese der Ergebnisse durch Gruppierung in Kompetenzen sowie Kompetenz-Cluster;
4. Gewichtung der Anforderungen.

Wird ein Profil für eine noch nicht bestehende Position erstellt, geht man prinzipiell ähnlich vor. Hier werden zunächst die relevanten Aufgaben anhand des Top-down-Verfahrens erarbeitet und Stelleninhaber, die ähnliche Aufgabenfelder zu bewältigen haben, befragt.

4.2.1 Top-down-Verfahren

Das Top-down-Verfahren geschieht typischerweise gemeinsam mit Vertretern der Geschäftsleitung und von HR, weil die Geschäftsleitung anhand der strategischen Geschäftsziele zukünftige Herausforderungen darlegen kann.

Um die Liste der Aufgaben zu erstellen, bietet sich die oben beschriebene Aufgabenkaskade (vgl. Tab. 2) an: aus den Geschäftszielen werden die Hauptverantwortlichkeiten für die Geschäftsfelder abgeleitet. Dafür sind Fragen hilfreich wie:
- »Warum gibt es diese Position?«
- »Was sind Hauptverantwortlichkeiten innerhalb der Position, welchen Wertschöpfungsbeitrag leistet die Position für das Gesamtunternehmen?«

Die Antworten bleiben recht allgemein. Sie werden konkreter, wenn daraus die individuellen Aufgaben der Positionsinhaber abgeleitet werden, mit Fragen wie:
- »Was muss die Person auf der Position leisten oder erreichen?«
- Wurde eine solche Liste mit Aufgaben erstellt, lassen sich Anforderungen ableiten anhand von Fragen wie:
- »An welchen Verhaltensweisen ist eine erfolgreiche Bewältigung der Aufgaben zu erkennen?«
- »Nach welchen Werten und Leitbildern sollen die Beschäftigten handeln?«
- »Welche Verhaltensweisen sind auf keinen Fall erwünscht?«

Es bietet sich an dieser Stelle ein Vergleich mit Wettbewerbern an, um durch diese Perspektive weitere erfolgsrelevante Verhaltensweisen zu erarbeiten. Die vorliegenden Dokumentationen zur Unternehmenskultur — wie Führungsleitlinien o. Ä. — fließen in diesen Prozess mit ein.

4.2.2 Bottom-up-Verfahren (Critical-Incident-Methode)

Im Bottom-up-Verfahren werden die erfolgskritischen Verhaltensweisen zur Ausführung der Aufgaben aus Sicht von Positionsinhabern beschrieben. Es werden nichtstandardisierte Verfahren wie »freie Arbeitsplatzbeschreibung durch Stelleninhaber«, »Arbeitstagebuch« oder »Verhaltensbeobachtung« angewendet. Zu präziseren Ergebnissen führen jedoch halb standardisierte Verfahren wie die Critical-Incident-Methode oder das Repertory-Grid, die in Einzel- und Gruppeninterviews oder Workshops durchführbar sind.

Klassischerweise wird die Critical-Incident[21]-(CI)Technik angewendet. Hier wird Alltagswissen von Positionsinhabern strukturiert abgefragt, mit dem Ziel, erfolgskritische Handlungen in bestimmten Situationen herauszufiltern, was gute von weniger guten Mitarbeitern zu unterscheiden hilft (s. Fragen auf S. 53).

---

21 Unter Incident ist nach J.C. Flanagan (1954) eine geschlossene menschliche Aktion zu verstehen, die von außen beobachtbar ist. Auf Flanagan geht die Critical-Incident-Technik zurück.

Ziel ist es, mittels Fragen die erfolgskritischen Situationen und notwendigen Verhaltensweisen herauszufiltern, die erfolgreiche Stelleninhaber meistern und anhand derer sich erfolgreiche von weniger erfolgreichen Mitarbeitern unterscheiden lassen.

Critical-Incidence-Interview (am Beispiel »Abteilungsleiter«)

1. Die eigene Position
Wenn Sie über Ihre Stelle bzw. Position nachdenken:
- Was macht die Stelle aus? Warum gibt es die Position bzw. Stelle (im Vergleich zu der Stelle darüber und darunter)?
- Was sind die 3 wichtigsten Aufgaben und Kompetenzen für diese Position?
- Wie viel Prozent Ihrer Arbeitszeit verbringen Sie mit Führung? Wie würden Sie Hauptaufgaben einteilen in %?
- Warum sind Sie gerne in dieser Position?
- Was sagen andere, was ein Abteilungsleiter bzw. was Sie besonders gut können?

2. Erfolgskritische Situationen
Schildern Sie 2–3 erfolgskritische Situationen, die typisch für Ihre Position sind:
- Welche Situationen waren das und was waren die Umstände?
- Was hat Ihnen geholfen, die jeweilige Situation erfolgreich zu bewältigen und inwiefern?
- Welche Kompetenzen bzw. Fähigkeiten braucht man in diesen Situationen?
- Was macht Sie persönlich erfolgreich?
- Was würden Sie anders machen, wenn Sie noch einmal in die Situationen kommen würden?

3. Schwierige Situationen (in manchen Interviews ähnlich der Frage 2)
Beschreiben Sie Situationen oder Zwischenfälle in Ihrer Berufspraxis, bei denen Sie mit großen Schwierigkeiten konfrontiert waren und die eher typisch für diese Aufgabe sind.
- Was haben Sie gemacht? Was war das Ergebnis?
- Was würden Sie anders machen oder anderen empfehlen zu tun?
- Wie würde ein mittelmäßiger Abteilungsleiter zurechtkommen?

4. Zukunftsorientierte Fragen
- Welche Aufgaben werden in den nächsten 3–5 Jahren noch hinzukommen? Welche Verhaltensweisen bzw. Kompetenzen sind in Zukunft wichtig?

5. Reflektive Fragen
Denken Sie zum einen an Ihren erfolgreichsten, zum anderen an Ihren schwächsten Kollegen:
- Was macht den einen Kollegen erfolgreich bzw. was kann er besonders gut?
- Welche Eigenschaften davon hätten Sie auch gerne?
- Was macht den anderen Kollegen weniger erfolgreich bzw. was kann er schlechter?

6. Stellenausschreibung (wenn noch Zeit bleibt)
Versetzen Sie sich in die Situation, dass eine Stellenausschreibung erstellt werden soll:
- Was würden Sie in eine Anzeige schreiben, wenn man Ihre Position nachbesetzen würde?
- Was würde Ihr Kollege in die Stellenanzeige schreiben, wenn ein Nachfolger für Sie gesucht werden müsste?

Es sollte verglichen werden, ob die Aufgaben, die im Top-down-Verfahren dargestellt wurden, in den Beschreibungen des Experten abgedeckt sind. Sie können dem Experten ansonsten zusätzlich vorgelegt werden, entlang der gleichen Fragen können auch Verhaltensweisen abgeleitet werden.

Alternativ zur CI-Technik kann die Repertory-Grid[22]-Technik angewendet werden, die relativ zeitaufwendig ist, aber den Befragten stärker fordert, Unterschiede zwischen guten und weniger guten Stelleninhabern herauszuarbeiten. Hier werden zunächst die für die Position typischen Aufgaben, die im Top-down-Verfahren erarbeitet wurden, dem Befragten nacheinander vorgelegt. Der Befragte wird aufgefordert zu überlegen, in welcher Weise zwei weniger erfolgreiche Mitarbeiter einander bei der Aufgabenerfüllung ähnlich sind und sich dabei im Verhalten von einem erfolgreichen Mitarbeiter unterscheiden. Die Unterscheidungen werden typischerweise als kurze Beschreibungen in einer Tabelle festgehalten. Durch die Vergleiche fällt es Menschen leichter, relevante Situationen zu beschreiben.

Während der Expertenbefragungen sollten die Verhaltensweisen priorisiert werden; es sollte deutlich werden, ob die Verhaltensweisen wünschenswert oder hoch relevant für die Erfüllung der Aufgaben sind. Dies kann anhand einer Skalierung von 1-5 erfragt werden.

4.2.3 Synthese

Die Ergebnisse des Top-down- sowie des Bottom-up-Verfahrens werden integriert und zu einem Anforderungsprofil verdichtet. In der Regel werden erst die Anforderungsprofile erstellt und dann das Kompetenzmodell. Liegt in einem Unternehmen bereits ein Kompetenzmodell vor, werden die relevanten Kompetenzen und Verhaltensweisen daraus abgeleitet. Ansonsten sollten für die Beschreibung der Verhaltensweisen vorhandene Leitlinien wie Werte- oder Führungsleitlinien genutzt werden, um diese in die Beschreibung der Verhaltensweisen einfließen zu lassen. Als Raster bieten sich bestehende Kompetenzeinteilungen an, um eine grobe Richtung vorzugeben. Es wurde bereits oben die Taxonomie von Erpenbeck & von Rosenstiel (2007) herangezogen. Hier dient die allgemeine Einteilung in personale, aktivitäts- und umsetzungsbezogene, fachlich-methodische und sozial-kommunikative Kompetenzen als Vorlage, um die abgeleiteten Verhaltensweisen zu sortieren und zu sog. Kompetenz-Clustern zu gruppieren. Ein Cluster kann z. B. »Führung« oder »Teamfähigkeit« sein, welches typischerweise aufgefächert wird in spezifischere Kompetenzen, die wiederum durch konkrete Verhaltensweisen hinterlegt ist. Die Darstellung dieses verhaltensorientierten Anforderungsprofils entspricht einem Auszug aus einem Kompetenzmodell.

---

22 Das Verfahren Repertory-Grid geht auf G.A. Kelly (1955) zurück. Der Name Repertory-Grid entstammt der Vorgehensweise, das Repertoire an Begriffen bzw. Konstrukten eines Menschen mittels eines Vergleichs in einer Tabelle, einem Grid, zu erfragen.

4.2.4 Gewichtung

Abhängig davon, welchen Grad an Differenzierung das Anforderungsprofil aufweisen soll, kann eine Skalierung, typischerweise von 1–4, genutzt werden. Es können auch gröbere Einteilungen genutzt werden. Im Abschnitt »Planung der Soll-Profile« wird ein Beispiel veranschaulicht. Die Gewichtung der Anforderungen erfolgt entweder durch die Auswertung der bereits erhobenen Priorisierungen der Experten oder durch Diskussionen, die z. B. in einem Workshop stattfinden können, an dem Teilnehmer der Geschäftsleitung, des HR und Positionsinhaber teilnehmen. Präziser erfolgt die Gewichtung, indem die Experten, also die Positionsinhaber, anhand von Fragebögen oder Interviews danach gefragt werden, wie wichtig die Verhaltensweisen für den Erfolg der Aufgabe sind. Dabei werden die Kompetenzen aufgelistet, mit Kernsätzen definiert und mit einer Relevanzeinschätzung — z. B. höchst relevant bis teilweise relevant — versehen. Es sollte zudem von der Geschäftsleitung erhoben werden, wie hoch die Relevanz mit Blick auf zukünftige Herausforderungen im Sinne der Geschäftsstrategie einzuschätzen ist, was die Positionsinhaber mitunter selbst nicht absehen können.

4.3 Leadership-Pipeline

Im Gegensatz zur Anforderungsanalyse gibt die Leadership-Pipeline (Charan, Drotter & Noel, 2001) einen Standard vor, anhand dessen reflektiert werden kann, welche Anforderungen an die unterschiedlichen Führungsebenen gestellt werden. Die Leadership-Pipeline bezeichnet so ein Modell zur systematischen Stärkung der Unternehmensführung durch lückenlose und aufeinander aufbauende Planung der Erwartungen an alle Führungsebenen. Das Modell dient der Steuerung des Weges von Führungskräften durch die Organisation. Es kombiniert die Führungsebenen mit den Zielen der Geschäftsstrategie, aktuellen Erwartungen an die Führungskraft, zukünftigen Anforderungen und Kriterien für den Wechsel zur nächsthöheren Position zu einer Logik, die die Elemente kohärent miteinander verbindet. Die Leadership-Pipeline dient als Steuerungsinstrument für den Aufbau zukünftiger Führungskräfte aus der bestehenden Belegschaft, da entsprechend proaktiv jeweils Entwicklungsprogramme pro Führungsebene geplant werden können. Wenn im Unternehmen bisher Führungsaspekte und Personalangelegenheiten von den Führungskräften eher vernachlässigt wurden, werden diese auch nicht in den Expertenbefragungen vorkommen. Vernachlässigt zudem die Geschäftsleitung den Aspekt eines in sich logisch aufbauenden Führungskonzeptes, werden die Anforderungsprofile entscheidende Unterschiede in den Anforderungen für Führungsebenen unberücksichtigt lassen.

Im Modell der Leadership-Pipeline werden zunächst die Führungsebenen im Unternehmen betrachtet. Typischerweise sind dies eine Mitarbeiterebene, d. h. die Ebene derjenigen, die sich selbst managen und keine Führungsverantwortung haben, die Ebene des Teamleiters, der andere führt, die des Abteilungsleiters, der Führungskräfte führt, und die Ebene des Bereichsleiters, der eine Funktion managt. Die darauf folgende Ebene des Business-Managers ist in manchen Unternehmen bereits die Ebene des Geschäftsführers. In größeren Unternehmen kommen noch die Ebenen des Gruppen-Managers und der Konzernleitung hinzu.

Ebene 1: Mitarbeiter, führt sich selbst
Ebene 2: Teamleiter bzw. erste Führungskraftebene, führt andere
Ebene 3: Abteilungsleiter, führt Führungskräfte
Ebene 4: Bereichsleiter; managt eine Funktion
Ebene 5: Geschäftsleiter, managt ein Geschäft/Betrieb
Ebene 6: Gruppen-Manager, managt eine Gruppe
Ebene 7: Konzern-Manager, Vorstand, managt einen Konzern

Tab. 5: Gängige Hierarchieebenen und ihre Benennungen

Soll die Leadership-Pipeline als Instrument eingesetzt werden, gehört zu den Voraussetzungen, dass unternehmensweit ähnliche Positionen eine gleiche Hierarchiebeschreibung erhalten. Dies ist längst nicht in allen Unternehmen gegeben. Manche Unternehmen, insbesondere Großunternehmen, lassen ihre Stellen durch sog. Hay-Punkte[23] bewerten, um Vergleichbarkeit zu sichern.

Charan, Drotter & Noel (2001) beschreiben nicht nur die Fähigkeiten, die mit den verschiedenen Aufgaben pro Führungsebene verbunden sind, sondern auch berufliche Werte. Mit dieser Betrachtung wird berücksichtigt, dass berufliche Werte das Handeln von Menschen leiten. Diese spiegeln sich in den Überzeugungen bzw. Glaubenssätzen wider, beispielsweise in dem Glaubenssatz: »Ich muss inhaltlich und technisch ein Vorbild sein«. Die Glaubenssätze verankern sich in den sog. mentalen Modellen[24] von Menschen. Hier finden sich Annahmen über Zusammenhänge in der Welt und Verallgemeinerungen, die beim Menschen so tief verwurzelt sind, dass sie für selbstverständlich erachtet werden. Auf diese wird detaillierter in Kapitel B »Kultur« eingegangen. Charan, Drotter & Noel (2001) geben als drittes und pragmatisches Unterscheidungskriterium die Zeitinvestition an: Die Führungskraft kann ihren eigenen Kalender nach Zeiteinsätzen analysieren, mit dem Standard der Leadership-Pipeline vergleichen und entsprechend gegensteuern.

Die drei Kriterien, anhand derer die Anforderungen an die Positionsinhaber der verschiedenen Führungsebenen gestellt werden, sind folgende:
- In welche Aufgaben wird die meiste Zeit investiert?
- Welche Fähigkeiten sind für sie nötig?
- Inwieweit verändern sich die beruflichen Werte bzw. mentalen Modelle[25]?

---

23 Vergleichspositionen mit ähnlichen Stelleninhalten und Gehaltsdaten erhalten mittels Analyse der HAY Beratungsgesellschaft Hay-Punkte, die einen branchenübergreifenden Vergleich erlauben.
24 Mentale Modelle im Sinne von Senge (1996) beinhalten individuelle Vorstellungen und Wahrheiten, Bilder, Geschichten und Regeln; sie lenken das Handeln und beeinflussen aktiv, wie die Person sich selbst, die anderen Interaktionspartner und die Organisation wahrnimmt.
25 Der Begriff »mentales Modell« wird gewählt, weil sich inhaltlich die beruflichen Werte darin wieder fin-

Um die Erwartungen an die Führungsebenen zu beschreiben, betrachten die Autoren Charan, Drotter & Noel (2001) die Übergänge von einer Führungsebene auf die nächsthöhere; sie sprechen von Passagen, die zu durchqueren sind, um nicht in der neuen Position zu scheitern. Im Folgenden werden alle Passagen dargestellt; die Begriffe sind Übersetzungen der Verfasserin. Erscheint die Umsetzung dieser Leadership-Pipeline für ein Unternehmen zu aufwendig, wird empfohlen, zumindest folgende drei Ebenen zu betrachten: Mitarbeiter ohne Führungsverantwortung, Manager mit Führungsverantwortung und Senior-Management.

Bei der Skizzierung der sechs Passagen anhand der drei Kriterien wird lediglich auf die wichtigsten Aspekte innerhalb eines Stadiums verwiesen. Die Darstellung gilt funktionsübergreifend. Die verwendeten Beispiele dienen nur der Veranschaulichung, da sowohl Anzahl als auch Bezeichnungen der Ebenen von Unternehmen zu Unternehmen variieren. Inhaltlich werden die Schwerpunkte der Fähigkeiten skizziert, die nach Meinung der Autoren Charan, Drotter & Noel (2001) auf den jeweiligen Führungsebenen gesetzt werden. Ein Geschäftsleiter ist stärker in Nachfolgeplanung involviert als ein Teamleiter, was aber nicht bedeutet, dass ein Teamleiter nicht auch Mitarbeiter auswählt. Ein Bereichsleiter muss stärker zuhören können als ein Team- oder Abteilungsleiter, da er sich mit Themen konfrontiert sieht, die bisher unbekannt waren. Es soll deutlich werden, dass Führungskräfte bei der Erlangung einer neuen Position vor neue Herausforderungen gestellt sind, die zum Teil nicht auf dem aufbauen, was sie zuvor gemacht haben. Vielmehr erfordert eine Beförderung häufig das Verlernen lieb gewonnener Verhaltens- und Denkweisen. An dieser Stelle muss angemerkt werden, dass das Modell praktisch zwar eine hohe Relevanz hat, methodisch allerdings zum Teil unsauber dargestellt ist. So werden unter »Fähigkeiten« Tätigkeitsbeschreibungen und psychologische Konstrukte vermischt. Die Leadership-Pipeline dient der Orientierung, um zu beschreiben, was von Führungskräften zu erwarten ist. Die Grundgedanken, dass auf verschiedenen Führungsebenen verschiedene Werte und Fähigkeiten benötigt werden, um die Führungsposition so auszuführen, dass es für das Gesamtunternehmen sinnvoll ist und die Ebenen logisch aufeinander aufbauen, sollten mit den jeweiligen Anforderungen des eigenen Unternehmens inhaltlich gefüllt werden. Um diese Grundgedanken der Leadership-Pipeline umzusetzen, bietet es sich an, das unternehmensspezifische Kompetenzmodell ebenfalls inhaltlich, also qualitativ und nicht nur quantitativ, nach Führungsebenen zu differenzieren. Darauf wird im Rahmen der Beschreibung des Kompetenzmodells eingegangen.

---

den und dieses Konzept in anderen Zusammenhängen für TMS relevant ist, auch wenn dieser Begriff von denen der Autoren Charan, Drotter & Noel (2001) abweicht.

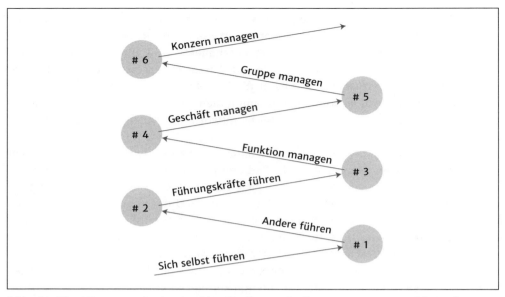

Abb. 14: Die 6 Passagen der Leadership-Pipeline nach Charan, Drotter & Noel (2001)

Passage 1	
Vom Mitarbeiter/Führen von sich selbst zum Teamleiter/Führen von anderen	
Beispiel	Vertriebler wird zum Manager eines Vertriebsteams in einer bestimmten Region (Regional Sales Manager)
Zeiteinsatz	Planung von Arbeit und Unterstützung der Mitarbeiter bei der Verrichtung ihrer Arbeit
	Kommunikation mit anderen Einheiten, Kunden, Lieferanten oder anderen relevanten Parteien, um klar Prioritäten zu setzen und Aufgaben zu definieren
Fähigkeiten	Projektplanung und Definition von Aufgaben sowie Delegation
	Coaching und Feedback an Mitarbeiter; Motivation von Mitarbeitern
	Netzwerken
	Monitoring der Arbeit von anderen statt eigenes Verrichten der Arbeit
	Kommunikation
Mentale Modelle	Akzeptieren, dass bisherige Arbeit, die man eventuell geliebt hat und die Erfolg gebracht hat, nicht mehr zum Aufgabenbereich gehört
	Akzeptieren, dass die eigene fachliche Expertise nicht mehr entscheidend ist und man seinen Mitarbeitern nicht seinen eigenen Weg diktieren sollte
	Wertschätzen der Arbeit von anderen, nicht nur die eigene Arbeit
	Wertschätzung von Führungsaufgaben und der damit einhergehenden Integrität, die stärker sichtbar ist

Passage 2	
Vom Teamleiter/Führen von anderen zum Abteilungsleiter/Führen von Führungskräften	
Beispiel	Leiter einer technischen Gruppe mit sieben Managern
Zeiteinsatz	Seinen Mitarbeitern durch Zielsetzungen Verantwortung übertragen; Ergebnisse verschiedener Teams beurteilen, es wird keine Zeit für individuelle Aufgaben eingeplant, es werden die Aufgaben der anderen gemanagt
Fähigkeiten	Personalauswahl für Passage 1 Empowerment[26] der Manager mit entsprechenden Zielen Monitoring der Ergebnisse Delegieren von Tätigkeiten Verschiedene Einheiten/Teams managen, indem Geld, Technologien und Unterstützung Mitarbeitern zugeordnet werden; Unterstützung der Einheiten/Teams durch Entscheidungen, die gegebenenfalls Veränderungen bringen (work-flow-management). Die Grenzen zwischen Funktionen/Teams managen, indem Silo-Denken aufgegeben wird
Mentale Modelle	Die Überzeugung, dass die eigenen Mitarbeiter, also Manager, vor allem für leitende und nicht für fachliche Aufgaben verantwortlich sind Silo-Denken aufgeben und stattdessen vernetzter Denken

Passage 3	
Vom Abteilungsleiter/Führen von Führungskräften zum Bereichsleiter/Managen einer Funktion	
Beispiel	Leiter Vertrieb; Leiter Produktion
Zeiteinsatz	Sich Zeit nehmen, um Einheiten der Funktion kennen zu lernen, die bisher unbekannt waren, um diese in eine Funktionsstrategie zu integrieren, die machbar ist und einen Wettbewerbsvorteil gegenüber der Konkurrenz verschafft; z. B. durch Teilnahme an Fachteamsitzungen
Fähigkeiten	Leiten einer Funktion, die im Ganzen nicht vertraut ist Kooperation mit anderen Funktionen und Einteilung von Ressourcen im Sinne der Organisation Langfristigeres Denken als zuvor; die Prozesse in der Abteilung müssen mit dem Zeitrahmen der übergeordneten Geschäftsprozesse synchronisiert und strategiekonform angepasst sein Wissen über State-of-the-art-Techniken und -Prozesse; informiert sein über neue Technologien und Markttrends; Innovationen vorantreiben Verständnis der Geschäftsstrategie und Urteilskraft, wie die eigene Funktion diese unterstützen kann Vernetztes Denken, um Synergien zwischen funktionalen Gruppen zu erzeugen Kommunikation, insbesondere Zuhören und Perspektivübernahme

---

26 Empowerment (wörtlich »Ermächtigung«) bezeichnet Maßnahmen, die Menschen mehr Autonomie und Selbstbestimmung ermöglichen, z. B. durch Rücknahme von Regelungen zugunsten autonomerer Entscheidungen von Mitarbeitern.

Passage 3	
Vom Abteilungsleiter/Führen von Führungskräften zum Bereichsleiter/Managen einer Funktion	
Mentale Modelle	Die Überzeugung, dass die eigene Funktion dafür da ist, das Gesamtgeschäft zu unterstützen
	Wertschätzen, dass man Dinge nicht weiß, aber lernen kann

Passage 4	
Vom Bereichsleiter/Managen einer Funktion zum Geschäftsleiter/Managen eines Betriebes	
Beispiel	Leiter einer Bank; Leiter eines Betriebes in einer bestimmten Region Südamerikas
Zeiteinsatz	Sich Zeit für strategisches Denken, Reflektieren und Analysieren nehmen und nicht jede Minute verplanen. Nicht nur wie bisher die Tätigkeiten nach Machbarkeitsgesichtspunkten beurteilen, sondern stärker aus einer kurzfristigen sowie langfristigen Gewinnperspektive (3-5 Jahre)
	Sich Zeit nehmen, die anderen Funktionsbereiche kennenzulernen
Fähigkeiten	Cross-funktionales Denken, andere, unvertraute Bereiche müssen berücksichtigt, geleitet und inspiriert werden (z. B. HR, Rechnungswesen etc.)
	Multidisziplinarische Sprache (statt wie zuvor funktionsbezogen), d. h. die Fähigkeit, funktionsübergreifend verstanden zu werden
	Stärkeres Profitabilitätsdenken
	Stärkeres Einbeziehen des Kontextes (evtl. anderes Land, andere Region) und externer Faktoren (Wettbewerber, makroökonomische Faktoren)
	Langfristigere Perspektive einnehmen als zuvor
	Umgang mit hoher Komplexität und Übersetzen derselben in sinnvolle Pläne
	Beharrlichkeit
	Mit Visibilität umgehen können (Senior-Management und untere Ebenen beobachten das eigene Handeln stärker als vorher)
	Verantwortlichkeit für den Neuaufbau oder die Beibehaltung einer Geschäftskultur
	Umgang mit neuen technischen Möglichkeiten, z. B. durch Möglichkeiten im Internet und andere Technologien (beispielsweise, falls noch nicht geschehen: Aufbau eines E-commerce-Systems)
	Beschäftigung mit HR-Themen, z. B. bzgl. Nachfolgeplanung
Mentale Modelle	Der Erfolg des eigenen Betriebes ist Antrieb für das Tun, dabei müssen alle Funktionen als gleich wichtig betrachtet werden (nicht nur die bisherige eigene Funktion)
	Damit umgehen können, dass auf dieser Ebene vom Vorgesetzten weniger Richtungsweisung und Unterstützung als bisher erfolgt
	Annehmen, dass Problemlösungen nicht allein generiert werden müssen, sondern mit Hilfe anderer

Passage 5	
Vom Geschäftsleiter/Managen eines Geschäfts zum Gruppenleiter/Managen von Gruppen	
Beispiel	Gruppenleiter von Europa, der 6 Geschäftsleiter anderer Länder unter sich hat
Zeiteinsatz	Zeit mit der Analyse der einzelnen Business Units/Geschäftseinheiten verbringen: entspricht deren Arbeitsweise rechtlichen und gesellschaftlichen Vorgaben, den Normen und Werten der Gesamtorganisation?
	In Beförderungsprozesse involviert sein
Fähigkeiten	Multidimensionales, strategisches und integriertes Denken, um die Strategien verschiedener Geschäftseinheiten zu bewerten und entlang aller Business Units eine horizontale Portfolio-Strategie zu entwickeln
	Fähigkeit zu Finanzanalysen; Zuweisung von Kapital
	Supervision und Coaching von Geschäftsleitern
	Breite Perspektive auf die Geschäftseinheiten, die als Ganzes zu betrachten sind und in Einklang mit der Organisation stehen müssen
	Auswahl und Beurteilung von Nachfolgern
Mentale Modelle	Akzeptanz der Tatsache, dass man nicht mehr direkt in ein Geschäft involviert ist, man »macht« im Sinne von bewegt weniger, nimmt sich stark zurück und ist nur indirekt am Erfolg beteiligt
	Die eigene Zufriedenheit muss nun durch die Wertschätzung des Erfolgs der Mitarbeiter entstehen
	Man denkt nicht mehr für sein eigenes Geschäft bzw. seine eigene Einheit, sondern nach Corporate-Gesichtspunkten, was wichtig ist für die gesamte Organisation

Passage 6	
Vom Gruppenleiter/Manager von Gruppen zum Konzern-Manager/Manager eines Unternehmens	
Beispiel	Geschäftsleitung; Vorstand; CEO
Zeiteinsatz	Richtung vorgeben und kommunizieren
	Zeit dort verbringen, wo die »Aktion« ist; sich mit allen Ebenen unterhalten, vor allem der untersten
Fähigkeiten	Richtung vorgeben: Diagnose von besten Ideen durch breites Wissen und Transferieren in operative Mechanismen und Programme, die die Quartalsleistung der Gesamtorganisation nach vorne treiben und diese in Einklang mit der langfristigen Strategie bringen
	Mut, unter Risiko die richtigen Entscheidungen zu treffen
	Ambiguitätstoleranz, mit Unsicherheiten umgehen und Dinge tun, die man zuvor noch nie getan hat
	Kommunikation: Erreichen und Inspirieren der gesamten Organisation
	Weisheit, um proaktiv Interessen aller Stakeholder auszubalancieren und zu bedienen (Umwelt, Gesellschaft, Kunden, Mitarbeiter etc.)
	Klare Vision für die Organisation in Form konkreter Aussagen darstellen

Passage 6	
Vom Gruppenleiter/Manager von Gruppen zum Konzern-Manager/Manager eines Unternehmens	
Fähigkeiten	Hochleistende Mitarbeiter auswählen und um sich haben, mit dem Wissen, dass einige die eigene Position anvisieren Strategischer Scharfsinn Denk- und Urteilskraft, die die hohe Komplexität erfasst
Mentale Modelle	Die Ergebnisse der Gesamtorganisation schätzen; aushalten können, dass sich manche Ergebnisse erst nach längerer Zeit zeigen; mit relativ wenigen Zielen arbeiten können; Kommunikation mit großen, unterschiedlichen Gruppen mögen

Tab. 6: Die Inhalte der Passagen der Leadership-Pipeline nach Charan, Drotter & Noel, 2001 (eigene Übersetzung)

Um das Modell der Leadership-Pipeline anzuwenden, wird es zunächst an die Unternehmensspezifika angeglichen. Sind die unternehmensspezifischen Führungsebenen im Unternehmen definiert, werden dementsprechend die Standards gesetzt. Die Inhalte der Leadership-Pipeline dienen als Orientierung, we-lche Erwartungen pro Führungsebene gestellt werden, um die Unternehmensführung zu stärken. Die in dem Modell genannten Fähigkeiten sollten in die unternehmensspezifischen Kompetenzen übersetzt werden und die Werte des Unternehmens sollten Eingang in die Beschreibung des mentalen Modells finden.

Einsatz der Leadership-Pipeline
Die Leadership-Pipeline kann entlang der Personalarbeit eingesetzt werden für
- die Zielsetzungen im Mitarbeitergespräch,
- die Ableitung entsprechender Entwicklungsprogramme, insbesondere für funktionsübergreifende Führungsprogramme,
- Nachfolgeplanungen.

Durchlaufen Führungskräfte die verschiedenen Passagen, werden sie sukzessiv auf die jeweils höhere Position vorbereitet, die Entwicklungsprogramme werden darauf abgestimmt. In diesem Sinne dient die Leadership-Pipeline für die Organisation als Steuerungsinstrument, sodass Vakanzen höherer Positionen — insbesondere Schlüsselpositionen — intern besetzt werden können, weil sich genügend gut vorbereitete Führungskräfte »in der Pipeline« befinden. Durch den Standard, den das Modell vorgibt, können klarere Erwartungen über die Führungsebenen hinweg strategiekonform in Zielsetzungssysteme integriert werden (vgl. Aufgabenkaskade). Zudem fällt der Vergleich zwischen Ländern, BUs oder Betrieben leichter, was Rotationen und Karrierepfade über Funktionen hinweg vereinfacht. Vor allem aber unterstützt die Leadership-Pipeline die persönliche Selbstreflexion und Entwicklungsplanung der Führungskräfte. Durch eine transparente Definition der Führungsstandards verhilft sie Führungskräften zudem zu Orientierung und Klarheit, insbesondere über die Erwartungen an sie in der Rolle als Personalentwickler. Werden die Kalender der Mitarbeiter zugänglich und präzise gepflegt, kann der jeweilige Vorgesetzte durch Betrachtung der Einträge im Kalender Entwicklungstipps und Feedback für die Mitarbeiter ableiten, da die Leadership-Pipeline Angaben zum Zeiteinsatz macht.

4.4 Kompetenzmodelle

Da die Nutzung von Kompetenzen bzw. Kompetenzmodellen einen großen Stellenwert im Rahmen von TMS einnimmt, wird hierauf detailliert eingegangen. Zunächst wird dargestellt, warum Kompetenzen diesen Stellenwert im Unternehmenskontext haben, wie ein Modell grundsätzlich aufgebaut ist und in welchen Personal-Praktiken es eingesetzt wird. Daraufhin wird detaillierter anhand des sog. Modells individueller Performanz-Einflüsse diskutiert, was Kompetenzen ausmacht, wie man sie messen kann, wie ein Modell genutzt und entwickelt wird, wie erfolgreiche Unternehmen Kompetenzmodelle einsetzen und welche Herangehensweise die drei weltweit größten HR-Beratungen verfolgen.

Warum beschäftigen sich Unternehmen mit Kompetenzen?
Die Art und Weise, wie Aufgaben erfüllt werden, hat einen Einfluss auf das Ergebnis. Für Unternehmen sind jene Verhaltensweisen interessant, die erfolgskritisch sind, um die Aufgaben, die direkt mit den unternehmerischen Zielen zusammenhängen, zu erreichen. Diese »weichen« Faktoren werden als Kompetenzen bezeichnet. Kompetenzen stellen die Herangehensweise einer Person an die Aufgaben dar — das »Wie« -, welche sich in den Handlungsweisen widerspiegelt und in den entsprechenden Ergebnissen — dem »Was« — äußert. Direkt beobachtbar sind sowohl die »harten« Ergebnisse, beispielsweise die Anzahl neu akquirierter Kunden, als auch die Handlung, beispielsweise schnelle Antworten auf Kundenanfragen und freundlicher Ton bei Beschwerden. Im Lichte des verstärkten Wettbewerbs- und Kostendrucks reichen Technologie und Qualität von Produkten nicht mehr aus, um sich von Konkurrenten abzuheben; Kundenorientierung, die durch die Mitarbeiter repräsentiert wird, bekommt einen ebenso hohen Stellenwert. Ob der Mitarbeiter als »kundenorientiert« zu bezeichnen ist, ist ableitbar aus seinem Verhalten und den Ergebnissen. Verhalten schließt hier auch nonverbales Verhalten oder Gespräche mit ein. Der Zusammenhang zwischen den »weichen« psychologischen Faktoren, also den Kompetenzen, die auch soft skills genannt wenden, und Unternehmenserfolg gilt als unbestritten. Genutzt wird dieser Zusammenhang für die Personalauswahl, aber auch für die Beförderung und Personalentwicklung.

Seit die psychologische Forschung vor über 30 Jahren mit McClelland (1973) in den USA dargelegt hat, dass die Angabe einer Qualifikation — z. B. im Lebenslauf oder durch Universitätsnoten — nicht ausreicht, um die Leistung und Passung des Mitarbeiters im Job vorherzusagen, sondern stattdessen auf die Messung von Kompetenzen verwies, wurde eine Forschungswelle ausgelöst, die bis heute andauert. Spätestens durch das verstärkte Interesse an hochqualifiziertem Personal bei gleichzeitiger Abnahme der

Reichweite von Ausbildung und Qualifikation sind Wirtschaftsorganisationen an Kompetenzen interessiert.

Es gibt eine Vielzahl von Studien zu Korrelationen zwischen psychologischen Faktoren wie Persönlichkeitsmerkmalen oder Motivationen und Management- oder Führungskompetenzen (z. B. Kurz, 1999; Kurz & Bartram, z. B. 2002), Studien zu Korrelationen zwischen Kompetenzen und unternehmerischem Erfolg (z. B. Lombardo & Eichinger, 2003; Goleman, 1998, 2000; Charan & Colvin, 1999) und Metaanalysen zu Zusammenhängen zwischen persönlichkeitsbezogenen Merkmalen und beruflichem Erfolg für verschiedene Tätigkeiten (vgl. Salgado, 2003 sowie Barrick & Mount, 1991; Barrick, Mount & Judge, 2001; Borman, Penner, Allen & Motowidlo, 2001; Hough, 1992; Ones & Viswesvaran, 2001; Robertson & Kinder, 1993; Salgado, 1997, 2002, zitiert in Salgado, 2003; zudem z. B. Day & Silverman, 1989). Psychologie-Lehrstühle und Institutionen wie das Center for Creative Leadership oder Wissenschafts- und Forschungsabteilungen von HR-Beratungen setzen sich primär damit auseinander, inwieweit Kompetenzen — gemessen durch 360-Grad-Verfahren, Persönlichkeitsfragebögen, Assessment-Center-Ergebnisse oder Audit-Ergebnisse — und individueller Erfolg — gemessen meist an Vorgesetztenbeurteilungen sowie Beförderungen — korrelieren. Zudem gibt es Untersuchungen darüber, wie die Implementierung eines Talent Management Systems mit dem Unternehmenserfolg zusammenhängt (z. B. Effron, Greenslade & Salob, 2005; Zenger & Folkman, 2002), von denen einige bereits in der Einführung zitiert wurden. Nach diesen Studien besteht demnach kein Zweifel daran, dass psychologische Faktoren einen starken Einfluss auf individuellen und organisatorischen Erfolg haben. Unten stehende Aussagen aus wissenschaftlichen Studien bringen die Notwendigkeit, sich im Unternehmenskontext mit Kompetenzen zu beschäftigen, auf den Punkt:

- Menschen werden aus fachlichen und intellektuellen Gründen befördert, aber scheitern aus Gründen der emotionalen Kompetenz. Ihr »IQ« und ihr fachliches Wissen sind solide, ihr »PQ« (Personen Quotient), d. h. die sozialen Fähigkeiten, ist dagegen stark unterentwickelt (Goleman, 1998).
- In den letzten 10 Jahren besetzten ein Drittel der Geschäftsführer der Fortune-500-Firmen ihren Posten für weniger als drei Jahre. Sie gaben ihren Posten verfrüht auf-grund von nicht passenden psychologischen Merkmalen auf (Charan & Colvin, 1999).
- Der beste Prädiktor für Beförderungen ist Lernfähigkeit mit dem entsprechenden Willen und der Offenheit Neuem gegenüber (Lombardo & Eichinger, 2003).
- Soziale Kompetenzen sind sehr viel bessere Prädiktoren für Leistung als kognitive Fähigkeiten (Hogan & Holland, 2004).

Zu den weichen Faktoren gehören auch Führungsfähigkeiten. Es muss eigentlich nicht mehr bewiesen werden, dass der Führungsstil Relevanz hat, wie das Zitat eines McKinsey-Quarterly-Artikels zeigt: »Heutzutage Vorständen zu sagen, dass Führungsfähigkeiten einen Einfluss auf den Erfolg des Unternehmens haben, ist etwa so, als würde man sagen, dass Sauerstoff zum Atmen wichtig ist« (Feser et al., 2015). Folgende Angaben zeigen Beispiele aus der Managementforschung:

- Unternehmen mit überdurchschnittlich kompetenten Top Management Teams wachsen deutlich stärker als ihre Wettbewerber (Herrmann et al., 2011).
- Eine hoch leistende Führungskraft bringt ihrer Firma mindestens 15 Prozent mehr ein als eine normal leistende Führungskraft (Barrick, Day & Lord, 1991).
- Sehr gute Manager übertreffen Umsatzziele einer anderen Studie zufolge um 15 bis 20 Prozent (Goleman, 2000).
- Die Qualität des Führungsstils erklärt mehr als 45 Prozent der Leistung im Unternehmen (Day & Lord, 1988).

In der Managementliteratur werden nicht nur die Faktoren dargestellt, die zu Erfolg führen, sondern auch Faktoren, die zu Misserfolg führen. So berichten beispielsweise Zenger & Folkman (2002) von den fünf häufigsten Fehlern, durch die Führungskräfte ihren Job verlieren:
- nicht aus Fehlern zu lernen,
- keine sozialen Kompetenzen zu besitzen,
- nicht offen für neue oder andersartige Ideen zu sein,
- wenig Verantwortung zu übernehmen bzw. die Neigung, andere für Probleme verantwortlich zu machen,
- keine Initiative zu ergreifen.

Diese Fehler verbindet die Eigenschaft, dass es Unterlassungsfehler sind, resultierend aus Risikovermeidungstaktiken, Nichthandlung und einer Status-Quo-Erhaltungsmentalität (ebenda). Die Botschaft aus dieser Studie lautet, dass ein proaktiver Umgang mit Veränderung entscheidend ist, um als Führungskraft keine Fehler zu machen. So wie für Führungsaufgaben lassen sich Verhaltensweisen für alle anderen Aufgaben darstellen, die in einem Unternehmen relevant sind. Für Unternehmen ist erfolgskritisches Verhalten für jene Aufgaben, die zur Umsetzung der Geschäftsstrategie erforderlich sind, interessant. Diese lassen sich ableiten und zu verschiedenen Kompetenzen zusammenfassen, um dann in einem Kompetenzmodell gebündelt zu werden. In den meisten internationalen Großunternehmen gehört der Einsatz eines unternehmensspezifischen Kompetenzmodells längst zur regulären Praxis für verschiedene Personal-Praktiken. In den meisten KMUs dagegen werden Kompetenzmodelle nur unregelmäßig eingesetzt: Laut einer aktuellen Studie mit kleinen und mittleren Unternehmen in Deutschland klärt nur etwa ein Drittel der befragten KMUs, welche Kompetenzen aktuell und in Zukunft gebraucht werden; zudem werden die Kompetenzen bei der Hälfte der Befragten nur unregelmäßig und unsystematisch bei der Belegschaft erhoben, meist durch Entwicklungsgespräche und Leistungsbeurteilungen, also durch Mitarbeitergespräche (vgl. Mühlenhoff & König, 2006).

4.4.1 Grundsätzlicher Aufbau eines Kompetenzmodells

Kompetenzen sind Fähigkeiten einer Person zum selbstorganisierten Handeln und damit Verhaltensdispositionen. Ein Kompetenzmodell wird im Folgenden definiert als systematische Ansammlung von unternehmensspezifischen Kompetenzbeschreibungen. Diese Kompetenzbeschreibungen werden aufgrund von strategischen Überlegungen als erfolgsrelevant betrachtet. Es ist zudem das Ziel eines Kompetenzmodells, das gesamte Kompetenzkapital einer Organisation zu steigern. Das Kompetenzkapital kann als Gesamtheit der Kompetenz, die im Unternehmen durch die Mitarbeiter repräsentiert wird, angesehen werden. Hiermit sind individuelle Kompetenzen gemeint, nicht organisationale, wie beispielsweise Kernkompetenzen (nach Prahalad & Hamel, 1990). Kompetenzen beziehen sich auf Handlungen, die von Personen durchgeführt werden. Eine solche Handlung kann sich auf verschiedene Inhalte beziehen: auf Aufgaben, Interaktionspartner oder die Person selbst. Sie können reflexiv sein, aktivitätsbetont, geistig-instrumentell oder kommunikativ. Kompetenzen können nach Erpenbeck & von Rosenstiel (2007) bzw. Erpenbeck & Heyse (2007) in einer grundlegenden Taxonomie in personale Kompetenzen, aktivitäts- und umsetzungsbezogenen Kompetenzen, fachlich-methodische Kompetenzen und sozial-kommunikative Kompetenzen eingeteilt werden. Sprachlich sollten die Kompetenzen in das jeweilige Handlungssystem, hier also die Unternehmenswelt, eingebettet sein, damit sie von den Mitarbeitern angewandt werden. Daher finden sich die aus wissenschaftlicher Sicht sinnvollen Termini und Taxonomien meist nicht in der praktischen Umsetzung, weil sie in die Sprache des Unternehmens übersetzt werden. In der Praxis unterteilen viele Organisationen die Kompetenzen in »sich selbst führen«, »andere führen«, »die Sache führen« (s. als Übersicht möglicher Kompetenzen S. 69).

Ein Kompetenzmodell besteht aus Bündeln von Kompetenzen, die durch übergeordnete Kategorien, wie z. B. »andere führen« strukturiert werden. Diese Kategorien werden auch Kompetenz-Cluster genannt. Sie subsumieren korrespondierende Kompetenzen: So beinhaltet das Cluster »Führung« häufig »Leiten und Entscheiden«, »Mitarbeiterentwicklung« sowie »Teamführung«. Die Kompetenzen sind jeweils durch Kernsätze definiert, die relativ abstrakt gehalten werden. Zudem sind sie mit konkreten Verhaltensbeschreibungen und Entwicklungsempfehlungen hinterlegt.

Weitere typische Kompetenz-Cluster sind: »Umgang mit Veränderung«, es zielt auf den Umgang mit aktuellem Wandel und Wandel in der Zukunft ab. Hierunter fallen häufig »Selbstreflexion«, »Kreativität« oder »Offenheit für Neues«. Unter den Cluster »Management-Kompetenz« werden z. B. »Strategisches Denken«, »Analytisches Denken« und »Planung« subsumiert. »Ergebnisorientierung« als Cluster schließt beispielsweise »Umsetzungsstärke«, »Belastbarkeit« und »Leistungsorientierung« mit ein. Der Cluster »Umgang mit anderen« beinhaltet häufig »Teamfähigkeit«, »Kommunikation« und »Netzwerken«. Und zum Kompetenz-Cluster »Kundenorientierung« gehören in der Regel »Qualitätsstandards setzen«, »Verhandlungsgeschick« und »Überzeugungskraft«.

Die Verhaltensbeschreibungen — auch Verhaltensanker genannt — spiegeln die Handlungsweisen wider, welche im Unternehmen für das Erreichen der Geschäftsstrategie gewünscht ist. Das beschriebene Verhalten ist beobachtbar und somit messbar und beurteilbar, daher können Kompetenzmodelle in verschiedenen HR-Instrumenten eingesetzt werden, z. B. als Interviewleitfäden bei der Rekrutierung, Beobachtungsbögen im Assessment Center oder für Zielvereinbarungen im Mitarbeitergespräch. Diese Verhaltensanker dienen als Indikatoren, die bei der fairen Beurteilung von Mitarbeitern

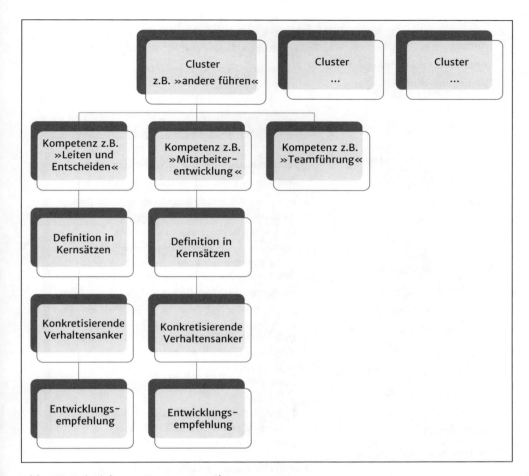

Abb. 15: Beispiele von Kompetenz-Clustern

helfen sollen. Dabei wird beachtet, dass sie nicht von jedem Mitarbeiter durchweg erfüllt werden können. Die meisten professionellen Kompetenzmodelle ordnen zudem unternehmensspezifische Entwicklungsempfehlungen den Kompetenzen zu. Diese sind getrennt zwischen On-the-job-Maßnahmen, die im Arbeitsalltag stattfinden, und Off-the-job-Maßnahmen, die sich meist auf Seminare oder Workshops beziehen. Kompetenzmodelle werden also auch in der Entwicklung eingesetzt. Abbildung 16 verdeutlicht ein Modell an einem Beispiel.

Manche Unternehmen stellen die Verhaltensanker auch in positiven und kritischen Sätzen gegenüber, um sie für die anwendenden Führungskräfte noch anschaulicher zu gestalten und unerwünschtes Verhalten zu konkretisieren. Diese Darstellung hilft den Führungskräften auch in Feedbacksituationen, die passenden Worte zur Beschreibung unerwünschten Verhaltens zu finden, was eine wertschätzende Kommunikation unterstützt.

Führung
- Leiten und Entscheiden
- Mitarbeiterentwicklung
- Teamführung

Umgang mit Veränderung
- Selbstreflexion
- Kreativität
- Offenheit für Neues

Managementkompetenz
- Strategisches Denken
- Analytisches Denken
- Planung

Ergebnisorientierung
- Umsetzungsstärke
- Belastbarkeit
- Leistungsorientierung

Umgang mit anderen
- Teamfähigkeit
- Kommunikation
- Netzwerken

Kundenorientierung
- Qualitätsstandards setzen
- Verhandlungsgeschick
- Überzeugungskraft

Definition Kompetenz »Mitarbeiterentwicklung«:
- Coacht und motiviert seine Mitarbeiter gleichberechtigt
- Zeigt Engagement, seine Mitarbeiter aktiv weiterzuentwickeln
- Beurteilt Mitarbeiter fair

Operationalisierung durch Verhaltensanker:
- Gibt Mitarbeitern herausfordernde Aufgaben entsprechend ihren Fähigkeiten und ermutigt zu individuellen Problemlösungen
- Lobt und gibt passende Anerkennung
- Unterstützt jeden seiner direkten Mitarbeiter gleichermaßen mit einem Entwicklungsplan
- Empfiehlt seine Talente anderen Bereichen und unterstützt Rotationen
- Gibt kontinuierlich jedem direkten Mitarbeiter konstruktives Feedback, auch informell
- Bildet sich aktiv zu Führungstechniken weiter
- Vergleicht Ergebnisse und Verhalten der Mitarbeiter mit Leistungs-Erwartungen
- Bewertet auf Basis von konkreten Beobachtungen
- Nutzt die Führungsinstrumente zur Mitarbeitereinschätzung wie 360-Grad-Feedback, Checklistenfragen von HR

Entwicklungsempfehlungen on-the-job:
- Austausch über Erfahrungen mit Peers/Kollegen
- Diskussion von kritischen Fallbeispielen mit Mentor
- Lesen aktueller Führungsliteratur und von Management-Zeitschriften
- Regelmäßiges Einholen von Feedback zu Mitarbeiterentwicklung
- Besprechung von Erwartungen an die Mitarbeiter und Ermitteln der Bedürfnisse der Mitarbeiter

Entwicklungsempfehlungen off-the-job:
- Führungsseminar mit Rollenspielen und Videofeedback mit Namen »xyz«
- Coaching mit Bezug zu Mitarbeiterentwicklung

Abb. 16: Beispiel eines Kompetenzmodells aus einem realen Unternehmen mit Definition und Verhaltensanker zu »Mitarbeiterentwicklung«

Entwicklung von Mitarbeitern	
+	−
Gibt Mitarbeitern herausfordernde Aufgaben entsprechend ihren Fähigkeiten	Delegiert hauptsächlich Routineaufgaben
Ermutigt zu individuellen Problemlösungen	Akzeptiert keine anderen Lösungswege als die eigenen
Lobt und gibt passende Anerkennung	Lobt nicht oder zu selten
Unterstützt jeden seiner direkten Mitarbeiter gleichermaßen mit einem Entwicklungsplan	Kennt die Bedürfnisse seiner Mitarbeiter wenig und kann entsprechend wenig Anerkennung geben
Empfiehlt seine Talente anderen Bereichen und unterstützt Rotationen	Unterstützt nur einzelne Mitarbeiter; vernachlässigt andere
Gibt kontinuierlich jedem direkten Mitarbeiter konstruktives Feedback, auch informell	Gibt Feedback nur in formalen Beurteilungsgesprächen
Bildet sich aktiv zu Führungstechniken weiter	Demonstriert kein Interesse an Führungsansätzen
Vergleicht Ergebnisse und Verhalten der Mitarbeiter mit Leistungserwartungen	Tauscht sich nicht mit Kollegen über Führungssituationen aus
Bewertet auf Basis von konkreten Beobachtungen	Setzt Erwartungen nicht spezifisch fest
...	Beurteilt Mitarbeiter »aus dem Bauch heraus«
	...

Tab. 7: Auszug aus positiven und kritischen Verhaltensankern aus einem Kompetenzmodell zu »Entwicklung von Mitarbeitern«

Sofern ein Unternehmen Werte- oder Führungsleitlinien aufstellt, sollten diese mit dem Kompetenzmodell übereinstimmen.

Beispiele eines Kompetenzkatalogs für eine Organisation mit einer generellen Definition

Sich selbst führen	Leistungsorientierung	Aufgaben als Herausforderungen betrachten und pragmatisch lösen
	Belastbarkeit	Durch gute Selbstorganisation und Robustheit mit Stress und Zeitdruck umgehen
	Veränderungsbereitschaft	Für Veränderungen offen sein, damit umgehen und sich anpassen
	Entwicklungsbereitschaft	Sich kontinuierlich fortbilden und fachlich auf dem neuesten Stand sein

Sich selbst führen	Zeitmanagement	Seine Zeit effektiv managen, z. B. Zeitpläne erstellen und einhalten
	Ausstrahlung	Enthusiasmus und Optimismus ausstrahlen
	Entscheidungsfähigkeit	Vor allem in kritischen Situationen tragfähige Entscheidungen treffen
	Eigenverantwortung	Für eigenes Handeln und eigene Entscheidungen einstehen
	Selbstsicherheit	Souverän auftreten und sich selbst präsentieren
	Selbstreflexion	Eigenes Handeln hinterfragen, Feedback zulassen und mit Kritik umgehen
	Ganzheitlichkeit	Übergeordnete Zusammenhänge erfassen, vernetzt denken und danach handeln
	Glaubwürdigkeit	Integrität und Authentizität ausstrahlen
Die Sache führen	Fachkompetenz	Technische Regelwerke verstehen und mit Fachwissen zielgerichtet anwenden
	Qualitätsmanagement	Erforderliche Qualitätsstandards sicherstellen
	Betriebswirtschaft	Kostenrechnung, Abrechnung und Buchhaltung beherrschen
	Analysefähigkeit	Komplexe Sachverhalte rasch durchdringen und strukturiert auf den Punkt bringen
	Innovationsfähigkeit	Alternative bzw. neue Lösungen erarbeiten
	Risikomanagement	Risiken frühzeitig erkennen und zeitgerecht Gegenmaßnahmen einleiten
	Marktkenntnis	Über aktuelle Geschehnisse und Mitbewerber informiert sein
	Technologieeinsatz	Moderne Technologien nutzen und effizient einsetzen
	Lösungsorientierung	Fokus auf pragmatische Lösungen richten und Entscheidungen vorbereiten
	Projektplanung	Abläufe und Meilensteine realistisch und weitsichtig planen sowie einhalten
	Wirtschaftlichkeit	Ressourcen (Mitarbeiter, Maschinen und Budget) effizient einsetzen und managen
	Koordinationsfähigkeit	Schnittstellen und Aufgaben in der Organisation und zu Lieferanten managen
Andere führen	Kommunikationsfähigkeit	Nach innen und außen mündlich wie auch schriftlich klar kommunizieren
	Präsentationsfähigkeiten	Unternehmen und (Bau-)vorhaben souverän (re-)präsentieren
	Reflexionsfähigkeiten	Sichtweisen anderer Personen einnehmen und annehmen können
	Verhandlungsführung	Eigene Position durch geschicktes und zielgerichtetes Verhandeln durchsetzen

Andere führen	Vertrieb	Bauaufträge ggf. über persönliche Netzwerke akquirieren
	Durchsetzungsfähigkeit	Sich und eigene Position gegenüber anderen behaupten
	Konfliktfähigkeit	Konflikte mit anderen direkt und konstruktiv lösen
	Teamfähigkeit	Mit Kollegen und in eigenem Team auf Augenhöhe (konsensuell) arbeiten
	Delegieren	Aufgaben bzw. Tätigkeiten anordnen und Ergebnisse nachhalten
	Kundenorientierung	Bedürfnisse von (internen) Kunden erkennen und darauf eingehen
	Motivationsfähigkeit	Menschen für eine Sache und zur Leistung begeistern
	Mitarbeiterentwicklung	Mitarbeiter coachen und deren Entwicklung gezielt fördern
	Führungskompetenz	Mitarbeiter zur Erreichung gemeinsamer Ziele respektvoll fordern und fördern
	Mitarbeiterbindung	Begabte und kompetente Personen rekrutieren und im Unternehmen halten
	Wissensvermittlung	Eigenes Wissen weitergeben
	Netzwerken	Wichtige Kontakte knüpfen und Netzwerke pflegen
	Führungspersönlichkeit	Menschen durch positive Ausstrahlung und Präsenz inspirieren und gewinnen
	Empathie	Sich in die Perspektive von anderen Menschen hineinversetzen und mitfühlend unterstützen wenn notwendig
	Unternehmergeist	Zur Geschäftsverbesserung Chancen erkennen bzw. Strategien entwickeln

4.4.2 Was unterscheidet Kompetenzmodelle von Unternehmens- oder Führungsleitlinien?

Leitlinien stellen einen Orientierungsrahmen für die Mitarbeiter dar und sind meist einprägsam und kurz gehalten. Unternehmensleitlinien, auch Selbstverständnis oder Prinzipien der Geschäftätigkeit genannt, beziehen sich nicht nur auf den Umgang mit Mitarbeitern, sondern auch auf den Umgang mit den Stakeholdern[27] und dem Gemeinwesen, also mit Kunden, Lieferanten, Aktionären und der Gesellschaft sowie der Um-

---

27 Stakeholder werden auch Anspruchsträger genannt. Dies sind alle Individuen oder Gruppen, die außer einem finanziellen Interesse (Shareholder) ein darüber hinausgehendes Interesse an der Existenz und dem Handeln einer Organisation haben, z. B. das Interesse, den eigenen Arbeitsplatz zu sichern. Deshalb sind hierunter alle Mitarbeiter, Manager und Eigentümer als Stakeholder zu sehen, sowie in einem weniger engen Kreis Kunden, Lieferanten, sowie schließlich die Gesellschaft und der Staat.

welt. Beispiel: »Wir sind bestrebt, als verlässlicher und anerkannter Teil der Gesellschaft die soziale Verantwortung in den nationalen und lokalen Gemeinwesen, in denen wir tätig sind, wahrzunehmen.« Meist werden hier Verantwortung der Gesellschaft gegenüber, Innovationskraft, Kundenorientierung und Verhalten gegenüber Mitarbeitern als wichtigstes Kapital und Stärke im Wettbewerb thematisiert. Häufig werden auch Nachhaltigkeitsbekundungen gegenüber der Umwelt angesprochen. Ebenso können Visionen oder Werte in Verhaltensanker übersetzt werden. Führungsleitlinien reflektieren das Menschenbild und sollen eine Richtung in der Führung vorgeben. Beispiel: »Unsere Mitarbeiter werden als Menschen geführt, die als freie und einzigartige Menschen geboren wurden mit der Möglichkeit zu denken, vernünftige Schlüsse zu ziehen und Neues zu kreieren« (in Anlehnung an Toyota). Sie normieren die Führungsbeziehungen zwischen Vorgesetzten und Mitarbeitern zur Förderung eines erwünschten organisations- und mitgliedergerechten Sozial- und Leistungsverhaltens.

Sind solche oder andere Leitlinien im Unternehmen aufgestellt, sollten sie mit den Inhalten im Kompetenzmodell harmonieren. Der Einsatz von Führungs- oder Unternehmensleitlinien oder Unternehmenswerten wird tendenziell durch Kompetenzmodelle flankiert oder sogar abgelöst. Wo Leitlinien zu viel Interpretationsspielraum lassen, setzen Kompetenzmodelle am konkreten Verhalten an. Stellt ein Unternehmen Führungsleitlinien auf und erwartet beispielsweise »mitarbeiterorientierte Führung«, können die meisten Führungskräfte einen Satz wie »Führung bedeutet bei uns, den Mitarbeiter wertzuschätzen und ernst zu nehmen. Empowerment ist dabei das wichtigste Mittel« nicht umsetzen, da er zu wenig handlungsspezifisch ist. Hier wird nicht deutlich, welches Verhalten ein Indikator für »Wertschätzung« oder »Empowerment« sein sollte: den Mitarbeiter zu grüßen und im Vorbeigehen nach seinem Befinden zu fragen oder dem Mitarbeiter Feedback und verantwortliche Aufgaben geben? Führungsrichtlinien werden erst dann von den Mitarbeitern gelebt, wenn sie auf ein konkretes Verhalten verweisen. Da Kompetenzmodelle die für die Unternehmenskultur wichtigen Leitlinien und Werte-Bekundungen verhaltensnah in Verhaltensanker übersetzen, werden diese damit praktisch umsetzbar. In diesem Sinne können Verhaltensanker Aspekte der Kultur der Organisation widerspiegeln, Identität stiften und ein gemeinsames Selbstverständnis schaffen. Es macht z. B. einen Unterschied, ob ein Anker »stellt ein freundliches Klima her« oder »sorgt für Respekt und Ordnung« heißt, ebenso »gebraucht Führungstechniken in einer fairen und ethisch-vertretbaren Weise« oder »setzt Standards durch«. Zudem müssen diese Werte durch Erfahrung mit Emotionen verbunden sein, sodass sie internalisiert wurden und in einem Umfeld die entsprechende Denkhaltung gefördert wird; dieser Prozess wird im Kapitel B.1 »Unternehmenskultur« (S. 103 ff.) näher erläutert.

4.4.3 Einsatz der Kompetenzmodelle in Personal-Praktiken

Insbesondere wenn für manche Führungskraft die »weichen« Faktoren noch nicht selbstverständlich in ihr Beurteilungssuchraster gehören und die Begriffe unscharf genutzt werden, schafft das Kompetenzmodell Orientierung und Verständnis. Das Modell sorgt für einen einheitlichen Sprachgebrauch und macht schon dadurch die Personalarbeit für alle Protagonisten einfacher. Wird kein Kompetenzmodell eingesetzt, nutzen Führungskräfte ihre eigenen individuellen Begriffe, um Verhalten zu beurteilen oder zu entwickeln, was zu Unstimmigkeiten führen kann, die dann auszudiskutieren sind. Nicht selten finden sich in Unternehmen unterschiedliche Kompetenzmodelle, die je nach HR-Praktik oder je nach Abteilung eingesetzt werden. Um eine Verzahnung der Personal-Praktiken zu gewährleisten, ist es entscheidend, dass unternehmensweit nur ein Modell verbindlich eingesetzt wird. Ohne klare Verbindung zwischen den Personal-Praktiken kann es auch zu widersprüchlichen Botschaften an die Mitarbeiter kommen, was zu Vertrauensverlust führt: Wird ein Mitarbeiter beispielsweise wegen einer bestimmten Kompetenz wie Kreativität eingestellt, diese aber später weder nachgefragt noch beurteilt, kann das demotivierend auf den Mitarbeiter wirken. Zudem ist die Integration der Personal-Praktiken zu einem kohärenten Ganzen entscheidend, um bei der Verfolgung der Geschäftsziele unterstützend wirken zu können. Ein trivial klingendes, aber reales Beispiel dafür sieht folgendermaßen aus: Wenn Bewerber ohne interkulturelle Kompetenz eingestellt werden, solche Kompetenzen aber für die vakanten Positionen zum Aufbau einer neuen Vertriebseinheit in einem anderen Land erwartet werden, muss unter Umständen das Geschäftsziel verschoben werden, weil es an passenden Mitarbeitern mangelt. Ein anderes Beispiel wäre: Arbeitet die Personalentwicklung auf Basis der strategiekonformen Kompetenzen, können entsprechende Seminare angeboten werden, andernfalls wird häufig das »Gießkannenprinzip« angewendet, mit dem ganze Kataloge von Seminaren angeboten werden, ohne dass diese jedoch einen erkennbaren Zusammenhang zu den geforderten Kompetenzen herstellen.

Die Verzahnung der Personal-Praktiken durch den Einsatz eines unternehmensspezifischen Kompetenzmodells kann schon dadurch gewährleistet werden, dass Erwartungen an die Ausfüllung von Positionen, Funktionen und Führungsebenen formuliert werden, sog. Soll-Profile, und diese Erwartungen den verschiedenen Personal-Praktiken gleichermaßen zugrunde liegen und mit dem Profil des Mitarbeiters, dem Ist-Profil, abgeglichen werden.

Konkret zeigt die folgende Übersicht, an welcher Stelle ein Kompetenzmodell aus welchen Gründen eingesetzt wird.

Mitarbeiterbeurteilung:
- Um ein Suchraster zu nutzen, nach dem Leistung und Potenzial eingeschätzt werden.
- Um Erwartungen an professionelles Verhalten transparent zu machen.
- Um als Vorlage für professionelles Feedback zu dienen.
- Um Zielerreichung der qualitativen Ziele einzuschätzen.
- Um individuelle Unterschiede in spezifischen job-relevanten Kriterien zu messen.
- Um Führungskräfte und Personalverantwortliche auf Aspekte zu fokussieren, die einen Einfluss auf die Leistung von Mitarbeitern haben.

Talent-Identifikation:
- Um Kompetenzen zu nutzen, um »Talent« als Status zu definieren sowie Erwartungen an nächsthöhere Ebenen festzulegen.

Nachfolgeplanung:
- Um abzuleiten, wo »Lücken« zwischen Soll- und Ist-Profil sind, die für die Besetzung der nächsten Position geschlossen werden müssen.
- Um den Vergleich von Mitarbeitern für Nachfolgeplanungen und Rotationen durch überregionale und internationale Einsetzbarkeit zu vereinfachen.
- Um die Wahrscheinlichkeit zu erhöhen, passende Personen auf die passende Stelle zu positionieren.
- Um die Fairness bei Auswahl- und Beförderungsprozessen zu erhöhen.

Mitarbeiterentwicklung:
- Um passende Entwicklungsprogramme abzuleiten, die am Verhalten, an Werten und Wissen ansetzen.
- Um das 360-Grad-Feedback auf die Kriterien abzustimmen, die entscheidend für Mitarbeiter sind.
- Um zu gewährleisten, dass Entwicklungsmaßnahmen mit den Werten und Leitlinien des Unternehmens übereinstimmen.
- Um einen Rahmen für konstruktives, wirkungsvolles Feedback zu geben.

Mitarbeiterbindung:
- Um durch die Berücksichtigung der Kompetenzen Bedürfnisse und die Motivationen der Mitarbeiter stärker zu berücksichtigen. Entsprechend kann mit auf das Individuum zugeschnittenen Belohnungen reagiert werden.
- Um Unternehmenswerte, Leitlinien oder die Unternehmensvision erlebbar zu machen.

Mitarbeiterrekrutierung:
- Um neben fachlicher Qualifikation auch Überfachliches im Hinblick auf Passung zur Position abzugleichen.
- Um Interviewleitfäden für Rekrutierung und Bewertungsbögen abzuleiten.
- Um Assessment Center kompetenzbasiert aufzubauen.
- Um Mitarbeiter in neuen Positionen vom ersten Tag an Orientierung zu geben, indem kommuniziert wird, welches Verhalten erwartet wird.

- Um den Fokus auf jobrelevantes Verhalten zu richten und damit den Einsatz unseriöser oder unpassender Instrumente (wie klinische Tests, grafologische Gutachten o. Ä.) zu minimieren.
- Um innerhalb des Personalmarketings durch Einsatz eines professionellen Instrumentes zum guten Image beizutragen.

Tab. 8: Nutzen eines Kompetenzmodells pro Personal-Praktik

Werden strategiekonforme Kompetenzen im Mittelpunkt der Personal-Praktiken und damit der Führungsarbeit gestellt, wird deutlich, wo der wirkliche Vorteil dieser Herangehensweise liegt: in der Identifikation und Konzentration auf die wenigen wirklich relevanten Herausforderungen, denen Führungskräfte begegnen müssen, sodass sie die Fähigkeiten ihrer Mitarbeiter und Geschäftseinheiten auf die Umsetzung der Geschäftsstrategie hin ausrichten können. Zudem ermöglicht dieses Vorgehen, den Fortschritt ihrer Bemühungen und die Relevanz der Maßnahmen für das Geschäftsergebnis besser zu überprüfen.

Nachdem dargestellt worden ist, wie Kompetenzen eingesetzt werden, wird im Folgenden detaillierter auf den Kompetenzbegriff eingegangen, um auf dieser Basis zu erläutern, wie Kompetenzmodelle entwickelt werden können.

4.4.4 Was macht Kompetenzen aus?

> »Dinge, die wir lernen müssen, bevor wir sie tun können, lernen wir, indem wir sie tun«
> (Aristoteles, 384–322 v.Chr.)

Mit dieser scheinbar paradoxen Aussage zeigte Aristoteles Verständnis für Kompetenzen: Wenn Personen selbstorganisiert Handlungen vollbringen, um eine Situation zu meistern, die für sie bisher unbekannt war, zeigt sich Kompetenz. Kompetenzen sind Fähigkeiten einer Person zum selbstorganisierten Handeln in für sie bisher neuen Situationen; sie integrieren Wissen und Werte, die in früheren Handlungen erworben wurden (Erpenbeck & Heyse, 2007; Erpenbeck & von Rosenstiel, z. B. 2006, 2007; sowie Heyse & Erpenbeck, 2004).

Es soll betont werden, dass Kompetenzen nicht an sich »existieren«. Kompetenzen sind das, was in einem sozialen Raum als Kompetenzen beschrieben wird: So wird im interkulturellen Kontext deutlich, dass »soziale Kompetenz« in Japan, Deutschland oder Amerika mit sehr unterschiedlichen, fast gegensätzlichen Handlungsweisen definiert wird[28]. Um als kompetent wahrgenommen zu werden, müssen die spezifischen impliziten Regeln[29] angewandt werden. Auch in unterschiedlichen Unternehmenskulturen werden spezifische Regeln implizit oder explizit angewandt, was die Relevanz von unternehmensspezifischen Kompetenzmodellen unterstreicht, da es ein für die Unternehmenswelt passendes Modell darstellt, in der Menschen agieren. Diese Unternehmenswelt wird von den Akteuren zunehmend als unvorhersehbar, instabil und komplex wahrgenommen. Wie agieren Menschen am sinnvollsten in einer unbestimm-

---

28 Man denke beispielsweise an den Stellenwert von Blickkontakt in sozialen Interaktionen oder an die Direktheit, mit der persönliche Fragen gestellt werden — beides variiert in Kulturkreisen und damit die Vorstellung, was unter sozialer Kompetenz zu verstehen ist.

29 Diese Regeln werden auch als sozialer Kode bezeichnet, da er fast immer in der Form von Sprachfiguren verfügbar ist, die wiederum dazu dienen, in sozialen Systemen die Welt mit Hilfe von Zeichen und Symbolen zu verstehen und ihr durch dies »Verstehen« einen Sinn zu verleihen. Um in den sozialen Systemen erfolgreich sein zu können, muss der Kode dieses Systems, also die spezifischen Sprachgesten gelernt werden (Devilder, 2001).

ten, dynamischen und komplexen Umwelt? So wie komplexe Umwelten schlecht vorhersagbar sind, ist auch der Umgang mit ihr schwer vorhersagbar (Dörner, 1989). Innerhalb der Forschungen der Wirtschaftspsychologie haben sich Zusammenhänge zwischen Handlungsweisen bzw. Kompetenzen und dem erfolgreichen Bewältigen unbekannter Aufgaben herauskristallisiert, die über reine Fertigkeiten und Qualifikationen hinausgehen. Da Fertigkeiten durch Übung automatisierte Komponenten von Tätigkeiten sind, reichen sie zur Erfüllung wenig komplexer Aufgaben aus, z. B. für Routinetätigkeiten. Fertigkeiten sind im Unterschied zu Kompetenzen erlernte Handlungsweisen, die situationsabhängig angewendet werden. Fertigkeiten werden entsprechend einem Vorbild nachgeahmt. Kompetenzen sind hingegen autonom gestaltete Verhaltensweisen, die zwar auf früher erworbene Handlungen, auf Wissen und Werte zurückgreifen, welche Menschen aber kreativ und selbstorganisiert — und daher in für sie bisher unbekannten Situationen — umsetzen können. Kompetenzen führen zu Flexibilität in der Anwendung konkreter Fähigkeiten und ermöglichen eine Handlungsvielfalt, die situationsunabhängig ist. Erst für komplexe Anforderungen werden Kompetenzen gebraucht, weil sie selbstorganisiertes Handeln in unüberschaubaren Situationen ermöglichen. Fast alle Unternehmen beziehen deshalb Jobebenen oder Funktionen mit weniger komplexen Anforderungen, beispielsweise der Posten eines Pförtners, nicht in ihre Kompetenzmodelle ein.

Die Kompetenzdiskussion und -forschung weist dabei auf ein bestimmtes Bedürfnis hin: in einer sich ständig verändernden Welt Ressourcen zu finden, auf die man auch im Wandel bauen kann. Explizites Wissen und Qualifikationen beziehen sich auf das, was momentan gefordert ist, aber aufgrund der sog. Halbwertszeit von Wissen in Zukunft nicht mehr ausreichen wird, um im Wettbewerb zu überleben. Kompetenzen sind kein Ersatz für Qualifikationen, sondern schließen diese ein.

4.4.5 Determinanten von Kompetenzen

Um genauer zu betrachten, was eine Kompetenz ausmacht, werden die Faktoren hinzugezogen, die zur Realisierung einer Handlung führen: Dies sind aufseiten der Person emotionale, kognitive und motivationale Faktoren[30] sowie Fertigkeiten und physische Fähigkeiten. Aufseiten der Person wirken sowohl das individuelle Wollen als auch das persönliche Können. Das Wollen umfasst das, was Menschen als erstrebenswert erachten; unter das persönliche Können subsumieren sich verhaltensrelevante Erfahrungen,

---

30 Für ein Verständnis dessen, wodurch selbstorganisierte Handlung konstituiert wird, was also eine Kompetenz ausmacht, ist ein Bezug zu Theorien der Selbstorganisation wie der Autopoiese (Maturana & Varela, 1987; BoAg, 1990), zu systemischen Betrachtungen von Organisationen (Senge, 1996, 1993) sowie zu psychologischen Theorien und Konstrukten wie zum Beispiel der Handlungsregulationstheorie (Kuhl, 1983, 1987, 1995) oder Selbstwirksamkeitstheorie (Bandura, 1986, 1989, 1997) hilfreich, da diese beschreiben und erklären, was einen Menschen befähigt, selbstorganisiert in einem bestimmten Kontext zu handeln. Die Darstellung dieser Disziplinen oder schon die Beschreibung der psychologischen Konstrukte und Theorien über kognitive, motivationale und affektive Prozesse, die Handeln beeinflussen, würden den Rahmen dieses Buches sprengen.

Fertigkeiten und Wissensbestände. Diese psychologischen Konstrukte[31] beeinflussen das Verhalten des Menschen in einem komplexen Zusammenspiel: »*Kompetenzen werden von Wissen fundiert, durch Werte konstituiert, als Fähigkeiten disponiert, durch Erfahrungen konsolidiert, aufgrund von Willen realisiert*« (Erpenbeck & Heyse, 2007, S. 159).

Die Wollens- und Könnens-Aspekte werden in der Praxis häufig in »Kopf«, »Herz« und »Hand« übersetzt, womit die kognitiven, emotionalen und instrumentellen Fähigkeiten gemeint sind. Um Handlung zu realisieren, also die im Unternehmen gewünschte Performanz zeigen zu können, müssen sowohl Wollens- als auch Könnens-Aspekte vorliegen; liegt eine Ausprägung dieser Verhaltenseinflüsse bei Null, so ist auch das Ergebnis Null (z. B. von Rosenstiel, 1998). Hat jemand beispielsweise in einem Bereich die Begabung und die Möglichkeiten, etwas zu tun, aber nicht den Willen dazu, wird er nicht erfolgreich sein. Ein Mensch kann beispielsweise eine hohe mathematische Begabung besitzen, wenn er sich jedoch nicht konzentrieren kann, wird er dieses Talent nicht im Unternehmenskontext realisieren können. Kompetenzen zeigen sich beispielsweise in Führungsfähigkeiten oder Fähigkeiten zur Selbstreflexion. Talent hingegen bezieht sich auf eine Begabung, die eine Disposition darstellt, welche aber im Verborgenen »schlummern« kann, ohne realisiert zu werden; diese kann sich auf das »Wollen« oder auf das »Können« beziehen. Kompetenz hingegen zeigt ein Mensch nur, wenn sowohl Wollen als auch Können vorhanden sind.

Wann zeigt ein Mensch beispielsweise Führungskompetenz? Je nach Führungstheorie werden Zusammenhänge von verschiedenen Konstrukten mit Wollen und Können proklamiert. Beispielsweise wird das Tripel »niedrige Anschlussmotivation, hohe Leistungsmotivation und hohe Gestaltungsmotivation« mit Führungskompetenz in Zusammenhang gebracht (Wottawa & Gluminski, 1995). Diese Aspekte der Motivation, also des »Wollens«, führen noch nicht direkt zu guter Führung, wenngleich es sie begünstigt. Auch das Wissen um die Anwendung von Führungstechniken — die zum »Können« gehören — sind vorteilhaft, um zu führen. Die Art Entscheidungen zu treffen, die analytischen Fähigkeiten um komplexe Zusammenhänge zu verstehen sowie entsprechende Werte gehören ebenfalls zu den Voraussetzungen, um Führungskompetenz zu zeigen. Diese Voraussetzungen resultieren nur dann in Führungskompetenz, wenn die Person die korrespondierenden Werte und Normen zu eigenen Emotionen und für die eigene Motivation verinnerlicht, d. h. wenn die Person mit Führung positive Emotionen aufgrund von entsprechenden Werten verbindet, sodass sie auch den Willen entwickelt, zu führen. Erst dann wird Führungskompetenz in einer für die Person neuen Situation abrufbar sein, sodass die Person selbstorganisiert handeln wird.

Auch der Kontext, also die Situation, hat einen Einfluss auf die Handlung. Auf Seiten der Situation wirken sowohl die Einflussgrößen soziales Dürfen und Sollen als auch situative Ermöglichungen (von Rosenstiel, z. B. 1998). Zum sozialen Dürfen und Sollen gehören Normen und Regelungen der verschiedenen sozialen Gruppierungen, denen der Einzelne angehört, und die sich daraus ergebenden Rollenerwartungen. Normen

---

31 Psychologische Konstrukte sind gedankliche Konzepte, die aus Theorien oder Erfahrungen abgeleitet wurden und sich auf nicht direkt beobachtbare Eigenschaften beziehen, um Verhalten zu erklären.

sind verbindliche Regeln oder Wertmaßstäbe, die in bestimmten Situationen wirksam werden und Konformität hervorrufen. Bei Abweichungen von der Norm drohen negative Sanktionen. Zur situativen Ermöglichung zählen die Bedingungen der Situation, die bestimmte Verhaltensweisen begünstigen oder behindern. Um diesen Prozess verschiedener psychologischer Faktoren zur besseren Lesbarkeit zu vereinfachen, werden die aufgeführten Faktoren zu »Wollens-«, »Könnens-« und »Situations-«Aspekten[32] zusammengefasst:

»**Wollen**« = u. a. Werte (wozu Motivationen, Bedürfnisse, Emotionen und Einstellungen gehören), Wille und mentale Modelle

»**Können**« = u. a. Verhaltensstil, Persönlichkeitsdimension, Verhaltenspräferenzen, kognitive Kapazitäten sowie Wissen, Erfahrung und Fertigkeiten

»**Situation**« = die situative Ermöglichung, wozu hemmende und fördernde Faktoren fallen, dies können u. a. die Marktsituation und auch der Führungsstil des Vorgesetzten sowie regionale Besonderheiten sein sowie das Sollen und Dürfen, womit Regeln und Normen gemeint sind, u. a. formale Vorschriften bis hin zur Unternehmenskultur (vgl. von Rosenstiel, z. B. 1998).[33]

Sofern die Unternehmenskultur als persönlicher Wertekomplex internalisiert wurde, findet sich diese zudem implizit im »Wollen«.
   Es gibt eine Vielzahl von Wechselwirkungen zwischen dem Können, Wollen und der Situation: Wer beispielsweise intensiv etwas tun möchte, wird in der Regel die entsprechenden Wissensbestände und Erfahrungen erwerben; was in der Situation, z. B. der Gesellschaft erlaubt ist, wird häufig auch zur individuellen Selbstverständlichkeit und man will das, was man darf.
   Diese Überlegungen sind für ein Kompetenzmanagement von Bedeutung, welches darauf fokussiert, wie die Grundlagen der menschlichen Fähigkeiten, selbstorganisiert und kreativ in neuen Problemsituationen zu handeln, zu erfassen und zu nutzen sind. Ein TMS basiert auf Kompetenzmanagement, damit ein wichtiges Ziel von TMS erreicht werden kann — die passenden Mitarbeiter am passenden Platz einzusetzen. Dafür soll erfolgreiches Verhalten möglichst vorhergesagt sowie entwickelt werden. Um Prognosen über die Ergebnisse von Mitarbeitern treffen zu können, ist es am sinnvollsten, sich die Handlungsweisen der Mitarbeiter anzuschauen und auf Basis von Analogieschlüssen zu folgern, dass ein Verhalten wahrscheinlich wieder gezeigt wird. Da aber Prognosen getroffen werden sollen, ohne dass eine Verhaltensbeobachtung möglich ist, werden in der Managementdiagnostik kognitive, emotionale und instrumentelle Fähigkei-

---

[32] In Anlehnung an das Handlungsmodell von Vroom (1964) sowie an die Determinanten menschlichen Verhaltens von von Rosenstiel (1998).
[33] Dabei sei angemerkt, dass interindividuelle und situative Bedingungen nicht als solche auf Individuen einwirken, sondern vermittelt werden über die Wahrnehmung der einzelnen Person; daher haben auch diese ein subjektives Moment.

ten betrachtet, um auf dieser Basis Schlüsse für zukünftige Performanz ziehen zu können. Dafür werden nicht nur Kompetenzen betrachtet, sondern auch Persönlichkeitseigenschaften, da davon ausgegangen wird, dass diese einen Einfluss auf die Ergebnisse von Mitarbeitern haben. Um den Einfluss der bisher diskutierten Konzepte im Rahmen von TMS auf Performanz möglichst einfach zu veranschaulichen, wird im Folgenden das »Modell individueller Performanz-Einflüsse« vorgestellt. Kompetenzen, Talente und Persönlichkeitseigenschaften überlappen in einem Mengendiagramm, dies veranschaulicht, dass Talent und Persönlichkeitseigenschaften eine größere Schnittmenge bilden als Kompetenz und Persönlichkeitseigenschaften. Die drei Aspekte bestimmen das Verhalten bzw. die Performanz, welche wiederum zu den Ergebnissen führt. Die räumliche Nähe der drei Aspekte Persönlichkeitseigenschaften, Talent und Kompetenz zur Performanz symbolisiert den direkten Einfluss auf diese: Je höher die Nähe zur Performanz, desto stärker beeinflusst der Aspekt die Performanz; folglich desto höher ist die Vorhersagbarkeit von Performanz aufgrund des jeweiligen Aspekts. Zudem wird die Trainierbarkeit verbildlicht: Je weiter weg die Aspekte von der Handlung liegen, desto weniger können diese durch Training beeinflusst werden. Abbildung 18 ist eine Simplifizierung dieser konzeptionellen Überlegungen.[34]

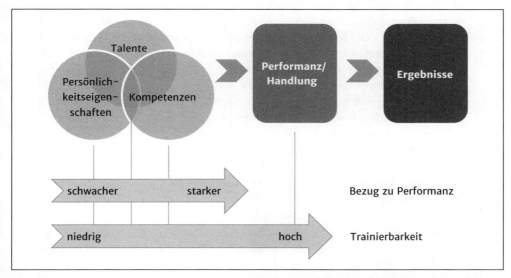

Abb. 17: Modell individueller Performanz-Einflüsse: Die Konzepte Persönlichkeitseigenschaften, Talent und Kompetenz überlappen und hängen somit zusammen; sie führen zu Performanz, welche wiederum zu den Ergebnissen führt (Modell individueller Performanz-Einflüsse modifiziert, mündlich nach Erpenbeck, 2008)

---

34 Die Modellbezeichnung impliziert, dass kollektive Performanz-Einflüsse wie Kontextfaktoren (Marktlage, gesellschaftliche Regelungen, Kultur) keine explizite Berücksichtigung finden. Oben wurde bereits darauf eingegangen, dass die situationalen Faktoren einen Einfluss auf die individuellen »Wollens- und Könnens«-Aspekte ausüben und somit indirekt berücksichtigt werden.

Erläuterungen zum Modell individueller Performanz-Einflüsse
Das Modell individueller Performanz-Einflüsse wird hier durch Begriffsbestimmungen beleuchtet, um im Anschluss die Aussagen tabellarisch zusammenzufassen.

Persönlichkeitseigenschaften: In dem Modell individueller Performanz-Einflüsse werden unter Persönlichkeitseigenschaften solche verstanden, die klassischerweise als situationsunabhängig und relativ stabil bezeichnet werden. Unter Persönlichkeitseigenschaften fallen beispielsweise Extraversion, Offenheit, Verträglichkeit, Gewissenhaftigkeit, Neurotizismus[35] (Barrick & Mount, 1991) oder auch generelle mentale Fähigkeiten (vgl. z. B. Salgado, Anderson, Moscoso, Bertua & de Fruyt, 2003). Persönlichkeitseigenschaften sind nicht direkt beobachtbar und werden hypothetisch angenommen; verschiedene Persönlichkeitsmodelle stellen dar, wie auf die Persönlichkeitseigenschaften geschlossen werden kann. Sie werden als Eigenschaften beschrieben, die in unterschiedlichen Ausprägungen allen Menschen zukommen. Persönlichkeitseigenschaften beschreiben keine Fähigkeiten geistigen oder physischen Handelns. Es wird traditionell angenommen, dass sie menschlichen Fähigkeiten zugrunde liegen. Es wird in dem Modell nicht vom umfassenderen Persönlichkeitskonzept gesprochen, sondern auf diese Eigenschaften reduziert, da sie klassischerweise im Unternehmenskontext betrachtet werden: Es gibt zahlreiche Korrelationsstudien, die Persönlichkeitseigenschaften mit Leistung in Verbindung bringen (s. oben). Der Schluss von Persönlichkeitseigenschaften auf Handlungsfähigkeiten wird dort diskutiert. Es kann gesagt werden, dass sie indirekt richtungsweisend sind und dass sie neben vielen anderen psychologischen Konstrukten zu Handlungsfähigkeit integriert werden. So kann Extraversion eine gute Voraussetzung sein, um soziale Kompetenz zu erlangen. Sie führt aber nicht zwangsläufig zu sozial kompetentem Verhalten. Diese Überlegung wird durch die relativ kleine Schnittmenge zu Kompetenz im Mengendiagramm veranschaulicht. Die Nähe zu Talent in diesem Modell zeigt, dass Persönlichkeitseigenschaften Talent fundieren können. Sie sind keine hinreichenden Bedingungen, um Talent oder Kompetenz zu beschreiben. Persönlichkeitseigenschaften sind keine zwangsläufigen Prädiktoren für Performanz, daher sind sie im Modell auch am weitesten von Performanz entfernt. Persönlichkeitseigenschaften können sich im Laufe des Lebens verändern, lassen sich aber kaum gezielt trainieren. Persönlichkeitseigenschaften werden in der Regel anhand von Fragebögen gemessen, deren Ergebnisse einen Zusammenhang zu den Persönlichkeitseigenschaften postulieren.

---

35 Die fünf Persönlichkeitsfaktoren bilden das weit verbreitete Persönlichkeitsmodell »Big Five«. Diese fünf Faktoren werden durch folgende Pole charakterisiert, die eine jeweils hohe bzw. niedrige Ausprägung des Faktors ausdrücken: Neurotizismus (Emotionalität): emotionale Stabilität vs. emotionale Labilität; Extraversion (soziale Orientierung): Geselligkeit und Extrovertiertheit vs. Unabhängigkeit und Introvertiertheit; Offenheit (für neue Erfahrungen): breite Interessenlage, Experimentierfreude, Kreativität vs. Hang zum Konventionellen, Traditionellen; Verträglichkeit (Kooperationsbereitschaft): Altruismus, grundsätzlich positive Erwartungen an andere Menschen vs. Konkurrenzdenken, eher negative Erwartungen an andere Menschen; Gewissenhaftigkeit (Leistungsbereitschaft): Zuverlässigkeit, Disziplin, Ehrgeiz vs. Nachlässigkeit, Unbeständigkeit, Gleichgültigkeit.

Die Sicht von Persönlichkeitseigenschaften als ontische Einheiten, die unabhängig vom Kontext bestehen, wird aus anderen wissenschaftstheoretischen Perspektiven in Frage gestellt. Folgt man der systemischen Betrachtung von Menschen als eigendynamisch, selbstorganisiert und autonom, deren Verhalten nicht vorhersagbar ist (vgl. das Konzept der sog. nicht-trivialen Maschine von Foerster, 1993, oder dem Autopoiese-Konzept von Maturana und Varela, 2005), werden Persönlichkeitseigenschaften nicht als stabil und situationsüberdauernd bezeichnet. Von Foerster spricht in diesem Zusammenhang von »Eigenwerten«, von Handlungsweisen eines Menschen, die typisch für ihn sind und sich wiederholen und möglicherweise nicht auf andere Menschen zutreffen (ebenda). Der Ansatz der traditionellen Psychologie, inter-individuell Menschen zu vergleichen, wird hier hinfällig, stattdessen wird eine Diagnostik des intra-individuellen bevorzugt. In der sozial-konstruktivistischen Sichtweise werden situationsunabhängige Eigenschaften nicht betrachtet, da davon ausgegangen wird, dass Menschen im Kontext handeln und Identität bzw. Persönlichkeit nicht unabhängig vom Kontext gemessen werden kann (vgl. Devilder, 2001; Gergen, 1996). Kurz gesagt: Menschen wiederholen ihre Handlungen nicht, weil sie von stabilen inneren Eigenschaften dazu »getrieben« werden, sondern weil sie Kontexte aufsuchen, die sich immer wieder ähneln und so wiederholende Handlungen auslösen.

Talente: Den Talenten liegen neben Persönlichkeitseigenschaften weitere psychologische Konstrukte, die zu den »Wollens-« und »Könnens«-Aspekten gehören, zugrunde, die in künftigen — meist positiv bewerteten — geistigen oder physischen Handlungen zum Tragen kommen können. Daher überlappt Talent mit Persönlichkeitseigenschaften in der Grafik. Talent überlappt mit Kompetenz, weil Talent Grundlage von Kompetenz sein kann. Es gibt aber auch Begabungen, die unabhängig von der Handlung bestehen und nur als Ansprechbarkeit bzw. als Disposition für bestimmte Handlungsfähigkeiten vorliegen, ohne realisiert zu werden, diese Überlegung wird mit dem Talentbereich im Mengendiagramm visualisiert, der nicht überlappt, sondern alleine steht. Ob die Disposition ausgeführt wird, hängt von der Person und der Situation ab. Dispositionen sind hier nicht als angeboren zu verstehen, sie können auch durch Erfahrungen erworben worden sein. Ein Mensch bringt beispielsweise die Könnens-Aspekte mit, die für Akquisitionen wichtig sind, auch wird ihm die Situation im Unternehmen geboten, was eine Chance wäre, sein Talent zu zeigen. Möchte die Person aber in diesem Bereich nicht arbeiten, wird ihr Talent nicht realisiert. Ein Talent ist eine »Gabe«, eine Begabung, die nicht gezielt entwickelt werden kann, allerdings kann Talent Raum und Möglichkeiten zum Entfalten gegeben werden, dies wird durch die relativ niedrige Trainierbarkeit in der Grafik veranschaulicht. Mit einem entsprechend positiven Menschenbild lässt sich sagen, dass jeder Mensch Talent hat. Talent wird im Folgenden als Begabung verstanden, die eine Ansprechbarkeit im Sinne einer Disposition für künftige Handlungen darstellt. Rückschlüsse auf Talent werden durch Potenzialanalysen, in denen strukturierte Interviews genutzt werden, gezogen. Auch die Messung von Persönlichkeitseigenschaften — da diese Talent fundieren — wird berücksichtigt. Messung von Verhaltenspräferenzen durch entsprechende Fragebögen sowie Rückschlüsse aus der Handlung erlauben Aussagen zum Vorliegen von Talenten.

Kompetenzen: Kompetenzen sind Fähigkeiten einer Person zum selbstorganisierten Handeln in für sie bisher neuen Situationen. Diese Fähigkeiten können in bestimmten Persönlichkeitseigenschaften und Talenten — daher die Überlappung im Mengendiagramm -, und anderen Könnens- und Wollens-Aspekten begründet sein. Der Bereich, der im Mengendiagramm keine Überlappungen vorweist, bezieht sich auf die oben diskutierten kognitiven, emotionalen und instrumentellen Fähigkeiten, die nicht in den hier betrachteten Persönlichkeitseigenschaften[36] begründet sind. Auch überlappt dieser Bereich nicht mit Talent, da Menschen Kompetenzen demonstrieren können, ohne dafür eine besondere Begabung mitbringen zu müssen. Dies rührt schon daher, dass Kompetenzen systematisch trainierbar sind, wie in der Grafik durch die recht hohe Trainierbarkeit zu sehen ist. Voraussetzung zur Kompetenzentstehung ist die Verfügbarkeit von Wissen, Werten, Fähigkeiten und dem entsprechenden Willen (vgl. Erpenbeck & Heyse, 2007), die als Handlungsdispositionen abrufbar werden. Eine Kompetenz, z. B. Führung, kann nicht per se erlernt werden, weil die für Kompetenz wichtigen psychologischen Faktoren Werte und Wille nicht direkt trainiert werden können. Sie kann aber indirekt erworben werden, indem zunächst das korrespondierende Verhaltensrepertoire, also Verhaltensweisen sowie entsprechendes Wissen, erlernt werden, wie man beispielsweise einen Dialog mit dem Mitarbeiter führt oder wie man Feedback gibt. Wissen kann vermittelt und Verhalten direkt trainiert werden, daher wird die Trainierbarkeit im Modell als hoch eingestuft. Kompetenz wird durch Erfahrung gebildet, die Erfahrung muss von Emotionen begleitet sein, da Affekte als Urteilsformen Kompetenzen konstituieren, d. h., dass Emotionen erst zu einer Internalisierung der korrespondierenden Werte führen. Die emotionale Speicherung dieser Werte führt erst dazu, dass eine Disposition — vonseiten des Talents — oder ein Verhalten — vonseiten der Performanz — abrufbar wird. Für die Personalentwicklung impliziert dies, dass Wissensvermittlung oder Verhaltensdarstellungen ohne Erfahrungsbezug nicht zu Kompetenzerwerb führen. Wie dies genau geschieht, wird in Kapitel C.4 »Mitarbeiterentwicklung« beschrieben.

Kompetenz sagt Performanz relativ gut voraus, da Kompetenz in der Handlung erst sichtbar wird. So kann ein Junior-Manager in einem Assessment Center zum ersten Mal einer Führungssituation im Rollenspiel begegnen. Aus seiner positiven Darbietung lassen sich gute Prognosen für eine spätere gute Performanz ableiten. Wenn er schlecht abschneidet, hat er weniger Kompetenz gezeigt. Dies heißt nicht, dass er das gewünschte Verhalten nicht noch entwickeln kann.

Kompetenz wird durch Assessment Center mit Übungen, Rollenspielen und Simulationen gemessen; auch Arbeitsproben, Biografieinterviews sowie 360-Grad-Feedback-Verfahren bieten sich an, wenn die gemessene Kompetenz in Bereiche fällt, die für die nächsthöhere Ebene entscheidend sind.[37] Dies ist z. B. der Fall, wenn ein Junior-Manager anhand der Kriterien für eine Senior-Ebene beurteilt wird. Wird der Junior-Manager mit den Kriterien für Junioren gemessen, wird seine Leistung bzw. Performanz beurteilt.

---

36 Es soll noch einmal betont werden, dass hier nicht Persönlichkeit gemeint ist, sondern als stabil betrachtete Eigenschaften. Der Bereich der Motivation fällt beispielsweise nicht in den Kreis »Persönlichkeitseigenschaften« innerhalb des Modells.

37 Es ist im Grunde nicht korrekt zu sagen, dass die Kompetenzen gemessen werden, da diese nicht direkt beobachtbar sind. Korrekter wäre es zu sagen, dass das Verhalten, welches auf die Kompetenzen verweist, gemessen wird.

Performanz: Mit hoher Performanz ist erfolgreiches Handeln gemeint. Auf Basis des beobachteten erfolgreichen Verhaltens kann qua Analogieschluss auf weitere zukünftige Performanz geschlossen werden. Dies bedeutet, dass ein Mitarbeiter, der beispielsweise auch unter stressigen Umständen einen guten Vortrag gehalten hat — also hohe Performanz gezeigt hat -, dies sehr wahrscheinlich wieder leisten wird. Performanz im Sinne von Leistung, die sich in der Handlung zeigt, kann am ehesten trainiert werden, da das Handeln und das Wissen entwickelt werden können, daher wird die Trainierbarkeit im Modell als hoch eingestuft. Performanz wird durch Vorgesetztenbeurteilung sowie durch Feedback von beteiligten Kunden, Kollegen und anderen Stakeholdern gemessen. Auch 360-Grad-Feedback-Verfahren werden dazu eingesetzt, wobei empfohlen wird, dieses Verfahren zur Mitarbeiterentwicklung und nicht zur Beurteilung einzusetzen.

Potenzial: Der Begriff des Potenzials taucht in dem Modell individueller Performanz-Einflüsse zugunsten seiner Simplifizierung nicht auf. Da im Talent Management System vielfach von Potenzial die Rede ist, soll an dieser Stelle erwähnt werden, dass sich Potenzial in Abgrenzung zu den anderen Begriffen auf die Ausübung einer bestimmten Tätigkeit oder Anforderung bezieht, die derzeit noch nicht ausgeübt wird. Damit kann es kein Potenzial per se oder »allgemeines« Potenzial geben, sondern nur solches, das sich auf konkrete Aufgaben bezieht. Für die Mitarbeiterauswahl, insbesondere die Rekrutierung, sind diese Überlegungen insofern wichtig, als deutlich wird, dass v. a. die Kompetenzen für Performanz-Prognosen berücksichtigt werden sollten. Persönlichkeitsmessungen können einen Beitrag leisten, allerdings nur, wenn vor dem Einsatz von entsprechenden Verfahren geklärt wurde, welche Persönlichkeitseigenschaften mit welcher Kompetenz korrespondieren und für welche Performanz fundierend wirken können. Es sollte im Unternehmenskontext deutlich sein, dass keine spezifischen Persönlichkeitseigenschaften von den Mitarbeitern verlangt werden — und verlangt werden können -, sondern professionelles Handeln, welches auf verschiedene Ursachen zurückzuführen ist. Das Modell der individuellen Performanz-Einflüsse impliziert, dass es grundsätzlich möglich ist, verschiedene Methoden und psychologische Konstrukte zur Diagnose anzuwenden, weil Kompetenzen durch ein Zusammenspiel von kognitiven, motivationalen und emotionalen Faktoren konstituiert werden. Dabei sollte beachtet werden, dass ein kompetenter Mitarbeiter nicht unbedingt über besseres Wissen oder bessere Fähigkeiten verfügt, er weiß sie allerdings besser anzuwenden. In diesem Sinne wird man Kompetenz nicht messen können, wenn lediglich isolierte Fähigkeiten — z. B. anhand von Analysetests — oder Persönlichkeitseigenschaften anhand von Fragebögen oder Qualifikationen durch Zertifikate oder Schulabschlüsse betrachtet werden. Es wird ein multimodaler Ansatz empfohlen, in dem verschiedene diagnostische Instrumente zum Einsatz kommen. Das Zusammenspiel der psychologischen Konstrukte zu »Wollen« und »Können« und die Passung zu den Anforderungen, also zur Situation, müssen bei Entscheidungen und Bewertungen bedacht werden. Für Unternehmen sind Kompetenzen wichtig, weil sie in einer nicht planbaren und zunehmend unvorhersehbaren Welt dazu führen, dass Menschen selbstorganisiert handeln und potenziell unendlich viele Handlungsmöglichkeiten abrufen können. Zu beachten ist zudem, dass die Kompetenzen im Zusammenspiel mit der Situation, also den Anforderungen im Beruf, erst wirksam werden. Zur Situation gehören alle externen Faktoren, die das Unternehmen beeinflussen, u. a. die Jobanforderungen, die Marktsituation, die Unternehmenskultur und auch der Führungsstil des Vorgesetzten sowie regionale Besonderheiten und die Kultur des Landes. Diese Situationsfaktoren können hemmenden oder fördernden Einfluss auf die Entwicklung und die Möglichkeit, Kompetenzen zu zeigen, ausüben.

Tabelle 9 fasst die wichtigsten Überlegungen, die mit dem Modell individueller Performanz-Einflüsse zusammenhängen, zusammen:

Begriff	Persönlichkeitseigenschaften	Talent	Kompetenz	Performanz
Synonym	Eigenschaft	Begabung	Handlungsfähigkeit	Leistung, erfolgreiche Handlung
Beispiel	Extraversion, Gewissenhaftigkeit, Offenheit, Verträglichkeit, Neurotizismus	Gutes Einfühlungsvermögen; wenn Person dennoch nicht mit Menschen arbeiten will, wird sie ihr Einfühlungsvermögen nicht anwenden	Führungsfähigkeiten, die beispielsweise im ersten Führen von Praktikanten sichtbar werden	Mitarbeiterführung im Job, die das Team motiviert und gute Teamergebnisse generiert
Beschreibung	Persönlichkeitseigenschaften sind hypothetisch angenommene Eigenschaften, die in unterschiedlichen Ausprägungen allen Menschen zukommen. Persönlichkeitsmerkmale können die Wollens- und Könnens-Aspekte fundieren	Talent kann in Wollens- bzw. Könnens-Aspekten begründet sein, welche Voraussetzungen darstellen, die nicht realisiert werden müssen, sondern als Disposition vorliegen	Kompetenzen können in Wollens- und Könnens-Aspekten begründet sein, die zur Realisierung von Handlung führen, insbesondere Wissen, Fähigkeiten und Wille. Sie sind zudem mit entsprechenden Werten und Emotionen verbunden, sodass Handlungsfähigkeit in neuen Situationen gegeben ist.	Performanz stellt eine Handlung dar, die durch Übung, Routine bzw. Erfahrung entwickelt ist und die die Person entsprechend den Anforderungen im Beruf anwendet.
Nähe zur Performanz und damit Prognose von Leistung	Relativ niedrig	Mittel	Hoch	(identisch)
Trainierbarkeit	-	-	Systematisch möglich	Handlungsweisen und Wissen sehr gut trainierbar

Tab. 9: Erläuternde Tabelle zum Modell individueller Performanz-Einflüsse

Das Modell individueller Performanz-Einflüsse zeigt Zusammenhänge zwischen Eigenschaften, Performanz und Ergebnissen, die bereits im sog. trimodalen Ansatz von Schuler (2000) beschrieben sind. Der trimodale Ansatz wird v. a. in der Eignungsdiagnostik angewendet. Hier werden Eigenschaften betrachtet, die durch Tests erfasst werden, des Weiteren das Verhalten, das durch Arbeitsproben oder Assessment Center diagnostiziert werden kann und schließlich die Handlungsergebnisse, die aus der Biografie zu entnehmen sind. Wie Schuler (2000) bereits postulierte, wird auch im Modell individueller Performanz-Einflüsse davon ausgegangen, dass Dispositionen des Menschen sich im Verhalten zeigen, welches zu den Ergebnissen führt. Das Modell individueller Performanz-Einflüsse differenziert die Dispositionen der Person in Persönlichkeitseigenschaften, Talent und Kompetenz. Dies birgt die Möglichkeit, Mitarbeiter noch differenzierter dabei zu unterstützen, Talent zu entfalten sowie Kompetenz zu entwickeln. Kompetenz in der Differenzierung zu Handlung ermöglicht zu unterscheiden, ob Handlung und Ergebnisse in einer kreativen und selbstbestimmten Art und Weise »zukunftsfähig« hervorgebracht werden, also in Situationen, die jetzt noch nicht vorhersehbar sind. Wird dies nicht betrachtet, läuft eine Organisation möglicherweise Gefahr, Fertigkeiten oder Qualifikationen zu diagnostizieren oder zu fördern, da diese ebenfalls Performanz und Handlungsergebnisse bringen.

4.4.6 Variationen von angewandten Kompetenzmodellen

Kompetenzmodelle variieren in ihrer Komplexität — sie können funktionsabhängig oder hierarchieabhängig entwickelt werden. Zudem wird in manchen Unternehmen fachliche Expertise mit in die Kompetenzmodelle aufgenommen. Aus den oben diskutierten Überlegungen zu Kompetenz werden fachliche Anforderungen im Folgenden herausgenommen. Fachliche Anforderungen führen zu einer starken Ausdifferenzierung von Modellen, wovon im Sinne der pragmatischen Anwendbarkeit abzusehen ist. Grundsätzlich sollten so viele Kompetenzen wie nötig, jedoch so wenige wie möglich in einem Modell integriert werden.

Ein Kompetenzmodell kann strukturell so aufgebaut sein, dass die Kompetenzen für alle betrachteten Mitarbeiter gleich sind (Variante A). Ein Modell kann sich stärker differenzieren, indem bestimmte Kompetenzen nur für bestimmte Funktionen oder Jobfamilien — z. B. Marketing oder Produktion — gelten (Variante B). Die Kompetenzen können nach verschiedenen Hierarchieebenen definiert sein (Variante C). Die differenziertesten Modelle sind schließlich jene, die sowohl Funktionszugehörigkeit als auch Hierarchieebenen berücksichtigen (Variante D).

Aus dem Grad der Komplexität ergibt sich das in Tabelle 10 dargestellte Muster.

Funktionen werden berücksichtigt?	Hierarchieebene wird berücksichtigt?		
		Nein	Ja
	Nein	Kompetenzmodell für alle berücksichtigten MA gleich (Variante A)	Kompetenzmodell mit Ebenenbeschreibungen (Variante C)
	Ja	Kompetenzmodell mit verschiedenen Funktionszugehörigkeiten (Variante B)	Kompetenzmodell mit Ebenenbeschreibungen je Funktionszugehörigkeit/Jobfamilie (Variante D)

Tab. 10: Varianten von Kompetenzmodellen (mit und ohne Berücksichtigung von Ebenen und Funktion)

Wie oben angemerkt, werden Kompetenzen erst ab einer bestimmten Hierarchieebene wirksam. Die meisten Unternehmen berücksichtigen für Posten mit wenig komplexen Aufgaben, z. B. für Routinetätigkeiten, Stellenbeschreibungen mit Angaben zu Fertigkeiten oder Qualifikationen. Erst für die Beschreibung und Beurteilung komplexer Anforderungen werden Kompetenzen benötigt, da sie selbstorganisiertes Handeln in unüberschaubaren Situationen ermöglichen. Daher gelten die genannten vier Varianten erst ab dieser definierten Mitarbeiterebene.

Die Beschreibung der Verhaltensanker kann zudem untergliedert werden nach den Leistungen, die sehr gute Mitarbeiter zeigen, die mittlere Mitarbeiter vorweisen, oder was als schlechte Leistung zu beurteilen wäre, alternativ auch in die Kategorien »Fortgeschrittene« »Standard« oder »Basisverständnis« unterteilt. Grundsätzlich sollte allerdings zugunsten der pragmatischen Nutzung von zu starker Ausdifferenzierung abgesehen werden.

Neben der Frage, was ein Unternehmen von einem Kompetenzmodell erwartet und welche Ziele damit verbunden sind, müssen bei der Wahl der Kompetenzmodell-Variante verschiedene Faktoren berücksichtigt werden:

- **Internationalität:** Je stärker das Unternehmen Mitarbeiter in vielen Ländern beschäftigt, desto eher wünschen sich Unternehmen ein reduziertes Modell. Die komplexeste Struktur (Variante D) wird hier eher abgelehnt. Das hängt z. B. damit zusammen, dass das Kompetenzmodell und die darauf abgestimmten Instrumente und Formulare übersetzt und angepasst werden müssen, was in globalen Unternehmen bis zu zwei Jahre dauern kann. Die Übersetzung von Kompetenzmodellen sollte durch Gegenübersetzung in die ursprüngliche Sprache, eine sog. »backward translation«, vorgenommen werden, um Missverständnissen vorzubeugen: Wörtliche Übersetzungen führen gerade bei psychologischen Dimensionen häufig zu Fehlinterpretationen. Je komplexer ein Modell ist, umso schwieriger und langwieriger ist es, Anpassungen und Änderungen vorzunehmen.
- **Standardisierung:** Sind die Hierarchien und Funktionen in den unterschiedlichen Abteilungen oder Betrieben sehr unterschiedlich, werden einfachere Modelle bevorzugt. Ist die unternehmensweite Standardisierung fortgeschritten und es werden beispielsweise unternehmensweit die gleichen Hierarchieebenen und -bezeichnungen genutzt, können hierarchieabhängige Kompetenzbeschreibungen sehr sinnvoll sein.

- **Führungs- und Feedbackkultur:** Wenn es die Führungskräfte bisher nicht gewohnt sind, das Handeln der Mitarbeiter zu beschreiben und zu beurteilen, werden differenzierte Beschreibungen gewünscht, weil sie gute Hilfestellungen geben, Verhalten auf den Punkt zu bringen. Gleichzeitig muss berücksichtigt werden, ob administrativer Aufwand, wie das Ausfüllen von Formularen, zeitlich im Rahmen liegen, andernfalls könnten ausdifferenzierte Modelle und ihre entsprechenden Formulare als Belastung wahrgenommen werden.
- **Bürokratisierungsgrad:** In einer Unternehmenskultur, in der bisher keine standardisierten Formulare für Mitarbeitergespräche oder Feedback genutzt wurden, werden möglichst einfache Formulare bevorzugt.
- **Unterstützung durch IT:** Arbeitet die HR-Abteilung hauptsächlich mit Excel oder anderen weniger komplexen Programmen, wird ein differenziertes Kompetenzmodell administrativen Aufwand erzeugen, der zusätzliche Personalkosten verursacht oder kaum zu bewältigen ist. Ist eine für Talent Management Systeme spezifische Software eingeführt, können die Datenmengen von komplexeren Modellen problemlos bearbeitet werden.

Variante A: Das Kompetenzmodell gilt für alle Mitarbeiter. Es ist so allgemeingültig wie möglich (über verschiedene Funktionen bzw. Jobfamilien hinweg) und so spezifisch wie nötig. Als Beispiel kann der Ausschnitt aus Abbildung 16 dienen.

Variante B: Das Kompetenzmodell variiert je nach Funktionszugehörigkeiten bzw. Jobfamilie z. B. im Bereich »Support« mit HR, Finanzabteilung und IT; im Bereich »Operations« mit Vertrieb und Produktion sowie bzgl. des Feldes »Projekte« mit Entwicklung.

Eine pragmatische Variation zwischen A und B stellt die Vorgehensweise dar, dass ausgesuchte Kompetenzen aus dem Kompetenzmodell für alle Mitarbeiter gelten und die Funktionen zudem eine bestimmte Anzahl Kompetenzen auswählen. Dies gewährleistet Flexibilität zwischen den Funktionen bei gleichzeitiger Homogenisierung.

Variante C: Das Kompetenzmodell berücksichtigt entweder bereits auf der Ebene der Kompetenzen oder in der Beschreibung der Verhaltensanker bestimmte Hierarchiezugehörigkeiten. In der Differenzierung der Kompetenzen werden qualitative Unterschiede getroffen. Dieser Ansatz kommt der Idee der Leadership-Pipeline nahe, da in diesem Modell davon ausgegangen wird, dass Führungskräfte auf verschiedenen Ebenen neue Fähigkeiten und neue mentale Modelle anwenden müssen, die nicht immer auf dem aufbauen, was in der Führungsebene zuvor erwartet wurde. Eine Differenzierung in den Verhaltensankern ist meist eine quantitative Differenzierung. Hier wird die gleiche Kompetenz nach Führungsebenen differenziert. Somit gilt die gleiche Kompetenz für verschiedene Ebenen, nur in anderer Ausprägung. Hier bauen die Fähigkeiten aufeinander auf, sodass eine sukzessive Erhöhung der Ausprägung pro Führungsebene impliziert wird. Ein Beispiel dafür bietet Tabelle 11 für die Kompetenz »Lernen und Umgang mit Veränderung«:

Kompetenz: Lernen und Umgang mit Veränderung

Definition: Initiiert aktiv Veränderungen und treibt diese nach vorne. Setzt Veränderungen um und geht mit Widerstand konstruktiv um. Demonstriert stetige Lernbereitschaft.

Level	Operationalisierung durch Verhaltensanker
Mitarbeiter	Zeigt aktiv Interesse und Neugierde an Neuerungen und Bereitschaft zu lernen. Entwirft mehrere Lösungsvarianten für ein Problem. Denkt sich einfallsreiche Lösungen aus; produziert neue Ideen, Vorgehensweisen oder Einsichten. Bildet sich selbst kontinuierlich weiter.
Erste Führungsebene	Erkennt Anpassungs- und Veränderungsbedarf in Prozessen und geht diesen zielgerichtet an. Motiviert sein Team zu »out of the box«-Denken. Schätzt realistisch ein, welche Ideen Erfolg versprechend sind. Geht mutig auf mehrdeutige und unsichere Situationen zu und nutzt die darin enthaltenen Chancen. Fragt aktiv nach Feedback zur eigenen Handlung.
Abteilungsleiter	Antizipiert unternehmerische Veränderungsnotwendigkeiten frühzeitig und leitet entsprechend Neuerungen in Strukturen ein. Nimmt Widerstände wahr und findet Lösungen, diese mit dem Führungsteam anzugehen. Stellt sicher, dass alle Beteiligten bereit für die Veränderungen sind und über eigene Widerstände hinwegkommen. Baut erreichte Verbesserungen systematisch weiter aus. Entwickelt Selbsterkenntnis durch kontinuierliches Feedback verschiedener Quellen.
Bereichsleiter	Erkennt strategischen Veränderungsbedarf und antizipiert Konsequenzen für das Unternehmen. Gewinnt verantwortliche Schlüsselpersonen als »Change Agents«[38], setzt Ziele und fordert deren Erreichung ein. Ermutigt zu einer Lernkultur im Unternehmen, stellt ein Bewusstsein für kontinuierliche Verbesserungen in einer sich verändernden Umwelt her und stellt entsprechende Programme auf. Coacht andere in Techniken, mit Veränderungen umzugehen und zu lernen. Nähert sich Veränderungen durch Eingreifen in gesamtes System, statt isolierte Themen zu behandeln. Nimmt sich Zeit zur Selbstreflexion und persönlichen Weiterentwicklung.

Tab. 11: Hierarchieebenenabhängige Beschreibung der Kompetenz »Lernen und Umgang mit Veränderung«

Entsprechend den Verhaltensankern können die Entwicklungsempfehlungen nach Hierarchieebenen gegliedert formuliert werden.

---

[38] Change Agents erarbeiten auf Basis einer Vision den Maßnahmenplan zur Umsetzung und Implementierung der Veränderung. Sie können die bereichsübergreifende Kommunikation verbessern und den MA durch Partizipationsprozesse einbeziehen. Interne Change Agents sind Personalentwickler, die zum Unternehmen gehören, externe Change Agents sind externe Berater, die für kurze Zeit eingestellt werden.

Ebene	Entwicklungsempfehlung
Mitarbeiter	Teilnahme an interdisziplinären Projektgruppen, um neue Perspektiven kennen zu lernen. Regelmäßige Feedbackgespräche mit Vorgesetzten. Teilnahme an einem Kreativitätsseminar. Beobachten einer Person, die besonders offen für Neuerungen oder kreativ ist. Reflektieren, was diese Person anders macht und was man selbst daraus lernen kann. Informell Feedback aus verschiedenen Quellen zu eigener Handlung erfragen. Lesen von Fachzeitschriften und Managermagazinen, um neue Perspektiven auf eigene Arbeitsweise zu gewinnen.
Erste Führungs- ebene	Interkulturelle Erfahrung z. B. durch Teilnahme in interkulturellen Teams oder durch internationale Projekte mit Auslandsaufenthalt. Teilnahme an einem Seminar zum Umgang mit Veränderungen. Mentoring mit einem Senior-Manager, der Taktiken und Techniken vermitteln kann, um Veränderungen zu steuern. 360-Grad-Feedback sowie regelmäßiges Feedback zu eigenem Verhalten. Teilnahme an einem »Circle of Innovation«, der zum Ziel hat, Veränderungen zu initiieren. Lesen von Fachzeitschriften und Managermagazinen.
Abteilungsleiter	Coaching. Erlernen von Moderations- sowie Brainstorming-Methoden. 360-Grad-Feedback sowie regelmäßiges Feedback zu eigenem Verhalten. Training zum Umgang mit Widerständen bei Veränderung. Entwicklung eines Netzwerkes, das unterstützen kann, Veränderungen zu implementieren. Eine Liste aller Beteiligten aufstellen, die von den Neuerungen betroffen sind. Reflektieren darüber, welche Barrieren auftreten können und wie diesen proaktiv begegnet werden kann. Eine neue Perspektive einnehmen, durch die Bearbeitung der Frage, wie jemand aus einem ganz anderen Kontext (Politiker, Filmstar, Sportler u. a.) Effektivität in der Abteilung erhöhen würde. Lesen aktueller Managementliteratur.
Bereichsleiter	Teilnahme an einem internationalen Curriculum »Leading and initiating change« z. B. von Business-Schools. Coaching. 360-Grad-Feedback sowie regelmäßiges Feedback zu eigenem Verhalten. Finden von Metaphern aus anderen Bereichen, in denen Veränderung vor sich gehen (z. B. in der Politik) und Ableitung von Ideen für das eigene Unternehmen. Informieren über Zukunftstrends; Benchmark-Analyse anderer Unternehmen Erweiterung von Coachingtechniken. Einkauf von externer Beratung.
Bereichsleiter	Durchführen eines Zukunfts-Workshops mit anderen Business-Managern. Eine neue Perspektive einnehmen durch das Beschreiben der Abteilungen mit Metaphern aus anderen Kontexten (Sport, Märchen, Tierreich) und Ableitungen neuer Möglichkeiten, um die Effektivität zu erhöhen. Lesen aktueller Managementliteratur zu Change-Management sowie zur »5. Disziplin« von Senge.

Tab. 12: Levelabhängige Beschreibung der Entwicklungsempfehlungen zu »Lernen und Umgang mit Veränderung«

Eine pragmatischere Variante besteht darin, für die Ebenen anzugeben, wie viel Prozent der Verhaltensbeschreibungen für welche Ebene erfüllt werden soll. Dies hat den Vorteil, dass die Führungskraft sich nicht mit aufwendigen Beschreibungen auseinandersetzen muss, jedoch den Nachteil, dass es einen stärkeren Interpretationsspielraum dazu gibt, der bei den qualitativen Daten einen Anteil von 30 % oder 60 % ausmacht.

Variante D: Das Kompetenzmodell wird differenziert nach unterschiedlichen Hierarchieebenen und Funktions- bzw. Jobfamilienzugehörigkeiten. Eine typische Form der Variante D besteht aus der Festlegung von Kompetenzen, die für alle Mitarbeiter gelten, deren Verhaltensanker für verschiedene Ebenen definiert wurden. Zusätzlich werden sowohl Führungskompetenzen dargestellt, die für alle Führungspositionen in allen Funktionseinheiten bzw. Jobfamilien gelten, als auch solche, die der jeweiligen Funktion oder Jobfamilie zu eigen sind. Sie sind jeweils für drei Hierarchieebenen beschrieben. Abbildung 18 verdeutlicht diese Variante.

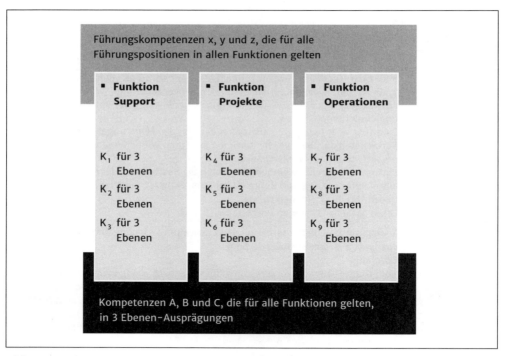

Abb. 18: Variante D: Das Kompetenzmodell berücksichtigt die unterschiedlichen Hierarchieebenen je Funktionszugehörigkeiten und definiert funktionsübergreifende Führungskompetenzen sowie funktionsübergreifende Kompetenzen

4.4.7 Entwicklung eines Kompetenzmodells

Das Kompetenzmodell bündelt diejenigen Verhaltensweisen, welche erfolgsrelevant für die Umsetzung der Geschäftsstrategie sind. Basis der Entwicklung eines Kompetenzmodells sind die Anforderungsprofile der Mitarbeiter sowie die Geschäftsstrategie. Liegen die Anforderungsprofile nicht vor, wird ähnlich der Anforderungsanalyse vorgegangen, die bereits oben beschrieben wurde. Folgende Phasen sind bei der Erstellung eines Kompetenzmodells relevant:

1. Ableitung von Hauptverantwortlichkeiten aus der Geschäftsstrategie sowie Formulierung in Aufgaben entlang der Aufgabenkaskade. Ableitung erfolgskritischer Verhaltensweisen zur Ausführung der Aufgaben aus Sicht der Geschäftsleitung unter Einbeziehung von Unternehmensleitlinien und Werten (Top-down-Verfahren).
2. Definition der erfolgskritischen Verhaltensweisen zur Ausführung der Aufgaben aus Sicht erfolgreicher Mitarbeiter (Bottom-up-Verfahren).
3. Synthese der Ergebnisse durch Gruppierung in Kompetenzen sowie Kompetenz-Cluster (erste Rohfassung).
4. Gewichtung der Anforderungen.
5. Gegebenenfalls Unterscheidung nach Hierarchieebenen oder Funktionen oder Jobfamilien.
6. Erstellung des Modells mit Verhaltensankern und Entwicklungsempfehlungen.
7. Abstimmung von Inhalten und sprachlicher Form, finale Absegnung.

In Phase 1 werden die Geschäftsziele wie bereits im TMS-Workshop mit der Geschäftsleitung in Hauptverantwortlichkeiten für die jeweiligen Geschäftsfelder oder Jobfamilien übersetzt. Jobfamilien wie Vertrieb und Produktion verlangen aufgrund der Ähnlichkeit der Tätigkeit ähnliche Anforderungen an die Ausführenden und bieten sich daher hier als Einteilung an. Entsprechend der bereits dargestellten Aufgabenkaskade werden diese Anforderungen in Aufgaben abgeleitet, die für die Umsetzung der Strategie entscheidend sind. Dabei kann man den Schwerpunkt auf Schlüsselpositionen legen, um die Menge an Aufgaben einzugrenzen.

Die Phasen 1 bis 4 entsprechen ansonsten den Phasen des Top-down, Bottom-up, der Synthese und Gewichtung, die im Rahmen der Anforderungsanalyse besprochen wurden. Um die Verhaltensweisen in Phase 3 in Kompetenzen zu übersetzen, wird zunächst eine Rohfassung erarbeitet. Dies geschieht innerhalb eines Workshops mit der Geschäftsleitung mithilfe der Moderation durch einen psychologisch geschulten HRler oder Berater, der an dieser Stelle Ergebnisse aus Studien hinzuziehen kann, die Zusammenhänge zwischen Kompetenzen und Erfolg für die relevanten Aufgaben hergestellt haben: Die Nutzung gut erforschter und wohldefinierter psychologischer Konstrukte verleiht einem Kompetenzmodell wissenschaftliche Fundierung und damit Fairness und Seriosität zur Messung und Beurteilung auf Basis des Modells.

In Phase 5 werden die Kompetenzen gegebenenfalls nach Hierarchieebenen oder Funktionen differenziert, sofern dies gewünscht ist. Hier stellt sich die Frage, ob eine Kompetenz mit verschiedenen Stärkegraden dargestellt wird, indem die Verhaltensanker nach »Basisverständnis«, »Standard« oder »Fortgeschritten« unterteilt werden oder ob zu jeder Kompetenz verschiedene Definitionen pro Hierarchieebene beschrieben werden. Die Gewichtung bzw. Skalierung wurde ebenfalls in Kapitel A.4.2 »Anforderungsanalyse« beschrieben.

In diversifizierten Großunternehmen ist es notwendig, in dieser Phase das Verfahren auf Tochtergesellschaften anzuwenden bzw. die erarbeiteten Verhaltensweisen mit der jeweiligen Leitung zu besprechen, sodass sich diese ebenfalls mit dem Modell identifizieren kann. In jedem Fall ist es notwendig, das Modell mit allen Geschäftsleitern und Bereichen abzustimmen. Diese Abstimmung kann gleichzeitig zur Überprüfung der verwendeten Sprache genutzt werden; nur von allen akzeptierte Formulierungen bilden tatsächlich die »Unternehmenssprache«. Die Inhalte des Kompetenzmodells sollten danach von allen Betroffenen getragen werden, auch um den strategisch sinnvollen, d. h. unternehmensweiten Gebrauch nach Fertigstellung zu gewährleisten.

In Phase 6 wird aus diesen Ergebnissen das Kompetenzmodell erarbeitet und mit Verhaltensankern und Entwicklungsempfehlungen hinterlegt. Hierbei wird darauf geachtet, dass keine gleichen Verhaltensanker für verschiedene Kompetenzen genutzt werden und dass pro Verhaltensanker tatsächlich nur eine Verhaltensweise beschrieben wird. Bei Dopplungen oder Überlappungen würde es zu Komplikationen in der Messung der Kompetenzen geben. Eine saubere inhaltliche Trennung ist daher entscheidend. Die Entwicklungsempfehlungen werden typischerweise nach Off-the-job- und On-the-job-Maßnahmen getrennt aufgeführt; dies unterstützt in der Anwendung den Aspekt, dass Entwicklung nicht nur in Seminaren außerhalb des Arbeitsalltages stattfindet, sondern v. a. on-the-job.

In Phase 7 wird dieses Modell nochmals mit dem Vorstand und den Bereichsleitern der relevanten Funktionen abgestimmt und mit letzten sprachlichen Verfeinerungen modifiziert. Mit der Sprache und den genutzten Begriffen sollen sich die Anwender identifizieren, daher ist diese Feinarbeit nicht zu unterschätzen. Zudem erhöht sich durch die Bearbeitung die Involviertheit des Senior-Managements. Mit der finalen Absegnung des Modells durch die relevanten Beteiligten ist die Kompetenzmodellentwicklung abgeschlossen.

4.4.8 Zusammenfassung

Ein Kompetenzmodell setzt den Erklärungsrahmen für selbstorganisiertes, strategiekonformes Handeln in der Organisation. Damit ein neu entwickeltes Kompetenzmodell praktisch anwendbar, akzeptiert und relevant ist, sollten die jeweiligen Punkte bei der Einführung und Konstruktion beachtet werden:

Jede Kompetenz lässt sich von den anderen Kompetenzen unterscheiden, d. h. es gibt keine inhaltlichen Überlappungen und die Kompetenzen sind möglichst unabhängig voneinander, also trennscharf, formuliert.	☐
Durch eine Beschreibung der Kompetenzen in konkreten und beobachtbaren Verhaltensankern wird Messbarkeit gewährleistet, d. h. die Operationalisierung ist exakt.	☐
Der Anwender hat einen leicht zugänglichen Überblick, d. h. die Balance zwischen Detailliertheit und Anwenderfreundlichkeit ist gegeben.	☐

Die Kompetenzen sollten konzeptionell logisch und einheitlich beschrieben, d. h. jeweils auf einem einheitlichen Abstraktionsniveau definiert sein.	☐
Die Formulierungen des Kompetenzmodells sind verständlich und möglichst selbsterklärend und heben sich von psychologischen Termini ab.	☐
Das Kompetenzmodell ist leicht in die Personalprozesse integrierbar und durch leicht handhabbare Instrumente einsetzbar.	☐
Den Kompetenzbeschreibungen folgt eine Darstellung von Entwicklungsempfehlungen, idealerweise getrennt nach Off-the-job- und On-the-job-Maßnahmen.	☐

Tab. 13: Checkliste 1 — Voraussetzungen, um Kompetenzmodelle in der Praxis anzuwenden

Die Kompetenzen sind auch an den zukünftigen Herausforderungen an die Mitarbeiter orientiert und nicht nur am Status quo.	☐
Die Inhalte sind kompatibel mit Führungsleitlinien, übergeordneter Vision, Werten und Strategie des Unternehmens (sofern diese formuliert sind).	☐
Die Kompetenzen sind geeignet, überdurchschnittliche Leistungen von durchschnittlichen und von geringen Leistungen zu unterscheiden.	☐
Das Kompetenzmodell wurde in Kooperation mit relevanten Entscheidungsträgern im Unternehmen konzipiert.	☐

Tab. 14: Checkliste 2 — Voraussetzungen, um Relevanz zu gewährleisten

Die oberste Führungsebene sowie wesentliche Entscheidungsträger anderer Ebenen werden in die Entwicklung des Kompetenzmodells einbezogen.	☐
Die Formulierung des Kompetenzmodells passt zur Sprache der Organisation.	☐
Das Modell ist vereinbar mit bisherigen Kompetenzmodellen, sofern unterschiedliche Modelle genutzt wurden.	☐
Das Modell wird transparent im Unternehmen kommuniziert, alle Beteiligten haben Zugang zu Informationen über die Ziele des Modells und Vorteile für die jeweiligen Zielgruppen.	☐
Die Kompetenzen sind ausschließlich auf den Beruf bezogen. Sie erlauben Variationen in der Handlung und stellen verschiedene Verhaltensanker zur Verfügung, die zur gleichen Kompetenz befähigen. Sie belassen dem Mitarbeiter so seine Individualität und Würde in der Ausführung seiner Arbeit.	☐
Die Kompetenzen sind mit gängigen Verfahren, die für die Wirtschaftswelt konstruiert wurden, messbar.	☐

Tab. 15: Checkliste 3 — Voraussetzungen, um Akzeptanz im Unternehmen herzustellen

Um die Erstellung eines Kompetenzmodells zu vereinfachen, entscheiden sich Unternehmen häufig zu einer Zusammenarbeit mit externen Beratern, die bereits Kompetenzbibliotheken führen, d. h. zu bestimmten Jobfamilien relevante Kompetenzen inklusive Verhaltensbeschreibungen und Entwicklungsempfehlungen zusammengestellt haben. Wird mit externen Beratungen zusammengearbeitet, sollte das Modell in jedem

Fall von der Geschäftsleitung und Vertretern des Linienmanagements modifiziert werden, damit eine unternehmensspezifische Sprache Ausdruck im Modell findet. Ansonsten besteht die Gefahr, dass sich die Anwender nicht mit den Inhalten identifizieren können. Einige Autoren haben festgestellt, dass sich Kompetenzmodelle unternehmensübergreifend ähneln. So zitieren Spencer & Spencer (1993) eine Studie, der zufolge sich 85 % der Kompetenzen in Kompetenzmodellen verschiedenster Unternehmen ähneln. Da sich allerdings die spezifische Unternehmenskultur und die strategiekonforme Aufgabenerfüllung erst in den Verhaltensweisen zeigen, sei an dieser Stelle angemerkt, dass die Operationalisierung der Kompetenzen in den Verhaltensankern die entscheidenden Unterschiede herstellt.

Aus den bisherigen Ausführungen sollte die Komplexität des Kompetenzmodelldesigns deutlich geworden sein. Jedoch berichten Unternehmen, dass es häufig Praktikanten sind, die für die Entwicklung des Kompetenzmodells zuständig gemacht werden, mit dem Ergebnis, dass Kompetenzdefinitionen lediglich in Zielzuständen beschrieben und die Kompetenzen zu vage oder nicht trennscharf formuliert wurden. Angesichts der Relevanz, die ein Kompetenzmodell für die Personal-Praktiken hat, wird von diesem Vorgehen abgeraten. Empfohlen wird der Einsatz von Wirtschaftspsychologen oder psychologisch geschulten Personalern, die eine trennscharfe Darstellung und faire Messung von den oben genannten psychologischen Konstrukten gewährleisten, damit sie praktisch nutzbar, messbar und entwickelbar werden. Vage oder überlappende Definitionen bringen eine schlechtere Messbarkeit mit sich und drohen damit an Validität und Fairness zu verlieren. Externe Beratungen — wie erwähnt — reduzieren den Arbeitsaufwand. Daher werden im Folgenden die Herangehensweisen der größten HR-Beratungsunternehmen vorgestellt.

5. Herangehensweisen von drei weltweit agierenden HR-Beratungsfirmen

Fast jeder der Interviewpartner der Interviewstudie hat bereits mit den international tätigen Beratungsunternehmen PDI, SHL oder DDI zusammengearbeitet; jene drei Firmen gehören zu den größten HR-Beratungsfirmen, die ausschließlich Beratung zu Personalfragen betreiben. Die Berater der Firmen sind meist Managementpsychologen mit Schwerpunkt auf Diagnostik und Entwicklung von Managern.

Grundsätzlich ist deren Ansatz ähnlich. Auf Basis der hier beschriebenen Herangehensweisen erfolgt jeweils die Erstellung von Kompetenzmodellen in Unternehmen; dabei variiert der Grad an Modifikation von Kunde zu Kunde. Die meisten Unternehmen benennen die Kompetenzen entsprechend ihrer Unternehmenskultur und -sprache um. Es kann davon ausgegangen werden, dass fast alle der Fortune-500-Unternehmen in den letzten Jahrzehnten mit einer der Beratungsfirmen gearbeitet haben, beispielsweise um Kompetenzmodelle einzuführen oder um Manager auf Basis der Kompetenzen auszuwählen.

PDI

Die international agierende HR-Beratungsfirma PDI (Personnel Decisions International) nutzt ihre sog. Leadership Competency Architecture (LCA) als Rahmenmodell, um für die internationalen Kunden Kompetenzmodelle zu erstellen. Das LCA besteht aus vier »Superfaktoren« mit 2 bis 6 Kompetenzen, die auf fünf verschiedenen Hierarchieebenen von »Individual contributor« bis »Senior executive« mit Verhaltensankern beschrieben werden. Die Superfaktoren sind: durchdachte Führung, ergebnisorientierte Führung, mitarbeiterorientierte Führung, Führung der eigenen Person. Die Komponenten des Modells sind nach Angaben der Firma in den letzten 35 Jahren kontinuierlich weiterentwickelt worden. Die Forschung zu den psychologischen Themen wie Diagnostik und Entwicklung findet nach Angaben der Beratung in Zusammenarbeit mit der Entwicklungsabteilung von PDI mit amerikanischen Universitäten, z. B. der University of Minnesota, statt.

Aus diesem Modell werden exemplarisch die Kompetenzbeschreibungen für Strategic Thinking (Strategisches Denken) dargestellt (in Abb. 19 hervorgehoben). Die englische Beschreibung wurde für diese Darstellung übersetzt (s. Abb. 20).

METACOMPETENCIES	FRONT-LINE LEADER	MID-LEVEL LEADER	BUSINESS UNIT LEADER	SENIOR EXECUTIVE
Super Factor: Thought Leadership				
1. Analysis	Analyze Issues and Solve Problems	Make Sound Decisions	Use Insightful Judgment	Use Astute Judgment
2. Strategic Thinking	Understand Strategies	Act Strategically	Think Strategically	Shape Strategy
3. Financial Acumen		Use Financial Data	Apply Financial Acumen	Apply Financial Insights
4. Innovation	Identify Improvements	Think Creatively	Innovate	Display Vision
5. Global Perspective			Display Global Perspective	Drive Global Integration
Super Factor: Results Leadership				
6. Focus on Customers	Seek Customer Satisfaction	Meet Customer Needs	Focus on Customers	Ensure Customer Focus
7. Planning	Establish Plans	Build Realistic Plans		Align the Organization
8. Managing Execution	Execute Efficiently	Manage Execution	Ensure Execution	Optimize Execution
9. Results Orientation	Show Initiative	Show Drive and Initiative	Drive for Results	Drive Organizational Success
10. Courage			Lead Courageously	Lead Boldly
Super Factor: People Leadership				
11. Influence	Solicit Support	Build Support	Influence Others	Use Organizational Influence
12. Engage and Inspire	Encourage Commitment	Motivate Others	Engage and Inspire	Energize the Organization
13. Talent Enhancement	Select and Develop	Develop Others	Build Talent	Develop Organizational Talent
14. Open Communication	Communicate Effectively	Foster Open Communication		
15. Collaboration		Promote Teamwork	Promote Collaboration	Ensure Collaboration
16. Building Relationships	Relate Well to Others	Establish Relationships	Build Relationships	Build Organizational Relationships
Super Factor: Personal Leadership				
17. Establishing Trust	Demonstrate Credibility	Establish Trust	Inspire Trust	Earn Unwavering Trust
18. Adaptability	Readily Adapt	Show Adaptability	Adapt and Learn	Demonstrate Agility

Abb. 19: LCA-Modell der Firma PDI

Kompetenzen und Verhalten je Führungsebene			
→ *Metakompetenz »Strategisches Denken«*			
Führungskraft erster Ebene	**Führungskraft mitttlerer Ebene**	**Geschäftsbereichsleiter**	**Geschäftsleiter**
Strategisches Verständnis	**Strategisch handeln**	**Strategisch denken**	**Strategie entwickeln**
• Verständnis für die Mission und Strategie des Unternehmens demonstrieren. • Strategien zur Erreichung der eigenen Ziele oder der Ziele der Arbeitseinheit entwickeln. • Blick für das Gesamte (z.B. zugrunde liegendes Thema, Trends, Ziele) zeigen.	• Den Gesamt-Blick im Tagesgeschäft berücksichtigen und einbeziehen. • Ein umfassendes Verständnis der Stärken, Schwächen, Chancen und Gefahren des eigenen Verantwortungsbereiches ableiten. • Sich bietende Chancen, Projekte und Investitionsmöglichkeiten nach ihrer Passung zur breiteren Strategie des Unternehmens bewerten und verfolgen.	• Entscheidungen treffen unter Berücksichtigung externer Wirtschaftsfaktoren, z.B. Branchen- und Marktentwicklungen. • Projekte verfolgen, die die Stärken des Unternehmens und seine Marktpotenziale ausschöpfen, um konkurrenzfähig zu bleiben. • Strategische Ziele des eigenen Geschäftsbereichs anpassen an die Ziele und Prioritäten der unternehmerischen Gesamtstrategie.	• Verständnis zeigen für die wichtigsten Branchenentwicklungen und ihre Einflussfaktoren (z.B. Wettbewerber, Markttrends), sowie deren Auswirkung auf die eigene Geschäftstätigkeit berücksichtigen (z.B. Entwicklung neuer Produkte, strategische Neuorientierung, Investitionsmöglichkeiten). • Vereinbarkeit von Teilstrategien, Entscheidungen und Maßnahmen mit der Gesamtstrategie und Langzeitausrichtung des Unternehmens sicherstellen. • Die wichtigsten Wettbewerbsgefahren antizipieren können und entsprechende Gegenmaßnahmen entwickeln.

Abb. 20: Beispiel der Kompetenzbeschreibungen zu »Strategisches Denken« der Firma PDI für vier Führungsebenen

Wie bei den anderen Beratungen auch, werden die einzelnen Kompetenzbeschreibungen auf qualitativ abgestuften Skalen, meist von »deutliches Entwicklungsfeld« bis »herausragende Stärke«, beschrieben, zudem liegen für jede Kompetenzbeschreibung Entwicklungsempfehlungen vor.

PDI setzt häufig das Global Personality Inventory (GPI) als Persönlichkeitsfragebogen ein. Das GPI kommt als Eigenentwicklung aus dem Hause PDI. Es misst neben den Dimensionen, die erfolgreiches Führungsverhalten begünstigen, wie Stresstoleranz oder Einflussnahme — sog. Enabler — auch Dimensionen, die mit dem Scheitern eines Managers zusammenhängen — sog. Derailer — z. B. egozentrisches oder passiv-aggressives Verhalten. Das GPI gibt es in verschiedenen Sprachen.

SHL

Die international agierende HR-Beratungsfirma SHL (Saville & Holdsworth Group Limited) betreibt ein eigenes Forschungsteam um Prof. Bartram in London. Das Forschungsteam veröffentlichte ein Rahmenmodell mit acht übergeordneten Kompetenzfaktoren, die als »Great 8« bezeichnet werden (Bartram, 2005). Hier wurde die Relevanz der 8 Faktoren zur Vorhersage von berufsbezogener Leistung erforscht. Die Faktoren werden durch 2 bis 3 Dimensionen gekennzeichnet, die als Kompetenz bezeichnet werden. Die Kompetenzen werden durch Verhaltenskomponenten operationalisiert. Es wurden extensive Forschungsarbeiten in Unternehmen verschiedenster Branchen und mit Managern verschiedener Ebenen in allen großen Industrieländern durchgeführt. Auf dieser Basis stellt SHL die Theorie auf, dass das Great 8-Modell die Verhaltensweisen beschreibt, die die Leistung in jedem Arbeitsbereich, auf jeder Ebene und in jeder Organisation entscheidend beeinflussen. Das Modell liegt für verschiedene Hierarchieebenen vor, die vom Komplexitätsgrad her aufeinander aufbauen. Sie können den einzelnen Stufen der Leadership-Pipeline (Charan, Drotter & Noel, 2001) im Unternehmen zugeordnet werden, sodass hierarchieebenenspezifische Kompetenzausprägungen trennscharf definiert und im Rahmen von diagnostischen Maßnahmen präzise gemessen werden können. Anwendbar ist dieses Modell bei klar vordefinierter Leadership-Pipeline im Unternehmen; es kann aber für individuelle Stellenbeschreibungen modifiziert angewendet werden.

Der Faktor »Führen und Entscheiden« mit der Dimension »Entscheidungsfreude & Initiative« beispielsweise wird mit folgenden Komponenten beschrieben: Entscheidungen treffen, Verantwortung übernehmen, selbstsicher handeln, Initiative ergreifen, Aktivitäten anstoßen und kalkulierte Risiken eingehen. Diese Komponenten werden mit konkreten Verhaltensbeispielen hinterlegt, ähnlich wie oben beschrieben wurde. Auf Basis dieses Modells erfolgt das Design von Kompetenzmodellen in den jeweiligen Unternehmen; dabei wird darauf geachtet, dass in jedem unternehmensspezifischen Modell jeder der Great-8-Faktoren mindestens einmal vertreten ist.

Unter Kompetenz versteht man hier eine Kombination psychologischer Konstrukte wie Motivation, analytischen Fähigkeiten, Persönlichkeit sowie Wissen und Erfahrungen, die ihren Ausdruck in beruflich relevanten beobachtbaren Verhaltensweisen bzw. Leistungen findet.

Faktor	Kompetenz bzw. Dimension
Führen und Entscheiden	Entscheidungsfreude & Initiative
	Führung
Unterstützen und Kooperieren	Teamarbeit & Kollegialität
	Integrität
Interagieren und Präsentieren	Interaktion & Aufbau sozialer Netzwerke
	Überzeugungskraft & Einflussnahme
	Präsentation & mündliche Kommunikation
Analysieren und Interpretieren	Schriftliche Kommunikation
	Einsatz von Fachwissen
	Analyse
Gestalten und Konzipieren	Lernbereitschaft & Neugier
	Kreativität & Innovation
	Strategisches Denken
Organisieren und Ausführen	Planung & Organisation
	Ergebnis- & Kundenorientierung
	Regeln & Vorschriften beachten

Faktor	Kompetenz bzw. Dimension
Anpassen und Bewältigen	Flexibilität & Anpassungsbereitschaft
	Belastbarkeit
Unternehmerisch denken und leistungsorientiert handeln	Motivation & Karriereorientierung
	Unternehmerisches Denken

Tab. 16: Die Great 8 der Firma SHL

SHL setzt Messverfahren ein, die vom eigenen Forschungsteam entwickelt und veröffentlicht wurden: den Persönlichkeitsfragebogen OPQ32 sowie NMG[39] und der VMG, die mentale Leistungsfähigkeit messen. Der OPQ32 wurde kürzlich von der British Psychological Society (BPS) als einer der besten Persönlichkeitsfragebogen anerkannt. Das Ergebnisprofil des OPQ32 besteht aus 32 Dimensionen, die für Führung und Management relevant sind. Auch er liegt in verschiedenen Sprachen vor.

DDI
Die global agierende HR-Beratungsfirma DDI (Development Dimensions International) bestimmt erfolgskritische Kompetenzen anhand der relevanten, aktuellen oder zukunftsbezogenen geschäftlichen Herausforderungen an die Führungskräfte des Unternehmens — genannt »Business Driver«. So werden beispielsweise dem Business Driver »Profitabilität steigern« (Drive Profitability) Kompetenzen wie »Unternehmergeist«, »Geschäftssinn« und »operative Entscheidungen treffen« zugeordnet. Zudem werden Persönlichkeitsdimensionen zugeordnet, die sich positiv auf das Umsetzen der jeweiligen Strategie auswirken (Enabler genannt, in Abb. 21 »thoughtful, planful, independent thinker«) sowie solche, die Führungskräfte im Bezug auf diese Strategie behindern (Derailer, in Abb. 21 »overly linear etc., indecisive«). Anderen strategischen Herausforderungen werden andere Kompetenzen zugeordnet, bestimmte Enabler können sich je nach Situation auch als Derailer manifestieren. DDI verwendet Kompetenzbibliotheken, die auf verschiedene Ebenen wie z. B. Senior-Management und gängige Jobfamilien wie z. B. Vertrieb abgestimmt sind. Den Kern der Vorgehensweise bilden jedoch die Ausrichtung an der Unternehmensstrategie und das Abbilden der damit verbundenen Herausforderungen an Führungskräfte auf allen Ebenen.

Bei der Bestimmung von erfolgskritischen Aspekten geht DDI holistisch vor und berücksichtigt dementsprechend über Kompetenzen und Persönlichkeitsprofil hinaus auch Erfahrung und Wissen, z. B. bei der Beurteilung von Führungskräften oder als Grundlage für deren strategische Entwicklungsplanung.

- **Erfahrungen:** Was für spezifische Erfahrungen sollte ein erfolgreicher Positionsinhaber mitbringen?
- **Wissen:** Welche Kenntnisse sollte der Positionsinhaber bereits erworben haben?

---

39 NMG und VMG sind logikanalytische Fähigkeitstest auf Grundlage numerischer bzw. verbaler Informationen, die die Personalberatung SHL Group Ltd. anwendet.

- **Persönliche Attribute/Persönlichkeitsprofil:** Welche Persönlichkeitseigenschaften fördern oder behindern erfolgreiches Handeln auf dieser Position?
- **Kompetenzen:** Welches Verhalten sollte der Positionsinhaber in der Lage sein zu zeigen?

Drive Profitability – Competencies and Personality Patterns		
DDI Business Driver	Competencies	Personality Enabler/Derailer
• Drive Profitability • Enter New Markets • Cultivate a Customer-Focused Culture	Establishing Strategic Direction Entrepreneurship Business Acumen Operational Decision Making Executation Developing Strategic Relationsships Culturat Interpersonal Effectiveness Customer Orientation Communicating with Impact Coaching & Developint Others Empowerment/Delegation Building Organizational Talent Change Leadership Driving for Results	Thoughtful, Planful Independent Thinker Overly linear/black & white Thinker Indecisive
© Development Dimensions Int'l, Inc. MMVIII. All rights reserved.		DDI

Abb. 21: Das Vorgehensschema der Firma DDI

DDI setzt das sog. Hogan Personality Inventory (HPI) und einen Hogan Development Survey (HDS) als Persönlichkeitsfragebogen ein, die Enabler und Derailer für Führung und Management betrachten und der in verschiedenen Sprachen vorliegt. Die Firma betreibt ein eigenes Forschungsinstitut namens CABER (Center for Applied Behavioral Research).

6. Zusammenfassung der strategischen Planung des TMS

Die folgende Checkliste fasst die in diesem Kapitel besprochenen wichtigen Fragen zusammen, die für die Planung der Strategie unter Berücksichtigung der Ressourcen und Rahmenbedingungen hilfreich sind. Die Überschriften spiegeln die beschriebene Vorgehensweise wider: Zielbildung mit Situationsanalyse; Planung der Aktivitäten, die in der Tabelle nach den Personal-Praktiken sortiert werden; Festlegung der Kennzahlen zur Evaluation sowie Bereitstellung der Instrumente.

Zielbildung	
Wie sind Führungsstil, Eingebundenheit des Senior-Managements, Offenheit für Veränderungen und die Rolle von HR einzuschätzen?	Zielsetzungen zum Thema »Veränderungsfähigkeit«:
Findet die Geschäftsstrategie Eingang in das Talent Management System? Wie können die geschäftlichen Herausforderungen in TMS-Ziele übersetzt werden? Werden zukünftige Trends berücksichtigt?	Zielsetzungen zum Thema »Umsetzung der Geschäftsstrategie«
Welches sind die internen Stärken und Schwächen sowie die externen Gelegenheiten und Bedrohungen (SWOT-Analyse)? Wurden externe Rahmenbedingungen wie Marktlage sowie interne Rahmenbedingungen wie vorhandene IT-Systeme berücksichtigt?	Situationsanalyse
Wurden Vergleiche mit Talent Management Systemen in anderen Unternehmen durchgeführt?	
Planung der Aktivitäten	
Wie viele Vakanzen sollen besetzt werden? Wie viele neue Mitarbeiter müssen eingestellt werden?	Rekrutierung
Welche Erwartungen werden an die Position gestellt, fachlich und überfachlich, um erfolgreich die gewünschten Geschäftsergebnisse erzielen zu können? Wie werden Mitarbeiter angezogen?	
Wie werden Personalmarketing und -ansprache gestaltet? Welche Nutzenversprechungen, sog. Value Propositions, werden an Bewerber vermittelt? Wie findet die Personalauswahl statt? Welche diagnostischen Instrumente (wie Assessment Center u. a.) werden eingesetzt?	
Wie können die Aufgaben der Position in Erwartungen übersetzt werden? Was sind Soll-Profile? Wie werden diese generiert? Was sind Ist-Profile? Wie werden diese erhoben? Wird das Verhalten auf Basis von Kompetenzen beurteilt? Wird zwischen jetziger Leistung und Potenzial für zukünftige Positionen unterschieden? Wie werden die Führungskräfte unterstützt, ihre Mitarbeiter fair zu beurteilen? Wie erhalten Mitarbeiter Feedback?	Mitarbeiterbewertung
Wie werden Leistungs- und Potenzialträger identifiziert? Wie bekommt das Senior-Management einen Überblick über die Stärken und Schwächen in der Belegschaft? Wie stimmen sich Führungskräfte ab, um die gleichen Erwartungen an die Mitarbeitenden zu stellen (Talent Konferenzen)? Wie wird die Passung der Mitarbeiter auf die Positionen bestimmt? Werden Talent-Scouts eingesetzt?	Talent-Identifikation
Wird verfolgt, welcher Mitarbeiter auf Basis der Erwartungen in welchem Zeitraum welche Positionen nachbesetzen kann? Welche Erwartungen sind an die Position gekoppelt? Wie werden Schlüsselpositionen erkannt?	Nachfolgeplanung

Sind die Entwicklungsaktivitäten aufeinander abgestimmt? Welche Entwicklungsinstrumente sollen genutzt werden? Werden sowohl aktuelle als auch zukünftige Herausforderungen für die Entwicklungsplanung berücksichtigt? Gibt es sowohl genügend Angebote on-the-job wie Seminare? Agieren die Führungskräfte als Coaches oder Mentoren?	Mitarbeiterentwicklung
Wie werden die Mitarbeiter gebunden? Welche Karrierepfade gibt es? Was könnte Talente motivieren (Potenzial-Reservoirs, Feedback etc)? Wie zufrieden sind die Mitarbeiter (wird eine MA-Befragung durchgeführt?) Sind die Gründe von Fluktuation bekannt (werden Exit-Interviews durchgeführt)?	Mitarbeiterbindung
Wurden bei der Planung die Personal-Praktiken Mitarbeiterbewertung, Talentidentifikation, Nachfolgeplanung, Mitarbeiterentwicklung, Mitarbeiterbindung und Rekrutierung berücksichtigt? Wie werden die Personal-Praktiken miteinander verzahnt? Wird ein einheitliches Kompetenzmodell eingesetzt? Wird die Leadership-Pipeline als Vorlage genutzt? Wird die Mitarbeiterperspektive durch den »TMS-gesteuerten Weg« einbezogen? Wird die Perspektive der Führungskraft durch den »Performance Cycle« einbezogen? Arbeiten entsprechende HR-Personaler miteinander, findet ein aktiver Austausch statt?	Verzahnung der Personal-Praktiken
Wer ist beteiligt? Wer ist wofür verantwortlich? Wurden HR-Mitarbeiter für die Rolle als Business-Partner qualifiziert? Welche aktive Rolle übernimmt das Senior-Management? Gibt es Unterstützer, die aktiv eingebunden sind? Gibt es einen benannten Ansprechpartner zum Thema Talent Management für die Mitarbeiter? Bilden sich Führungskräfte kontinuierlich weiter, um ihrer Rolle gerecht zu werden (u. a. zu achtsamer Führung)? Ist eine wissenschaftliche Begleitung durch Diplomanden oder Doktoranden möglich? Werden externe Berater eingesetzt? Wenn ja, ist deutlich, welche Beratung für welche Bereiche besonders erfahren ist? Gibt es eine oder mehrere Personen, die eine Schnittstelle zwischen HR und Senior-Management darstellt/en?	Rollen und Verantwortlichkeiten
Sind die Termine im Rahmen des TMS dem Geschäftsrhythmus angepasst?	Terminierung
Festlegung der Kennzahlen zur Evaluation	
Werden die Erfolge der Maßnahmen, die mit dem Talent Management System in Verbindung stehen, gemessen? Welche Kennzahlen und Indikatoren werden berücksichtigt, um die Erfolgskriterien zu messen?	Evaluation
An welcher Stelle werden die Ergebnisse — beispielsweise anhand der Balanced Scorecard — präsentiert und diskutiert? Wo werden entsprechend Konsequenzen aus der Evaluation gezogen?	Besprechung/Review zur Planung von Maßnahmen
Bereitstellung grundlegender Instrumente	
Liegen Schlüsselpositionskriterien vor? Wird eine Anforderungsanalyse durchgeführt? Wird eine »Leadership-Pipeline« für das Unternehmen erstellt? Wird ein Kompetenzmodell erarbeitet?	Instrumente

Tab. 17: Übersicht der Fragen zur Planung der Strategie im Talent Management System

B. Die Kultur

Das Fundament für die Umsetzung der Strategie des TMS als integrierten Ansatz bildet eine entsprechende Unternehmenskultur. »At the end of the day, culture eats strategy for breakfast«, brachte der CEO eines DAX-Konzerns, der in der vorliegenden Studie interviewt wurde, die Bedeutung von Kultur auf den Punkt: Ohne entsprechende Kultur wird auch die beste Strategie nicht umgesetzt. Wenn die Mitarbeiter Widerstand gegen die Prozesse des TMS leisten oder die Führungskräfte kein Interesse daran haben, diese umzusetzen, weil die Relevanz der Personal-Praktiken nicht anerkannt wird, bleiben die sinnvollsten Instrumente oder Ideen ungenutzt. Ein Talent Management System setzt sich daher aus der Strategie, die die Richtung angibt, Personal-Praktiken, mit denen die Strategie umgesetzt wird, und einer Kultur, die den Boden dafür bereitet, zusammen. Zu dieser Kultur gehört beispielsweise das Selbstverständnis der Führungskräfte, dass die Personalentwicklung zu ihren Aufgaben gehört. Zudem zeigen die Eingebundenheit des Senior-Managements in die personalrelevanten Prozesse und die Rolle von HR als Business-Partner, wie relevant das Talent Management System für die Erreichung der Geschäftsziele ist. Dadurch werden neu eingeführte Prozesse von der Belegschaft leichter angenommen. Die wertschätzende Haltung Mitarbeitern als wertvollster Ressource gegenüber ist eine Voraussetzung, um die Personal-Praktiken umsetzen zu können, und bindet Mitarbeiter an das Unternehmen. Eine Unternehmenskultur, die es ermöglicht, dass deren Mitglieder offen dafür sind, Neues zu lernen, Wissen zu teilen und sich weiterzuentwickeln, bildet die Basis dafür, dass Menschen motiviert sind, ihre Talente einzubringen und sich gegenseitig zu unterstützen. Eine Kultur, die Lernen und Weiterentwicklung fördert, ist schon deswegen ein wichtiger Aspekt, weil aufgrund der intensivierten Rekrutierung aus der internen Belegschaft Neid und Misstrauen unter Positionsanwärtern die Produktivität einschränken können. Ist eine Organisation durch eine solche Lernfähigkeit offen für Veränderung, wird sie mit Wandel proaktiv umgehen können.

Letztlich wird die Kultur von den Menschen gestaltet. Die Protagonisten im Rahmen von TMS sind die Mitarbeiter, die Führungskräfte, die HR-Manager und das Senior-Management. Sie stellen die Kultur durch ihre Handlungsweisen und eine Haltung her, die eingangs kurz skizziert wurden. Insbesondere sind es vier Haltungen, die eine ideale Kultur innerhalb des Talent Management Systems auszeichnen:

- Die Führungskräfte führen achtsam (mitarbeiter- und ergebnisorientiert);
- Das Senior-Management zeigt Eingebundenheit und Engagement in den TMS-Prozessen;

- Die Mitarbeiter demonstrieren Offenheit für Veränderungen und Lernfähigkeit;
- Die HR-Manager agieren proaktiv als Business-Partner.

Wie eine Kultur etabliert werden kann, in denen Führungskräfte, Senior-Management, Mitarbeiter und HR-Manager die genannten Handlungsweisen und Haltungen zeigen, ist Thema dieses Kapitels.

1. Unternehmenskultur

Was macht eine Kultur aus? Eine Unternehmenskultur (vgl. z. B. von Rosenstiel, 2003; Schein, 1985) bildet sich aus kollektiven Werte- und Orientierungsmustern, die historisch gewachsen und sowohl intellektueller als auch emotionaler Natur sind. Die Kultur beinhaltet z. B. unbewusste Basisannahmen über Wahrheit, Zeit oder soziale Beziehungen, welche zu Maximen und Verboten führen, die dann teils sichtbar in Normen, Rollen und Verantwortlichkeiten sowie Standards ausgedrückt werden. In der Organisation finden sie ihren Niederschlag in der Symbolik, wozu das Erzählen von Geschichten und Legenden, aber auch die Art und Weise der Begrüßung, das Firmenlogo und die Sprache bzw. der Jargon des Unternehmens zählen. Diese Vermittlungsmuster sind gleichzeitig Indikatoren einer Unternehmenskultur. Die Kultur wird im interaktiven Sozialisierungsprozess innerhalb der Organisation erworben und liegt meist implizit vor. Zudem explizieren manche Unternehmen ihre Kultur in Unternehmensleitlinien oder Führungsleitlinien sowie in den Verhaltensankern des unternehmensspezifischen Kompetenzmodells. »Sinn für Schönheit« wird in einem Kompetenzmodell eines Konzerns aufgeführt, der Schönheitsartikel produziert; »sportlicher Spirit« findet sich in einem Modell eines Automobilherstellers[1] — beides sind identitätsstiftende Aspekte der Unternehmenskultur, die durch Anker wie »hält sich über die Trends in Kunst und Kultur auf dem Laufenden« oder »zeigt Interesse an sportlichen Tätigkeiten« lebbar wird. Geht man in die Cafeterien und Aufenthaltsräume der beiden Beispielunternehmen, ist dies nicht nur anhand passender Einrichtung, sondern auch an den Gesprächen der Mitarbeiter klar ersichtlich. Wie es dazu kommt, dass die Unternehmenskultur von den Organisationsmitgliedern »gelebt«, d. h. angenommen und durch das Verhalten hergestellt wird, hängt mit den drei Ebenen zusammen, die bereits als »Kopf«, »Herz« und »Hand« eingeführt wurden. Um eine Kultur zu verändern, müssen alle Ebenen angesprochen werden. Es reicht nicht, dass nur die kognitive Ebene — die des »Kopfes« — aktiviert wird: Sinnvolle Strategien werden häufig nicht umgesetzt, obwohl sie auf aktuellen Erkenntnissen fußen und die Notwendigkeit der Umsetzung längst gegeben ist.[2] Das Erlernen von Techniken und Methoden — »Hand« — führt zur Anwen-

---

[1] Um Fehlinterpretationen auszuschließen und zur Anonymitätswahrung soll angemerkt sein, dass beide Konzerne nicht an der vorliegenden Studie beteiligt waren.
[2] Aktuelle Beispiele sind die relativ späte Reaktion vieler Unternehmen auf den demografischen Wandel, aber auch die späte Reaktionen der Menschen auf den Klimawandel.

dung derselben, wenn die mit den Handlungen verbundenen Emotionen und Werte — »Herz« — als — passend empfunden werden. Den Mitgliedern einer Organisation liegen das Regelwerk einer Unternehmenskultur und die damit verbundenen Ebenen »Kopf«, »Herz« und »Hand« als mentale Modelle[3] bzw. als kognitive Landkarte vor.

1.1 Mentale Modelle als kognitive Landkarten

> »Most change initiatives that end up going nowhere don't fail because they lack grand visions and noble intentions. They fail because people can't see the reality they face«
> (Senge, Scharmer, Jaworski & Flowers, 2008)

Die Realisierung neuer Ansätze findet häufig nicht statt, weil sie im Widerspruch zu impliziten, aber machtvollen mentalen Modellen stehen. Mentale Modelle sind Überzeugungen bzw. tief verwurzelte Annahmen über Zusammenhänge in der Welt und Verallgemeinerungen, die beim Menschen so stark verankert sind, dass sie als selbstverständlich erachtet werden. Sie funktionieren als kognitive Landkarte, d. h. sie geben Orientierung und leiten das Handeln der Organisationsmitglieder. Somit beeinflussen sie den Erfolg von Strategien und neuen Prozessen. Synonym zu mentalen Modellen kann auch von Haltung, Einstellungen, Glaubenssätzen, Konzepten, Denkweisen oder Mindsets gesprochen werden. Sie beinhalten Wissen, also »Kopf«-Komponenten, ebenso wie Werte und Einstellungen, also »Herz«-Komponenten, und sie steuern das Verhalten — die »Hand«-Komponente.

Verändern sich die Werte und Normen einer Unternehmenskultur, können sich in interaktiven Sozialisierungsprozessen die mentalen Modelle der Organisationsmitglieder verändern, ohne dass die Mitarbeiter dies bewusst reflektieren. Mitarbeiter verändern ihre mentalen Modelle aber auch aktiv, indem sie z. B. bisherige Überzeugungen infrage stellen oder durch Auslandsaufenthalte andere Ansätze übernehmen. Bringen sie diese neuen Ideen in die Organisation ein, kann dies wiederum einen Einfluss auf das Verhalten im Unternehmen nehmen. In diesem Sinne ist Kulturveränderung ein reziproker Prozess: Wenn sich die mentalen Modelle der Mitarbeiter verändern, kann sich auch die Kultur des Unternehmens verändern und vice versa.

Mitarbeiter reflektieren selten ihre eigenen mentalen Modelle — und damit indirekt die Unternehmenskultur; trotzdem spiegeln sich die Modelle im Verhalten und zeigen Wirksamkeit. Ein für das Talent Management System kontraproduktives Mindset einer Führungskraft wäre beispielsweise die Überzeugung, dass eine Führungskraft ein besserer Experte sein muss oder dass sog. weiche Faktoren wie Kompetenzen »in den Sandkasten von HR« gehören. Diese Überzeugung und dieses Bild von HR ist kontraproduktiv, da sich die Führungskraft in der Konsequenz keine oder wenig Zeit nehmen wird, Mitarbeitern Feedback zu Handlungsweisen zu geben oder sie zu coachen. Mit dieser Haltung wird diese Führungskraft Prozesse im Talent Management System folg-

---

[3] »Mentale Modelle« werden hier im Sinne Senges (1990) gebraucht, der diese als eine der »5 Disziplinen« für »lernende Organisationen« beschrieb.

lich eher blockieren. Silo-Denken, Bereichsegoismen oder Angst vor Abgabe der eigenen Mitarbeiter innerhalb der eigenen »Fürstentümer« sind Beispiele von Ergebnissen kontraproduktiver Überzeugungen, die die Durchführung eines effektiven Talent Management Systems erschweren.

Eine McKinsey-Studie mit 98 Führungskräften aus 46 Großunternehmen in 14 Ländern (Komm, Putzer & Cornelissen, 2007) zeigt die größten Hindernisse auf, die die Durchführung von TMS-Prozessen erschweren. Die meisten davon gehen auf die Haltung und die Bereitschaft von Managern zurück (s. Tab. 18).

Hindernisse für das Talentmanagement		Nennungen in Prozent
1.	Obere Führungskräfte kümmern sich nicht intensiv genug um das Talentmanagement.	59
2.	Bereichsegoismen verhindern konstruktive Zusammenarbeit über Abteilungsgrenzen hinweg.	48
3.	Linienmanager setzen sich nicht genug für die Entwicklung und Karriere ihrer Mitarbeiter ein.	45
4.	Linienmanager sind nicht bereit, ihre Mitarbeiter differenziert nach Leistung in Gruppen einzuteilen.	40
5.	CEO/(Top-)Manager sind nicht genügend in Konzeption und Umsetzung des Talentmanagements eingebunden.	39
6.	(Top-)Manager stimmen das Talentmanagement nicht ausreichend mit der Unternehmensstrategie ab.	37
7.	Linienmanager gehen nicht konsequent genug mit (chronisch) schwacher Leistung um.	37
8.	Trotz Nachfolgeplanung gelingt es nicht, die richtigen Leute auf die besten Plätze zu bringen.	36
9.	Mitarbeiter erhalten nicht genug Coaching und Hilfe, um die richtigen Fähigkeiten zu entwickeln.	33
10.	Es existieren keine angemessenen Kenngrößen, um die Wirksamkeit des Talentmanagements zu messen.	33

Tab. 18: Hindernisse für die Durchführung eines Talent Management Systems nach einer Studie mit 98 Führungskräften aus 46 Großunternehmen in 14 Ländern (Komm, Putzer & Cornelissen, 2007)

Diese Hindernisse sollen mit dem TMS vermieden oder überwunden werden. Insbesondere jenen, die auf die Haltung der Protagonisten zurückgehen — z. B. die ersten vier Hindernisse in der Liste -, kann mit der Etablierung einer Unternehmenskultur begegnet werden, welche diejenigen Werte und Orientierungsmuster vermittelt, die im Sinne der Ziele des Talent Management Systems sind.

2. Techniken zur Etablierung einer Kultur gemäß den vier Haltungen im TMS

Die Werte und Orientierungsmuster der Unternehmenskultur werden zunächst individuell angeeignet und in Verhalten umgesetzt, um dann kollektive Auswirkungen zu zeigen. Die individuelle Aneignung gelingt durch eine Reihe von Maßnahmen; allerdings ist ein umfassender Kulturwandel ein größer angelegtes Projekt, (s. z. B. von Hehn, Cornelissen & Braun, 2015), welches an dieser Stelle nicht in allen Einzelheiten beschrieben werden kann. Die folgenden Maßnahmen können aber Kulturveränderungen bewirken, insbesondere wenn diese parallel und integriert, also nicht isoliert voneinander umgesetzt werden. Beispielsweise kann bereits eine Reflexion der eigenen Einstellungen (z. B. zu Führung) eine Veränderung bewirken, sofern damit die Einsicht einhergeht, dass die bisherige Einstellung »überholt« oder unpassend ist. Auch die positive Erfahrung, dass aufgrund von Coaching-Methoden des Vorgesetzten die eigenen Aufgaben erfolgreicher bewältigt werden können, wird bei Mitarbeitern eine andere Haltung, also ein anderes mentales Modell erzeugen als bei Mitarbeitern, die von ihren Vorgesetzten nicht unterstützt werden. Durch die positive Erfahrung mit den Coaching-Techniken wurden sowohl neue Wissensbestände — »Kopf« — als auch Verhaltensweisen — »Hand« — angeeignet, neue Werte — »Herz« — werden ebenfalls internalisiert. Wie anhand des Beispiels demonstriert wurde, müssen zur Ermöglichung einer nachhaltigen Änderung der Verhaltensweisen, Werte und Orientierungsmuster die drei Ebenen »Herz«, »Hand« und »Kopf« gleichermaßen angesprochen werden.

Aus diesen Überlegungen lässt sich ableiten, dass zur Etablierung der gewünschten Unternehmenskultur Maßnahmen eingesetzt werden, die diese drei Ebenen einbeziehen. Daher werden im nächsten Unterkapitel verschiedene Möglichkeiten dargestellt, die Ebenen »Herz«, »Hand« und »Kopf« anzusprechen, um eine für das Talent Management System ideale Unternehmenskultur etablieren zu können. Die Ebene »Kopf« zielt auf kognitive Prozesse, d. h. auf die Bereicherung der intellektuellen Fähigkeiten: auf Denken, Wissen und Erlernen spezieller Kenntnisse. Die Ebene »Herz« verweist auf die Richtungsänderung von Interessen, auf die Bereitschaft, etwas zu tun oder zu denken. Auch Einstellungen und Werte haben Herz-Komponenten, so dass die Entwicklung dauerhafter Werthaltungen gleichfalls zur Herz-Ebene gezählt wird. »Hand« bezieht sich auf die Verhaltensweisen, die gezeigt werden, sowie auf die Anwendung von Methoden.

Die Passung und der Einsatz der Techniken hängen nicht nur von Unternehmensspezifika wie Diversifikationsgrad oder Mitarbeiterzahl ab, sondern auch davon, ob eine »starke« oder »schwache« Unternehmenskultur vorherrscht und ob diese förderlich oder eher hemmend für die Durchführung eines Talent Management Systems ist. Die Stärke einer Kultur hängt ab von der Prägnanz der Inhalte, dem Verbreitungsgrad in der Belegschaft und der Verankerungstiefe der mentalen Modelle. Dies sollte bei der Auswahl der hier dargestellten Techniken berücksichtigt werden. Zudem ist die Auswahl abhängig von den Zielen, die mit dem TMS verfolgt werden. Die Techniken sind also spezifisch und müssen dem Einzelfall angepasst werden.

Die Kultur innerhalb des Talent Management Systems zeichnet sich wie erwähnt durch folgende Handlungsweisen und Haltungen aus:
- Die Führungskräfte führen achtsam (mitarbeiter- und ergebnisorientiert).
- Das Senior-Management zeigt Eingebundenheit und Engagement in den TMS-Prozessen.
- Die Mitarbeiter demonstrieren Offenheit für Veränderungen und Lernfähigkeit.
- Die HR-Manager agieren proaktiv als Business-Partner.

Diese vier Handlungsweisen und Haltungen hängen zusammen und beeinflussen sich wechselseitig. Im Folgenden werden diese einzeln erläutert sowie Techniken und Instrumente skizziert, die Unternehmen anwenden können, um die Protagonisten jeweils idealerweise dabei zu unterstützen, das entsprechende Verhalten zu zeigen und somit die TMS-Kultur herzustellen.

2.1 Die Führungskräfte führen achtsam (mitarbeiter- und ergebnisorientiert)

Eine mitarbeiterorientierte Führungskraft ist idealerweise überzeugt davon, dass Mitarbeiterentwicklung zu ihren wichtigsten Aufgaben gehört, sodass sie Mitarbeitern Aufmerksamkeit entgegenbringt, verantwortungsvolle Aufgaben delegiert, Leistung fordert und Mitarbeiter durch kontinuierliches, kritisches Feedback fördert. Die wertschätzende Haltung hat einen stärkenden Einfluss auf das Selbstbild des Mitarbeiters und sein Engagement. Ergebnisorientiertes Führen zeichnet sich dadurch aus, dass die Führungskraft die delegierten Aufgaben gemäß den Geschäftszielen priorisiert. Aktuell wird in der Managementliteratur Achtsamkeit - eine sog. »achtsame Kultur« oder »achtsame Führung« - diskutiert (z. B. Ricard, 2015; Romhardt, 2009; Tan, 2012). Achtsamkeit ist ein nicht bewertendes Gewahrsein der Erfahrungen des gegenwärtigen Moments (Hölzel et al., 2011; Kabat-Zinn, 2003, von Hehn & von Hehn, 2015) und achtsame Führung vereint Klarheit und Ergebnisorientierung auf der einen und Wertschätzung auf der anderen Seite.

2.1.1 Techniken & Instrumente zur Förderung des achtsamen (mitarbeiter- und ergebnisorientierten) Führungsstils

2.1.1.1 Maßnahmen, die sich auf die »Kopf«-Ebene beziehen

Reflexion und Wissenszuwachs durch transparente Erwartungen an die Führungskräfte vom ersten Tag an
Damit die Führungskräfte wissen, welches Führungsverhalten erwartet wird, sollte dieses klar kommuniziert werden, z. B. durch Führungsleitlinien mit konkreten Verhaltensbeschreibungen im Sinne der Leadership-Pipeline oder mithilfe des Kompetenzmodells, welches als Basis für das Führungshandeln herangezogen wird. Für die Beschreibung der Verhaltensanker des Kompetenzmodells wird eine Einteilung in ver-

schiedene Hierarchieebenen empfohlen. So wird von einem Teamleiter ein anderes Verhalten gefordert als von einem Abteilungsleiter. Dies gilt nicht nur bezogen auf die »harten« Ergebnisse, sondern auch in Bezug auf das »Wie«, also auf Handlungsweisen und Überzeugungen. Zudem wird eine Untergliederung empfohlen, ab wann Mitarbeiter überdurchschnittliches oder durchschnittliches Talent zeigen oder wann sie als falsch eingesetzte Talente gelten.

Die Erwartungen an die Führungskräfte sollten bereits vom ersten Tag an, wenn die Führungskraft die Position wechselt oder ein Mitarbeiter zur Führungskraft wird, kommuniziert werden. Hierzu gehören insbesondere Erwartungen an die Mitarbeiterentwicklung und Mitarbeiterförderung zur Erreichung strategiekonformer Ergebnisse und die Teilnahme an den Prozessen im TMS. Erfahrungsgemäß sind Manager in der ersten Zeit ihrer neuen Position besonders offen für Empfehlungen, die sich auf ihre neue Position beziehen.

Erkennen der Relevanz des achtsamen Führungsstils

Aktuelle Literatur und Artikel zum Thema »achtsame Führung« z. B. aus der Presse (ManagerMagazin, Spiegel etc.) sowie Veröffentlichungen erlauben einen Zugang zur Relevanz zum Thema. Hilfreich können auch Veröffentlichungen zur »emotionalen Intelligenz« sein (z. B. Goleman, 1998). In vielen Firmen, die achtsame Führung implementieren wollen, wird mit Postern, Videos im Intranet und Infoveranstaltungen dazu geworben. Auch Schnupperkurse oder Vorträge, in dem ein Coach oder Trainer ein paar Übungen und Informationen zum Hintergrund darstellt, werden organisiert, damit Führungskräfte verstehen, worum es bei achtsamer Führung geht.

Reflexion und Wissenszuwachs durch verhaltensbasiertes Feedback

Die Durchführung eines 360-Grad-Feedbacks als prominentestes Instrument im Sinne eines Verhaltensfeedbacks ist eine Quelle um zu erfahren, wie das eigene Verhalten bei anderen gesehen wird. Das 360-Grad-Feedback ist ein Beurteilungsinstrument, das vom wahrgenommenen Verhalten in einer authentischen Situation am Arbeitsplatz ausgeht. Es stellt eine Rundumbeurteilung dar: Die Selbstbeurteilung des Teilnehmers wird mit der Beurteilung durch das gesamte relevante Umfeld — Vorgesetzte, Kollegen, Mitarbeiter und Kunden — verglichen. Dabei bleiben die Feedbackgeber soweit wie möglich anonym. Bei 360-Grad-Feedbacks bekommt der Teilnehmer, die sog. Fokusperson, über das meist online-gestützte Fragebogensystem Feedback zu Dimensionen wie »Führung«, »Teamarbeit« und anderen. Dies ermöglicht eine Einschätzung der eigenen Wirkungsweise auf andere anhand breit gesammelter Meinungsbilder. Dies kann als Grundlage zur Reflexion über das Führungsverhalten und mögliche Änderungen dienen, weil das 360-Grad-Feedback aufzeigt, welche Verhaltensänderungen wünschenswert wären, sodass sich Führungskräfte über ihr eigenes Handeln bewusster werden können. Insbesondere erfahrene Führungskräfte erhalten seltener Feedback zu ihrem Verhalten, sodass für sie der Einsatz von 360-Grad-Feedback-Verfahren besonders nützlich ist: Auf Basis des Feedbacks können Kompetenzlücken analysiert werden, die den Führungskräften bisher nicht bewusst waren. Neben den Selbstreflexionsprozessen, die durch den Abgleich des Selbst- und Fremdbildes angeregt werden, können sich durch die dezidierte Darstellung des erwarteten Führungsstils in Verhaltensankern im 360-Grad-Feedback zudem die Wissensbasis und das Verständnis erhöhen.

Reflexion und Wissenszuwachs durch Arbeitsgruppen
Damit Führungskräfte kritisches Feedback zum eigenen Führungsstil und gleichzeitig Tipps zum Verhalten erhalten, können auch sog. »support and challenge groups« — herausfordernde Unterstützungsgruppen — eingerichtet werden. In diesen Gruppen treffen sich jüngere Führungskräfte mit dem Ziel, sich über ihre Führungsstile und -techniken auszutauschen sowie sich gegenseitig Feedback darüber zu geben, wie sie die Herangehensweisen der Kollegen sehen und welche Rollenmodelle sie selbst haben. Diese Gruppen werden so genannt, weil sich die Führungskräfte gegenseitig unterstützen aber auch herausfordern sollen. Die Gruppen agieren selbstbestimmt, sobald sie einmal offiziell — z. B. im Rahmen eines Weiterbildungsprogramms — ins Leben gerufen wurden. Empfehlenswert ist es, den Teilnehmern grundsätzliche Frage- und Coachingtechniken an die Hand zu geben, sodass die Treffen möglichst effektiv gestaltet werden können. Beispiele zu diesen Techniken finden sich in Kapitel C.4.

2.1.1.2 Maßnahmen, die sich auf die »Hand«-Ebene beziehen

Erweiterung der Führungsfähigkeiten durch Mentoring oder Roundtables
Um Techniken zu erlernen, die einen mitarbeiterorientierten Führungsstil ermöglichen, bietet sich das Mentoring als Maßnahme an. Im Mentoring tauscht sich eine höhere Führungskraft regelmäßig mit einer jüngeren Führungskraft über deren Führungsmethoden aus. Der Mentor ist dabei nicht der direkte Vorgesetzte. Mentoring wird als Instrument zur Personalentwicklung offiziell eingeführt, sodass jüngere Führungskräfte leichter ältere ansprechen können und umgekehrt. Erfahrene Manager berichten von ihren Lernerfahrungen und besprechen kritische Situationen im Arbeitsalltag. Hilfreich sind in dem Zusammenhang auch Rollenspiele, in denen die jüngere Führungskraft z. B. Mitarbeitergespräche simuliert oder übt. Die erfahrene Führungskraft kann im Anschluss Tipps und Möglichkeiten der Verbesserung im Verhalten geben.

In sog. Roundtable-Gesprächen unterstützen erfahrene Manager Neueinsteiger dabei, Kultur und Strategie des Unternehmens verständlich werden zu lassen. Hier können Fragen nach kritischen Lernsituationen gestellt und Feedbacksituationen, in denen aufgrund von Fehlern gelernt wurde, als positive Beispiele dargelegt werden. Die offene Kommunikation zu strategischen Themen kann Mitarbeitern die Botschaft vermitteln, dass sie wirklich zählen und das wichtigste Kapital des Unternehmens sind.

Erweiterung der Führungsfähigkeiten mittels Supervision durch den Vorgesetzten
Coaching und Feedback durch den Vorgesetzten hilft entscheidend bei der Ausfüllung der Rolle einer Führungskraft. Vorgesetzte können beispielsweise bei neu positionierten Führungskräften in Interaktionen mit Mitarbeitern anwesend sein und anschließend supervidieren. Supervision und Feedback helfen bei der Entwicklung und Kalibrierung der Fähigkeiten, die erwartet werden.

Zur-Verfügung-Stellen eines Raumes der Stille
Einige Organisationen stellen einen »Raum der Stille« zum Meditieren zur Verfügung (z. B. SAP, Google).

Befähigung durch Trainings
Führungskräften, die selbst nicht erlebt haben, dass ihre eigene Führungskraft sie weiterentwickelt oder Wertschätzung gezeigt hat, fehlt es häufig an Techniken, da sie sich diese nicht »abschauen« konnten. In Führungstrainings werden entsprechende Fähigkeiten erworben. Diese sollten speziell auf die Kultur des Unternehmens zugeschnitten sein. In Rollenspielen sollten Feedback- und Entwicklungssituationen simuliert und anhand von realitätsnahen und unternehmensspezifischen Fallbeispielen diskutiert werden. Inhaltlich sollte zudem geübt werden, was zu einer fairen Beurteilung gehört und wie auch kritisches Feedback auf wertschätzende Weise vermittelt wird. Eine typische Schwierigkeit für Führungskräfte besteht darin, Mitarbeitern, die weniger Leistung bringen bzw. weniger passend für ihren Posten sind, kritisches Feedback anhand konkreter Verhaltensweisen zu vermitteln. Auch wenn sie wissen, dass sie kritisches Feedback geben müssen, stellt dies für die meisten von ihnen eine unliebsame und infolgedessen möglichst vermiedene Aufgabe dar. Daher sollte dies — auch bei erfahrenen Führungskräften — im Training geübt werden. Auch sollte der Unterschied zwischen Leistung und Potenzial deutlich werden (inhaltlich wird darauf im Kapitel zu Personal-Praktiken eingegangen). Zu den Achtsamkeitstechniken, die gelehrt werden, gehören insbesondere die achtsame Kommunikation, achtsame Besprechungen sowie stärkenorientiertes wertschätzendes Feedback.

Achtsames Zuhören und achtsame Besprechungen, um Wertschätzung und Ergebnisorientierung zu gewährleisten

Achtsame Kommunikation
Bei achtsamer Kommunikation schenkt man als Zuhörer dem Gegenüber seine volle Aufmerksamkeit, mit Blickkontakt und voller Präsenz, d. h. man ist mit den Gedanken auf diese Person gerichtet. Man lässt die Person erzählen, ohne sie zu unterbrechen bzw. ohne dass man eigene gute Gedanken beisteuert. Man versucht, das Gesagte einfach in den Worten dieser Person zusammenzufassen, indem man z. B. anfängt mit: »Wenn ich dich richtig verstanden habe, geht es dir im Moment um ...«. Es werden möglichst eigene Interpretationen vermieden und man konzentriert sich auf das, was gesagt wurde. Wenn man diese Art des Zuhörens auch nur für 3 Minuten kultiviert, wird das Gegenüber die stärkere Präsenz bemerken.

Achtsame Besprechungen I: die eigene Intention
Wie man in ein Meeting geht, kann einen großen Einfluss auf die Effektivität der Besprechung haben. Über 70% der Kommunikation findet nonverbal statt; die Mitmenschen empfangen also auch Signale, die man allein durch die Haltung

sendet. Obwohl der Kollege nichts sagt, merkt man an seiner Körperhaltung und an seinem Blick, ob er bei der Sache oder in Gedanken woanders ist. Daher nimmt man sich zu Beginn eines Meetings einen Moment Zeit, um sich zu fragen: »In welcher mentalen und körperlichen Verfassung bin ich? Welche Emotionen verspüre ich?« Wenn man sich der eigenen Verfassung bewusst ist, kann man diese aktiv beeinflussen: Wenn man mit Neugierde und dem Willen etwas beizutragen an einer Besprechung teilnimmt, wird dies einen anderen Einfluss haben, als wenn man genervt und defensiv ist.

Achtsame Besprechung II: Gruppen-Check-in
Zu Beginn einer Besprechung nimmt man sich ein paar Minuten, um reihum von jedem Besprechungsteilnehmer die folgenden Frage beantworten zu lassen: »Was hält mich davon ab, voll präsent zu sein?« oder »Was steht für mich neben den Aufgaben auf meiner Agenda?«. Allein durch diese Frage geben Sie den Menschen schon die Gelegenheit, über ihre Aufmerksamkeit nachzudenken und sie dadurch in den gegenwärtigen Moment zu lenken. Manche Organisationen beginnen ihre Besprechungen auch einfach mit einer Minute der Achtsamkeit, in der alle Teilnehmenden zweimal tief ein- und ausatmen und sich der Intention der Besprechung bewusst werden.

Stärkenorientiertes wertschätzendes Feedback
Die positive Wirkung von wertschätzendem Feedback auf die Funktionen des autonomen Nervensystems ist wissenschaftlich nachgewiesen (Kromm & Frank, 2009). Ebenso belegt sind die negativen gesundheitlichen Folgen von fehlender Wertschätzung, etwa durch persönlich beleidigende Kritik oder Übersehenwerden am Arbeitsplatz. Dinge, die gut funktionieren, werden häufig als Selbstverständlichkeit wahrgenommen und viele Vorgesetzte neigen dazu, Kritik zu äußern, also zu sagen, wenn sie etwas stört oder anders gemacht werden soll. Nicht von ungefähr gibt es den Spruch: »Nichts gesagt ist genug gelobt«. Für eine effektive Zusammenarbeit im Team sollte allerdings das Verhältnis zwischen Lob und Kritik bei 5:1 liegen (Losada & Heaphy, 2004). Das bedeutet, dass man für jede Kritik, die geäußert wird, fünfmal (ehrlich gemeintes) Lob geben sollte, z. B. für Tätigkeiten, die gut laufen - natürlich angemessen und nicht übertrieben.

Unterstützung des Führungsverhaltens durch pragmatische Instrumente
Es wird Führungskräften leichter fallen, achtsam (mitarbeiter- und ergebnisorientiert) zu führen, wenn ihnen entsprechende Instrumente zur Verfügung stehen. Fühlten sich Führungskräfte bisher nicht für Mitarbeiterbeurteilung oder -entwicklung zuständig, erleben sie mitunter die Einführung von Prozessen im Rahmen des Talent Management Systems als zeitaufwendige und überflüssige Zusatzaufgabe, die sie nicht bewältigen können bzw. wollen. Es kann leicht zu Überforderung und Frustration kommen. Hier ist es besonders wichtig, dass vom Ausfüllen aufwendiger Excel- oder webbasierter Listen abgesehen wird und stattdessen den Führungskräften pragmatische Instrumente angeboten werden, die eine professionelle Mitarbeitereinschätzung und -entwicklung unterstützen. Hierzu gehören beispielsweise

- Checklisten zu den Kriterien bzw. Kompetenzen, die eingeschätzt werden. Statt einer Liste können die Kompetenzen auf Karten — ähnlich Spielkarten — gedruckt werden, die man einfach auf einem Schreibtisch ausbreiten und hin- und herschieben kann, was bei der Vorbereitung von Beurteilungen und für Feedbackgespräche hilfreich ist.
- einfache, aber wirksame Managementinstrumente wie z. B. GROW oder SMART, die im Kapitel »Personal-Praktiken« (S. 133) erläutert werden, welche beispielsweise auf Visitenkartengröße gedruckt und eingesteckt werden können.
- übersichtliche Checklisten mit Fragen zur Potenzialbeurteilung, deren Anzahl von Ja-nein-Antworten zu einer jeweils angemessenen Empfehlung führen (s. Potenzial-Quick-Test, S. 152 ff.).
- eine Videoanimation zu einem guten Beispiel im Intranet, z. B. zu einer Feedbacksituation, einer Coachingsituation oder einer Einschätzungssituation.
- einfache Formulare für die offiziellen Mitarbeitergespräche mit möglichst niedrigem administrativen Aufwand für die Führungskraft. Wenn die Formulare im Intranet zugänglich und digital ausfüllbar sind, erhöht sich die Wahrscheinlichkeit der Nutzung.
- Erarbeitung einer Aufgabenkaskade (s. Kapitel A. »Strategie«). Die Aufgabenkaskade für die Mitarbeiter kann im TMS-Strategieworkshop erarbeitet werden. Sie dient der Führungskraft als Vorlage, um Zielvereinbarungen für die eigenen Mitarbeiter zu gestalten und um so die Aktivitäten der Mitarbeiter strategiekonform zu steuern. Eine solche Vorlage vermittelt Sicherheit bei der Führung. Es können auch kürzere Workshops mit den jeweiligen Führungskräften einer Funktion durchgeführt werden, in denen die Führungskräfte gemeinsam Aufgabenkaskaden für ihre Mitarbeiter erarbeiten.

Positive Verstärkung und mögliche Sanktionen

Nachhaltige Verhaltensänderungen können unterstützt werden, wenn das gewünschte Verhalten positive Konsequenzen im Sinne von Belohnungen hat und unerwünschtes Verhalten negative Konsequenzen mit sich bringt. Führungsverhalten beispielsweise sollte beurteilt und belohnt werden. Dies gilt insbesondere für Firmen, in denen die Führungskultur bisher weniger beachtet wurde. Werden die Verhaltensbeschreibungen des Führungsverhaltens übersetzt in qualitative Ziele, kann es Teil des Zielsetzungs- und Bewertungssystems werden. Hier können Schwerpunkte gesetzt werden wie z. B. die Förderung der Entwicklung der eigenen Mitarbeiter anhand eines individuellen Entwicklungsplanes. Die Einbindung dieser Führungsaufgaben in den bonusrelevanten Zielkatalog oder anderweitige Kopplungen mit Vergütungssystemen unterstützen Verhaltensveränderungen und erhöhen zudem die Relevanz des Themas.

Möglich ist auch ein Sanktionsprogramm, bei dem Führungskräfte einen bestimmten, niedrigen Geldbetrag zahlen, wenn sie nicht innerhalb von einem Monat nach Projektabschluss Feedback an ihre Mitarbeiter gegeben haben oder wenn sie ein Training absagen, an dem sie angemeldet waren. Die Einzahlung kann dann in Teamveranstaltungen investiert werden, an denen die Führungskräfte teilnehmen. Die Nachverfolgung von Feedback gelingt leicht, wenn das Feedback schriftlich in einem System eingegeben werden muss oder durch Befragung der Mitarbeiter die Qualität der Feedbacks beurteilt wird.

Die Erfolge, die durch die Führungstechniken im Rahmen des TMS erzielt wurden, können kommuniziert werden und so eine Belohnung für die Beteiligten darstellen. Dafür müssen die Erfolgskriterien und -indikatoren festgelegt werden, die den Erfolg durch die Methoden im Talent Management System messbar machen (s. Kapitel »Evaluation« (S. 49)). Zudem muss ein Zusammenhang zwischen den durchgeführten Maßnahmen im TMS und dem Geschäftserfolg hergestellt werden, damit der Nutzen deutlich wird. Auf Basis dieser Konkretisierung können die Erfolge kommuniziert werden, beispielsweise wenn in einer Abteilung das Mitarbeiterengagement, gemessen durch Befragung, am höchsten ist.

Um ein reibungsloses Zusammenspiel der Elemente des TMS zu gewährleisten, sollten verbindliche Verhaltensregeln aufgestellt werden und z. B. Führungskräfte nur aus triftigen Gründen TMS-Prozesse wie z. B. People Review oder Nachfolgeplanungen absagen dürfen.

2.1.1.3 Maßnahmen, die sich auf die »Herz«-Ebene beziehen

Systemische Methoden

Um Führungskräfte dabei zu unterstützen, die eigenen Haltungen und Werte zu reflektieren, bieten sich sog. systemische Methoden an (vgl. Königswieser & Exner, 2008). Der systemische Ansatz geht — kurz gefasst — davon aus, dass Organisationen und Menschen als autonom agierende Systeme nicht direkt veränderbar sind, und berücksichtigt, dass Menschen innerhalb ihres Kontextes agieren[4]. Im Rahmen von Führungskräftetrainings oder Coachings können die folgenden Methoden angewendet werden:

In den systemischen Strukturaufstellungen nach Varga von Kibéd & Sparrer (2005) arbeiten die Führungskräfte innerhalb einer Gruppe und bearbeiten aktuelle Probleme, z. B. ein Führungsproblem mit einem Mitarbeiter. Ein Teilnehmer wählt Repräsentanten für seine inneren Sichtweisen aus und weist diesen Plätze zu. Repräsentanten können Gegenstände oder andere Teilnehmer sein. Auf dieser Weise werden Werte, Haltungen, Gedanken und Gefühle räumlich abgebildet und die »Herz«-Komponenten explizierbar und bearbeitbar gemacht. Da die Methode jedoch nur von erfahrenen Anwendern durchgeführt werden soll, wird hier auf eine detaillierte Beschreibung verzichtet.

---

4   Im systemischen Ansatz wird statt von kausalen »Wenn-dann-Verhältnissen« von zirkulären Beziehungen ausgegangen: er geht von den Annahmen aus, dass zwischen Elementen eines Systems — z. B. Menschen, Organisationen — rückgekoppelte Zusammenhänge bestehen. Ein Element existiert nur in einem vernetzten und rekursiven System von Beziehungen anderer Elemente, und Merkmale von Systemen werden immer von Beobachtern beschrieben und kommuniziert, d. h. ihre Beschreibung wird nicht als unabhängig von den Beobachtern angenommen, was im Gegensatz zur »Objektivität« steht (vgl. Devilder, 2001). Diese Betrachtungsweise beeinflusst u. a. die Auswahl der Maßnahmen und Techniken, die im Rahmen von TMS als wirksam erachtet werden: beispielsweise wird angestrebt, durch die Etablierung einer Unternehmenskultur und -sprache einen Raum zu schaffen, in dem sich jene sozial definierten Plausibilitäten des Unternehmenskontextes in der Kommunikation widerspiegeln, die im Sinne des hier dargestellten TMS sind.

Eine weniger aufwendige Möglichkeit, Werte, Gefühle und Überzeugungen sichtbar zu machen, ist die Arbeit mit Metaphern. Im Rahmen eines Trainings können die Führungskräfte aufgefordert werden, ihre Vorstellung und Haltung zu ihrem Führungsstil in Metaphern aus beliebigen Bereichen (z. B. Sport, Märchen, Tierreich) zu visualisieren. Dies kann einfach mit Flipchart und Filzstiften realisiert werden. Die Arbeit mit Metaphern ermöglicht den Führungskräften, innere Sichtweisen zu explizieren, darüber zu diskutieren und sie auf diesem Wege zu verändern.

Zu den systemischen Methoden, die Führungskräfte dabei unterstützen ihren Führungsstil zu hinterfragen und zu modifizieren, gehören zudem paradoxe Interventionen (Watzlawick, Beavin & Jackson, 2007) sowie lösungsorientierte Fragen (vgl. de Shazer, 2004). Hier handelt es sich um Fragetechniken, die helfen, sich das eigene Verhalten bewusst zu machen und zu erkennen, welche Werte und Überzeugungen die eigenen Handlungen leiten. Konkrete Beispiele für lösungsorientierte Fragen werden im Kapitel C.4 dargestellt. Die Fragetechniken sollten von erfahrenen Coaches angewendet werden, beispielsweise in Coachingsitzungen mit Führungskräften. Sie können auch in entsprechenden systemischen Weiterbildungen erlernt werden.

Erfahrung des Nutzens durch persönliche Anwendung der Instrumente
Durch die positive Erfahrung, dass die eingesetzten Methoden im TMS einen Nutzen für die eigene Entwicklung entfalten, werden diese von den Führungskräften leichter angenommen und für ihre Mitarbeiter angewendet. Werden beispielsweise Instrumente wie 360-Grad-Feedbacks, Persönlichkeitsfragebögen oder Trainings angeboten, werden Führungskräfte diese eher für ihre Mitarbeiterentwicklung nutzen, wenn sie sie selbst durch eigene Erfahrung als nützliches Instrument kennengelernt haben.

Einstellungsänderung durch Teilnahme als Beobachter im Assessment Center
Nehmen Führungskräfte als aktive Beobachter an unternehmensspezifischen Beurteilungsinstrumenten und diagnostischen Prozessen wie Auswahltagen, Assessment Centern oder Development Centern teil, können Einstellungen zu diesen Verfahren im positiven Sinne verändert werden. Ein Assessment Center (AC) ist eine Maßnahme, die mit unterschiedlichen Methoden wie Rollenspielen, Unternehmensfallstudien, Interviews und Tests verschiedene Teilnehmer hinsichtlich der Anforderungen, die sich z. B. aus einem Anforderungsprofil ergeben, prüft. Es dient meist der Eignungsdiagnostik, also der Einschätzung, ob eine Person für eine bestimmte Position geeignet ist. Im Development Center werden ähnliche Methoden wie im AC eingesetzt, allerdings sind sowohl Ziel als auch Atmosphäre anders: Ein Development Center generiert Feedback für die Teilnehmer, damit sich diese weiterentwickeln können. Während der Teilnahme an diesen Prozessen als Beobachter lernen die Führungskräfte Techniken kennen, mit denen Mitarbeiter professionell eingeschätzt werden, sie machen sich mit den Kompetenzmodellen vertraut und geben Feedback. Manager erleben dies als Bereicherung, weil sie zum einen sicherer werden im Umgang mit Mitarbeitereinschätzungen und weil es zum anderen eine Gelegenheit für den Aufbau des persönlichen Netzwerkes ist. Zudem kann diese Teilnahme skeptischen Führungskräften die Erfahrung vermitteln, dass Mitarbeiterbeurteilungen pro-

fessionell und fair gehandhabt werden. Dies ändert häufig schon die negative Einstellung und weicht Widerstände auf.

Emotionale Involviertheit durch öffentliche Darstellung
Das Bewusstsein über die Relevanz der eigenen Führung kann durch emotionale Involviertheit innerhalb der Mitarbeiterbeurteilungskonferenzen entstehen: Durch die Teilnahme an von HR moderierten Talent-Besprechungs-Meetings, meist People Review genannt, in denen konkretes Verhalten und Ergebnisse der Mitarbeiter diskutiert werden, können Führungskräfte ihre Einstellungen und Erwartungen gegenüber ihren Mitarbeitern kalibrieren. Hier müssen Führungskräfte öffentlich Stärken und Entwicklungspotenziale der eigenen Mitarbeiter erläutern, was aufgrund des sozialen Drucks und der Angst vor Blamage vor den Kollegen zu einer besseren Vorbereitung mit entsprechender Dokumentation über die Mitarbeiter — spätestens nach dem ersten People Review — führen kann. In alternativen 1:1-Gesprächen mit HR als Ansprechpartner ist der soziale Druck und damit die Motivation niedriger, für die Einschätzungsergebnisse fundierte Argumente zu finden.

Unterstützung und Übung der wertschätzenden Haltung durch Erfahrung im Rollenspiel
Um Führungskräfte bei der Etablierung einer grundlegend wertschätzenden Haltung gegenüber den Mitarbeitern zu unterstützen, sollte in Rollenspielen u. a. geübt werden, welche Aussagen zu welchen Reaktionen aufseiten des Gesprächspartners führen. Rollenspiele sind eine häufig eingesetzte Methode in Führungskräftetrainings. Sie bieten die Möglichkeit neue Techniken zu erlernen, aber auch, neue Werte zu internalisieren, z. B., dass kritisches Feedback auch als eine Chance zur persönlichen Weiterentwicklung begriffen werden kann. Dazu sollte Feedback jedoch nicht als reine Tatsachenwiderspiegelung verstanden werden, sondern als bewusst eingesetztes Entwicklungsinstrument. Dies bedeutet, dass beim Feedbackprozess zum einen berücksichtigt wird, wie das Gegenüber das Gesagte auffassen wird, und zum anderen, was für den Gesprächspartner (den Mitarbeiter) im Sinne der Weiterentwicklung wirklich nützlich ist. Feedback sollte in diesem Sinne zwar freundlich und wohlwollend, aber auch fordernd vermittelt werden. Es ist auch wichtig sicherzustellen, dass der Gesprächspartner das Feedback verstanden und verarbeitet hat. Typischerweise werden in Rollenspielen die Rollen mehrfach getauscht, sodass ein ausgezeichneter Blick auf die verschiedenen Perspektiven (Mitarbeiter/Vorgesetzter) entstehen kann. Videofeedback wirkt hier unterstützend im Lernprozess.

Zudem sind Rollenspiele wichtig um zu erlernen, welche Bedeutung die sog. »soft skills« im Führungsalltag haben. Immer häufiger führen jüngere Führungskräfte zum Teil sehr viel ältere Mitarbeiter und Mitarbeiter aus anderen Kulturen, womit Anforderungen an die Sozial- und interkulturelle Kompetenz verbunden sind.

2.2 Das Senior-Management zeigt Eingebundenheit und Engagement in den TMS-Prozessen

Die sichtbare Eingebundenheit des Senior-Managements in die personalrelevanten Prozesse macht die Wichtigkeit des Talent Management Systems für die Erreichung der Geschäftsziele deutlich. Dadurch werden neu eingeführte Prozesse von der Belegschaft leichter angenommen. Um dies zu erreichen, muss das Senior-Management in die Personal-Praktiken involviert und davon überzeugt sein, dass das Unternehmen mit kompetenten und talentierten Mitarbeitern den aktuellen Unternehmenserfolg sowie die zukünftige Wettbewerbsfähigkeit sichert. Das Senior-Management muss sicherstellen, dass die passenden Praktiken realisiert werden.

2.2.1 Techniken & Instrumente zur Förderung der Einbindung und des Engagements des Senior-Managements

2.2.1.1 Maßnahmen, die sich auf die »Kopf«-Ebene beziehen

Wissenserweiterung und Überzeugung durch Vermittlung von Nutzenargumenten des TMS

Damit das Senior-Management Verbundenheit zum TMS entwickeln kann, muss es zunächst überzeugt sein. Dafür sollte das Senior-Management zielgruppengerecht von HR angesprochen werden, indem die Nutzenargumente zum TMS mit Fakten und Zahlen untermauert werden, z. B. mit sichtbaren Erfolgen in relevanten Beispielunternehmen. Zielführend sind hier Zitate von Studien, die belegen, dass sich ein Engagement in Talent Management Systeme auszahlt, z. B. Resultate, die besagen, dass sich CEO und Top-Management in den 20 besten Unternehmen mehr Zeit für Talentprozesse nehmen als in weniger erfolgreichen Unternehmen; die CEOs investieren 20% oder mehr ihrer Zeit in Prozesse des TMS (Effron, Greenslade & Salob, 2005). Studien, die den Einsatz der zeitintensiven Nachfolgeplanungen legitimieren können, wurden bereits im Zusammenhang mit der Darstellung der Kompetenzmodelle zitiert: Eine hoch leistende Führungskraft — also eine Kraft, die passend für ihre Position eingesetzt ist — übertrifft z. B. die Umsatzziele um 15 bis 20% (Goleman, 2000). Weitere Zusammenhänge zwischen Profitabilität und TMS werden in der Einführung (S. 13) erläutert.

Auch die spezifischen Vorteile für das eigene Unternehmen und die Mitarbeiter sollten dem Senior-Management klar sein. Es muss deutlich werden, dass das Talent Management System einen integralen Bestandteil der Geschäftsstrategie bilden muss, um erfolgreich umgesetzt zu werden.

Auf dieser Basis kann das Senior-Management in einer für die Führungskräfte überzeugenden Geschichte plastisch darstellen, warum das Talent Management System ein wichtiges Thema für den Erfolg der Organisation ist. Dies kann als Vision vermittelt werden. Zudem kann das Senior-Management erläutern, warum TMS ein gemeinsames Ziel für alle Beteiligten darstellt. Besonders in einer weniger ausgeprägten Führungskultur ist die öffentlich dargestellte Eingebundenheit des Senior-Managements und des Vorstands in das Talent Management System entscheidend. Das Thema kann in offiziellen Informationsveranstaltungen oder Jahresrückblicken platziert werden.

2.2.1.2 Maßnahmen, die sich auf die »Hand«-Ebene beziehen

Aufzeigen von Handlungsmöglichkeiten
Damit das Senior-Management Eingebundenheit und Engagement im Unternehmen präsentieren kann, sollte HR folgende Handlungsmöglichkeiten aufzeigen und bei deren Realisierung unterstützend tätig sein:
- Um als Rollenvorbilder agieren zu können, sollten Senior-Manager glaubwürdig, d. h. konsistent und zuverlässig, die Instrumente nutzen und die entsprechenden Formulare wie z. B. im Mitarbeitergespräch oder einen Entwicklungsplan ausfüllen.
- Sie sollten aktiv an den entsprechenden Prozessen teilnehmen und beispielsweise die People Reviews durchführen.
- Finden Führungstrainings zu Themen des TMS statt, sollten Vertreter des Senior-Managements einführende Worte sprechen; dies ist wirksamer, als wenn HR die Einleitung übernimmt. In der Einleitung sollten u. a. die oben dargestellten Nutzenargumente sowie persönliche Anekdoten, die die Verbundenheit mit dem Thema symbolisieren, thematisiert werden.

Einbindung des Senior-Managements in Workshops
Die Vertreter des Senior-Managements werden aktiv eingebunden, wenn sie, wie in Kapitel A »Strategie« beschrieben, in einem Workshop mit Senior-Managern und HR gemeinsam das unternehmensspezifische Kompetenzmodell erarbeiten. Durch die Einbeziehung wird eine stärkere Nähe zu dem Thema aufgebaut und Verbundenheit hergestellt.

Synchronisation der Talent-Management-Ziele mit den Geschäftszielen
Das Senior-Management und HR müssen gemeinsam Ziele für das Talent Management System setzen und Vorgehensweisen festlegen. Wenn sich die Aussagen widersprechen, sollten die TMS-Maßnahmen nicht eingeführt werden. Zu Beginn müssen die Unternehmensziele mit der TMS-Strategie synchronisiert werden. Dieser Vorgang wird in Kapitel A »Strategie« beschrieben (siehe S. 23 ff.).

Einbindung des Senior-Managements als Schnittstelle
Vertreter des Senior-Managements können explizit als Schnittstelle zwischen HR und der Belegschaft zu Angelegenheiten des TMS dienen, indem sie als Ansprechpartner für die Mitarbeiter fungieren. Dies schafft Vertrauen beim Mitarbeiter in Maßnahmen, die mit TMS zusammenhängen.

Strategie-Kaskade-Workshop
Das Senior-Management wird direkt mit den überdurchschnittlichen Talenten oder den Nachwuchsführungskräften in Verbindung gebracht und eingebunden, wenn sie gemeinsam einen Strategie-Kaskade-Workshop durchführen. Hier kommen die über-

durchschnittlichen Talente des Unternehmens, die zu einem sog. internationalen Potenzial-Reservoir gruppiert wurden, zu einem Ein-Tages-Workshop zusammen. Im Workshop stellt das Senior-Management die Konzernstrategie dar. Auf dieser Basis erarbeiten die Teilnehmer des Potenzial-Reservoirs Aktionspläne aus, welche Vorschläge umfassen, wie die Strategie zu erreichen ist, wo sie Stärken und Schwächen sowie Alternativen sehen. Die Teilnehmer stellen diese Pläne vor und diskutieren sie mit dem Vorstand bzw. Senior-Management. Anschließend führen sie einen ähnlichen Workshop mit ihrem eigenen Team durch, in dem wiederum das eigene Team einen Aktionsplan für ihre operative Arbeit ausarbeitet.

Durch diese Methodik wird beim Senior-Management nicht das Gefühl entstehen, zusätzliche Zeit investiert zu haben, da die Ableitung operativer Aktionspläne auf Basis der Geschäftsstrategie einen Bestandteil ihrer Tätigkeiten ausmacht. Der Strategie-Kaskade-Workshop ermöglicht also, dass

- das Senior-Management aktiv und sichtbar in die Arbeit mit dem Potenzial-Reservoir eingebunden wird;
- das Senior-Management die überdurchschnittlichen Talente kennenlernt und sich ein Bild von ihnen macht, was für die Nachfolgeplanung wichtig ist;
- die Teilnehmer des Potenzial-Reservoirs aktiv eingebunden werden und Herausforderungen erhalten, der Workshop also als Personalentwicklung on-the-job fungiert;
- die Konzernstrategie kaskadierend auf allen Ebenen kommuniziert und mit entsprechenden Aktionsplänen realisiert wird.

2.2.1.3 Maßnahmen, die sich auf die »Herz«-Ebene beziehen

Unterstützung der wertschätzenden Haltung durch Erfahrung im Rollenspiel

Das Senior-Management sollte die Erfahrung machen, dass sich Wertschätzung durch die Wortwahl vermittelt und dass ihre Entscheidung, welche Begrifflichkeiten im Rahmen von TMS genutzt werden, einen Einfluss auf die wahrgenommene Wertschätzung der Mitarbeiter haben kann. So wird im Talent Management System die Belegschaft auf einer Matrix mit Kategorien wie »überdurchschnittliches Talent« bewertet (s. Kapitel C. »Personal-Praktiken«). Hier wird empfohlen, wertschätzende Kategorien auch für die weniger starken Mitarbeiter zu finden. Unternehmen haben vormals genutzte Begriffe wie »Arbeitspferde« oder »Fragezeichen« mittlerweile umbenannt in »unbestätigtes Talent« oder »falsch eingesetztes Talent«, insbesondere dann, wenn der Prozess transparent gehalten wird und der Mitarbeiter nachfragt, welchen »Titel« er erhalten hat. Die Kategorien in der Matrix können — angelehnt an das firmeneigene Produkt — in spezifischen Metaphern bezeichnet werden. Dies verleiht dem Prozess einen mehr spielerischen Charakter. Die Arbeit mit solchen firmeneigenen Metaphern kann Akzeptanz schaffen. So stellt die adidas AG die Matrix als ein Fußballfeld dar mit »Frontspielern«, »solider Abwehr« etc. (s. Kapitel C. »Personal-Praktiken«) und ein Schmuckhersteller spricht von »Edelsteinen« und »ungeschliffenen Diamanten«. Es könnten auch unternehmensneutrale Metaphern wie »Bergbezwinger«, »Schlenderer« oder »Marathon-Läufer« gewählt werden. In der Wortwahl achten manche Unternehmen darauf, dass Mitarbeiter nicht »gemanagt« sondern »geführt« werden, um die Mitarbeiterorientierung in den Mittelpunkt zu stellen. Wird über die Begriffe entschieden, sollte das Senior-Management die Erfahrung machen, wie unterschiedlich Feedbackgespräche für den Mitarbeiter ausfallen, abhängig von der Wahl der Begriffe. Es sollte deutlich werden, dass Sprache Wirklichkeit schafft.[5] Gerade bei sensiblen Themen wie Karriere oder bei Feedbackgesprächen können unglücklich gewählte Worte demotivieren und gut gewählte Worte motivieren. Dies kann durch Rollenspiele vermittelt werden.

2.3 Die Mitarbeiter demonstrieren Offenheit für Veränderungen und Lernfähigkeit

Eine Unternehmenskultur, die Möglichkeiten und Freiräume für Lernprozesse schafft und den Mitarbeitern anbietet, Wissen zu teilen und sich weiterzuentwickeln, bildet die Basis dafür, dass Menschen motiviert sind, ihre Talente einzubringen und sich dabei gegenseitig zu unterstützen. Mitarbeiter werden sich für ihr Weiterkommen dann verantwortlich fühlen, wenn sie Lernen und Neugierde als Werte verinnerlicht haben. Ist eine Organisation durch diese Lernfähigkeit offen für Veränderung, wird sie mit Wandel proaktiv umgehen. Zudem ist die Durchführung eines Talent Management Systems mit oft tief greifenden Veränderungen verbunden. Somit ist eine offene, neugierige und mutige Haltung gegenüber möglichen Veränderungen und Verbesserungen ideal und zwingend notwendig für das TMS.

2.3.1 Techniken & Instrumente zur Unterstützung der Mitarbeiter, Offenheit für Veränderungen und Lernfähigkeit zu demonstrieren

2.3.1.1 Maßnahmen, die sich auf die »Kopf«-Ebene beziehen

Unterstützung der Offenheit durch Zugang zu Informationen und Kontrollüberzeugung

Mitarbeiter werden offener auf Feedbackprozesse reagieren, wenn sie darauf aktiv Einfluss nehmen können: Das Gefühl, dass man auf die bestimmenden Faktoren im Leben Einfluss nehmen kann, ist ein positiv erlebter Zustand beim Menschen, im Gegenteil zu Abhängigkeit, die in der Regel aversiv erlebt wird. Dieses Gefühl wird Kontrollüberzeugung genannt. Die Kontrollüberzeugung wird u. a. durch das Gefühl, man habe Zugang zu persönlich relevanten Informationen und Mitspracherecht, geschaffen. So sollten die Mitarbeiter sowohl über die Inhalte als auch über die Prozesse informiert sein. Zu den inhaltlich relevanten Informationen gehören die Kriterien, nach denen beurteilt wird. Sie sollten sich im Intranet finden lassen. Informationen zum Feedbackprozess umfassen klare Zeitvorgaben, wann welche Prozesse stattfinden und was mit den schriftlich verfassten Feedbackergebnissen — beispielsweise aus den Mitarbeiterge-

---

5 Nach Wittgenstein (1984).

sprächen oder dem 360-Grad-Feedback — geschieht, wer Zugang dazu hat, in welche Bewertungen sie einfließen etc. Die Transparenz bezüglich der mitarbeiterbezogenen Prozesse sollte so hoch wie möglich gehalten werden. Gestaltungsspielraum kann die Kontrollüberzeugung ebenfalls erhöhen, indem der Mitarbeiter erlebt, dass er ein Mitspracherecht hat. Dies kann realisiert werden, indem der Mitarbeiter für ihn sensible Feedbackprozesse mitbestimmen kann, indem er Feedbackgeber für seine Leistungsbeurteilung oder für sein 360-Grad-Feedback selbst vorschlagen kann oder wenn er in Arbeitsgruppen oder Pilotprojekten eigene Ideen zur Gestaltung des TMS vorschlagen kann. Diese Maßnahmen resultieren in einer deutlich verringerten Unsicherheit.

Wenn relative Sicherheit besteht, dass das Verhalten der anderen signifikanten Unternehmensmitglieder vorhersehbar und damit einschätzbar ist, wird die Überzeugung erhöht, dass man durch sein Verhalten etwas bewirken kann. Werden die Spielregeln konsistent und zuverlässig eingehalten, wird das entsprechende Vertrauen gebildet. Dieses Vertrauen im Rahmen der Feedbackkultur wird hergestellt, wenn die Beteiligten die Vertraulichkeit über persönliche Daten wahren und wenn mit den Daten genau der Weg eingehalten wird, der dargestellt wurde. Wenn z. B. ausgefüllte Feedbackbögen auf einem Kopierer oder Drucker gefunden werden, kann das Vertrauen gestört werden. Sinnvoll ist in diesem Zusammenhang auch, dass jeder Mitarbeiter weiß, wer sein Ansprechpartner ist, an den er sich wenden kann; z. B. sollte sein entsprechender HR Business-Partner ausgewiesen sein.

Förderung der Offenheit durch Fairness
Mitarbeiter lassen sich auf eine neue Unternehmenskultur ein, wenn die Spielregeln klar und fair erscheinen. Werden »goldene Feedbackregeln« mit den Mitarbeitern gemeinsam entwickelt — beispielsweise auf Teamveranstaltungen -, die dann verbindlich für alle Mitarbeiter gelten, werden diese als fair betrachtet. Zu den »goldenen Regeln« gehören typischerweise folgende Regeln: »Kein Feedback zur Persönlichkeit geben, sondern zu Verhaltensweisen« oder »Feedback wird in Ich-Botschaften vermittelt, die die Subjektivität von Feedback ausdrücken«. Zudem müssen die Maßnahmen und die damit verbundenen Regeln für alle Mitarbeiter gelten, es sollte keine Ausnahmen geben; so sollten die Feedbackformulare für alle Mitarbeiter gleich sein. Dazu gehört auch, dass alle Mitarbeiter bei dem Feedbackprozess mitmachen dürfen. Wenn es hier Einschränkungen geben muss und bestimmte Ebenen ausgeschlossen werden — beispielsweise Mitarbeiter ohne Führungsverantwortung -, dann muss transparent dargestellt werden, warum dies so ist. Da Reziprozität ebenfalls ein Gefühl von Fairness vermitteln kann, sollten die Mitarbeiter, die Feedback bekommen, ebenso ihre Führungskraft einschätzen dürfen. Fairness wird zudem dadurch hergestellt, dass im Feedback vermittelt wird, inwiefern jeder Mitarbeiter von den jeweiligen Maßnahmen im TMS profitiert; es darf nicht der Eindruck entstehen, dass es »Gewinner und Verlierer« gibt. Zu den Verlierern zählen sich Mitarbeiter mitunter auch, wenn sie eigentlich nichts verlieren, andere jedoch nicht nur nichts verlieren, sondern sogar hinzugewinnen. Dies kann zu Frustration und Widerstand führen und muss durch Informationsveranstaltungen verhindert werden.

Förderung der Lernfähigkeit durch Wissensmanagement

Vor dem Hintergrund, dass sich die Industrienationen in einer Zeit des Wandels und in der sog. Wissensgesellschaft befinden, haben sich Managementtheorien damit auseinandergesetzt, wie Unternehmen möglichst effektiv mit Wissen umgehen und wie sie auf Wandel reagieren können. Das sog. »Wissensmanagement« (z. B. Nonaka, 1991; Probst & Romhardt, 1997) bezeichnet die Planung und Umsetzung von Prozessen, die den optimalen Umgang mit Wissen ermöglichen[6]. Um Lernfähigkeit zu ermöglichen, müssen Expertise und Wissen in der Organisation entwickelt und zugänglich gemacht werden. Dazu helfen folgende Maßnahmen:

- Wissenstransfer soll durch möglichst intensiven Austausch in interdisziplinären Teams und Vernetzung von Mitarbeitern als Wissensträger gelingen. Auch Kommunikationsmöglichkeiten wie Dialog- und Innovationsforen sollen den Wissenstransfer fördern; dies sind Möglichkeiten, sich auf dafür eingerichteten Foren oder Arbeitsgruppen zu bestimmten Themen auszutauschen und Ideen zu generieren sowie Möglichkeiten des webbasierten Austauschs. Insbesondere soll Wissenstransfer durch ältere Mitarbeiter gelingen, da diese über ein breites Wissen verfügen. Wissenserwerb gelingt durch Fachvorträge, Weiterbildung, Business-Schulen und Akademien sowie durch Zusammenarbeit mit Hochschulen im Sinne einer Corporate University[7]. Auch das Engagieren von Beratern, die nur zeitweise im Unternehmen sind und Vergleiche mit anderen Unternehmen einbringen können, führt zu Wissenserwerb. Weiter können sie mit Managementinstrumenten helfen, deren Entwicklung in der Regel kostspieliger ist als ihre Implementierung durch Berater.
- Wissensentwicklung findet beispielsweise auf Nachwuchstagungen statt, bei denen vielversprechende Nachwuchskräfte zusammenkommen und Kernprobleme bearbeiten. Vielversprechend heißt hier, dass die Vorgesetzten in den Teilnehmern Potenzial für mögliche Führungspositionen sehen und sie daher nominieren. Die »jungen Profis« arbeiten als interdisziplinäre Gruppe zusammen. Ziel ist eine Vernetzung des Nachwuchses sowie die Bearbeitung von für das Unternehmen relevanten Themen durch verschiedene Professionen, außerdem die Generierung einer Vielfalt an Ideen.
- Auch Austausch zwischen Unternehmen wird zunehmend gefördert, um am Puls der Zeit zu bleiben und aktuelles Wissen zu erwerben, beispielsweise indem sich Firmen mit ihren Konzepten zu bestimmten Themen auf dafür initiierten Kongressen präsentieren.

---

[6] Nach dem praxisnahen Modell von Probst & Romhardt (1997) zählen acht Kernprozesse zum Wissensmanagement: Wissensidentifikation, Wissensbewahrung, Wissensnutzung, Wissens(ver)teilung, Wissensentwicklung, Wissenserwerb sowie Wissenszielsetzung und Wissensbewertung.

[7] Corporate Universities sind von Unternehmen betriebene Weiterbildungseinrichtungen, die jedoch in der Regel keine staatlich anerkannten Abschlüsse vergeben dürfen. Corporate Universities lehren für das jeweilige Unternehmen relevante Inhalte und sollen auf diese Weise z. B. das strategische Know-How der eigenen Mitarbeiter verbessern.

2.3.1.2 Maßnahmen, die sich auf die »Hand«-Ebene beziehen

Einfluss auf Veränderungen durch ein Sounding Board
Ein Sounding Board ist ein Steuerungsinstrument, welches insbesondere für Veränderungsprozesse genutzt wird: Eine Gruppe von Fachexperten unterschiedlicher Funktionen und Ebenen kommt zusammen, um wie ein »Sounding Board« — also wie ein Resonanzboden — Widerhall im Sinne von Feedback zu Prozessen zu geben. Durch diese Möglichkeit Kritik zu üben werden Entscheidungen in komplexen Prozessen erleichtert und Missstände aufgedeckt. Das Ziel der Teilnehmer des Sounding Boards besteht darin, den Prozess zu verstehen und zu hinterfragen sowie Möglichkeiten des Einflusses auf die Veränderungen wahrzunehmen, auch wenn der einzelne Teilnehmer selbst keine Entscheidungskompetenz hat.

Ermöglichung des Lernens durch genügend Weiterbildung
Lernprozesse werden idealerweise auf allen Ebenen gefördert, indem den Mitarbeitern genügend Zeit eingeräumt wird, sich weiter zu qualifizieren.

Ermöglichung des Lernens durch spezielle Programme für ältere Mitarbeiter
Ältere Mitarbeiter sind mit dem Vorurteil behaftet, dass sie nicht lernfähig oder nicht lernwillig seien. Dabei liegt dies nicht am Alter der Person, sondern ist in ihrer Lernbiografie begründet. Wenn im Laufe der Jahre eine sog. Lernentwöhnung stattgefunden hat, treten Ängste vor neuen Inhalten auf und die Motivation ist eher gering, sich darauf einzulassen. Der einzelne Mitarbeiter ist dafür verantwortlich, dass dieser Zustand erst gar nicht auftritt, allerdings muss das Unternehmen entsprechende lernförderliche Bedingungen schaffen. Dazu gehören Arbeitszeitregelungen, die gewisse Zeitbudgets für die Weiterbildung berücksichtigen. Möglich sind auch Rotationskonzepte, die Einblicke in unterschiedliche Arbeitsfelder ermöglichen. Die Haltung der Führungskräfte älteren Mitarbeitern gegenüber ist hier ebenfalls prägend. Wenn sie von älteren Mitarbeiter glauben, dass diese sich nicht weiterentwickeln wollen oder werden, fühlen sich diese älteren Mitarbeiter stigmatisiert und gehen möglicherweise in eine Widerstandshaltung. Die Führungskräfte sollten informiert werden, dass die intellektuelle Leistungsfähigkeit bei älteren Mitarbeitern nicht zwangsläufig abnimmt, wenn beispielsweise Weiterbildung zum Bestandteil des Arbeitslebens wird. Die Führungskraft muss daher regelmäßig Entwicklungsgespräche mit den Mitarbeitern führen, in denen Möglichkeiten der persönlichen Entwicklung aufgezeigt werden und Weiterbildungsbedarf und -interessen abgeklärt werden. Mögliche Ängste vor Veränderungen sollten erkannt und besprochen werden, um diese abzubauen.

Ermöglichung des Lernens durch Aufgaben und ein Arbeitsumfeld, das die Entwicklung begünstigt
Für die gesamte Belegschaft sollten die Arbeitstätigkeiten selbst bestimmte Ansprüche erfüllen, damit sie die Persönlichkeitsentwicklung fördern und verhindern, dass Menschen das Lernen verlernen. Die folgenden Ansprüche sollten so gut wie möglich erfüllt sein:

- Vollständigkeit der Tätigkeiten, d. h. dass Menschen nicht nur Teilaufgaben erledigen, die als sinnfrei erlebt werden, sondern dass der größere Zusammenhang erkennbar ist;
- Gelegenheit, mit Kollegen zusammenzuarbeiten und zu kommunizieren;
- mit der Aufgabe gekoppelte geistige Anforderungen durch notwendige Problemlöseprozesse;
- Qualifikations- und Lernerfordernisse;
- aus dem Arbeitsauftrag resultierende Verantwortung.

Diese Kriterien können mittels Tätigkeitsanalysen gemessen werden (vgl. Hacker, 1986; Rudolph, Schönfelder & Hacker, 1987; vgl. auch Bertelsmann Stiftung, 2003).

Eine Arbeitsplatzgestaltung, die Lernfähigkeit und Offenheit fördert, zielt darauf ab, Stress zu reduzieren und Gesundheit zu fördern, sodass sich Menschen neuen Ideen überhaupt erst zuwenden können. Dies geschieht durch präventive Gesundheitsförderung, die insbesondere vor dem Hintergrund des demografischen Wandels mit der Konsequenz des steigenden Durchschnittsalters eine besondere Aufmerksamkeit erfährt. Präventive Gesundheitsförderung beachtet die Reduktion von physischer Belastung — durch entsprechende Pausenregelungen sowie systematische Belastungs- und Tätigkeitswechsel — sowie die Reduktion von psychischem Stress. Negativer Stress kann beispielsweise durch eine konstruktive Arbeitsatmosphäre, ein mitarbeiterorientiertes Führungsverhalten sowie durch Gruppen- und Teamarbeit reduziert werden. Durch diese Maßnahmen werden die Lernfähigkeit und insbesondere das schöpferische Lernen, welches im Kapitel »Entwicklung« erläutert wird, gefördert.

Zudem gehört eine Begrenzung der Verweildauer oder eine Reduzierung der Arbeitszeit an besonders belastenden Arbeitsplätzen zum begünstigenden Arbeitsumfeld, was eine Personaleinsatz- und Qualifizierungsplanung voraussetzt. Fitnessangebote und Betriebssport, sowie Gesundheits-Checks gehören ebenfalls zur präventiven Gesundheitsförderung (vgl. auch Rump & Eilers, 2006).

2.3.1.3 Maßnahmen, die sich auf die »Herz«-Ebene beziehen

Förderung der Offenheit durch kulturelle Vielfalt

Um Bereichsegoismen und andere kontraproduktive Gruppenphänomene aufzubrechen, sollten Vielfalt und Rotation gefördert werden. Vielfältigkeit, d. h. inhaltliche und kulturelle Vielfalt, kann durch internationale, interdisziplinäre Teams gefördert werden, eine Balance zwischen externen Rekrutierungen und internen Beförderungen sollte beachtet werden. Neue, externe Mitarbeiter ermöglichen neue Perspektiven. Auf diesem Wege wird neues Wissen eingekauft sowie ein Vergleich mit anderen Herangehensweisen geschaffen. Die bereichsübergreifende Kooperation zwischen Mitarbeitern erhöht die Bereitschaft, alte Strukturen loszulassen. Ein Aspekt ist zudem Perspektivenvielfalt, beispielsweise durch Rotationen innerhalb des Unternehmens oder durch den ausgeglichenen Anteil von Männern und Frauen in Teams; insbesondere im Senior-Management kommt die Perspektive der Frau zu oft zu kurz. So lag der Anteil von Frauen in den obersten Entscheidungsgremien der jeweils 50 größten börsennotierten Unternehmen in Deutschland 2007 bei 11% (Europäische Kommission, 2007).

Förderung der Lernfähigkeit durch wechselnde Tätigkeiten

Um die Bereitschaft zu kontinuierlicher Veränderung zu erhalten, sollten Mitarbeiter stetig ihre Tätigkeiten wechseln. Ältere Mitarbeiter können z. B. verstärkt als interne Berater jüngere coachen, womit sie ihre Erfahrungen einbringen können und der Wissenstransfer gewährleistet wird. Üben Mitarbeiter zu lange eine Tätigkeit aus, sinken Flexibilität und Bereitschaft, etwas Neues lernen zu wollen. Eine unkonventionelle Idee in diesem Zusammenhang zeigte der CEO eines Unternehmens, der die Mitarbeiter aufforderte, Tätigkeiten aufzuschreiben, die sie gerne abgeben möchten, sowie Tätigkeiten, die sie gerne stattdessen durchführen wollen. Auf diesem Wege wurde ein Tätigkeitswechsel organisiert.

Ermöglichung einer offenen, neugierigen Haltung durch Ideenmärkte

Eine neugierige, offene Haltung gegenüber Veränderungsprozessen ermöglicht eine positive und kreative Herangehensweise, die Widerstände abbaut. Der psychologische Mechanismus von Neugierde besteht darin, dass Menschen nicht zugleich auf der einen Seite negativ-abwehrend und auf der anderen Seite offen und neugierig sein können. Um diese Haltung zu etablieren, müssen Neugierde und selbstinitiiertes Suchverhalten belohnt werden. Dies gelingt beispielsweise, indem Ideenmärkte etabliert werden, Gesprächsrunden, in denen Brainstormingprozesse zu bestimmten Fragen, z. B. zu Produkten oder Prozessen, im Unternehmen gepflegt werden, und indem die zeitlichen und räumlichen Freiräume dafür im Arbeitsalltag geschaffen werden. Diese Ideenmärkte können auch virtueller Natur sein, wo Organisationsmitglieder Ideen generieren können. Sie können auch als bereichsübergreifende Diskussionen mit Gedankenaustausch organisiert werden. Zu den wichtigsten Regeln gehört, dass der Mitarbeiter darauf vertrauen kann, dass seine Vorschläge gehört und ausgewertet werden und dass es keine richtigen oder falschen Ideen gibt.

Förderung der Lernfähigkeit durch Werte-Workshops

Um die Werte der Unternehmenskultur wie Neugierde, Offenheit, Lernfähigkeit, Respekt, Mut, Leistung und Transparenz greifbar und lebbar zu machen, sind Werte-Workshops ein hilfreiches Instrument. Die Vorbereitung und Durchführung kann in drei Schritte eingeteilt werden:

1. Vorbereitung des Werte-Workshops durch Ableitung des gewünschten Verhaltens:
Bevor der Workshop stattfindet, werden die Werte konkretisiert, d. h. die Geschäftsleitung überlegt sich, was sie von der Belegschaft erwartet bzw. woran sie merken würde, dass die gewünschten Werte wie Offenheit oder Mut gelebt werden. Eine einfache Technik besteht darin, zunächst aus den Werten Imperative mit konkreten Verhaltensweisen abzuleiten, z. B. aus dem Wert »Kreativität« den Imperativ »Ermutige andere, neue Wege zu gehen, um das Geschäft zu verbessern« zu entwerfen und daraus folgend die Handlungsweisen »aktives Nachfragen zu Meinungen und Ideen im Team und bei Kol-

legen« abzuleiten. Diese werden mit typischen Fragen, die die Belegschaft stellen kann, hinterlegt, z. B. »Was ist sonst noch, neben den üblichen Vorgehensweisen, möglich?«. Die Ableitung lässt sich in der »Wert-Übersetzungs-Tabelle« übersichtlich darstellen, wie die folgende Tabelle 19 mit dem Beispiel zu Kreativität zeigt:

Wert	Imperativ	Konkrete Verhaltensweisen	Fragen
Kreativität	Ermutige andere, neue Wege zu gehen, um das Geschäft zu verbessern.	Aktives Nachfragen zu Meinungen und Ideen im Team und bei Kollegen. Bevor eine Entscheidung getroffen wird, werden alternative Optionen in Betracht gezogen, anstatt den standardisierten Weg zu gehen.	»Was ist sonst noch, neben den üblichen Vorgehensweisen, möglich?« »Was könnten wir anders machen?« »Was denkst du darüber?«

Tab. 19: Wert-Übersetzungs-Tabelle

Besitzt ein Unternehmen bereits ein Kompetenzmodell, sollten die dargestellten Verhaltensweisen identisch sein. Da sich die Werte im Kompetenzmodell wiederfinden sollten, auch wenn die Kompetenz nicht dieselbe Bezeichnung hat wie der Wert, sollten sich die passenden Verhaltensweisen finden lassen.

Der Wert-Übersetzungs-Tabelle sollte eine ansprechende Überschrift gegeben werden, z. B. »Oranges Verhalten«, wenn das Logo der Firma orangefarben ist, oder »der xz-Weg«, wobei xz durch den Firmennamen ersetzt wird.

2. Durchführung des Werte-Workshops: Der Werte-Workshop empfiehlt sich als Teil innerhalb eines Führungstrainingsprogramms oder einer Teamveranstaltung; er kann auch als eigene Veranstaltung, z. B. im Arbeitsalltag, durchgeführt und auf wenige Stunden begrenzt werden. Den Mitarbeitern wird die Wert-Übersetzungs-Tabelle vorgestellt und verständlich gemacht. Dies sollte durch die Geschäftsleitung geschehen. Nachdem die Teilnehmer zunächst die Werte verstanden und diskutiert haben, warum dieses Verhalten nützlich für die Firma und für alle Mitarbeiter ist, kommen sie dann in Kleingruppen zum Brainstorming zusammen, um zu diskutieren, was hilfreich wäre, um dieses Verhalten umzusetzen. Dabei sind Kreativität und Offenheit wichtiger als realistische Vorschläge, z. B. T-Shirts mit Verhaltens-Slogans, Erinnerungsaufkleber, aber auch Feedback in Teammeetings zu Verhalten u. a. Nach einer Priorisierung in der Gesamtgruppe zum Thema, welche Vorschläge konkret umgesetzt werden sollen, erarbeiten sie in Kleingruppen einen Aktionsplan zur Etablierung des gewünschten Verhaltens mit den Punkten »was wird gemacht — wie wird es gemacht — bis wann — wer ist verantwortlich — woran wird Veränderung festgemacht«. Es sind auch andere Elemente denkbar. Wichtig ist jedoch vor allem, dass die Teilnehmer im Workshop zum einen die Einsicht gewinnen, dass bisheriges Verhalten modifiziert werden sollte oder nicht mehr passend ist, und zum anderen, dass sie Erfahrungen mit emotionaler Komponente machen können, damit die Werte verinnerlicht und möglichst stark verankert werden können. Dies kann durch die direkte Beteiligung des Vorstandes, aber auch durch den Veranstaltungscharakter des Werte-Workshops gelingen. Dieser kann unterstützt werden durch

- mediale Begleitung, z. B. durch Filme auf Großleinwänden, die emotionale Inhalte wie Bilder oder Filme transportieren, welche mit den Werten verbunden sind;
- überzeugende Referenten und Redner, die die Werte mit einer Person verbinden;
- Involviertheit der Teilnehmer durch Arbeit in Kleingruppen. Hier können mit neuen Technologien virtuelle Teams eingebaut und neue Abstimmungsverfahren eingesetzt werden;
- Auswahl des Veranstaltungsorts, der Einfluss auf die Aufnahme der Werte haben kann.

3. Unternehmensweite Durchführung der Workshops durch kaskadierenden Topdown-Prozess: Die Werte-Workshops führen die Teilnehmer mit ihren eigenen Teams und Mitarbeitern durch. Durch die kaskadierende Durchführung wird gewährleistet, dass alle Ebenen im Unternehmen die neuen Werte verstehen und internalisieren können. Zudem werden von den Mitarbeitern selbst Aktionspläne erarbeitet, die spezifisch für ihre einzelnen Abteilungen oder Teams gelten, wodurch eine Umsetzung wahrscheinlich wird.

Werte-Workshops bilden mit dieser Vorgehensweise eine effektive Technik zur Etablierung der Unternehmenswerte. Diese Methode bietet sich auch an, um bestimmte Verhaltensweisen aus einem Kompetenzmodell hervorzuheben, wenn dieses beispielsweise neu eingeführt wird. Gleiches gilt z. B. für eine Neuimplementierung von Führungsleitlinien.

Förderung der Offenheit durch Nutzung visualisierter Symbole
Zur Etablierung der Offenheit in der Kultur können die Werte mit Symbolen belegt werden, die durch Plakate, auf Broschüren, im Kalender o. Ä. im Unternehmen sichtbar werden. Da Werte durch emotionale Komponenten erst internalisiert werden können (vgl. Kapitel C.4 »Mitarbeiterentwicklung«), bieten sich Metaphern, Bilder, Symbole und Rituale an, da diese Formen Emotionen transportieren.

2.4 Die HR-Manager agieren proaktiv als Business-Partner

HR verantwortet neben den administrativen Kernfunktionen eine Vielzahl personalwirtschaftlicher Dienstleistungen im Rahmen des Talent Management Systems, das integraler Bestandteil der Geschäftsstrategie ist. HR ist somit vom »Verwalter« zum aktiven Gestalter und Business-Partner[8] geworden. Qualifizierte Personaler unterstützen idealerweise proaktiv die Umsetzung der Geschäftsstrategie. Dies gelingt durch den

---

8 Nach dem Begründer des Wortes »Business-Partner« von Dave Ulrich (1997).

unternehmensweiten Einsatz der Personal-Praktiken Mitarbeiterbeurteilung, Talent-identifikation, Nachfolgeplanung, Mitarbeiterentwicklung, Mitarbeiterbindung und Rekrutierung mit den notwendigen Instrumenten sowie durch Etablierung der TMS-Kultur.

2.4.1 Techniken & Instrumente, um HR-Manager dabei zu unterstützen, proaktiv als Business-Partner agieren zu können

2.4.1.1 Maßnahmen, die sich auf die »Kopf«-Ebene beziehen

Wissen über Erwartungen durch proaktive Bedarfsklärung

Eine proaktive Bedarfsermittlung anhand von Fragebögen und persönlichen Gesprächen hilft, die Erwartungen an HR als Business-Partner zu klären und vorausschauend die Personal-Praktiken zu gestalten. Regelmäßig sollte abgefragt werden, welche Dienstleistungen und Unterstützungen sich die Belegschaft von HR wünscht. Dazu gehören inhaltliche Fragen zum Trainingsbedarf für die Mitarbeiter, zu Hilfestellungen bei der Mitarbeiterbeurteilung ebenso wie Fragen zur Prozessgestaltung wie Terminierung von Nachfolgeplanungen oder Teilnahme an Personalkonferenzen. Auch offene Fragen, wie die Unternehmens- und Führungskultur verbessert werden kann, können gestellt werden.

Akzeptanz durch Informiertheit

Die Rolle von HR als Business-Partner muss legitimiert und anerkannt sein, gerade in Unternehmen, in denen HR bisher eine eher administrative Rolle innehatte. Dafür muss sie in der Belegschaft geklärt und kommuniziert sein. Unternehmensweite Informationsveranstaltungen über TMS und die damit verbundene Rolle von HR als Business-Partner können die Akzeptanz und Präsenz steigern, insbesondere wenn die Information durch das Senior-Management verbreitet wird.

2.4.1.2 Maßnahmen, die sich auf die »Hand«-Ebene beziehen

Qualifikation der Personaler

Die Umbenennung in »HR Business-Partner« sollte mit HR-Befähigungstrainings einhergehen. Hierfür sollte von den HRlern ein Soll-Profil erarbeitet werden, das zeigt, welche spezifischen Kompetenzen und Fähigkeiten HR-Business-Partner für das eigene Unternehmen mitbringen müssen. Folgende Kompetenzen sind beispielsweise entscheidend (vgl. Sattelberger, 2006):

- Selbstbewusstsein und Offensivität, d. h. um proaktiv gestalten zu können, sollten neue Ideen und Verfahren auch gegen anfängliche Hemmnisse — wie z. B. Veränderungsängste — implementiert werden können.
- Kommunikationsfähigkeiten, d. h. um die Sprache von Senior-Management, Führungskräften und Controlling sprechen zu können, sollten HR-Business-Partner möglichst wenig »typisch psychologisches« oder »typisch pädagogisches« Vokabular nutzen und überzeugend Verhandlungen führen können.

- Unternehmerisches Denken, d. h. um stärkere Akzeptanz bei Führungskräften und Mitarbeitern zu gewinnen, sollten HRler sich Verständnis für Wirtschaft, Handel und Finanzen aneignen und über Wettbewerber informiert sein.

Zur Qualifikation von Personalern zu proaktiven Beratern und Unterstützern von Führungskräften in ihrer Personalarbeit ist zudem ein Training mithilfe externer Berater hilfreich, in dem die HRler Fallstudien bearbeiten und Beratungssituationen simuliert werden. Beispielsweise kann eine Beratung zu Entwicklungsgesprächen mit einer Führungskraft simuliert werden, die einen Mitarbeiter entwickeln will. Zu dem fiktiven Mitarbeiter liegen bestimmte Ergebnisse vor, beispielsweise aus Feedbackprozessen sowie diagnostischen Verfahren wie Assessment Center, 360-Grad-Feedback oder Persönlichkeitsfragebögen (sofern das Unternehmen diese einsetzt). Im Training mit den HRlern können die Ergebnisse ausgewertet und Maßnahmen abgeleitet werden, da dies die Beratungstätigkeit sein wird, die sich die Führungskraft von einem HR-Business-Partner wünscht.

Ausrichtung der Personalarbeit auf die Geschäftsstrategie
Um die Personalarbeit konsequent geschäftlich auszurichten, kann, ähnlich einem Soll-Profil für die Business-Partner, ein Soll-Profil erarbeitet werden, das für die Verfahren und Konzepte der Personal-Praktiken gilt. Folgende Kriterien sind beispielsweise entscheidend:
- Pragmatismus, d. h. leicht und verständlich anwendbar;
- Übertragbarkeit, d. h. die Konzepte sollten anwendbar für alle Mitarbeiter des Unternehmens sein; nicht nur bestimmte Zielgruppen, sondern das gesamte Unternehmen wird berücksichtigt;
- Strategiekonformität, d. h. abgeleitet aus Geschäftsstrategie und unternehmerischen Herausforderungen;
- Innovation, d. h. wirksam in Anbetracht des demografischen Wandels und anderer externer, aber auch interner Veränderungen;
- Wertschöpfungsbeitrag und Rentabilität, d. h. nutzbringend und nicht nur kostenproduzierend;
- Sichtbarkeit des Nutzens, d. h. Einsatz ist plausibel für die Mitarbeiter, die Führungskräfte und das Senior-Management.

Die angewendeten Verfahren und Konzepte können durch Hinterfragung dieser Punkte weiter professionalisiert werden.

Proaktive Unterstützung durch Kundenorientierung
Um die Relevanz der Personalarbeit zu erhalten bzw. zu steigern, sind zudem interne Kundenbefragungen zur Zufriedenheit mit der HR-Beratung sowie der Servicequalität der HR-Business-Partner hilfreich.

Erfahrung und Akzeptanz durch Rotation
Mehrjährige Rotationen von HR-Mitarbeitern in Bereichen wie Vertrieb, Controlling oder Produktion sowie Auslandseinsätze führen nicht nur zum Erwerb der bereichsspezifischen Sprache, sondern auch zum Erleben der Denkwelt, alltäglichen Entscheidungszwänge und Vorgehensweisen in den Unternehmensbereichen. Diese Erfahrungen helfen in der Rolle des HR-Business-Partners, die Perspektive der Zielgruppe einzunehmen und realistisch umsetzbare Konzepte zu erarbeiten. Zudem führt die Erfahrung zu einer höheren Akzeptanz im Management.

Innovation durch Vielfalt
Das Team der HR-Business-Partner sollte möglichst vielfältig sein, sodass innovative Ideen entstehen können. Es sollten z. B. HR-Manager eingestellt werden, die bereits Erfahrung als Business-Partner sammeln konnten und die weniger erfahrene HRler unterstützen können.

Eingebundenheit durch Beziehungsmanagement
Um vorausschauend agieren zu können, gestalten die HRler gute Netzwerke mit allen Geschäftsbereichen und stehen im regen Austausch mit Vertretern des Senior-Managements ebenso wie mit anderen Managern und Mitarbeitern. Die HR-Business-Partner fragen regelmäßig bei den Managern nach, welche Themen momentan im Alltagsgeschäft Priorität haben und inwieweit HR unterstützend wirken kann. Da sich die Rolle des HR-Mitarbeiters durch Begleiten und Beraten auszeichnet, werden die Führungskräfte in Fragen zu Mitarbeiterbeurteilung, -entwicklung und -laufbahnplanung unterstützt. Aber auch in Veränderungsprozessen agieren die HR Business-Partner als Moderatoren und sind so in den Geschäftsalltag eingebunden. Durch den starken Austausch mit den Managern können die HR-Instrumente idealerweise mit den Geschäftsprozessen verknüpft werden, z. B. indem berufsrelevante und realistische Fallstudien in Qualifizierungsprozesse integriert werden.

Durch die gemeinsame Durchführung der TMS-Workshops (s. Kapitel A. »Strategie«) wird die Personalarbeit idealerweise mit der Geschäftsstrategie verbunden und die HR-Business-Partner werden direkt in die Geschäftsprozesse eingebunden.

2.4.1.3 Maßnahmen, die sich auf die »Herz«-Ebene beziehen

Haltung und Selbstverständnis zur eigenen Rolle von HR
Der Bereich Human Resources hat in den letzten Jahrzehnten einen erheblichen Bedeutungswandel erlebt, für manche HR-Manager ist der Rollenwechsel zum HR-Business-Partner mit Ängsten oder Widerständen verbunden. Um diese aufzubrechen, bieten sich Workshops an, in denen zum einen dargestellt wird, warum sich die Rolle von HR ändert und zum anderen gemeinsam die neue Rolle und damit verbundene Konsequenzen definiert werden. Zur Erläuterung der Notwendigkeit der Rollenänderung bieten sich die Fakten zum demografischen Wandel und zur Globalisierung mit den damit verbundenen Konsequenzen für die Personalarbeit an (s. auch »Einführung«). Die Informationen können zur Einsicht verhelfen. Anschließend wird gemeinsam im moderierten

Brainstorming diskutiert, wie die Rolle definiert wird, welche Vor- und Nachteile damit zusammenhängen und welche konkrete Unterstützung, z. B. Qualifizierungsmaßnahmen, wie gewünscht wird.

Durch die gemeinsame Besprechung können Vorurteile gegenüber Veränderungen abgebaut und Orientierungslosigkeit verhindert werden. Zudem ist es hilfreich zu erleben, dass der Einzelne nicht alleine mit seinen Befürchtungen ist und dass die Widerstände unangebracht sind, weil entsprechende Maßnahmen gemeinsam erarbeitet werden können. Folgende Fragen sind hierbei hilfreich:
- Welches sind alte und neue Verantwortlichkeiten in der Rolle von HR?
- Was ist der Sinn der HR-Tätigkeit?
- Welche Anforderungen sind damit verbunden?
- Welche Vor- und Nachteile sind damit für den Einzelnen verbunden?
- Welche Qualifikationsmaßnahmen sind wünschenswert?
- Welche Unterstützungen sind hilfreich, um die neue Rolle auszuführen?
- Stimmt die Geschäftsleitung mit dieser Rollenvorstellung überein?
- Sehen sich die Führungskräfte aufgrund ihrer permanenten Zusammenarbeit mit den Mitarbeitern und der Kenntnis der Arbeitssituation und der Arbeitsergebnisse in ihrer primären Rolle des Coaches und Personalentwicklers? Wie kann HR hier unterstützend tätig sein?
- Wie kann die Zusammenarbeit mit Führungskräften und Senior-Management verbessert werden?
- Woran merken die internen Kunden, dass sich die Rolle verändert hat?
- Welche nächsten Schritte sind konkret zu tun?

Wird auf dieser Basis ein Maßnahmenplan erarbeitet, der z. B. die Erarbeitung des oben erwähnten Soll-Profils für die Business-Partner und des Soll-Profils für die Verfahren und Konzepte der Personal-Praktiken enthält, sollten die damit verbundenen Aktivitäten — beispielsweise die Qualifikationsmaßnahmen — umgesetzt werden. Werden die Veränderungen kontinuierlich bei Folgetreffen vom gesamten HR-Team begleitet und gestaltet, wird der Rollenwechsel zum HR-Business-Partner erleichtert.

Akzeptanz durch Geschäftsleitung
Die Unternehmensleitung muss die HR-Manager als Business-Partner anerkennen und sie in der Durchführung und Implementierung der Personal-Praktiken unterstützen, um sie vom Rechtfertigungsdruck zu befreien. Die Personalmaßnahmen müssen als wirtschaftliche Investition angesehen werden und der Personalabteilung hierzu genügend Ressourcen zur Verfügung stehen. Welche Maßnahmen dabei helfen können, das Senior-Management zu überzeugen, wurde bereits oben dargestellt.

C. Die Personal-Praktiken

In diesem Kapitel werden Prozesse und Techniken dargestellt, die die TMS-Strategie umsetzen und in diesem Rahmen so eingesetzt werden, dass die einzelnen Personal-Praktiken aufeinander aufbauen und als zusammenhängendes Puzzle zusammengefügt werden; Tabelle 20 gibt dazu den Überblick.

Zur übersichtlichen Strukturierung werden im Folgenden die für das Talent Management System relevanten Personal-Praktiken einzeln dargestellt. Dabei sei angemerkt, dass durch die engen Zusammenhänge Überschneidungen kaum zu vermeiden sind und dass unterschiedliche Firmen die Praktiken anders benennen oder auch zu Überbegriffen zusammenfassen, z. B. Leistungsmanagement oder Talent Career Management.

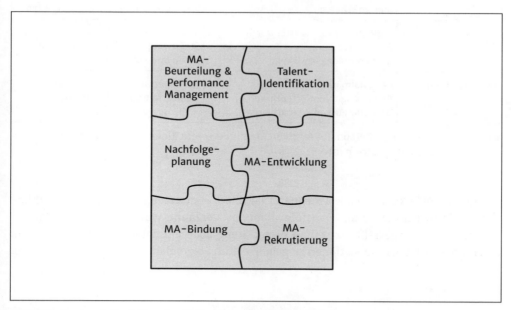

Abb. 22: Personal-Praktiken im Talent Management System

Personal-Praktik	Ziel im Rahmen von TMS	Hier dargestellte Instrumente
Mitarbeiterbewertung und Performance Management	Zielvereinbarungen; faire Beurteilung von Leistung und Potenzial, Feedback an Mitarbeiter	SMART; Mitarbeitergespräch 1 & 2 mit Leistungsbewertungsbogen; Multiple Feedbackmethode; Interviews; diagnostische Verfahren; Level-Klärungstabelle; Potenzial-Definition; Potenzial-Quick-Test
Talent-Identifikation	Benennung von Leistungs- und Potenzialträgern; Abgleich der Passung der Mitarbeiter auf Position; Förderung spezieller Mitarbeitergruppen	Talentkonferenz; Performance-Potential-Matrix; Potenzialreservoir; Talent-Development-Seminar
Nachfolgeplanung	Auswahl der Nachfolger, insbesondere der Schlüsselpositionen; schnelle Besetzung von Vakanzen	Personalkonferenzen, Talent Database; Liste kritischer Positionen; Retention-Risiko-Kriterien; Job-Levelling; Schlüsselpositionskriterien; Ampel-Matrix-Vorgehen
MA-Entwicklung	Systematischer Aufbau von Kompetenzen; zielgruppenspezifische Entwicklungsmaßnahmen on-the-job und off-the-job	GROW, Mitarbeitergespräch 2, Coachingfragen, Ebenen des Lernens; Triple-Grundsatz; Überblick Entwicklungsprogramme; Entwicklungsplan
MA-Bindung	Bindung der Mitarbeiter durch Berücksichtigung ihrer Bedürfnisse; Karrierepfade entwickeln	Investitions-Modell; Maßnahmen zur Steigerung von Bindung wie Karrierepfade und Value Proposition
MA-Rekrutierung	Personalmarketing i. S. von Anziehung talentierter Bewerber; Bewerberauswahl; Einarbeitung	Employer Branding; Personalauswahlverfahren; Welcome day

Tab. 20: Übersicht über Personal-Praktiken, damit verfolgte Zielen im TMS und hier dargestellte Instrumente

Ein typischer Zyklus, der die Personal-Praktiken »Bewertung«, »Talent-Identifikation«, »Entwicklung« und »Nachfolgeplanung« verzahnt, wurde bereits als »Performance Cycle« vorgestellt. Er soll an dieser Stelle noch einmal eingefügt werden, um einen Überblick über die Stationen zu geben, die im Folgenden erläutert werden (s. Abb. 23).

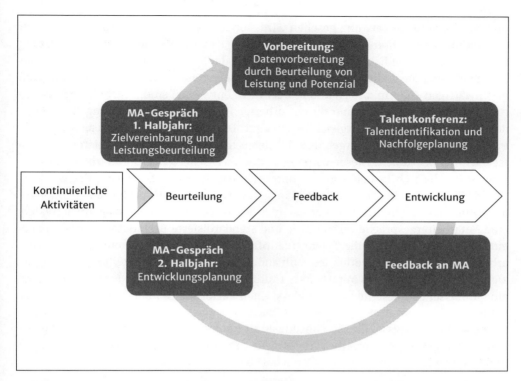

Abb. 23: Leistungsmanagementkreislauf bzw. Performance Cycle mit Personal-Praktiken aus Sicht der Führungskraft

1. Bewertung und Performance Management

Wie werden Mitarbeiter klassischerweise bewertet? Gute Mitarbeitende fallen durch herausragende Leistungen auf, werden protegiert und befördert, wenn höhere Positionen frei werden — dies ist ein noch häufig vorzufindender Vorgang, der dazu führen kann, dass Mitarbeiter befördert werden, ohne dass beurteilt wird, ob sie in die neue Position passen und ob sie das Potenzial für die nächsthöhere Position mitbringen. So wird beispielsweise ein Mitarbeiter im Sales Team von seiner Führungskraft als sehr guter Performer eingeschätzt, der aufgrund seiner Verhandlungstechniken und technischen Produktkenntnisse herausragende Umsätze erzielt. Bringt dieser Mitarbeiter aber auch das Potenzial zum Sales Manager mit? Wird dies nicht geprüft, kann es dazu führen, dass sich Führungskräfte in neuen Rollen überfordert fühlen. »In einer Hierarchie neigt jeder Beschäftigte dazu, bis zu seiner Stufe der Unfähigkeit aufzusteigen«, sagte Laurence J. Peter einmal, auf den dieses sog. Peter-Prinzip zurückgeht. Ein Manager, der in seiner aktuellen Position gute Leistungen erbringt, ist nicht immer automatisch für die nächsthöhere Position geeignet. Doch noch immer werden in vielen Unternehmen die Mitarbeiter nach ihrer momentanen Performance beurteilt. Im Talent Management System wird nicht nur geschaut, was ein Mitarbeiter bisher gemacht hat und wie die aktuelle Leistung gesehen wird, sondern auch, ob er die Kriterien, die für die zukünftige Position wichtig sind, mitbringt. Es wird also nicht nur die Leistung bzgl. der arbeits- und aufgabenbezogene Erfolge der Vergangenheit, sondern auch das Potenzial, also die individuelle Aussicht auf Kompetenzen in der Zukunft, die zum gegenwärtigen Zeitpunkt noch unter- oder nicht entwickelt sind, beurteilt. Die Bewertung des Mitarbeiters kann nur durch vorherige Festlegung der Erwartungen erfolgen, da jede Bewertung einen Vergleich voraussetzt. Die Führungskraft muss also das Soll-Profil und die erwarteten Ergebnisse in Zielen formulieren, kommunizieren und den Ist-Zustand beurteilen. Dieser Vorgang findet klassischerweise in Mitarbeitergesprächen statt, die sich in den meisten Unternehmen durchgesetzt haben; der entsprechende Prozess heißt »Performance Management« und variiert nach Grad an Standardisierung und Verbindlichkeit. Für das hier beschriebene Talent Management System sind Mitarbeitergespräche verbindliche und standardisierte Bestandteile: Sie sind zum einen Voraussetzung für die Talent-Identifikationen und Nachfolgeplanungen (Mitarbeitergespräch 1) und verbinden zum anderen die Leistungsbeurteilung mit der gezielten Entwicklung jedes Mitarbeiters (Mitarbeitergespräch 2). Im Folgenden soll auf eine umfassende Darstellung eines klassischen Performance Managements mit dazugehörigen Compensation- bzw. Benefit-Berechnungen verzichtet werden, da die Instrumente und Prozesse, die die Führungskraft konkret anwenden wird, vorrangig behandelt werden sollen: Mitarbeitergespräche mit einhergehenden Zielvereinbarungen und Bewertung von Leistung und Potenzial sowie Feedback der Bewertungen.

1.1 Mitarbeitergespräche

Das Mitarbeitergespräch 1 (MAG 1) und das Mitarbeitergespräch 2 (MAG 2) wechseln sich im Halbjahresrhythmus ab: Ersteres fokussiert zu ca. 80% auf Leistungsbeurteilung und Zielvereinbarung; zu ca. 20% wird über die Entwicklungsmaßnahmen gesprochen. Im Mitarbeitergespräch 2 wechselt der Fokus und der Schwerpunkt liegt hier auf der Entwicklung. Anhand der Formulare können der Ablauf und die anzusprechenden Bereiche in den Gesprächen nachvollzogen werden. Im Folgenden wird anhand eines Beispielformulars darauf eingegangen. Die Formulare werden in Druckversion, als Excel-Datei oder webbasiert mit entsprechender Software ausgefüllt.

Folgenden Nutzen haben Mitarbeitergespräche:
- Für das Unternehmen sind MAGs als institutionalisierte Treffen dazu da, die vergangene Leistung zu besprechen und zu bewerten, die Ziele für das laufende Jahr zu vereinbaren, Stellschrauben der Entwicklung zu identifizieren und Feedback zu persönlichen Kompetenzen zu geben. Die Unternehmensziele werden in individuelle Ziele kaskadierend übersetzt.
- Für den Mitarbeiter dienen die Formulierung der Erwartungen bzgl. Leistung und Verhalten als Orientierung und das kontinuierliche Feedback als Basis für die persönliche und fachliche Entwicklung, um sich zu entfalten und einen nachhaltigen Beitrag zu leisten; gezieltes und wertschätzendes Feedback sind zudem wichtige Kriterien für eine Mitarbeiterbindung.

- Es dient auch der Motivation der Mitarbeiter, wenn ihnen gespiegelt wird, was die Führungskraft und das Unternehmen an den jeweiligen Talenten schätzen.
- Die Ergebnisse des MAGs dienen als Faktengrundlage für die Talentkonferenz und die Nachfolgeplanung.

1.1.1 Mitarbeitergespräch 1

Das Mitarbeitergespräch 1 hat zum Ziel, die Leistung des Mitarbeiters zu bewerten und die Ziele zu vereinbaren. Es dauert ca. eine Stunde. In manchen Unternehmen — insbesondere solchen mit einem hohen Anteil sehr junger Führungskräfte — wird das Gespräch von dem Vorgesetzten (n+1) und dem Vorgesetzten des Vorgesetzten (n+2) geführt. Die vereinfachte Darstellung eines Beispielformulars für das Mitarbeitergespräch 1 wird in Tabelle 22 und 23 dargestellt, in Klammern werden Anmerkungen zur Verständlichkeit gegeben, die im Original herausgenommen werden können. Die Beschreibung folgt der Struktur des Formulars.

Die Leistungserwartung bzw. Zielvereinbarung für das Jahr wird z. B. anhand folgender Punkte festgesetzt:

Hauptaufgaben und Verantwortlichkeiten
Hier wird danach gefragt, warum es diese Position gibt und was das Ziel der Position ist, unabhängig von der Person. Die Beschreibung sollte ähnlich den Stellenbeschreibungen sein, die in der Rekrutierung genutzt werden, und aus den Geschäftszielen abgeleitet sein. Diese ändern sich nicht so rasch, daher können in der Regel die Beschreibungen vom letzten Jahr übernommen werden.

In Kapitel A »Strategie« wurde bereits dargestellt, wie in Aufgabenkaskaden von der Geschäftsstrategie die jeweiligen Hauptverantwortlichkeiten und Aufgaben abgeleitet werden, damit das Talent Management System im Einklang mit der Geschäftsstrategie angewandt wird. Wurde eine Aufgabenkaskade vorgenommen, kann die Führungskraft diese für die Leistungserwartung bzw. Zielvereinbarungen nutzen. Liegen diese nicht vor, wird die Führungskraft die Ziele ihrer Mitarbeiter intuitiv aus ihren eigenen Zielen ableiten, sodass kaskadierend die der Abteilung und letztlich die der Unternehmensstrategie erreicht werden.

Zielvereinbarungen mit individuellen Zielen, Messkriterien und Terminierung
Hier wird möglichst spezifisch und motivierend festgelegt, was der Mitarbeiter erreichen soll und anhand welcher Kriterien dies messbar wird. Wenn Ziele mit variabler Vergütung verbunden werden, sollte hier die Gewichtung genannt werden. In den meisten Unternehmen werden das Verhalten bzw. die Kompetenzen nicht in die Bonusregelung einbezogen.

Um Ziele klar und motivierend zu setzen, hat sich ein einfaches aber wirkungsvolles Instrument bewährt: die SMART-Formel, die anhand von Tabelle 21 erläutert wird.

Bestandteile	Beispiel eines Ziels für einen Vertriebler
Spezifisch	Erhöhung des Umsatzes für Produkt z mit Kunden x
Messbar	um x %
Ambitioniert	verglichen zum Vorjahr eine Steigerung um 50 %
Realistisch	mit Unterstützung der Marketingkampagne machbar
Terminiert	bis zum 15.6.20xx

Tab. 21: Beispiel eines »smarten« Ziels

Um die Führungskraft bei der »smarten« Zielsetzung zu unterstützen, sind Formulare hilfreich, die für die fachliche Bewertung neben der »Zielsetzung« auch die Felder »Messkriterien« bzw. »Key Performance Indikatoren« (KPI) sowie »Terminierung« berücksichtigen (s. Beispiel in Abb. 24).

Individuelle Ziele	Maßnahmen	Messkriterien	Terminierung
Hier stehen spezifische individuelle Ziele, die einen klaren Zusammenhang zu den Zielen des Bereichs haben sollten	*Dies sind konkrete Aktivitäten zur Erreichung des Ziels: Was muss MA tun, um das Ziel links zu erreichen*	*Dies können qualitative und quantitative Kriterien sein: Woran merken Sie, dass Ziele erreicht wurden?*	*Hier eine möglichst konkrete zeitliche Festlegung finden: Bis wann soll die Maßnahme erfolgt sein?*
❶ MA erstellt Beschaffungskonzept für Aluminium mit 2 alternativen Lieferanten	i. Marktanalyse für Aluminium (in ppt) ii. Kriterienkatalog für Lieferanten iii. Angebote einholen iv. Beschaffungskonzept erstellen	ii. Beschaffungskonzept auf internem Qualitätsniveau iii. bei gleicher Materialqualität und Pünktlichkeit	i. 31/01/16 ii. 31/01/16 iii. 27/02/16 iv. 15/04/16
❷ Patenschaft für Jungingenieur Herr Floderi	i. Regelmäßige Treffen und Austausch (auf der Baustelle und im Büro) ii. fachliches und persönliches Coaching	i. Regelmäßige Treffen, mindestens 6 längere Gespräche ii. ein gemeinsames Gespräch zu dritt mit Feedback	i. Durchgehend, ab sofort ii. Gespräch im Juni 16
❸ Kundenakquise verbessern	i. Relevanten Bereich definieren ii. bisherige Lieferanten/ Kunden regelmäßig ansprechen iii. Netzwerk aufbauen	ii. Mind. 1 Wettbewerber ist in Bereich vernetzt iii. 5 neue Aufträge bekommen	i. 15/02/16 i. Fortlaufend i. 30/09/16
❹ Ressourcen kosteneffizient einsetzen	i. Übersicht möglicher Ressourcen mit Kosten ii. Kosten-Nutzen-Diagramme iii. Ressourcen neu verteilen	i. Sichtbare Struktur ii. Kosten gesenkt iii. Qualität erhalten	i. 31/03/16 ii. 30/04/16 iii. 31/05/16

Dieses Formblatt sollte ausgefüllt aus dem jeweils letzten Jahr vorliegen

Abb. 24: Beispiel Mitarbeitergespräch 1(1/3) — Zielerreichung vergangenes Jahr (Fachliche Bewertung)

(Quelle: Return on Meaning)

Da im Rahmen von TMS nicht nur die fachlichen Kriterien und Ergebnisse — also »was« erreicht wird — erfolgsrelevant sind, sondern auch die überfachlichen bzw. persönlichen Verhaltensbeschreibungen — also »wie« etwas erreicht wird -, werden auch die Kompetenzen beurteilt und somit vorher festgelegt.

Anhand der Leistungserwartung vom vergangenen Jahr wird die **Leistungsbewertung** pro Ziel durchgeführt. Zudem wird **erfolgsrelevantes Verhalten** anhand der Kriterien aus dem Kompetenzmodell beurteilt. Anschließend wird eine **Gesamtbewertung** abgegeben. Zudem wird die berufliche Entwicklung anhand des Entwicklungsplans diskutiert, indem die bisherigen Entwicklungsmaßnahmen beurteilt und gegebenenfalls neue Entwicklungsmaßnahmen on-the-job[1] und off-the-job[2] in Betracht gezogen werden (mehr dazu siehe Kapitel C.4. »Mitarbeiterentwicklung«).

Die Gesamtbewertung fließt in die Talentkonferenz (siehe S. 156) ein. Erst nach der Talentkonferenz wird die Potenzialbewertung eingetragen. In einem Feedbackgespräch werden dem Mitarbeitenden die Ergebnisse aus der Talentkonferenz mit Potenzialbewertung sowie die nächsten Schritte mitgeteilt.

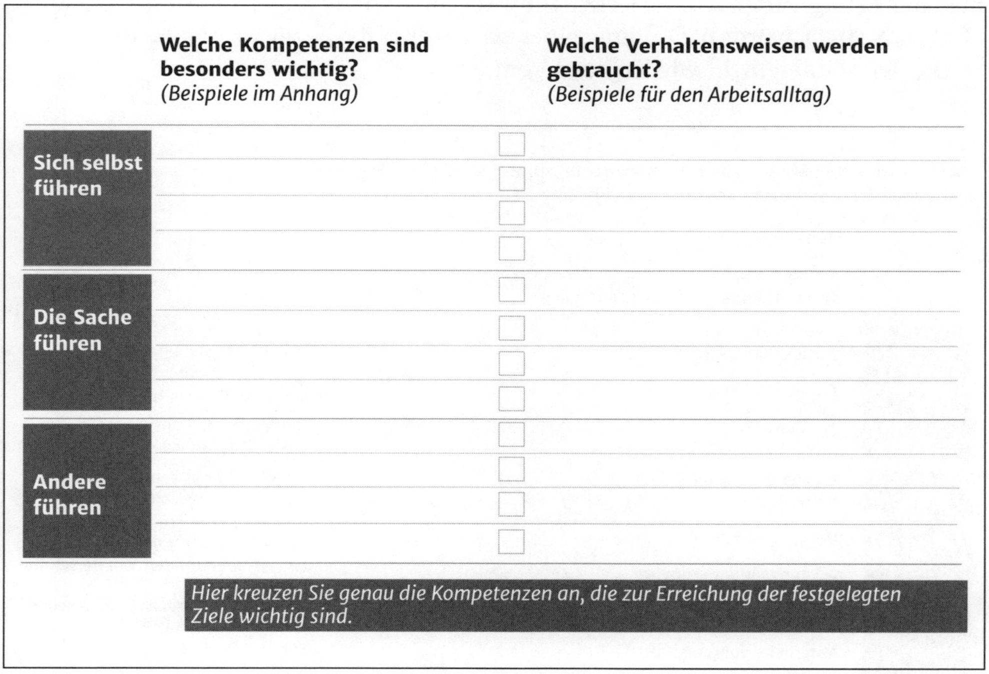

	Welche Kompetenzen sind besonders wichtig? *(Beispiele im Anhang)*	**Welche Verhaltensweisen werden gebraucht?** *(Beispiele für den Arbeitsalltag)*
Sich selbst führen		☐ ☐ ☐ ☐
Die Sache führen		☐ ☐ ☐ ☐
Andere führen		☐ ☐ ☐ ☐
	Hier kreuzen Sie genau die Kompetenzen an, die zur Erreichung der festgelegten Ziele wichtig sind.	

Abb. 25: Was brauchen wir zur Zielerreichung im laufenden Jahr? (Quelle: Return on Meaning)

---

[1] »On-the-job«-Maßnahmen stellen Entwicklungsmöglichkeiten unmittelbar am Arbeitsplatz beim Vollzug der Arbeit dar.
[2] »Off-the-job«-Maßnahmen finden üblicherweise in räumlicher, zeitlicher und inhaltlicher Distanz zur Position statt.

Für die Erreichung des Beispielziels (Tab. 21) ist u. a. eine hohe Kundenorientierung erwünscht. Für die smarte Beschreibung, was konkret erwartet wird, sind die Verhaltensbeschreibungen im unternehmensspezifischen Kompetenzmodell hilfreich. Die Führungskraft legt auch für die Verhaltenserwartungen Messkriterien fest, um dem Mitarbeiter maximale Orientierung zu geben, die bekanntermaßen eine notwendige Bedingung zur Zielerreichung darstellt. Kennzahlen für eine hohe Kundenorientierung können ein per Fragebogen oder per Telefonat erhobenes Kundenfeedback oder die Anzahl der Beschwerden sein. Man kann zur Bewertung dann ein Ist-Soll-Profil, wie in Abbildung 7 im Kapitel A. »Strategie« gezeigt, nutzen oder wie in Abbildung 25 die Ausprägung ankreuzen und im Gespräch Erwartungen abgleichen.

Bei der Bewertung der Kompetenzen sollten konkrete Beispiele genannt werden. Es sollte darauf verzichtet werden, einen Mittelwert oder Gesamtwert für die überfachlichen Kompetenzen zu finden, um den verschiedenen Facetten einer Persönlichkeit gerecht zu werden. Eine Zahl spiegelt eine Persönlichkeit kaum wider. Zudem können sich ausgeprägte Stärken oder Schwächen ausmitteln, sodass die Aussagekraft einer Zahl fragwürdig wird. Auch in Hinsicht darauf, dass »spiky« Profile am meisten Erfolg versprechen (Herrmann, Komm, McPherson, Lambsdorff & Kelner, 2011; s. S. 141), würde die Bildung eines Mittelwerts die gewünschten Ausschläge auf Seiten der Stärken nicht wiedergeben können.

Welche Verhaltensweisen aus dem Anforderungsprofil wurden inwieweit gezeigt?
Bitte geben Sie Beispiele in Verhaltensweisen und kreisen Sie die ausgeprägten Stärken deutlich ein.

	Ausprägung	1 Sehr selten	2 Manchmal	3 Oft	4 Stetig (100%)	5 Übererfüllt	
	Kompetenzen (Bsp. im Anhang)						Verhaltensanker (Beispiele)
Sich selbst führen	Lernfähigkeit, Veränderungsbereitschaft				✘		Besuchte letzten Monat freiwillig eine IT-Fortbildung
	Problemlösekompetenz		✘				Zeigte im Projekt »Rot« eine sinnvolle Priorisierung
	Resilienz und Selbstregulation			✘			Legte seinem Team letzte Woche einen Zeitplan vor
Die Sache führen	Kundenorientierung, Vertrieb					✘	Akquirierte Kunden xy, und pflegt den Kontakt seither
	Unternehmergeist				✘		Bewahrte Projekte »12« durch Risikoanalyse vor dem Zerfall
	Leistungsorientierung			✘			Leistet Überstunden, um Perfektion zu erreichen
Andere führen	Zusammenarbeit		✘				2 seiner 6 Mitarbeiter loben seine klare Kommunikation
	Mitarbeiterführung, -entwicklung				✘		Führt jede Woche Feedbackgespräche
	Inspiration			✘			Das Team vom Projekt »12« bewundert den Enthusiasmus

Die Betrachtung der Verhaltensweisen hilft bei der Diskussion der Ausprägung (0/50/75/100%). Sie wird in die Leistungsbewertung für die Talentkonferenz einbezogen, ist aber nicht bonusrelevant

Abb. 26: Bewertung von Kompetenzen (Quelle: Return on Meaning)

In der Studie »Return on Leadership«, die über einen Zeitraum von 5 Jahren 50 global operierende Unternehmen und deren rund 5.000 Top-Management-Kräfte untersuchte, wird erörtert, welche Führungskräfte-Profile erfolgreichen Unternehmen zu Wachstum verhelfen (Herrmann, Komm, McPherson, Lambsdorff & Kelner, 2011). Die Studie zeigt, dass erfolgreiche Top-Manager sich nicht durch gute Bewertungen in allen Kompetenzfeldern auszeichnen: statt überall gut zu sein, haben erfolgreiche Top-Manager ein sog. »spiky« Profil. Dieser erzielt zwar herausragende Bewertungen in der Hälfte aller Kompetenzfelder, in den restlichen erzielt er allerdings nur mittelmäßige Werte. Dabei weisen Unternehmen, die zum oberen Viertel der am stärksten wachsenden Unternehmen zählen, doppelt so viele »Spiky Leaders« auf als weniger stark wachsende Unternehmen (ebenda).

Je nach Unternehmenskultur findet die Bewertung mit mehrstufigen Skalen statt, eine Diskussion über mögliche Skalierungen findet sich im Kapitel C.2 »Talentidentifikation«. Die Anzahl der Ziele kann je nach Komplexität der Positionen variieren. Das dargestellte Dokument dient der Bewertung der vergangenen Leistungsperiode, also 20xx-1, meistens der Zeitraum eines Jahres. Ein ähnliches Dokument ohne die Gesamt- und Potenzialbeurteilung wird im gleichen Gespräch zur Zielsetzung genutzt, die dann als Grundlage für die Leistungsbeurteilung des Mitarbeitergespräches 1 im nächsten Jahr dient. Eine dritte Seite wird genutzt, um über die Entwicklungsmöglichkeiten zu sprechen. Das Mitarbeitergespräch dient an dieser Stelle dazu, die bisherigen Entwicklungsmaßnahmen zu beurteilen und gegebenenfalls gegenzusteuern. Hier wird zwischen On-the-job- und Off-the-job-Maßnahmen getrennt, damit nicht nur Seminare oder Trainings eingetragen werden, sondern aktiv über Möglichkeiten nachgedacht wird, wie die Entwicklung auch im Arbeitsalltag gefördert werden kann (zu einem Katalog an Ideen zu On-the-Job-Maßnahmen s. auch Kapitel C.4 »Entwicklung«). Auf die Zeile »Potenzialbewertung nach der Talentkonferenz« sowie »Mobilität« wird weiter unten eingegangen.

Name Mitarbeiter n	Name Vorgesetzter n+1	Name Vorgesetzter n+2	Datum
Leistungserwartung (wurde im Jahr 20xx-1 ausgefüllt)			
Hauptaufgaben und Verantwortlichkeiten (warum gibt es die Position?)			

Ziele (was soll der Mitarbeiter erreichen?)	Messkriterien (woran wird Zielerreichung gemessen?)	Terminierung (bis wann?)
Ziel 1 Ziel 2 Ziel 3	Für Ziel 1 Für Ziel 2 Für Ziel 3	

Kriterien nach dem Kompetenzmodell: Welches Verhalten wird erwartet, um diese Ziele zu erreichen?
(an dieser Stelle können die relevanten Kriterien aus dem Kompetenzmodell stehen, es können auch Skalen zum Ankreuzen genutzt werden)

Leistungsbewertung (wird im Jahr 20xx ausgefüllt)

Grad der Zielerreichung	Bemerkungen
Ziel 1 Ziel 2 Ziel 3	

Inwiefern wurde erfolgsrelevantes Verhalten gezeigt? (vgl. Verhalten im Kompetenzmodell)

Gesamtbewertung

Leistungserwartung	☐ nicht erfüllt	☐ fast erfüllt	☐ erfüllt	☐ übererfüllt

Potenzialbewertung (nach der Talentkonferenz auszufüllen)

Vertikale Bewegung	☐	Begründung
horizontale Bewegung	☐	
Richtig platziert	☐	

Tab. 22: Beispielformular für das Mitarbeitergespräch 1: Zielsetzung und Leistungsbeurteilung

Entwicklungsplan für das nächste Halbjahr (bis Mitarbeitergespräch 2)		
Beurteilung bisheriger Entwicklungsmaßnahmen	Entwicklungsmaßnahme on-the-job	Entwicklungsmaßnahme off-the-job
Mobilität innerhalb welchen Zeitraums?	Nächste Schritte (nach der Talentkonferenz auszufüllen)	

Tab. 23: Beispielformular für das Mitarbeitergespräch 1: Entwicklungsmaßnahmen und nächste Schritte

Eine Handreichung zur Erläuterung der Formate ist für Führungskräfte hilfreich. Insbesondere wenn Mitarbeitergespräche neu eingeführt bzw. die Formulare geändert werden, ist ein Führungstraining zum Üben des Umgangs mit dem Formular zusätzlich unterstützend. Zur Qualitätssicherung erheben einige Unternehmen Feedback vom Mitarbeiter, indem — teilweise anonym — nach Feedback zu dem Mitarbeitergespräch gefragt wird.

1.1.2 Mitarbeitergespräch 2

Das Mitarbeitergespräch 2, welches ein halbes Jahr nach Mitarbeitergespräch 1 stattfindet (s. Abb. 23, Performance Cycle), hat zum Ziel, die Leistung zu fördern und die berufliche Entwicklung zu unterstützen. Die Dauer beträgt ca. 1 bis 1,5 Stunden. Es findet zwischen Führungskraft und Mitarbeiter statt. Eingangs wird die Leistungsbewertung kurz besprochen und auf aktuelle Hindernisse und Erfolge eingegangen. Die Wünsche des Mitarbeiters bzgl. seiner Laufbahn werden dokumentiert. Die Stärken des Mitarbeiters werden hervorgehoben und die zu entwickelnden Kompetenzen für jetzige Aufgaben und zur Vorbereitung auf neue Aufgaben werden kritisch beleuchtet. Darauf aufbauend wird ein individueller Entwicklungsplan erstellt. Dieser wird anhand eines Beispiels im Kapitel C.4. detaillierter besprochen. Zudem wird Vorgesetztenfeedback vom Mitarbeitenden erfragt.

Leistungsbewertung und Entwicklungsziele	
Beurteilung der Leistung	Wunsch des Mitarbeiters für welche Laufbahn: ☐ Fachlaufbahn ☐ Führungslaufbahn ☐ Projektlaufbahn
Stärken	Zu entwickelnde Kompetenzen für jetzige Aufgaben und zur Vorbereitung auf neue Aufgaben

Entwicklungsplan					
Entwicklungs-ziele	Aktivitäten (on- & off-the-job)	Messbare Erfolgskrite-rien	Zeitrahmen	Notwendige Unterstützung	Review

An dieser Stelle wird dem Vorgesetzten Feedback gegeben, insbesondere zu seinem Führungsverhalten. Diese Seite geht an den Mitarbeiter und soll aus seiner Sicht beantwortet werden

Besondere Stärken und wo diese deutlich wurden	
Was ich (als MA) bzgl. Führungsverhalten besonders schätze	
Welches Verhalten würde ich (als MA) mir mehr wünschen?	
Wo sehe ich Entwicklungs-potenzial für meinen Vorgesetzten?	

Tab. 24: Beispielformular für das Mitarbeitergespräch 2: Entwicklungsmaßnahmen und nächste Schritte

Die ausgefüllten Formulare werden in der Regel an die HR-Abteilung gesendet und in der Personalakte gespeichert.

1.2 Faire Bewertungen

Im TMS ist die Führungskraft sehr stark gefordert, Mitarbeiterbewertungen professionell zu betreiben, denn sie ist diejenige, die die Mitarbeiter und ihre Arbeitsbedingungen und -ergebnisse am besten kennt, weil sie direkt mit den Menschen zusammenarbeitet. Ihre Bewertung beeinflusst die weiteren Schritte der Mitarbeiter. Eine Bewertung der Leistung und des Verhaltens durch eine Führungskraft kann aufgrund der dem Menschen immanenten subjektiven Wahrnehmung (vgl. Foerster & Pörksen, 2004) grundsätzlich nicht als objektiv angesehen werden. Beurteilungsphänomene, z. B. der Einfluss von Sympathie auf die Bewertung, können nicht eliminiert werden.[3] Für eine professionelle Bewertung sollte man mit den Wahrnehmungsverzerrungen bewusst umgehen und Möglichkeiten der Regulierung anwenden. Dies setzt die Kenntnis von Wahrnehmungsverzerrungen sowie Techniken des Umgangs und die Haltung des Beurteilers voraus, die eigene Subjektivität als solche anzuerkennen (vgl. Foth, 2006). Bewertung kann nur als eine Annäherung an die Realität gesehen werden. Um Vergleichbarkeit zu gewährleisten, sollten alle Führungskräfte geschult werden und die gleichen Kriterien und Skalen nutzen. Leistungsbeurteilung ist für den Mitarbeiter ein sensibles Thema. Um Enttäuschungen zu vermeiden, sollte die Bewertung bestimmten Standards genügen. Es wird darauf hingewiesen, dass sich erlebte Gerechtigkeit positiv auf die zukünftige Leistung der Mitarbeiter auswirkt (Fried, Wetzel & Baitsch, 2000). Um eine faire Mitarbeiterbeurteilung zu ermöglichen, sollten Vorgesetzte Bewertungsprinzipien beachten, die sich auf das Verfahren der Bewertung beziehen (Leventhal, 1980), und sich der psychologischen Prozesse bewusst sein, die ein korrektes Abbild des Mitarbeiters und seiner Handlungen unmöglich machen.

1.2.1 Bewertungsprinzipien für eine faire Bewertung

Konsistenz: Es besteht der Anspruch, die Nachvollziehbarkeit und theoretisch auch die Wiederholbarkeit eines Urteils möglich zu machen. Eine klare Festlegung der Kriterien ist unterstützend, sodass verschiedene Beobachter zu möglichst ähnlichen Ergebnissen kommen.

Unvoreingenommenheit: Um so fair wie möglich zu sein, sollte jede Art von Voreingenommenheit oder Vorurteilen vermieden werden. Es bedarf der bewussten Hinterfragung des eigenen Urteils und der Hinzuziehung Dritter, um Voreingenommenheit zu vermeiden.

---

3 In diesem Sinne handelt es sich hier nicht um Beurteilungsfehler, weil der Beurteiler keine Fehler begeht, sondern lediglich mit den ihm zur Verfügung stehenden Ressourcen Realität herstellt.

Genauigkeit: Ein Urteil sollte immer sehr gut begründet sein, beispielsweise mit Aufzeichnungen über beobachtetes Verhalten. Die Frage nach dem »Wo« und »Wann« einer Beobachtung ist keine Kleinlichkeit eines Mitarbeiters, sondern eine berechtigte Prüfung des Fundaments eines Urteils.

Korrekturmöglichkeit: Ein Vorgesetzter sollte seinem Mitarbeiter eine Stellungnahme ermöglichen, die einen eventuell falschen Eindruck korrigiert. »Falsch« bezieht sich dabei auf das Phänomen der subjektiven Wahrnehmung, dem der Beurteiler unterliegt. Beide Positionen sollten abgewogen werden und bestenfalls weitere Stimmen hinzugezogen werden, um das Urteil entsprechend modifizieren zu können.

Repräsentativität: Anspruch, dass eine Bewertung die Stärken, Schwächen sowie die Entwicklungsfelder und -potenziale eines Mitarbeiters möglichst umfassend darstellt.

Ethische Rechtfertigung: Wenn die oben genannten Prinzipien beachtet wurden, besonders die Genauigkeit, wird eine Bewertung selten als »Verurteilung« wahrgenommen. Trotzdem sollten noch weitere Faktoren diesem Zweck dienen, z. B. die Art und Weise der Urteilsbekanntgabe. Währenddessen sollte eine wertschätzende und respektvolle Atmosphäre existieren, z. B. durch die Betonung, dass lediglich Verhalten, nicht die Persönlichkeit des Mitarbeiters beurteilt wird. Auch der vertrauliche Umgang mit den Daten gehört zum ethischen Standard einer Mitarbeiterbeurteilung.

1.2.2 Psychologische Prozesse bei der Bewertung

Durch Aufklärung über die psychologischen Prozesse lassen sich die Fehlerquellen teilweise durch Gegensteuern entschärfen. Es kann hier von einem »Rumpelstilzchen-Effekt« gesprochen werden: In dem Moment, in dem die Hintergründe beim Namen genannt sind, verlieren diese viel von ihrer Kraft. Zudem gibt es Möglichkeiten des Umgangs mit der Herausforderung. Die Subjektivität von Bewertungen wird in verschiedenen psychologischen Phänomenen beschrieben; diese werden in Tabelle 25 skizziert. Zudem werden Tipps für Führungskräfte angegeben, um mit diesen Wahrnehmungstendenzen umzugehen und fairer zu urteilen: Eine gute Möglichkeit besteht generell darin, zwischen Bewertung und Beobachtung zu unterscheiden und genau zu hinterfragen, was man beobachtet hat und was bereits eine Interpretation dieser Beobachtung ist. Schaut z. B. jemand auf den Boden, ist dies eine Beobachtung; die Aussage, eine Mitarbeiterin sei schüchtern, ist bereits eine Bewertung. Zudem ist es immer hilfreich, mit Kollegen über Bewertungen im Austausch zu sein, daher ist die später dargestellte Talentkonferenz ein sehr gutes Instrument, damit Führungskräfte ihre Bewertungsmaßstäbe kalibrieren können. Feedback von anderen hilft zudem, zu fairen Aussagen zu kommen, daher wird idealerweise die Multiple-Feedback-Methode angewendet (s. Tab. 26).

Phänomen	Beschreibung	Effektiver Umgang damit
Leniency (Milde-Tendenz) und Harshness (Strenge-Tendenz)	Die zur Verfügung stehende Skala wird nicht gleichmäßig ausgenutzt, bestimmte Werte kommen so gut wie nie vor, Extrempole werden zu stark genutzt, entweder zu sanft oder zu streng.	Klare Kriterien bzw. Verhaltensweisen im Vorfeld überlegen, die einen durchschnittlichen, über- und unterdurchschnittlichen Kandidaten auszeichnen; Austausch mit Kollegen.
Tendenz zur Mitte	Generelle Vermeidung extremer Bewertungen, neutrale, mittlere Bewertungen, um sich nicht festzulegen.	s. oben
Halo-Effekt (Überstrahlungseffekt)	Tendenz, sich von einer hervorragenden Eigenschaft des Kandidaten »blenden« zu lassen und von ihr auf die Qualität anderer Eigenschaften zu schließen: Eine Fähigkeit bewirkt Schlussfolgerungen auf andere Fähigkeiten.	Kompetenzen mit konkreten Verhaltensindikatoren belegen und diese überprüfen, statt z. B. von Kommunikationstalent auf Teamfähigkeit zu schließen; jede Beobachtung nur einer Kompetenz zuschreiben; kontinuierlich Notizen über positive und kritische Verhaltensweisen jedes Mitarbeiters machen.
Sympathie-Effekt	Ähnlichkeit (d. h. ähnliche Anschauungen, Werte, Meinungen, Herkunft) zwischen Beurteiler und Kandidat führen zu wohlwollender Bewertung, da sich der Beurteiler als Person bestätigt fühlt (zieht viel Gewinn aus der Interaktion).	Vor allem die Bewusstmachung, dass Sympathie besteht; sich vorstellen, welches Urteil jemand anderes fällen würde; hinterfragen, ob die Gemeinsamkeiten einen positiven Einfluss auf die Leistung des Mitarbeiters haben und relevant für die Bewertung sind.
Stereotypisierung	Ungerechtfertigte Schlussfolgerungen von Gruppenzugehörigkeiten (z. B. Nationalität oder regionale Herkunft) auf Eigenschaften.	Wahrnehmung schärfen für die Untermauerung oder Widerlegung der stereotyp unterstellten Eigenschaften. Beidem gleiches Gewicht geben; neugierige und offene Haltung dem Mitarbeiter gegenüber bewahren, anstatt »wissen, was kommt«.
Alltagstheorien	Ungerechtfertigte Schlussfolgerungen, beispielsweise von äußeren Merkmalen oder Verhaltensweisen auf Charaktereigenschaften.	Konzentration auf die Unterscheidung von Beobachtung und Bewertung.
Primacy-Effekt	Ein vorschnelles Urteil, durch die Orientierung am sog. ersten Eindruck. Großes Gewicht auf dem ersten Eindruck.	Kontinuierlich Notizen über positive und kritische Verhaltensweisen jedes Mitarbeiters machen, um sich nicht auf die Erinnerung verlassen zu müssen.
Recency-Effekt	Starker Einfluss des zuletzt beobachteten Verhaltens auf die Gesamtbewertung.	siehe oben

Phänomen	Beschreibung	Effektiver Umgang damit
Kontrast-Effekt	Die Bewertung mehrerer Personen in zeitlich kurzem Abstand führt zu Vergleichen, die eine Bewertung verzerren können (ein durchschnittlich leistender Mitarbeiter wird schlechter beurteilt, wenn er direkt nach einem überdurchschnittlich leistenden Mitarbeiter beurteilt wird). Maßstabsverschiebung ist die Folge.	Jeden Mitarbeiter an den konkreten Verhaltensankern und konkreten Anforderungen messen, nicht an anderen Mitarbeitern.
»Tagesform« des Beobachters	Unausgeglichenheit beim Beurteiler fördert Wahrnehmungsverzerrung; Stimmung sollte so neutral wie möglich sein.	Selbstprüfung des Beobachters. Kollegen befragen, wie sie ihn heute wahrnehmen. Notfalls die Beobachtung mit einem Vermerk zur Stimmung notieren, später (bei neutraler Stimmung) Urteil modifizieren.
Äußere Umstände	Auch wenn äußere Umstände Verhalten bewirken, hat der Beobachter die Tendenz, dies auf die Person zurückzuführen. Die Raumtemperatur z. B. führt dazu, dass jemand die Arme vorm Körper verschränkt, Beobachter unterstellt ihm Abwehrhaltung.	Umstände bedenken, abwägen, den Mitarbeiter nach Gründen für Verhalten befragen.
Self-fulfilling prophecy	Neigung, seine Hypothesen über die Welt bestätigen zu wollen. Selektive Wahrnehmung von Details, die eine eigentlich nur vorläufige Meinung untermauern helfen. Ignorieren von Beobachtungen, die nicht schlüssig mit dem Gesamtbild zusammenpassen.	Beim Dokumentieren bewusst »passende« und »nicht passende« Beobachtungen trennen. So geht keine Information verloren und das eigene (Vor-)Urteil wird nicht sofort gefährdet. Im Ergebnis sollten alle Infos einfließen.
Groupthink	Tendenz, sich der Meinung anderer Beurteiler anzuschließen, um Gruppenharmonie zu erhalten, Zeit zu sparen etc.	Jeder Beobachter bildet sich seine eigene Meinung, ohne von der anderen zu wissen. Gute Belege für das Urteil vorbereiten.
Erwartungsenttäuschung	Nach dem Sichten der Unterlagen bildet sich ein Beurteiler bereits sein Urteil. Stellt sich dieses im Interview als falsch heraus, kann das zu negativerer Beurteilung führen (auch wenn der Mitarbeiter sich positiv vom Vor-Urteil abhebt, könnte ihm bzw. ihr »Unberechenbarkeit« unterstellt werden).	Sich bewusst machen, dass Erwartungen im Gespräch immer enttäuscht werden können; nicht zu viel Gewicht auf die erste Erwartung legen, möglichst offen und neugierig in die Situation gehen.
Scheuklappen oder Déformation professionelle	Tendenz, das Gesehene einseitig zu bewerten.	Empathie für ein gegnerisches Urteil zu entwickeln versuchen; dies hilft, eine Beobachtung aus verschiedenen Blickwinkeln zu bewerten.

Phänomen	Beschreibung	Effektiver Umgang damit
Ignoranz von Beurteilungsfehlern	Der Beurteiler gesteht sich nicht ein, dass er Beurteilungsfehler macht oder machen könnte.	Der Beurteiler ist nicht für diese Aufgabe geeignet.

Tab. 25: Übersicht psychologischer Phänomene, die zur Wahrnehmungsverzerrung im Beurteilungsprozess führen, und entsprechende Umgangstechniken

1.3 Bewertung von Leistung (Ergebnisse und Kompetenzen[4])

Um die Führungskraft bei der Bewertung von Leistung, welche die Kompetenzen und Ergebnisse einschließt, zu unterstützen, nutzen Unternehmen häufig folgende Methoden:

Multiple-Feedback-Methode

Um eine faire Leistungsbewertung zu gewährleisten, die nicht nur auf der Bewertung eines Vorgesetzten basiert, wählen einige Unternehmen die Multiple-Feedback-Methode, die in Tabelle 26 beschrieben ist. Diese setzt eine offene Feedbackkultur (s. S. 108 ff.) voraus. Diese Methode sollte nicht mit dem 360-Grad-Feedback verwechselt werden, da es hier um die Leistungsbewertung geht, das 360-Grad-Feedback dagegen als Entwicklungsinstrument genutzt wird. Bedeutsamer Unterschied ist beispielsweise, dass bei der multiplen Feedback-Methode die Kriterien nicht vorgegeben sein müssen, dass offene Antworten gegeben werden sowie dass nur jene Kollegen und Vorgesetzten befragt werden, die direkt mit dem Mitarbeiter zusammengearbeitet haben.

Für die Leistungsbeurteilung werden multiple Feedbackquellen genutzt, indem der Mitarbeiter selbst, Kollegen und der Vorgesetzte die Leistung des Mitarbeiters einschätzen. Anhand von Fragebögen wird das Feedback erhoben.
Vorgehen:
Der Mitarbeiter schätzt sich selbst ein. Fünf Feedbackgeber aus dem Team, die der Mitarbeiter selbst vorgeschlagen hat, geben ihre Bewertung ab. Der Vorgesetzte hat die Möglichkeit, die vorgeschlagenen Feedbackgeber wieder zu ändern. Der Vorgesetzte schätzt die Leistung ebenfalls ein. Der Vorgesetzte integriert die Daten vor dem Mitarbeitergespräch und gibt dem Mitarbeiter das gesamte Feedback.

Tab. 26: Multiple-Feedback-Methode

---

[4] Bezogen auf die Diskussion um den Kompetenzbegriff (siehe oben) mag es verwirrend sein, dass Unternehmen bei der Beurteilung der Leistung von Kompetenzen sprechen. Begrifflich korrekt dürfte nur von Performanz gesprochen werden. Manche Unternehmen sprechen von Kriterien, die sich vom Kompetenzmodell ableiten lassen. Da aber der Begriff »Kompetenzmodell« mittlerweile etabliert ist, wird weiter von Kompetenz gesprochen, auch wenn u. U. Performanz gemeint ist.

Eine Erweiterung dieser Methode stellt das Hinzuziehen einer neutralen Führungskraft, den sogenannten Advokaten, dar, der statt des Vorgesetzten das Feedback erhebt (siehe unten Kapitel C.2.1).

Interviews
In informellen Mitarbeitergesprächen kann die Führungskraft kurze Interviews mit dem Mitarbeiter führen, um mehr über seine Leistung in Situationen zu erfahren, in denen die Führungskraft nicht anwesend war. Das Interview sollte entlang der Kompetenzen, die für die jetzige Position relevant sind, strukturiert sein. Es sollte zudem auf vergangene Erfahrungen eingegangen werden, beispielsweise wie einem Projekt aus der Krise geholfen oder ein neues Programm eingeführt wurde; eine Auflistung der Jobs, die die Entwicklung eines Mitarbeiters vorantreiben — die Entwicklungstreiberjobs — findet sich im Kapitel C.4. Zudem sollte dem Mitarbeiter verdeutlicht werden, dass das Interview einer fairen Einschätzung dient, nicht der Auswahl.

Diagnostische Verfahren
Vereinzelt werden diagnostische Verfahren wie Assessment Center oder Management Audits eingesetzt, meist jedoch, um Potenziale für die nächsthöhere Position zu entdecken. Diagnostische Verfahren werden im Kapitel C.6 »Rekrutierung« genauer erörtert.

1.4 Potenzialeinschätzung

Der Begriff Potenzial wird auf die Ausübung einer bestimmten Tätigkeit oder Anforderung bezogen, die derzeit noch nicht ausgeübt wird. Damit kann es kein Potenzial per se oder »allgemeines« Potenzial geben, sondern nur solches, das sich auf konkrete Aufgaben bezieht. In der Mitarbeiterbeurteilung hat ein Mensch Potenzial, wenn ihm Vorgesetzte zutrauen, anspruchsvollere Aufgaben für eine nächsthöhere Hierarchieebene oder verantwortungsvollere Aufgaben zu erfüllen. Hier ist die Potenzialdefinition temporär, d. h. in diesem Sinne ist mit Potenzial eine Lernfähigkeit für bestimmte Aufgaben gemeint, z. B. Führung oder Verkauf. Kann eine schnelle Lernfähigkeit beobachtet werden, kann man von hohem Potenzial ausgehen. Hier können Motive, Persönlichkeitsdimensionen oder kognitive Fähigkeiten eine Rolle spielen. Die Führungskraft trifft Aussagen über das Potenzial des Mitarbeiters, wenn sie Potenzial aus beobachtbarem Verhalten bzw. Leistung oder aufgrund von beobachtbaren Indikatoren schließt. Leistung und Potenzial sind in diesem Sinne nicht unabhängig voneinander. Potenzial wird erhoben, um in der Talentkonferenz zu einer Einschätzung zu kommen, die die weiteren Schritte bzw. Einsatzmöglichkeiten des Mitarbeitenden betreffen.

Wichtige Voraussetzungen für die Bewertung von Potenzial für die Führungskraft sind
1. die Definition von Potenzial,
2. die Darstellung der Ebenen im Unternehmen,
3. die Erwartungen, die an die nächsthöhere Ebene gestellt werden,

4. konkrete Beobachtungen über einen Zeitraum hinweg, die Rückschlüsse auf das zukünftige Verhalten im gewünschten Bereich erlauben.

1. Die Definition von Potenzial muss bekannt sein. Bestenfalls wird diese durch die Zeitangaben präzisiert. Beispielsweise:

Definition von Potenzial:
Eine Person hat Potenzial, wenn sie ein schneller Lerner ist, der sicher und erfolgreich neue Aufgaben und Verantwortlichkeiten übernimmt und Ergebnisse zeigt. Der Person wird zugetraut, dass sie eine komplexere Aufgabe mit mehr Bedeutung für das Unternehmen auf höherer Ebene innerhalb von 12 Monaten übernehmen kann.

Tab. 27: Beispiel einer Definition von Potenzial im Unternehmen

Die Zeitangabe ist entscheidend, um eine klare Bewertung abzugeben. Sie variiert von Unternehmen zu Unternehmen. Im Beispiel sind es 12 Monate, die Angabe von 24 Monaten wird ebenfalls häufig gewählt. Anzumerken ist hier, dass bei neuen Mitarbeitern, deren Lernfähigkeit nicht bewertbar ist, weil sie noch nicht lange genug auf der Position sind, Potenzial nicht leicht einzuschätzen ist. Da die Mitarbeiter auf einer neuen Position eingestellt sind, haben sie Potenzial für diese Position bewiesen. Normalerweise bringen sie dann wenig Potenzial für die nächsthöhere Position mit, ansonsten wären sie direkt auf diese nächsthöhere Position eingestellt worden.

2. Die Ebenen und Entwicklungsstufen müssen bekannt sein. Jede Führungskraft muss darüber informiert sein, welches die nächsthöhere Ebene und Position der eigenen Mitarbeiter ist. Karrieremodelle, die nach Führungs-, Projekt- oder Fachlaufbahn gegliedert sind, sind hilfreich, um mögliche Karrierewege für die eigenen Mitarbeiter zu antizipieren. Die sog. »Ebenenklärungstabelle« ist ein unterstützendes Instrument.

Führungsrolle	Beispiel einer Position	Ebene im Talent Prozess
Keine Führungsrolle	Junior-Produkt-Manager; HR-Manager; ...	0
Sich selbst und andere führen	Senior-Produkt-Manager; Senior HR-Manager, ...	1
Erste Führungskräfteebene, Führung eines Bereiches	Bereichsleiter; Leiter Vertrieb Nord-West; ...	2
....	....	....

Tab. 28: Ebenenklärungstabelle. Im Unternehmen sollten die konkreten Positionen für jede Funktion aufgeführt werden

3. Um die Erwartungen, die an das nächsthöhere Level gestellt sind, zu klären, sind die Level-Definitionen der Leadership Pipeline hilfreich. Zudem helfen die Angaben im Kompetenzmodell: Sind die Ebenen schon definiert, sollten diese als Vorgabe genutzt werden. Ist das Kompetenzmodell generischer, überlegt sich die Führungskraft selbst das entsprechende Soll-Profil entlang der Frage, welches Verhalten für die nächsthöhere Position bzw. Aufgabe erfolgsrelevant ist. Hier ist ein Austausch mit Kollegen aus dem gleichen Bereich hilfreich, um keine Aspekte zu übersehen.

4. Um Rückschlüsse auf das Potenzial ziehen zu können, ist es für Führungskräfte hilfreich, selbst Hilfestellung zu erhalten. Diese kann in Form eines **Potenzial-Quick-Tests** erfolgen, der aus max. 10 bis 15 Fragen besteht und den jede Führungskraft in Hinblick auf ihre Mitarbeiter beantwortet. Werden mehr Fragen positiv als negativ beantwortet, weist es auf ein höheres Potenzial hin. Werden fünf oder mehr Fragen negativ beantwortet, wird der betrachtete Mitarbeiter eher weniger Potenzial gezeigt haben.

Im Folgenden werden Variationen dargestellt, die je nach Definition von Potenzial hilfreich sein können. Es muss z. B. in der Definition deutlich werden, ob nur jene Mitarbeiter als Potenzialträger eingeschätzt werden, die ins Ausland gehen wollen und die englische Sprache beherrschen. Dieses Kriterium variiert von Unternehmen zu Unternehmen.

Der Aufbau des Potenzial-Quick-Tests ist abhängig von dem bisherigen Feedbackmodus: Am einfachsten ist der Test in einem Ja-nein-Frageformat gestaltet (Tab. 30). Für Führungskräfte, die gewohnt sind, mit Verhaltensankern aus dem Kompetenzmodell zu arbeiten, kann auch die Variante mit entsprechenden Verhaltensbeschreibungen genutzt werden. Hier könnte statt einer Ja-nein-Skala eine Skala eingefügt werden, die der Mitarbeiterbeurteilung entspricht (z. B. 1 bis 5), ähnlich einem Beobachtungsbogen in regulären Auswahlverfahren (Tab. 29), die meisten Führungskräfte schätzen allerdings das simplifizierte Ja-nein-Format (Tab. 30). Inhaltlich ist er abhängig davon, was in der nächsthöheren Position verlangt wird.

Beispiel eines Potenzial-Quick-Tests mit Verhaltensankern

Ob Ihre Mitarbeiterin/Ihr Mitarbeiter Potenzial hat, hängt davon ab, ob Sie ihr/ihm zutrauen, anspruchsvollere Aufgaben, z. B. für eine nächsthöhere Hierarchieebene zu erfüllen. In diesem Sinne ist mit Potenzial eine Lernfähigkeit für bestimmte Aufgaben gemeint.
Im Folgenden finden Sie fünf Fragen, die helfen sollen, das Potenzial zu bestimmen. Je mehr Fragen Sie mit 1 oder 2 beantworten, desto eher läuft Ihre Mitarbeiterin/Ihr Mitarbeiter Gefahr, in einer höheren Aufgabe überfordert zu sein. Dieses Dokument ist für Ihre Vorbereitung, es wird nicht gespeichert.
1 bedeutet nie; 5 bedeutet immer

Kriterium für hohes Potenzial	Einschätzung
Hat der MA bisher fortwährend Leistungsbeurteilungen erhalten, die die Erwartungen übertreffen? Für »Neue Mitarbeiter« vergleichbar mit einer schnellen Einstiegsphase innerhalb von 6 Monaten.	1-2-3-4-5

Zeigt der Mitarbeiter einen ausgeprägten Lernwillen?	1-2-3-4-5
Lernwille: Verfolgt leidenschaftlich und mit Neugier neue innovative Ideen und erkennt schnell ihren Wert für die Firma. Zögert nicht, sich aus seiner Komfortzone heraus zu bewegen, passt sich schnell neuen Situationen an und erzielt positive Ergebnisse. Geht bereitwillig und aktiv auf Veränderungsprozesse zu und betrachtet sie als Chance, um Neues zu lernen. Zeigt ausgeprägte analytische Fähigkeiten.	
Zeigt der Mitarbeiter eine ausgeprägte proaktive Selbstentwicklung?	1-2-3-4-5
Selbstentwicklung: Er/sie möchte sehr gern neue Fähigkeiten und Kompetenzen erwerben und versucht aktiv, eigene Fähigkeiten in neuen Situationen entsprechend anzuwenden und frühere Erfahrungen zu berücksichtigen.	
Zeigt der Mitarbeiter eine ausgeprägte Veränderungsfähigkeit?	1-2-3-4-5
Veränderungsfähigkeit: Zeigt starkes Interesse an neuen Aufgaben und Offenheit für Neues; passt sich gut neuen Rollen, Teams und Projektaufgaben an. Außerdem ist er/sie bereit, in ein anderes Land versetzt zu werden, falls dies für den Erfolg des Unternehmens notwendig ist.	
Zeigt der Mitarbeiter eine ausgeprägte Führungsmotivation?	1-2-3-4-5
Führungsmotivation: Übernimmt gerne die Verantwortung und vertritt beharrlich seinen Standpunkt. Gibt eine Richtung vor und lässt sich nicht verunsichern, wenn Widerstände auftauchen. Leitet gerne Menschen an und demonstriert eine hohe soziale Kompetenz, beispielsweise in der Kommunikation. Entscheidet schnell und hat visionäre Ideen.	

Tab. 29: Potenzial-Quick-Test mit Verhaltensankern und fünfer Skala

Angemerkt werden soll an dieser Stelle, dass für die meisten Unternehmen Nachfolgeplanung und Talent-Identifikation mit Führungspotenzial zusammenhängen. Daher wird die Führungsmotivation in dem Potenzial-Quick-Test aufgeführt. Allerdings ist vor dem Hintergrund des »Beförderungsstaus« aufgrund der Tendenz zu flachen Hierarchien in Unternehmen sowie der längeren Arbeitslebenszeit von Mitarbeitern (s. demografischer Wandel) zu bedenken, dass auch andere Karrierewege wie z. B. Expertenoder Projektlaufbahnen betrachtet werden sollten. Hier ist eine Führungsmotivation weniger entscheidend, um Potenzial zu definieren. Liegt kein Kompetenzmodell vor und sind es Führungskräfte nicht gewohnt, die überfachlichen Verhaltensweisen einzuschätzen, ist möglicherweise der folgende Potenzial-Quick-Test im Ja-nein-Antwort-Format geeigneter. Beide Tests werden in Unternehmen genutzt. Der erste Test dient als Beispiel dafür, welche Fragen auf Basis eines Kompetenzmodells entwickelt werden können, um Führungskräfte dabei zu unterstützen, Potenzial einzuschätzen. Der folgende Potenzial-Quick-Test ist detaillierter und differenzierter. Je nachdem, was Führungskräfte im Unternehmen benötigen und nutzen, soll entschieden werden, welches Format passend ist.

Aus folgendem Beispiel sollten passende Fragen ausgewählt werden, damit der Test eine pragmatische Länge behält. In der gesamten Länge, in der er hier präsentiert ist, sollte er nicht genutzt werden. Für manche Unternehmen ist es beispielsweise nicht wichtig, ob ein Mitarbeiter bereit ist, ins Ausland zu gehen oder nicht, daher erübrigt sich diese Frage. In Unternehmen, die aus oben genannten Gründen nicht nur auf potenzielle Führungskräfte fokussieren, erübrigen sich die Fragen zur Führungsmotivation. Die einleitenden Worte aus dem vorherigen Test können übernommen werden.

Kriterium für hohes Potenzial	Einschätzung	
Lernt die Person aus Erfahrungen, d. h. kann sie Fehler benennen und daraus Schlussfolgerungen ziehen?	Ja	Nein
Involviert sich die Person eigeninitiativ in Abteilungsstrategien oder bittet um mehr Verantwortung?	Ja	Nein
Wird diese Person die Leistung des Teams signifikant erhöhen, wenn sie die nächsthöhere Position einnimmt?	Ja	Nein
Ist die Person bereit, ins Ausland zu gehen?	Ja	Nein
Hat die Person Erfahrungen gesammelt in sog. Entwicklungstreiberjobs? Dazu zählen die Arbeit als Change Manager oder Krisenmanager, Jobs mit interdisziplinären Projekten oder Task Forces, Arbeit in der strategischen Planung, internationale Einsätze für mehr als ein Jahr; Wechsel von Linie zu Stab; Wechsel von Stab zu Linie; Jobs mit signifikant verändertem Mitarbeitereinsatz oder Stabsführung; Leitung von Projekten ohne Weisungsbefugnis; Aufbau von Start-Ups oder Implementierung neuer Programme.	Ja	Nein
Verglichen mit typischen externen Kandidaten: Würden Sie die Person als besonders geeignet für die nächsthöhere Position einschätzen?	Ja	Nein
Würde Sie die Person, wenn sie ein externer Kandidat wäre, ohne Probezeit für die nächsthöhere Position einstellen?	Ja	Nein
Zeigt die Person starkes Interesse an weiteren Karriereschritten?	Ja	Nein
Würden Ihre Kollegen/Peers Ihnen zustimmen, dass die Person auf die nächsthöhere Ebene kommen soll?	Ja	Nein
Hat die Person eine sehr gute Leistung über lange Zeiträume hinweg gezeigt?	Ja	Nein
Würden Sie diese Person bitten, ein Ihnen wichtiges Thema vor der Geschäftsleitung zu präsentieren?	Ja	Nein
Würden Sie diese Person darum bitten, ein wichtiges Change-Management-Projekt zu übernehmen, das zwar keine inhaltlichen Veränderungen vorsieht, dafür aber organisationale Neuerungen fordert?	Ja	Nein
Würden Sie ihn/sie zu einem schwierigen aber wichtigen Kunden schicken?	Ja	Nein
Trauen Sie ihm/ihr zu, Ihren Linienmanager in einer kontroversen Diskussion zu überzeugen?	Ja	Nein
Trauen Sie ihm/ihr zu, Mitarbeiter zu motivieren, die bis jetzt ihre Leistungsressourcen noch nicht ausgeschöpft haben?	Ja	Nein
Trauen Sie ihm/ihr zu, ein neues Geschäftsfeld, Produkt oder eine neue Dienstleistung aufzubauen?	Ja	Nein
Hat er/sie bis jetzt in irgendeiner Art klaren Führungsanspruch deutlich gemacht?	Ja	Nein
Angenommen, Sie wären nicht in der Lage, an einer womöglich konfliktgeladenen Verhandlung teilzunehmen — würden Sie diese Person an Ihrer Stelle hinschicken?	Ja	Nein

Kriterium für hohes Potenzial	Einschätzung	
Würden Sie ihn/sie als Teamleiter in einem internationalen Projektteam einsetzen?	Ja	Nein
Würden Sie es als angenehm empfinden, diese Person als Vorgesetzten zu haben, wenn Sie nochmal am Anfang Ihrer Karriere stünden?	Ja	Nein
Wenn Sie die Person vergleichen mit anderen sehr guten Mitarbeitern, die Sie kennen, würden Sie sagen, dass sie sich überdurchschnittlich schnell entwickelt, z. B. dass sie schnell aus Fehlern oder kritischem Feedback lernt oder schnell neue Aufgaben erfolgreich erfüllt?	Ja	Nein

Tab. 30: Potenzial-Quick-Test im Ja-nein-Format mit möglichen Fragen, woraus nur wenige Fragen ausgewählt werden sollten

1.5 Gängige psychometrische Verfahren zur Bewertung von Potenzial

Wie erwähnt, setzen Unternehmen eine Reihe psychometrischer Verfahren ein, um weitere Facetten zu erheben, die mit Leistung in Zusammenhang stehen (z. B. Fähigkeitstests oder Motivationsfragebögen) oder Prognosen für zukünftige Leistung bzw. Potenzial erlauben. Auf die verschiedenen Instrumente wie Persönlichkeitsfragebögen oder Testverfahren wird im Kapitel C.6 »Rekrutierung« eingegangen.

2. Talent-Identifikation

Bisher wurden im Mitarbeitergespräch die vergangene Leistung sowie aktuell verfügbare Kompetenzen eines Mitarbeitenden von seinem Vorgesetzten eingeschätzt. Der nächste Schritt im Performance Cycle ist nun die Bewertungskalibrierung dieser Leistungsbeurteilung durch andere sowie die Besprechung des Potenzials — also der zukünftigen Kompetenzen, die momentan noch nicht voll entwickelt sind —, die in der Talentkonferenz[5] stattfindet. Das Ergebnis ist eine gemeinsame Entscheidung zur Gesamt- und Potenzialbeurteilung, die in das Formular des MAG-1-Gesprächs übertragen und im Feedbackgespräch den Mitarbeitenden transparent gemacht wird. Zur Potenzialbeurteilung gehört die Nominierung für das Potenzialreservoir. Die darauf folgenden Nachfolgeplanung und Entwicklungsprogramme werden in eigenen Kapiteln ausführlich beschrieben, sie werden in der Praxis allerdings häufig in der Talentkonferenz behandelt. Abbildung 27 gibt eine detaillierte Übersicht.

---

[5] Die Talentidentifikationen finden in Konferenzen statt, in welche die Beurteilungsdaten integriert werden. Die Integrationsrunden heißen beispielsweise Talent Review Workshop, Performance-Potenzial-Validierungs-Workshop oder Talentkonferenz. Hier wird der Begriff Talent-Konferenz verwendet.

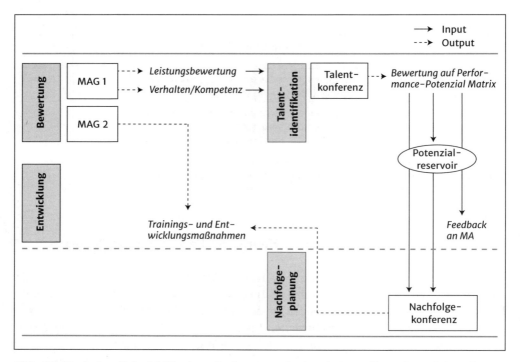

Abb. 27: Typisches Beispiel für einen Performance Cycle mit Darstellung der aufeinander aufbauenden Personal-Praktiken MA-Bewertung, Talentidentifikation, Nachfolgeplanung und Entwicklung sowie der Instrumente

2.1 Talentkonferenz

Im gesamten Prozess der Talentidentifikation ist die Talentkonferenz der Baustein, der den Führungskräften einer Organisation einen vollständigen Überblick über Leistung, Verhalten bzw. Kompetenz und Potenzial aller Mitarbeiter gibt. Hier werden Mitarbeiter mithilfe einer Performance-Potenzial-Matrix (s. unten) in die verschiedenen Kategorien des Potenzialstatus eingeteilt, die es anschließend ermöglichen, ein Potenzialreservoir zu füllen und passende individuelle Entwicklungsmaßnahmen für jeden Mitarbeiter bzw. für Potenzialgruppen festzulegen. An die Talentkonferenz anschließend finden Feedbackgespräche mit allen Mitarbeitern statt, um die Ergebnisse der Konferenz zu kommunizieren.

Die Talentkonferenz ist eine strukturierte Diskussionsrunde, in der Führungskräfte einen bestimmten Kreis von Mitarbeitern besprechen. Diese Kreise können nach Bereichen, Job-Clustern, Hierarchieebenen etc. ausgewählt werden. In der Regel diskutiert jeder Vorgesetzte mit seinen Kollegen der gleichen Hierarchieebene und dem nächsthöheren Vorgesetzten die Bewertung seiner Mitarbeitenden. In der Talentkonferenz werden abteilungsübergreifend Leistungs- und Potenzialbeurteilungen kalibriert und es wird ganzheitlich die weitere Entwicklung der Mitarbeitenden diskutiert. Als Diskussionsgrundlage dient ein Mitarbeiterprofil mit einer umfassenden Faktenbasis über den Mitarbeiter, z. B. Informationen zu Zielerreichung und Verhaltensbeurteilungen aus den Mitarbeitergesprächen (s. Kap. Bewertung). Die hier vorgestellte Talentkonferenz wird nach dem Advokatenmodell durchgeführt und folgendermaßen vorbereitet:

- Mitarbeiterprofile werden von HR mit zentral vorhandenen Daten aus dem Personalordner, den Mitarbeitergesprächen und anderen relevanten Quellen vorausgefüllt (z. B. Firmenzugehörigkeit, letzte Bewertungen, größere Projekte).
- HR erstellt für jeden Mitarbeitenden eine Liste mit Kontakten im Unternehmen, mit denen die Person im Laufe des vergangenen Jahres gearbeitet hat und die Feedback zu dessen Arbeit geben können.
- HR weist jedem Mitarbeitenden eine neutrale Führungskraft, einen sog. Advokaten zu, der nicht die direkte Führungskraft ist.
- Dieser holt vor der Konferenz Feedback zu der Person von 4-8 Kollegen, Mitarbeitern und anderen Kontaktpersonen ein, in der Regel sind dies ca. 15-minütige Interviews. Das MAG 1 steht ihm zudem zur Verfügung.
- Auf dieser Basis erstellt er ein Advokatenmemo mit Stärken und Entwicklungsfeldern sowie einer Potenzialeinschätzung und möglichen ersten Entwicklungsmaßnahmen (s. Abb. 29). Auf dieser Basis kann eine erste Einschätzung auf der sog. Performance-Potenzial-Matrix gemacht werden.
- Jeder Führungskraft werden die Profile und Memos aller Mitarbeiter im Vorfeld der Talentkonferenz zugeschickt.

In dem Mitarbeiterprofil (s. Abb. 28) befinden sich folgende Daten: Firmenzugehörigkeit, letzte Beförderung, wichtigste Projekte/Aufgaben, Ergebnisse MA-Gespräch und letzte Bewertungen. Die Einschätzung der Kompetenzen bzw. des Verhaltens auf Basis des Kompetenzmodells sollte nicht als aufsummierte Zahl präsentiert werden, da hiermit besondere Stärken oder Entwicklungspotenziale kompensiert würden, sondern qualitativ wiedergeben werden, evtl. nach den grundsätzlichen Kategorien »sich selbst führen, die Sache führen, andere führen«.

In Organisationen, in denen nicht so viel Zeit in die Talentidentifikation investiert wird, sammelt die jeweilige Führungskraft das Feedback ein (in der Regel schon vor dem MAG 1). Eine weitere Alternative zur Talentkonferenz ist eine 1:1-Diskussion mit dem HR-Business-Partner. Dies hat den Vorteil der zeitlichen Flexibilität für die Führungskraft. Einige Firmen verzichten auf die Performance-Potenzial-Matrix, führen aber die Talentkonferenz dennoch durch, um sich ein Bild über die »Talent-Pipeline« zu verschaffen.

Der Nutzen der Talentidentifikation mittels Talentkonferenzen besteht aus folgenden Punkten:

- **Starke Transparenz:** Eine Talentkonferenz ermöglicht einen abteilungsübergreifenden Blick auf die Talente im Unternehmen und deren mögliche weitere Entwicklung. Es entsteht ein Überblick über die Verteilung von Leistung und Potenzial in der Organisation (nach Bereich, Abteilung, der »Job-Familie« etc.), wodurch bei Auffälligkeiten gegengesteuert werden kann. Der Rechtfertigungsdruck ist im Team höher, als wenn die Führungskraft in 1:1-Sitzungen Argumente für die Entschei-

Formblatt: Mitarbeiterprofil

Hintergrundinformation

FOTO

Name: _____
Geburtsdatum: _____
Einstieg ins Berufsleben: _____
Einstieg bei FIRMA Y: _____
Vorherige Position: _____

Registrierungsnummer: _____
Abteilung: _____
Derzeitige Position: _____
Zuständige Führungskraft: _____
Advokat: _____

Potenzial / Leistung

Aktuell Kompetenzen/Verhalten

	Licht (Stärken)	Schatten (Schwächen)
• Sich selbst führen	• ...	• ...
• Die Sache führen	• ...	• ...
• Andere führen	• ...	• ...

Leistung der letzten drei Jahre

	2015	2016	2017	Kommentar der letzten Talentkonferenz
• Gesamtbewertungen der Leistung aus MAG	• ...	• ...	• ...	• ...
• Wichtigste Projekte	• ...	• ...	• ...	• ...

Potenzialeinschätzung

	2015	2016	2017
• Potenzialbewertung:	• ...	• ...	• ...
• Kommentare:			
• ...			
• ...			

Abb. 28: Mitarbeiterprofil (Quelle: Return on Meaning)

Stärken Welche Stärken hat der MA in welchen Situationen gezeigt?	Entwicklungsfelder Wo gibt es Entwicklungsbedarf?	Potenzial/nächste Schritte Was ist die nächste Rolle für diese Person?	Entwicklungsmaßnahmen Was bedeutet das?
Stärken Besitzt äußerst kreative Energien und Umsetzungsstärke, z.B. kann Hr. Mustermann während Meetings fast druckfertige Entwürfe vorzeichnen, die den Kunden begeistern, außerdem inspiriert und führt er junge Kollegen vorbildlich. Weiterhin ...	**Entwicklungsfelder** Von mehreren Seiten wurde zurückgemeldet, dass Hr. M. äußerst knapp zu internen Meetings erscheint und dann oft nicht optimal vorbereitet wirkt, außerdem ...	**Vertikaler Schritt** Hr. M. füllt seine jetzige Position sehr gut aus **Horizontaler Schritt** Hr. M sollte mit mehr Führungsverantwortung betraut werden, um Potenzial hier klarer zu erkennen **Risiko der ungewollten Fluktuation** Immer wieder unzufrieden mit langen Arbeitszeiten, das könnte ihn bewegen, sich anderweitig umzusehen **Aussicht** Beförderung, vermutlich in 2-3 Jahren	**Vorgeschlagene Maßnahmen** – Zusätzliche Führungsverantwortung durch Zuteilung Person x in Projekt y – Seminar zu Zeitmanagement und Delegation **Konsequenzen** Gehaltserhöhung in Aussicht stellen, wenn positive Entwicklung weitergeht Potenzial / Leistung (X markiert)

Abb. 29: Beispiel ausgefülltes Advokatenmemo (Quelle: Return on Meaning)

dung finden muss. Dies hat drei wünschenswerte Effekte: Da Führungskräfte tendenziell ihre Mitarbeiter zu gut bewerten, weil sie beispielsweise schwierige Mitarbeitergespräche im Anschluss vermeiden möchten, fallen die Bewertungen häufig entsprechend zu gut aus. Im Plenum mit den Peers dagegen werden Führungskräfte herausgefordert, offen darzustellen, wonach sie bewerten und wie sie ihre Bewertungen begründen. Zweitens können durch die Transparenz Bereichsegoismen verhindert werden: Da sehr gute Mitarbeiter auch anderen Kollegen auffallen, wird dies bei der Besprechung der jeweiligen Personen im Talentkonferenz angesprochen, Führungskräfte können ihre Talente weniger gut »horten«. Drittens wird auf gleichem Wege vermieden, dass unliebsame Mitarbeiter weggelobt werden. Um diesen Prozess noch stärker zu steuern, können die Prozentzahlen zu den Matrixzellen pro Führungskraft dokumentiert werden, die visualisieren, ob eine Führungskraft tendenziell eine Kategorie bevorzugt.

- **Erhöhung der Fairness:** Durch das Mitspracherecht der Kollegen werden Wahrnehmungsverzerrungen (s. Tab. 25) reduziert, sodass kein subjektives Feedback einer Person, sondern eines Teams als Grundlage von Entscheidungen bzw. der Bewertung zur Verfügung steht. Zudem steht mit dem Advokatenmodell eine größere Faktenbasis zur Verfügung. Auch ggf. daran geknüpfte variable Vergütungsanteile (Boni) werden dadurch fairer verteilt.
- **Austausch von Standards:** Durch den Austausch zwischen den Führungskräften werden Erwartungen an die Leistung und das Potenzial und somit die Bewertungsstandards abgeglichen. Die Führungskräfte lernen die Standards der Kollegen kennen und können ihre Einschätzungsweisen kalibrieren.
- **Vorausschauende Nachfolgeplanung**: Die Führungskräfte, die den Lernprozess der Mitarbeiter systematisch mitverfolgen, können außerdem deren Entwicklung und Lernkurve besser einschätzen und die Person für Nachfolgeentwicklungen entsprechend zuverlässiger einplanen. Starke Potenziale werden für das sog. Potenzialreservoir nominiert, um die »Leadership-Pipeline« zu füllen und das Nachfolgemanagement zu systematisieren (s. nächstes Kapitel).
- **Sichtbarkeit von Talenten:** Das Besprechen aller Mitarbeitenden in einem bereichsübergreifenden Kontext erhöht außerdem die Sichtbarkeit einiger Talente, die sonst nicht auf dem Radar derjenigen Führungskräfte landen würden, die Nachfolger für ihre Position nominieren müssen. So wird die Nachfolgeplanung (s. nächstes Kapitel) systematisiert und freie Stellen können evtl. schneller intern besetzt werden.
- **Entwicklungsideen on-the-job:** Die systematische Talentidentifikation beinhaltet auch eine systematische Identifikation von Entwicklungsbedarf und der Umgang damit. Erfahrungsgemäß ist es für Führungskräfte einfacher, Seminare o. Ä. zu finden; gute Ideen zu Entwicklungsmaßnahmen on-the-job sind eher selten und werden in der Konferenz unter erfahrenen Kollegen ausgetauscht.
- **Verbesserte Feedbackvorbereitung:** Tauchen Fragen zur Einschätzung auf, können diese direkt besprochen werden. Dies ist eine gute Vorbereitung für das Feedback an den Mitarbeiter. Es hilft zudem der Führungskraft, für weniger gute Mitarbeiter Argumente gemeinsam mit den Kollegen zu sammeln. Die Qualität der anschließenden Feedbackgespräche wird sich dadurch verbessern.

Zu den Erfolgsfaktoren gehört eine umfassende Vertraulichkeit über die Inhalte der Diskussion während der Talentkonferenz. Die Ergebnisse werden an die beurteilten Mitarbeiter kommuniziert, nicht der Verlauf der Diskussion im Rahmen der Konferenz. Um eine möglichst faktenbasierte und somit faire Diskussion zu ermöglichen, bedarf es zudem einer guten Vorbereitung durch die Advokaten oder zumindest durch die jeweilige Führungskraft. Diese müssen in Vorabinterviews möglichst konkretes Feedback zu ihren Mitarbeitenden einfordern, um sich so ein umfassendes Bild zu machen. Zudem sollte die Talentkonferenz gut und stringent moderiert werden.

2.1.1 Ablauf der Talentkonferenz

Die Talentkonferenz wird meiste von einem HR-Business-Partner moderiert. An einer halbtägigen Konferenz können 8-10 Mitarbeiter besprochen werden, abhängig von der Geübtheit der Advokaten. Folgendes Vorgehen findet statt:

- Der Moderator begrüßt alle Anwesenden, erklärt den Ablauf und zeigt die vorläufige Einordnung aller zu besprechenden Mitarbeiter in der sog. Performance-Potenzial-Matrix, die auf Basis der erhaltenen Advokatenmemos erstellen konnte.
- Advokaten stellen einen Mitarbeitenden vor mit Stärken, Entwicklungsbereichen, Empfehlung zur Bewertung sowie nächsten Entwicklungsschritten (ca. 5-8 min pro Mitarbeiter) und kurze Diskussion (ca. 5-8 min pro Mitarbeiter).
- Die Führungskräfte stimmen über endgültige Bewertung in der Performance-Potenzial-Matrix (s. unten) ab (ca. 5 min pro Mitarbeiter).
- Die Führungskräfte diskutieren bzw. brainstormen über die weitere Entwicklung des Mitarbeitenden (ca. 5 min pro Mitarbeiter).
- Die Ergebnisse werden dokumentiert.
- Der nächste Mitarbeiter wird besprochen.

Im Anschluss an die Konferenz informieren die Advokaten oder die jeweilige Führungskraft ihre Mitarbeiter über die Ergebnisse (s. hierzu Kap. Feedback unten). Die HR-Abteilung aktualisiert unterdessen die Mitarbeiterprofile und leitet besprochene Entwicklungsmaßnahmen ein: beispielsweise Gehaltserhöhung, Beförderung, Seminare etc.

Es ist außerdem empfehlenswert, nach der Talentkonferenz von allen Beteiligten ein Feedback zum Prozess einzuholen, um die Konferenz kontinuierlich zu verbessern.

2.2 Performance-Potenzial-Matrix

Ein gängiges Instrument, mit dem sowohl die momentane Leistung als auch das Potenzial für das nächste Level betrachtet und mit dem starke Leistungs- und Potenzialträger — als Kategorie — identifiziert werden können, stellt die zweidimensionale Performance-Potenzial-Matrix dar, mit den Dimensionen Leistung auf der Abszisse und Potenzial auf der Ordinate (s. Abb. 31). Die Zellen werden mit verschiedenen Kategorien benannt und die Mitarbeiter entsprechend ihrer Bewertung eingetragen. Die jeweilige Kategorie bildet den Gesamt- bzw. Potenzialstatus des Mitarbeiters ab.

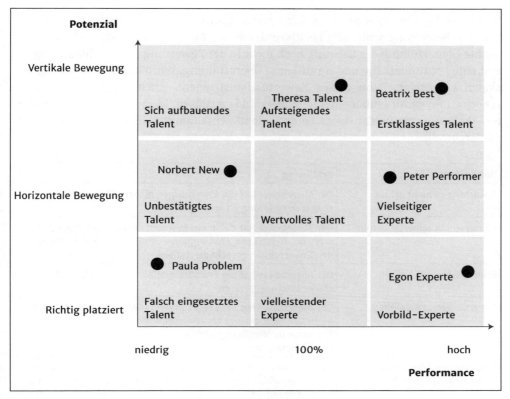

Abb. 30: Beispiel einer Performance-Potenzial-Matrix

Pragmatische Nutzung

Die Matrix wird auf einer Meta-Plan-Wand oder einem Poster abgebildet. Die Führungskräfte stellen nacheinander ihre Mitarbeiter vor und kleben die Namen in die Zellen, im Beispiel sind die Namen mit Kreisen kenntlich gemacht, wie »Egon Experte«.

Die x-Achse: Leistungsbestimmung

Die Performance-Achse dient der Darstellung der Leistungseinschätzung der Mitarbeiter. Im Beispiel wird eine Dreier-Skalierung genutzt (niedrig, 100%, hoch). Die Beschriftung der Leistungsachse sollte der Skalierung und den Inhalten der Bewertung im Mitarbeitergespräch entsprechen. Inhaltlich werden die Ergebnisse, die Aufgabenerfüllung sowie die Kriterien bzw. Kompetenzen beurteilt (s. oben). Zu den typischen Skalierungen gehören Vierer- oder Fünfer-Skalen, je nach Ziel und Kultur des Unternehmens:

Die Fünfer-Skala erlaubt eine Differenzierung nach oben, dies kann bei bonusrelevanter Vergütung vorteilhaft sein. Der Nachteil besteht darin, dass Führungskräfte durch diese Skalierung tendenziell eher die Mitte wählen (vgl. Bewertungstendenzen (Tab. 25). Ist die »Tendenz zur Mitte« bei der Einschätzung von Leistung unerwünscht, kann eine gerade Anzahl an Skalierungsmöglichkeiten genutzt werden. Anhand der

Vierer-Skalierung ist die Führungskraft gezwungen, eine klarere Entscheidung zu treffen. Die Bewertung kann den Leistungsdruck auf Mitarbeiter erhöhen, da sich eine leichte Übererfüllung der Leistung noch nicht in der Bewertung niederschlägt, sondern erst eine kontinuierliche und signifikante Übererfüllung. Wurden bisher keine Ratingskalen eingesetzt, kann dieses Bewertungsinstrument einen möglichen »Kulturschock« und damit einhergehende Widerstände auslösen, in diesem Falle ist die Fünfer-Skalierung empfehlenswert. Beide Skalenbeschreibungen werden in Tabelle 31 und 32 dargestellt.

Beschriftung	Erklärung
Erwartungen nicht erfüllt	Der Mitarbeiter hat die Erwartungen nicht erfüllt. Eine Leistungsverbesserung ist erforderlich.
Erwartungen teilweise erfüllt	Der Mitarbeiter hat die in ihn gesetzten Erwartungen nahezu erreicht. Zusätzliche Anstrengungen müssen jedoch erfolgen, um den Erwartungen gerecht zu werden.
Erwartungen voll erfüllt	Der Mitarbeiter hat die Erwartungen zu 100% erfüllt und eine starke Leistung gezeigt.
Erwartungen übererfüllt	Der Mitarbeiter hat die Erwartungen teilweise übertroffen und mehr Leistung gezeigt als erwartet wurde. Bei variabler Vergütung führt diese Bewertung meist zu Bonusausschüttungen.
Erwartungen kontinuierlich und signifikant übererfüllt	Der Mitarbeiter hat die Erwartungen kontinuierlich und signifikant übererfüllt. Seine Leistung ist weit überdurchschnittlich und herausragend. Bei variabler Vergütung führt diese Bewertung meist zu Bonusausschüttungen.

Tab. 31: Beispiele für typische x-Achsen-Beschriftungen mit Fünfer-Skala bzw. Leistungsbeurteilungen

Beschriftung	Erklärung
Erwartungen nicht erfüllt	Der Mitarbeiter hat die Erwartungen nicht erfüllt. Eine Leistungsverbesserung ist erforderlich.
Erwartungen fast erfüllt	Der Mitarbeiter hat die in ihn gesetzten Erwartungen nahezu erreicht. Zusätzliche Anstrengungen müssen jedoch erfolgen, um den Erwartungen gerecht zu werden.
Erwartungen erfüllt	Der Mitarbeiter hat die Erwartungen zu 100% erfüllt und eine starke Leistung gezeigt. Teilweise wurden die Erwartungen übertroffen.
Erwartungen übererfüllt	Der Mitarbeiter hat die Erwartungen kontinuierlich und signifikant übererfüllt. Seine Leistung ist weit überdurchschnittlich und herausragend. Bei variabler Vergütung führt diese Bewertung meist zu Bonusausschüttungen.

Tab. 32: Beispiele für typische x-Achsen-Beschriftungen mit Vierer-Skala bzw. Leistungsbeurteilungen

Die y-Achse: Potenzialbestimmung

Entlang der Potenzialachse wird die Potenzialeinschätzung eingetragen, also die Prognose für die Zukunft. Typischerweise besteht diese aus drei Stufen mit einer Zusatzkategorie:

Beschriftung	Erklärung
Richtig platziert	MA zeigt volles Potenzial auf momentaner Position, ist gut und passend platziert oder Mitarbeiter zeigt keinen Wunsch, Position zu wechseln. Eine vergleichbare Position mit vergleichbarer Verantwortung auf vergleichbarer Ebene könnte in Betracht kommen.
Horizontale Bewegung	MA zeigt Potenzial, um auf gleichem Level weiterentwickelt zu werden. Sollte eine komplexere Aufgabe mit mehr Verantwortung erhalten, normalerweise innerhalb der Business Unit, oder auf gleichem Level innerhalb der nächsten 12 Monate einen lateralen Transfer vornehmen.
Vertikale Bewegung: MA sollte auf höhere Ebene entwickelt werden	MA sollte auf eine höhere Ebene entwickelt werden, eine signifikante Bewegung (mindestens ein Level) oder vergrößerte Verantwortung über die BUs und Regionen hinweg. Person ist ein schneller Lerner, der sicher und erfolgreich neue Aufgaben und Verantwortlichkeiten übernimmt und schnell Ergebnisse zeigt.
Zusatz: keine Bewertung möglich	Mitarbeiter ist noch nicht lange genug im Unternehmen, sodass eine Potenzialeinschätzung nicht möglich ist (unter 6 Monaten).

Tab. 33: Beispiele für typische dreistufige y-Achsen-Beschriftungen bzw. Potenzialbeurteilungen mit Zusatzkategorie

Werden Potenzialindikatoren angewendet, kann die Skalierung je nach Indikatorwahl auch entsprechend benannt werden, z. B. wird horizontale Bewegung definiert mit »Mitarbeiter erfüllt 50% der Potenzialindikatoren« oder vertikale Bewegung mit »Mitarbeiter erfüllt 100% der Potenzialindikatoren«.

Zellenbeschriftung

Die von Abszisse und Ordinate aufgespannten Zellen variieren in ihrer Benennung von Unternehmen zu Unternehmen. Insbesondere wenn der Gesamtstatus dem Mitarbeiter im Feedbackgespräch mitgeteilt wird, sollte sich Wertschätzung in den Begriffen widerspiegeln. Die Bezeichnungen in der Beispielmatrix (Abb. 30) entsprechen der eingangs dargestellten Kultur, jedem Mitarbeiter im Unternehmen Talent zuzusprechen. Hier wird von einem »falsch eingesetzten Talent« gesprochen, wenn der Mitarbeiter niedrige Leistung und niedriges Potenzial zeigt; andere Unternehmen nennen diese Kategorie »Problemkandidat« oder »kritische Aktion erforderlich«. Es wird von Starter, Aufbauer, Optimierer, Führungstalent, Champion, Shooting Star, Rennpferd oder wertvollem Mitarbeiter gesprochen, die wertschätzender wahrgenommen werden als die Bezeichnungen Fragezeichen, Arbeitstier oder schwieriger Mitarbeiter. Die Reaktion der Mitarbeiter bei der Rückmeldung ihrer Position in der Matrix sollte bei der Wortwahl berücksichtigt werden. Wie oben in Kapitel B. »Kultur« bereits erwähnt, können auch spielerische Varianten eingesetzt werden, z. B. indem Unternehmen ihr Marktsegment zum Thema der Matrix machen, wie die Matrix der adidas AG in Abbildung 31 darstellt.

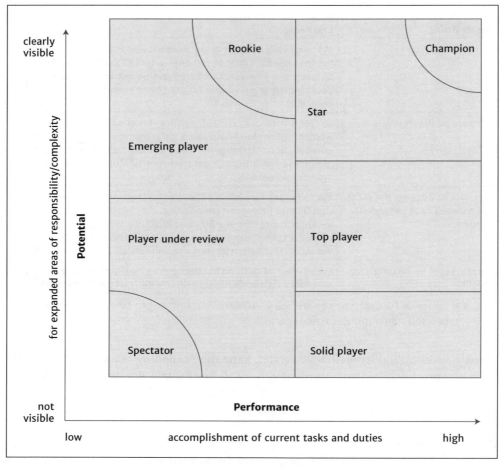

Abb. 31: Performance-Potenzial-Matrix der adidas AG, veröffentlicht in Malessa & John (2008)

2.3 Feedback

Die Einschätzung des Gesamtstatus anhand der Matrix wird den Mitarbeitern im Feedbackgespräch nach der Talentkonferenz mitgeteilt. Zuvor sollte hinterfragt werden, wie auf Basis der momentanen Unternehmenskultur die Ergebnisse vom Mitarbeiter angenommen werden. Das Risiko der Verunsicherung bei den Mitarbeitern ist vorhanden, da Inoffizielles offiziell gemacht wird und Mitarbeiter sich möglicherweise nach Gewinner-Verlierer-Aspekten beurteilen, wenn sie das System nicht als gerecht und durchdacht wahrnehmen. Hilfreich zur Klärung sind folgende Fragestellungen: Sind es die Mitarbeiter gewohnt, beurteilt zu werden, oder ist es neu? Worauf müssen sich Führungskräfte einstellen? Welche Abwehrreaktionen werden erwartet? Welche Vorteile können den Mitarbeitern dargestellt werden, sodass sie sich selbst als Gewinner wahrnehmen?

In Unternehmen mit wenig ausgeprägter Feedbackkultur wird zu Beginn der TMS-Implementierung darauf verzichtet, den Gesamtstatus mitzuteilen. Zudem hat es sich bewährt, auch die Einschätzung der Verhaltensweisen bzw. Kompetenzen erst in dem Feedbackgespräch nach der Talentkonferenz zurückzumelden, da die Talentkonferenz häufig zu einer Kalibrierung der Einschätzung unter den Führungskräften führt.

Abbau von Widerständen

Um Widerstände zu vermeiden, wird den Mitarbeitern dargestellt, dass die Matrix als Steuerungsinstrument eingesetzt wird, dessen Ergebnis als relativ zu den Gegebenheiten und nicht als absolut anzusehen ist; die betrachteten Mitarbeiter werden eingeschätzt, um auf dieser Basis gezielter entwickelt und eingesetzt zu werden. Die Einschätzung auf der Matrix ist temporär und veränderbar. Sie kann sich jedes Jahr bzw. in jedem Zyklus neu ändern. Sind diese grundsätzlichen Überlegungen sowohl den Anwendern als auch den Mitarbeitern präsent, wird nicht fälschlicherweise von fixen Kategorien ausgegangen.

Die Darlegung der Vorteile, die mit der Talentkonferenz verbunden sind, kann helfen, Widerstände abzubauen. Folgende Vorteile können kommuniziert werden:

- Die Chance für die persönliche berufliche Weiterentwicklung erhöht sich durch gezielteren und systematischeren Aufbau der Karriere. Zudem wird die Sichtbarkeit des MA erhöht, da jede Führungskraft des Levels alle Mitarbeiter in die Besprechung miteinbezieht.
- Durch die Übersicht der Verteilung im Team bzw. in der Abteilung können frühzeitig Maßnahmen ergriffen werden, um das Team bzw. die Abteilung weiter zu stärken.
- Die Einschätzung wird fairer, da alle Manager Mitspracherecht haben — der »Nasenfaktor«, also eine Einschätzung nach Sympathie, verringert sich — und da sich die Bewertung jedes Jahr bzw. in jedem Zyklus ändern kann. Zudem werden keine Mitarbeiter verschiedener Ebenen miteinander verglichen.
- Die Einschätzung des Gesamtstatus berührt die Vergütung nicht; diese wird zuvor im Mitarbeitergespräch 1 mittels der Leistungsachse besprochen.
- Die Einschätzung wird transparenter und der Mitarbeiter erhält anhand nachvollziehbarer Kriterien eine klare Standortbestimmung, wo er sich gerade befindet und was erwartet wird.
- Die systematische Identifikation von Entwicklungsbedarf hilft, die Personalentwicklung nachfrageorientiert zu planen, wovon der Mitarbeiter profitiert.

Tipps für ein motivierendes Feedback der Platzierung auf der Performance-Potenzial-Matrix:
- Ist die Definition von Leistung deutlich und äquivalent zu der bisherigen Mitarbeiterbeurteilung, werden Missverständnisse vermieden. Weichen die Definitionen voneinander ab, wird eine Abstimmung der Dokumente empfohlen.
- Die Darlegung der Definition von Potenzial kann hilfreich sein, um diesen Begriff vom im alltäglichen Sprachgebrauch verwendeten Potenzialbegriff abzuheben. Als einleuchtendes Beispiel kann der Aufsichtsrat oder eine entsprechend höchste Position im Unternehmen genannt werden: Gemäß der Definition besitzt er kein Potenzial und ist auch kein Talent, da es keine nächsthöhere Ebene zu erreichen gibt.
- Für den Mitarbeiter ist es hilfreich, die abgebildete Matrix vor sich zu sehen, wenn er das Feedback erhält.
- Für Führungskräfte ist es hilfreich, vor dem Feedbackgespräch in Führungstrainings fiktive Mitarbeiter einzuschätzen, die Diskussion mit der Matrix zu simulieren und anschließend einem fiktiven Mitarbeiter Feedback über seine Bewertung zu geben.
- Eine Handreichung zur genauen Definition der einzelnen Zellen unterstützt den Umgang mit der Matrix. Prozentzahlen, die einen Überblick über die Verteilung geben, verdeutlichen, dass nur sehr wenige Mitarbeiter in die Kategorie »Talent« fallen können. Hilfreiche Anmerkungen sind beispielsweise folgende aus Tabelle 34, der die Matrix der Abbildung 30 zugrunde liegt. An dieser Stelle soll angemerkt sein, dass in der Tabelle auf Prozentzahlen verzichtet wurde: Für Vergleiche muss berücksichtigt werden, dass in manchen Unternehmen nur bestimmte Hierarchieebenen, in anderen Unternehmen dagegen alle Mitarbeiter einbezogen werden und die Anzahl der Kategorien unterschiedlich ist. Daher werden im Folgenden rein qualitative Angaben gemacht.

Abszissen- und Ordinaten-Beschriftung	Erklärung
Niedrige Performanz und hohes Potenzial	Die Person ist wahrscheinlich falsch eingesetzt. Sehr niedriger Anteil in Belegschaft.
Niedrige Performanz und mittleres Potenzial	Möglicherweise ist dies ein heranwachsender Performer, oder ein MA, der gerade ein Leistungstief hat. Hier wäre hilfreich zu fragen, welche äußeren Umstände ihn blockieren. Relativ geringer Anteil unter Mitarbeitern.
Niedrige Performanz und niedriges Potenzial	Personen, die demotiviert oder falsch eingesetzt sind oder evtl. bereits innerlich gekündigt haben, fallen häufig in diese Kategorie. Vielleicht ist die Person nach einer Krankheit nicht wieder richtig eingegliedert worden. Die Leistungsminderung könnte lebensphasenbedingt sein. Hier kann die Frage gestellt werden, wie das Unternehmen bisher mit der wachsenden Zahl älterer Mitarbeiter umgegangen ist. Wurden entsprechende Bedingungen geschaffen, um die Arbeitsfähigkeit zu erhalten? (vgl. hier die Aspekte der Kultur »lebensbegleitendes Lernen« und »präventive Gesundheitsförderung«). Anteil in der Belegschaft sehr niedrig.

Abszissen- und Ordinaten-Beschriftung	Erklärung
Mittlere Performanz und hohes Potenzial	Personen mit dieser Einschätzung werden für das Potenzialreservoir zur Besetzung von Schlüsselpositionen nominiert; die mittlere Performanz muss diskutiert werden: Woran liegt es; ist es ein temporäres Phänomen? Vielleicht ist es ein Talent, das bereits zu lange diesen Status hat und kennt und bereits unruhig ist, weil es wechseln will.
Mittlere Performanz und mittleres Potenzial	Hier kann hinterfragt werden, welche Richtung der Mitarbeiter zukünftig einschlagen will und wie zufrieden er ist. Zu beachten ist, dass die Person 100%ige Leistung zeigt und daher die Rückmeldung der Kategorie positiv und motivierend erfolgen muss, um den Leistungsträger nicht zu demotivieren.
Mittlere Performanz und niedriges Potenzial	Hier kann hinterfragt werden, ob der Mitarbeiter ein stärkeres Coaching durch den Vorgesetzten benötigt. Wann wurde zuletzt nach seiner Motivation gefragt? Zu beachten ist aber auch hier, dass die Person 100%ige Leistung zeigt und daher die Rückmeldung der Kategorie positiv und motivierend erfolgen muss, um den Leistungsträger nicht zu demotivieren.
Hohe Performanz und hohes Potenzial	Diese Person wird für das Potenzialreservoir zur Besetzung von Schlüsselpositionen nominiert; es sollte beachtet werden, wie lange diese Person bereits diese hohe Leistung zeigt und was getan werden kann, um diese Person zu binden (vgl. Kapitel C.5 »Mitarbeiterbindung«). Anteil in der Belegschaft sehr niedrig.
Hohe Performanz und mittleres Potenzial	Diese Person wird für das Potenzialreservoir zur Besetzung von Schlüsselpositionen nominiert. Es sollte auch hier beachtet werden, wie lange diese Person bereits diese hohe Leistung zeigt und was getan werden kann, um diese Person zu binden (vgl. Kapitel C.5 »Mitarbeiterbindung«). Anteil in Belegschaft relativ hoch.
Hohe Performanz und niedriges Potenzial	Die meisten Mitarbeiter eines Unternehmens werden so beurteilt, sie bilden das Rückgrat des Unternehmens und sind als solide Leistungsträger zu bezeichnen. Diese Personen arbeiten mit wenig oder keiner Supervision selbstständig; ihnen wird kontinuierliche Leistung zugetraut. Ohne sie würden wahrscheinlich Talente weniger effizient arbeiten. Daher sollte die Rückmeldung zu dieser Kategorie sehr motivierend ausfallen und es sollte geklärt werden, ob die Mitarbeiter in der bisherigen Position bleiben möchten oder etwas anderes anstreben. Anteil an Belegschaft sehr hoch.

Tab. 34: Interpretation der Zellen einer Performance-Potenzial-Matrix

Die Gruppe der Mitarbeitenden, deren Bewertung »oben rechts« in der Matrix platziert wurde, wird für das sog. Potenzialreservoir nominiert. Im nächsten Schritt innerhalb des Performance Cycle (Abb. 23) findet die Nachfolgeplanung statt, zum einen die lokale Nachfolgeplanung, zum anderen bei größeren Organisationen unternehmensweit. Für Letztere wird das Potenzialreservoir eingesetzt, dessen Aufbau im Folgenden skizziert werden soll.

2.4 Potenzialreservoir

Das Ziel der Etablierung von Potenzialreservoirs besteht darin, die Talente mit hohem Potenzial und Kompetenzen sowie hoher Leistung aus den lokalen Konferenzen gebündelt zu besprechen, funktionsübergreifend einsetzen und gesondert entwickeln und binden zu können, um somit passende Führungskräfte für die Zukunft des Unternehmens auszubilden. Die Talente werden auf einen »fast track« gesetzt, d. h. sie erhalten eine beschleunigte Entwicklung, daher nennt man Potenzialreservoirs auch »Acceleration-Pools«, d. h. »Beschleunigungs-Pools«. Hier werden nicht bestimmte Personen auf bestimmte Positionen vorbereitet, sondern alle Pool-Teilnehmer werden generell auf die Aufgabe einer Führungsposition vorbereitet, sei es im mittleren, höheren oder Top-Management. In Unternehmen mit begrenzten Ressourcen zur Entwicklung ihrer Mitarbeiter dienen die Potenzialreservoirs zudem als Instrument, um die wenigen vorhandenen Ressourcen gezielt in die vielversprechendsten Mitarbeiter zu investieren.

Nominiert werden typischerweise folgende Kategorien aus der Performance-Potenzial-Matrix: mittlere Performanz und hohes Potenzial; hohe Performanz und hohes Potenzial sowie hohe Performanz und mittleres Potenzial (vgl. Tab. 34).

Es sollte für die jeweilige Führungskraft deutlich sein, was es bedeutet, wenn ein Mitarbeiter für das Potenzialreservoir nominiert wurde. Im folgenden Beispiel sind dies jene Mitarbeiter, die führen wollen. Angesichts alternativer Laufbahnen sollte spezifisch entschieden werden, was ein Unternehmen darunter versteht, wer genau in einem Potenzialreservoir aufgenommen werden sollte.

Ein Mitarbeiter im Potenzialreservoir …
- ist ein »next generation leader«: Die Person wird Schlüsselpositionen im Unternehmen übernehmen.
- ist in der Lage, innerhalb der nächsten 12 Monate eine signifikante größere Herausforderung anzunehmen, mit größerer Führungsspanne und höherer Budgetverantwortung.
- zeichnet sich dadurch aus, dass er sich schneller als andere entwickelt und zudem kontinuierlich exzellente Leistung zeigt.
- wird im Potenzialreservoir beschleunigt entwickelt und dienen der unternehmensweiten Besetzung von Schlüsselpositionen.

Tab. 35: Beispiel einer Definition für Nominierte im Potenzialreservoir

---

In kleineren Unternehmen (1.000–5.000 Mitarbeiter) ist es möglich, Nachwuchskräfte für Senior- und Top-Management in einem Potenzialreservoir zu beobachten.

In großen Firmen werden mehrere Potenzialreservoirs eingesetzt, z. B. für Nachwuchskräfte des höheren Managements, die im mittleren Management rekrutiert werden, sowie solche für das Top-Management, die im Senior-Management rekrutiert werden. In stark diversifizierten Unternehmensstrukturen ist es aus Abstimmungs- und Beobachtungsgründen sinnvoll, in jeder einzelnen Business Unit ein Potenzialreservoir zu etablieren.

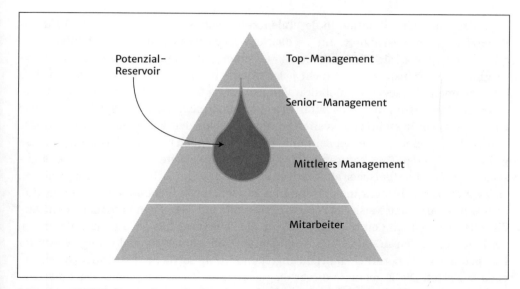

Abb. 32: Bildliche Darstellung der Zusammensetzung eines Potenzialreservoirs (in Anlehnung an Byham, Smith & Paese, 2002)

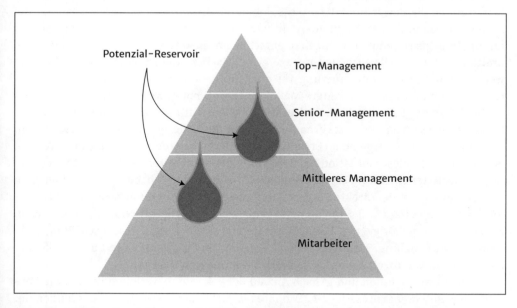

Abb. 33: Bildliche Darstellung von zwei Potenzialreservoirs in einem Unternehmen (in Anlehnung an Byham, Smith & Paese, 2002)

Nach der Talentidentifikation in der Talentkonferenz werden die Kandidaten für das Potenzialreservoir verifiziert: Im Feedbackgespräch werden die ausgewählten Mitarbeiter eingeladen, sich in das Potenzial-Reservoir aufnehmen zu lassen. Je nach Motivation und Lebensphase will nicht jeder Mitarbeiter befördert werden, in manchen Unternehmen ist zudem die Mobilität Voraussetzung für die Teilnahme am Potenzialreservoir. Die Zustimmung des Mitarbeiters zu einer möglichen Beförderung wird also eingeholt, bevor Ressourcen investiert werden. Es sollte deutlich gemacht werden, dass ein Einstieg zu einem späteren Zeitpunkt jederzeit möglich ist. Je nach Unternehmensgröße und Ziel des TMS kann mit der Zusage des Mitarbeiters die Verifikation abgeschlossen sein. Ein typischer alternativer Vorgang besteht darin, dass die Nominierten sich vor der Geschäftsführung präsentieren müssen, um aufgenommen zu werden. Zudem werden beispielsweise für Potenzialreservoirs auf Top-Ebenen Management Audits oder Assessment Center eingesetzt, um die Bewertung aus der Talentkonferenz zu verifizieren. In den AC oder Audits werden die Teilnehmer anhand erfolgsrelevanter Kompetenzen, der beruflichen Erfahrungen und Erfolg sowie der persönlichen Schwächen bewertet. Die Ergebnisse dieser diagnostischen Verfahren dienen der Entscheidungsgrundlage, für wen welche Position in welchem Zeitraum infrage kommt und welche Entwicklungsprogramme und zusätzlichen Aufgaben passend sind. Die Einbindung des AC oder Audit in die Reservoirnominierung wird in den Unternehmen kontrovers diskutiert. Einigkeit besteht darin, dass die Ergebnisse eines AC oder Audit kein Hauptkriterium sein sollten, um in das Potenzialreservoir zu gelangen; wichtigstes Kriterium ist die Bewertung, die on-the-job durch die Führungskraft gemacht wurde. Besteht ein nominiertes Talent ein Audit oder AC nicht, wird das AC-Ergebnis eher als Empfehlung gesehen und im Einzelfall entschieden; ansonsten würden sich Führungskräfte in ihrem Urteilsvermögen infrage gestellt sehen. Die Durchfallquote gibt Hinweise darauf, ob die Unterstützung für eine professionelle Bewertung bei den Führungskräften greift oder ob weitere Maßnahmen angeboten werden sollten.

Die Zugehörigkeit zum Potenzialreservoir bedeutet für die ausgewählten Mitarbeiter, dass sie besondere Projekte erhalten, die über ihr bisheriges Jobprofil hinausgehen, im Sinne von Job-Enlargement (Erweiterung der Aufgaben) oder Job-Rotation (Wechsel der Position). In dieser Situation hat zum einen der Mitarbeiter die besten Möglichkeiten zur Weiterentwicklung seiner Fähigkeiten; zum anderen haben die verschiedenen Beobachter — u. a. der direkte Vorgesetzte — beste Voraussetzungen, um die Entwicklung des Mitarbeiters und sein Potenzial gemäß seiner Lerngeschwindigkeit beurteilen zu können. Zugehörige des Potenzialreservoirs können gezielte Entwicklungsprogramme wie Coaching, Mentoring oder Teilnahme an Programmen in Business-Schulen erwarten; vereinzelt auch eine höhere Einkommenssteigerung.

Je nach Unternehmen und je nach Anzahl der vakanten Positionen beträgt die Verweildauer im Potenzialreservoir 12 Monate bis sechs Jahre. Das Anspruchsdenken der Mitarbeiter im Potenzialreservoir ist häufig hoch, da sie aufgrund ihrer ausgeprägten Karrieremotivation und Wechselmöglichkeiten, Herausforderungen, Ausbau von Stärken sowie die Platzierung auf eine Zielposition anstreben. Finden mittelfristig keine Veränderungen statt, könnten die Mitarbeiter ungeduldig werden und den Sinn eines Potenzialreservoirs infrage stellen. Fühlen sich die Mitarbeiter zu sehr unter Beobachtung, wächst der Druck unnötigerweise. Normalerweise ist allerdings die Teilnahme am Potenzialreservoir und den entsprechenden Programmen motivierend, weil es als Ausdruck von Anerkennung interpretiert wird. Es sollte evaluiert werden, wie viel Prozent der Talente innerhalb welchen Zeitraums in eine neue Position mit höherer Verantwortung gewechselt sind. Die Teilnehmer des Potenzialreservoirs sollten motiviert werden, selbstverantwortlich ihr Netzwerk zu nutzen und sich zu engagieren.

2.5 Talent-Development-Seminar: Vereinfachtes Instrument zur Aufstellung eines Potenzialreservoirs

Unternehmen, die kein integriertes TMS eingeführt haben, können dennoch ein Potenzialreservoir etablieren, um Potenzialaussagen zu Mitarbeitern machen zu können, die dabei helfen, gezielte Entwicklung von Mitarbeitern zu fördern und die Nachfolge für die rasche Besetzung von Vakanzen zu planen. Dies gelingt mithilfe von Talent-Development-Seminaren (TDS). Diese sind prinzipiell wie Lernpotenzial-Assessment-Center aufgebaut (vgl. Sarges, 2001; Stangel-Meseke, 2005) und werden auch Personal-Entwicklungs-Seminar (PES) genannt (vgl. Kolleker & Wolzendorff, 2007).

Um das Potenzial eines Mitarbeiters zu bestimmen, werden zwei TDS-Tage mit einer Lernphase von sechs Monaten zwischen den beiden TDS durchgeführt. Die Leistungsdifferenz zwischen dem 1. und dem 2. TDS-Tag wird als Lernpotenzial definiert. Lernpotenzial wird hier als das wichtigste Kriterium gesehen, um eine nächsthöhere Position ausführen zu können.

Die zwei aufeinander folgenden Assessment Center sind inhaltlich auf die Zielgruppe abgestimmt: entweder sind sie fachspezifisch, d. h. funktionsabhängig, oder führungsspezifisch, d. h. funktionsübergreifend. Es sollten TDS für Junior Level und für Senior Level getrennt angeboten werden. Es dürfen sich alle Mitarbeiter auf ein Talent-Development-Seminar bewerben, daher sind alle Mitarbeiter über diese Möglichkeit ausreichend zu informieren. Die Vorgesetzten bewilligen die Teilnahme. Voraussetzungen für die Teilnahme sind gute Leistungen, d. h. Zielerreichung und Arbeitsverhalten des Mitarbeiters, die in einer entsprechenden Bewertung dokumentiert sind. Vor dem ersten Tag bekommen die Teilnehmer Material zur Vorbereitung mit Informationen über Erwartungen an die für sie zukünftige Position ausgehändigt, womit Transparenz und selbstverantwortliches Lernen gefördert werden. Zudem wird in Interviews die Karriereaspiration erhoben. Für die Messung des geforderten Verhaltens in den Übungen der TDS-Tage wie Rollenspiel und Business-Case-Präsentation ist der Einsatz eines Kompetenzmodells oder einer Liste mit relevanten Kompetenzen empfehlenswert. Die Leistungen der Teilnehmer werden zu einem Gesamtergebnis zusammengefasst, beispielsweise: Potenzial in Ansätzen vorhanden bzw. durchgefallen; entwicklungsfähiges Potenzial und Potenzial für höhere Position sichtbar. Mitarbeiter mit den beiden letzteren Ergebnissen gelangen in das Potenzialreservoir. Wenn sie längere Zeit ohne Beförderung im Potenzialreservoir verweilen, sollte vor der Besetzung einer neuen Stelle ein weiteres Interview folgen.

Als Beobachter agieren sowohl HR-Business-Partner als auch Manager höherer Positionen. Für die Durchführung der TDS-Tage empfehlen sich — wie für jedes Auswahlverfahren mit mehreren Beobachtern — Beobachterschulungen. Diese sollten Übungen zu den Beobachtungsverzerrungen sowie die Darstellung der Übungen des Bewertungstages beinhalten.

Um den Anreiz für die Mitarbeiter zu erhöhen, sollten die Vorteile kommuniziert werden, die in der persönlichen Weiterentwicklung durch detailliertes, auch überfachliches Feedback liegen, in der frühzeitigen Planung möglicher Karrierewege und in der verstärkten Sichtbarkeit im Unternehmen. Zudem ist der finanzielle Anreiz bei Beförderung zu beachten.

Im Sinne der Verzahnung der Personalpraktiken ist es erstrebenswert, das gleiche Anforderungsprofil für die zukünftigen Positionen zu nutzen, das bei der Rekrutierung für diese Positionen genutzt wird.

3. Nachfolgeplanung

Die konventionellen Ansätze zur Führungskräftenachfolgeplanung verlaufen häufig nach folgendem Verfahren: Wird eine Position frei, sucht der entsprechende Vorgesetzte in Eigenregie einen Nachfolger im Unternehmen; möglich ist auch, dass jeder Manager für seine Position einen Nachfolger benennt. Die HR-Abteilung erstellt auf dieser Basis eine Übersicht, in der jeder bisherigen Managerposition ein Nachfolgekandidat zugeordnet wird. Die Probleme dieser Vorgehensweise bestehen darin, dass

1. eine eventuelle Änderung der Unternehmensstrategie, d. h. eine mögliche Änderung des Anforderungsprofils bzw. der Stellenbeschreibung, nicht berücksichtigt wird, weil jeder Manager prinzipiell nach einem Nachfolger sucht, der seine Person ersetzen kann und damit seine bisherigen Aufgaben erfüllen kann;
2. dieser Ansatz zu stark auf die reine Neubesetzung einer Position fokussiert, weniger auf eine gezielte Entwicklung von Nachwuchskräften, um zum Nachfolgekandidat zu werden;
3. die Entscheidung für einen Nachfolgekandidaten nicht anhand eines einheitlichen Kriterienkatalogs erfolgt, der Bestandteil eines professionellen Nachfolgeplanungssystems sein sollte, sondern im Ermessen der jeweiligen Vorgesetzten liegt.

Im Rahmen von Talent-Management-Systemen werden Nachfolgeplanungen in Form von Nachfolgekonferenzen abgehalten, in denen zum einen Entscheidungen zu möglichen Nachbesetzungen getroffen werden, zum anderen proaktiv ein Überblick über Besetzungsrisiken generiert wird, eingeleitete Schritte evaluiert werden sowie kritisch geprüft wird, ob die Mitarbeiteraufstellung mit der Strategie in Einklang steht. Dies erlaubt ein transparentes und objektiveres Vorgehen als die oben beschriebenen Ansätze. Dieser Prozess gehört zu den strategischen Geschäftsprozessen, die mit anderen Geschäftsabläufen verbunden sind. Er findet je nach Größe der Organisation mindestens einmal, in manchen Unternehmen bis zu viermal im Jahr statt.

Die Ziele einer Nachfolgeplanung sind:
- einen Gesamtüberblick zu erhalten, ob die sog. »Talent-Pipeline«, also die mögliche »Ersatzbank«, gut besetzt ist;
- passende potenzielle Nachfolger für die Schlüsselpositionen aller Bereiche, zu sehen im ausgefüllten Organigramm und Nachfolgeplan;
- Entwicklungsmaßnahmen für Nachfolger.

Das Nachfolgemanagement soll das Risiko von Nicht- oder Fehlbesetzungen der Schlüsselpositionen senken und die Wahrscheinlichkeit erhöhen, diese Positionen intern nachbesetzen zu können, statt extern einzustellen. Rekruitingkosten, z. B. für Anzeigenschaltung und die Durchführung von Assessments, werden dadurch verringert.

Wenn gesagt wird, dass die »Talent-Pipeline« gefüllt ist, sind genügend passende Mitarbeiter als potenzielle Nachfolger wichtiger Positionen vorhanden. Viele Unternehmen nutzen entsprechende Software, mit der beispielsweise sehr leicht die Passung zwischen Anforderungsprofil bzw. Soll-Profil und Ist-Profil des Mitarbeiters dargestellt werden kann. Eine Talent-Pipeline bezieht sich meist auf Schlüsselpositionen, aber auch für »normale« Positionen muss ein Überblick geschaffen werden, ob es Lücken in der Nachbesetzung geben kann und interne Weiterbildung oder externe Rekrutierung notwendig sind.

Die Nachfolgeplanungen werden in großen Unternehmen nach geografischen (Länder oder Regionen), organisatorischen (Business Units oder Marken bzw. Produkte oder Funktionen), inhaltlichen (Jobfamilien) oder hierarchie- bzw. laufbahnabhängigen Kriterien segmentiert. Ein typischer Vorgang: Direkt im Anschluss an die Talentidentifikation finden die lokalen Nachfolgeplanungen statt — meist noch in den Talentkonferenzen. Die für das Potenzial-Reservoir nominierten Mitarbeiter gelangen in die unternehmensweite Nachfolgeplanung. Bei großen Unternehmen wird eine länderspezifische Konferenz vorgeschaltet, um dann eine globale Konferenz durchzuführen. Nachfolgeplanungen finden mindestens einmal im Jahr statt; der Trend geht dahin, die Planungen quartalsweise durchzuführen, sodass zumindest auf relevante kurzfristige Veränderungen eingegangen werden kann. Manche Unternehmen nutzen zusätzlich interne Talent-Scouts, die jenseits der dafür vorgesehenen Konferenzen zwischen Vakanzen und potenziellen Nachfolgern vermitteln.

Grundsätzlich ist das Vorgehen bei der lokalen und der unternehmensweiten Nachfolgeplanung gleich. Die wesentlichen Unterschiede bestehen in der Besetzung des Gremiums und der Berücksichtigung der Hierarchieebenen: Die unternehmens- bzw. weltweiten Nachfolgekonferenzen enthalten funktionsübergreifende Planungslisten und finden in sog. Personalkonferenzen mit den Vorständen bzw. dem Senior-Management, einem HR-Business-Partner zur Moderation und den jeweiligen Vorgesetzten der Talente statt. Ziel ist es, unternehmensweite Schlüsselpositionen zum richtigen Zeitpunkt mit dem passenden Mitarbeiter zu besetzen. Zudem werden in der unternehmensweiten Planung das Talentreservoir sowie Änderungen der Unternehmensstrategie besprochen, wohingegen sich lokale Nachfolgeplanungen auf lokale Einheiten wie Bereich, Abteilung oder Business Unit beziehen. Zur Komplexitätsreduktion wird im

Folgenden auf eine Unterscheidung verzichtet, im Mittelpunkt stehen hier die Prinzipien und Instrumente der Nachfolgeplanung.

3.1   Die Nachfolgekonferenz

Systematisch greifen in der Nachfolgeplanung folgende Instrumente ineinander und werden in der Nachfolgekonferenz besprochen:
1. Schlüsselpositionen: Welches sind die strategisch wichtigen Positionen des Unternehmens, für die die Talent-Pipeline gefüllt, d. h. für die jederzeit ein Nachfolger vorhanden sein muss?
2. Retentionsrisiko: Welcher passende Mitarbeiter wird das Unternehmen wahrscheinlich verlassen und wie kritisch ist die Nachbesetzung seiner Stelle?
3. Profil: Welche Anforderungen sind mit der Position verbunden und welcher Mitarbeiter erfüllt diese Erwartungen?
4. Nachfolgeplan: Wie viele Personen sind für welche Stellen als potenzielle Nachfolger vorgesehen (ad hoc sowie mittelfristig)? Welcher geeignete Nachfolger steht für Schlüsselpositionen bereit?
5. Wie wird die Gesamtsituation bewertet? Was waren bisherige Maßnahmen?

Die Nachfolgekonferenz ist eine Diskussion über mögliche Nachfolger für die Schlüsselpositionen jeder Hierarchieebene des Unternehmens sowie eine Reflexion zu möglichen Positionsmodifikationen oder für Entwicklungsmaßnahmen. Während die Talentkonferenzen (s. C. 2.1) und die Mitarbeitergespräche (s. C. 1.1) für alle Mitarbeiter durchgeführt werden, fokussiert sich die Nachfolgekonferenz auf zu besetzende Schlüsselpositionen mit hohen Potenzialträgern, die also »oben rechts« in der Performance-Potenzial-Matrix des Unternehmens angesiedelt sind.

Als Nachfolger für Schlüsselpositionen werden zum einen Mitarbeiter nominiert, die während der Talentkonferenz für das Potenzial-Reservoir nominiert wurden, zum anderen potenzielle Nachfolger, die vom aktuellen Inhaber der jeweiligen Schüsselposition als geeignet befunden werden. Im Rahmen des Nachfolgemanagements und der Nachfolgekonferenz werden die allgemein möglichen Nachbesetzungen von evtl. freiwerdenden Schlüsselpositionen geplant. Das heißt, es werden noch keine Besetzungsentscheidungen getroffen.

Vorteile des hier beschriebenen Modells der Nachfolgekonferenz:
- Es wird eine gemeinsame Diskussion und ein weniger subjektives Vorgehen sichergestellt: Durch ein Offenlegen von Fakten zu Potenzialträgern und nominierten Nachfolgern wird das Risiko minimiert, Nachfolger nur nach dem sog. »Nasenfaktor« oder Sympathie auszuwählen.
- Während der Nachfolgekonferenz werden die allgemein möglichen Nachbesetzungen von evtl. frei werdenden Stellen geplant. Es werden also noch keine Besetzungsentscheidungen getroffen. Ziel ist vielmehr ein gemeinsamer, bereichsübergreifender Überblick über die Personaldynamik des Unternehmens sowie ein Verständnis über mögliche Nachfolger und Veränderungen strategisch relevanter Positionen.

3.1.1 Vorbereitung

Für den Erfolg des Nachfolgemanagements und der Nachfolgekonferenz ist es entscheidend, dass eine klare Zusammenstellung von Fakten zu den Mitarbeitern und der zu besetzenden Position vorliegt. Als Grundlage dienen die Ergebnisse bzgl. Leistung, Verhalten und Potenzial aus den Mitarbeitergesprächen und der Talentkonferenz. Die Stellenprofile und Erwartungen der Führungskräfte an die Position sollten der Nachfolgekonferenz zugrunde liegen. Zur unmittelbaren Vorbereitung der Nachfolgekonferenz gehört es, dass die HR-Abteilung diese Informationen (Leistung, Verhalten, Potenzial) als Ampellogik (s. unten) in das Nachfolgeorganigramm überträgt (s. Abb. 34) und mithilfe des Schlüsselpositionen-Identifikationschecks (Tab. 35) die Schlüsselpositionen im Unternehmen identifiziert. Diese werden ebenfalls im Organigramm gekennzeichnet.

In das bestehende Organigramm des Unternehmens werden also folgende Informationen von HR eingetragen (s. Abb. 34):
- die Schlüsselpositionen,
- das Risiko, welche Stellen wahrscheinlich bald vakant werden (z. B. Stelleninhaber mit hohem Ausstiegsrisiko, baldige Rente etc.), dies wird abhängig vom Zeitraum durch »bald kritische, kritische oder sehr kritische Position« gekennzeichnet,
- Nominierte im Potenzial-Reservoir sind gekennzeichnet, um diese als mögliche Nachfolger für Positionen auf der nächsthöheren Ebene zu erkennen,
- Mitarbeiter sind mit einer Ampellogik dargestellt, was der Einschätzung dient, wer die Leistung, das Verhalten und das Potenzial eines möglichen Nachfolgers zeigt,
- Bereichsleiter können außerdem darstellen, welche Veränderungen in ihrem Bereich eingeleitet werden sollen.

Zu Schlüsselpositionen

Um besonders wichtige Positionen im Unternehmen möglichst nie unbesetzt zu lassen und bei plötzlichen personellen oder strategischen Änderungen schnell reagieren zu können, sind entsprechende Planungen notwendig. Sind folgende Aspekte gegeben, kann eine schnelle Planung erfolgen:
- gleiche Hierarchiebeschreibungen für ähnliche Positionen unternehmensweit,
- Kriterien zur Identifikation von Schlüsselpositionen (s. Kapitel A. »Strategie«),
- Kriterien zur Erhebung des Risikos, Positionsinhaber zu verlieren.

Der erste Punkt erscheint trivial, ist aber längst nicht in allen Unternehmen gegeben, wie im Kap. A über Strategie dargelegt.

Schlüsselpositionen haben einen direkten Einfluss auf die Umsetzung der Geschäftsstrategie, ihre Kriterien wurden ebenfalls im Kapitel A Strategie dargestellt. Um zu identifizieren, ob eine Position eine Schlüsselposition ist, kann der Schlüsselpositionen-Identifikationscheck, basierend auf Tabelle 4, als Reflexionshilfe dienen.

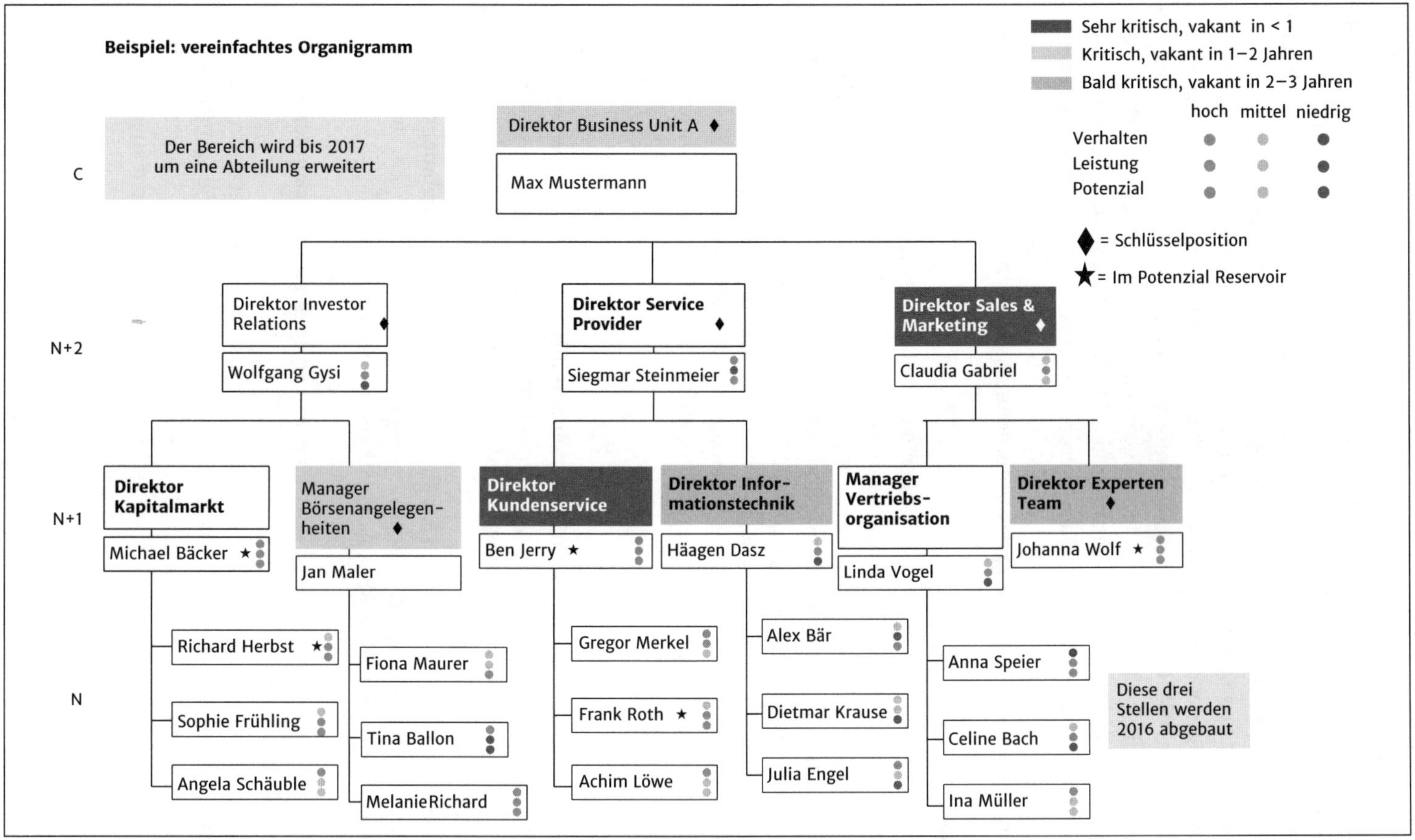

Beispiel: vereinfachtes Organigramm

- ■ Sehr kritisch, vakant in < 1
- ■ Kritisch, vakant in 1–2 Jahren
- ■ Bald kritisch, vakant in 2–3 Jahren

	hoch	mittel	niedrig
Verhalten	●	●	●
Leistung	●	●	●
Potenzial	●	●	●

◆ = Schlüsselposition
★ = Im Potenzial Reservoir

C (N+2):
- Direktor Business Unit A ◆ — Max Mustermann

N+2:
- Direktor Investor Relations — Wolfgang Gysi (Der Bereich wird bis 2017 um eine Abteilung erweitert)
- Direktor Service Provider ◆ — Siegmar Steinmeier
- Direktor Sales & Marketing ◆ — Claudia Gabriel

N+1:
- Direktor Kapitalmarkt ★ — Michael Bäcker
- Manager Börsenangelegenheiten ◆ — Jan Maler
- Direktor Kundenservice — Ben Jerry ★
- Direktor Informationstechnik — Häagen Dasz
- Manager Vertriebsorganisation — Linda Vogel
- Direktor Experten Team ◆ — Johanna Wolf ★

N:
- Richard Herbst ★
- Sophie Frühling
- Angela Schäuble
- Fiona Maurer
- Tina Ballon
- Melanie Richard
- Gregor Merkel
- Frank Roth ★
- Achim Löwe
- Alex Bär
- Dietmar Krause
- Julia Engel
- Anna Speier
- Celine Bach
- Ina Müller

Diese drei Stellen werden 2016 abgebaut

Abb. 34: Nachfolgeorganigramm mit Kennzeichnung von Positionen, die wahrscheinlich bald vakant werden (sehr kritische, kritische und bald kritische Positionen), Schlüsselpositionen, Kennzeichnung der Mitarbeiter im Potenzialreservoir sowie Auskunft über Potenzial, Leistung und Verhalten der Mitarbeiter per Ampellogik

(Quelle: Return on Meaning)

Fragen an das Führungsteam bzw. die Geschäftsführung in Zusammenarbeit mit HR	Ja/Nein	
Strategische Relevanz: Würden bei Nichtbesetzung strategische Ziele stark beeinträchtigt?	Ja	☐
	Nein	☐
Finanzielle Relevanz: Ist die Position entscheidend für die Steigerung bzw. den Erhalt finanzieller Kennzahlen (Umsatz, Gewinn etc.)?	Ja	☐
	Nein	☐
Komplexität: Ist der Positionsinhaber mit hoher Komplexität konfrontiert (Anzahl Business Units, Prozesse, Länder, Produkte, Kundengruppen etc.)?	Ja	☐
	Nein	☐
Vernetzung mit Anspruchsgruppen: Pflegt der Positionsinhaber kritische Beziehungen zu Kunden, Lieferanten, externen Agenturen etc.?	Ja	☐
	Nein	☐
Schwierigkeit der Nachbesetzung: Sind mit der Positionsbesetzung hohe fachliche Anforderungen, Qualifikationen oder Spezialisierungen verbunden?	Ja	☐
	Nein	☐

Tab. 36: Schlüsselpositionen-Identifikationscheck. Eine hohe Anzahl an Ja-Antworten weist auf eine Schlüsselposition hin. Nach Ermessen des Führungsteams bzw. der Geschäftsführung mit HR ist zu entscheiden, ob es tatsächlich eine Schlüsselposition ist.

Anhand der Identifikation der Schlüsselpositionen werden die Kriterien in einer Überblickstabelle mit den Informationen darüber zusammengefügt, welcher Mitarbeiter kurz- oder langfristig ein Nachfolger sein könnte. Die Schlüsselpositionsliste (s. unten) verdeutlicht dies. Die Einschätzung der Fluktuationswahrscheinlichkeit kann anhand der Retentionsrisikokriterien erfolgen (s. unten). Mit digitalen Datenbanken können diese Tabellen leicht auf Basis der Mitarbeiterprofile generiert werden.

Name der Schlüsselposition und des Positionsinhabers	Einschätzung der Wahrscheinlichkeit, dass die Schlüsselposition vakant wird (Renteneintritt, Fluktuations-wahrscheinlichkeit, Potenzialreservoirzugehörigkeit)	Wer könnte sofort Nachfolger sein? (Ad-hoc-Nachfolger)	Wer könnte innerhalb von 1-2 Jahren Nachfolger sein? Bitte 3 Präferenzen angeben

Tab. 37: Schlüsselpositionsliste

Anhand der Schlüsselpositionsliste können Maßnahmen abgeleitet werden, um auf Veränderungen vorbereitet zu sein und schnell reagieren zu können.

Des Weiteren trifft sich die HR-Abteilung in Vorbereitung auf die Nachfolgekonferenz mit jedem Bereichsleiter zur Diskussion über die Ausstiegsrisiken von Mitarbeitern, insbesondere jenen auf Schlüsselpositionen, und Veränderungen von Positionen im Bereich und möglichen Nachfolgern. Zudem werden Veränderungen in den Geschäftsbereichen und damit verbundene mögliche Personalplanungen berücksichtigt. HR vervollständigt anschließend das Organigramm mit diesen Informationen. Genannte Nachfolger werden von HR in den Nachfolgeplan des Bereichs eingetragen.

Zum Retentionsrisiko

Leistungsträger in einer Abteilung, Mitarbeiter des Potenzialreservoirs sowie Mitarbeiter auf Schlüsselpositionen werden danach eingeschätzt, ob das Risiko eines Wechsels besteht. Dies kann durch folgende Retentionsrisikokriterien eingeschätzt werden:

Retentionsrisikokriterium	Niedriges Risiko	Mittleres Risiko	Hohes Risiko
Zeitraum, in der Person nicht befördert worden ist	2 Jahre	4 Jahre	Länger als 6 Jahre
Verdienst im Vergleich zum Markt	höher als Mittelwert	Mittelwert	niedriger als Mittelwert
Nachfrage der spezifischen Fähigkeiten im Markt	niedrig	mittel	hoch
Grad der Erwartungen, die Person an Veränderung der jetzigen Position geäußert hat	niedrig	mittel	hoch
Verhältnis zur direkten Führungskraft	sehr gut	mittel	weniger gut
Grad der Bindung an das Unternehmen bzw. Grad der Häufigkeit bzw. Klarheit, mit der Person Unmut gegenüber jetziger Situation oder sogar Wille zum Wechsel in anderes Unternehmen geäußert hat	hoch	mittel	niedrig
Wahrgenommene interne Karrieremöglichkeit der Person aufgrund von Vakanzen oder Strukturen	hoch	mittel	niedrig
Persönliche Mobilität	niedrig	mittel	hoch
Befindet sich Person in einer karriereambitionierten Lebensphase?	nein	ja, möglich	ja, sehr wahrscheinlich
Häufigkeit des Kontakts mit Top-Management	hoch	mittel	niedrig
Wahrscheinlichkeit, dass jetzige Stelle durch Umstrukturierungen, Merger o. Ä. verloren geht	nicht vorhanden	niedrig	hoch

Tab. 38: Retentionsrisikokriterien

Besteht ein hohes Risiko eines Wechsels bei gleichzeitiger Wichtigkeit des Mitarbeiters, werden geeignete Möglichkeiten diskutiert, um den Mitarbeiter zu halten, z. B. durch verantwortungsvollere Aufgaben, interessante Projekte, Entwicklungsprogramme etc. (s. auch Kapitel C. 5 Bindung). In jedem Fall wird der direkte Vorgesetzte mit dem entsprechenden Mitarbeiter sprechen, um geeignete Lösungen zu finden.

Alle Schlüsselpositionsinhaber eines Bereichs werden aufgerufen, folgende Nachfolger für ihre Position zu benennen:
- einen Ad-hoc-Nachfolger, der die Schlüsselposition sofort übernehmen könnte und
- 1–2 Nachfolger, die entwickelt werden, um die Schlüsselposition in der Zukunft zu übernehmen.

Die Nominierungen werden an den Bereichsleiter und die HR-Abteilung kommuniziert und aus den Nominierungen wird ein Nachfolgeplan erstellt. Die HR-Abteilung generiert anschließend einige Analysen, z. B. »Wurden bestimmte Mitarbeiter für mehrere Schlüsselpositionen nominiert?« oder »Welche Nominierten sind auch in der Talentkonferenz aufgefallen?«

Zum Nachfolgerprofil
Um Vakanzen und Nachfolger zu bestimmen, wird die Talent-Database genutzt. Hier liegt von jedem Mitarbeiter ein Profil vor, das aktualisiert wird. Dies kann in einer Excel-Datei oder in Datenbanken erfolgen. Die Datenbanken verschaffen dem Unternehmen einen Überblick: Es lässt sich feststellen, wer die Firma wann verlässt und wer die Lücke wann füllen könnte. Hier befinden sich auch die Informationen aus dem Potenzialreservoir. Wird mit verschiedenen Dokumenten statt mit einer digitalen Datenbank gearbeitet, sollten nicht die gleichen Mitarbeiter in verschiedenen Systemen bzw. Listen zu finden sein.

Persönliche Daten		
Name Mitarbeiter Position Seit wann	Alter Seit wann im Unternehmen	Name Vorgesetzter
Karriereverlauf		
Zeitraum	Firma und Business Unit	Position, Titel, Hauptverantwortlichkeit
…		
Haupterfolge		
Stärken bezogen auf das Kompetenzmodell		
Entwicklungsfelder bezogen auf das Kompetenzmodell		
Sprachen (inkl. Muttersprache)		

Motivation		
Mobil?		Karriereambitionen?
Gesamtbeurteilung		
Performance		
Potenzial		
Gesamtbewertung nach Performance-Potenzial-Matrix		
Mitarbeiterkarriere		
Risiko, Mitarbeiter zu verlieren (bitte Zutreffendes ankreuzen)	(keine Veränderung erwartet) (mittleres Risiko) (hohes Risiko)	
Logischer nächster Karriereschritt		
Nächste reale Position, in welchem Zeitraum		
Nächste Schritte, um Person für nächste Position vorzubereiten (z. B. Seminare, Projekte on-the-job)		
Positionsbesetzung		
Position als Schlüsselposition identifiziert?		
Geeigneter Nachfolger (Name, Position, sofort) Geeigneter Nachfolger (Name, Position, in 1-2 Jahren) Geeigneter Nachfolger (Name, Position, in 1-2 Jahren) Geeigneter Nachfolger (Name, Position, in 1-2 Jahren)		
Weitere Kommentare		

Tab. 39: Zu diskutierende Inhalte in der Nachfolgeplanung (sowohl in der Talentkonferenz als auch in der Personalkonferenz)

3.1.2 Durchführung der Nachfolgekonferenz

Basierend auf diesen Informationen kann die Nachfolgekonferenz stattfinden. Sie wird z. B. von der Geschäftsführung geleitet; anwesend sind alle Bereichsleiter. Im Konferenzraum werden die Organigramme und Nachfolgepläne aller Bereiche ausgehängt und die Analysen der HR-Abteilung zu den nominierten Nachfolgern ausgehändigt. Jeder Bereichsleiter stellt die vorgesehenen Veränderungen seines Bereichs vor und präsentiert den Nachfolgeplan mit allen Nachfolgern, die von den Schlüsselpositionsinhabern seines Bereiches benannt wurden. Es wird über die angegebenen Ausstiegsrisiken der Mitarbeiter und mögliche Nachfolger für Schlüsselpositionen jedes Bereichs diskutiert. Sind z. B. Mitarbeiter in den Talentkonferenzen als Nominierte für das Potenzialreservoir hervorgegangen, die bei der Nachfolgenominierung nicht berücksichtigt wurden, können diese nun als potenzielle Nachfolger im Zuge der Diskussion in Betracht gezogen werden. Infolgedessen einigt man sich für jede Schlüsselposition auf 1-2 potenzielle Nachfolger und der Nachfolgeplan wird ggf. entsprechend modifiziert. Ein Nachfolgeplan könnte beispielsweise so aussehen:

1	Position	Aktueller Inhaber	Voraussichtliche Veränderung	Ad-Hoc-Nachfolger	Assessment	Nachfolger 1	Assessment	Nachfolger 2	Assessment
2	Direktor Business Unit A ♦	Max Mustermann	Kritisch, in 1-2 Jahren	Klaus Klaber ★		Anna Schmid ★		Theo Müller	
3					V		V		V
4					L		L		L
5					P		P		P
6	Direktor Service Provider ♦	Sigmar Steinmeier	Nicht kritisch	Jana Schach ★		Daniel Gräbe ★		Volker Groß	
7					V		V		V
8					L		L		L
9					P		P		P
10									
11	Direktor Kapitalmarkt	Michael Bäcker	Sehr kritisch, in < 1 Jahr	Richard Erbe ★		Emil Bause		Berta Fichte ★	
12					V		V		V
13					L		L		L
14					P		P		P
15	Direktor Kundenservice	Ben Jerry	Sehr kritisch, in < 1 Jahr	Max Fischer		Alex Maier		Julian Beck	
16					V		V		V
17					L		L		L
18					P		P		P
19	Direktor Informationstechnik	Häagen Dasz	Bald kritisch, in 2-3 Jahren	Günther Mohr ★		Florian Rain ★		Helena Mach	
20					V		V		V
21					L		L		L
22					P		P		P

Abb. 35: Nachfolgeplan (Quelle: Return on Meaning)

Ein solcher Nachfolgeplan kann ganz einfach mit Excel erstellt werden und in die digitale Datenbank des Unternehmens eingepflegt werden. Im linken Teil des Nachfolgeplans geht es um die Stelle, die nachzubesetzen ist. In der Spalte links außen, »Position«, wird farblich gekennzeichnet, ob diese bald vakant wird, sie ist in diesem Beispiel nach »sehr kritisch — vakant in weniger als einem Jahr« (rot), »kritisch — vakant in 1-2 Jahren« (gelb) und »bald kritisch — vakant in 2-3 Jahren« (blau) eingeteilt. Die Rauten neben dem Namen der Position signalisieren eine Schlüsselposition.

Im rechten Teil des Nachfolgeplans geht es um potenzielle Nachfolger für eine Stelle. Es werden ein Ad-hoc-Nachfolger (linke Spalte) und zwei potenzielle Nachfolger (mittlere und rechte Spalte) in den Plan eingetragen. Die Ampelbewertung (s. unten) jedes nominierten Nachfolgers wird ebenfalls mit in den Plan aufgenommen. So werden

Leistung, Verhalten und Potenzial in Form der Ampelfarben grün, gelb und rot dargestellt. Die Sternchen kennzeichnen Mitarbeiter, die bereits in das Potenzialreservoir des Unternehmens aufgenommen wurden.

Finden sich während der Konferenz keine Nachfolger für eine Schlüsselposition, kann über eine Positionsmodifizierung nachgedacht werden oder es werden gezielte Weiterbildungsmaßnahmen für die Potenzialträger, die aus der Talentkonferenz hervorgegangen sind, angeboten, um neue potenzielle Nachfolger zu entwickeln. Die HR-Abteilung wird darüber informiert, welche Potenziale im Unternehmen fehlen, um ggf. das Rekruiting entsprechend zu verstärken.

Entweder direkt im Anschluss an die Nachfolgekonferenz oder zum Zeitpunkt tatsächlich entstehender Vakanzen kommen relevante Führungskräfte eines Bereichs zusammen, um diese Stellen ihres Bereichs zu besetzen. Dafür werden die während der Nachfolgekonferenz für die Stelle nominierten Kandidaten gesichtet und diskutiert. Schließlich wird ein Kandidat ausgewählt, der die Vakanz nachbesetzen soll. Dieser wird ggf. ein Assessment Center durchlaufen oder es wird ein Einstellungsinterview geführt.

Abb. 36: Schematische Darstellung des Nachfolgemanagements (Quelle: Return on Meaning)

3.1.3 Nachbereitung und Bewertung der Gesamtsituation

Die Strategieumsetzungsfähigkeit des Unternehmens bzw. der Abteilungen wird auf Basis der Stärken-Schwächen-Analyse in den Talentkonferenzen, d. h. der Bewertungen auf der Potenzial-Performance-Matrix und auf Basis der Nachfolgeplanung, z. B. des Status der Talent-Pipeline, kritisch hinterfragt. Es wird beleuchtet, inwieweit die Umsetzung der Strategie mit der vorhandenen Führungsmannschaft und dem Führungskräftepotenzial in einem bestimmten Zeitraum realistisch ist und welche Maßnahmen getroffen werden müssen.

Bereits eingeleitete Schritte zur Sicherung der Nachbesetzung von Schlüsselpositionen und zur Bindung von Talenten werden diskutiert. Auch die Entwicklung der Führungskräfte und Erfolge von Rotationsprogrammen werden besprochen. Die Frage, ob sich Führungskräfte, die das Unternehmen in Zukunft leiten können, bereits in der Talent-Pipeline befinden und entwickelt werden, wird reflektiert. Evaluationsdaten zur Erreichung der Ziele des Talent-Management-Systems können hier unterstützend sein (vgl. Kapitel A. »Strategie«).

Gibt es Neuausrichtungen der Unternehmensstrategie, werden notwendige Anpassungen diskutiert und entsprechend eingeleitet. Hierzu gehört beispielsweise die Modifikation der Soll-Profile und Erwartungen z. B. an Schlüsselpositionen, die sich in den Mitarbeiterbeurteilungen und Rekrutierungsprofilen, aber auch in den Entwicklungsprogrammen widerspiegeln sollten, um Kompetenzlücken zu schließen.

3.2 Ampelmatrixvorgehen: Vereinfachung der Talentidentifikation und Nachfolgeplanung

Um Komplexität zu reduzieren, kann ein Unternehmen eine vereinfachte Form der systematischen Nachfolgeplanung mit einfacheren Instrumenten als den bisher vorgestellten durchführen. Als alternative Methode kann beispielsweise die Ampelmatrix verwendet werden.

Zunächst wird das Soll-Profil festgelegt: Verwendet ein Unternehmen kein Kompetenzmodell, können sich die Führungskräfte fragen, welche Erwartungen an die Mitarbeiter gestellt werden, damit sie erfolgreich sind. Hierbei sollten drei Bereiche betrachtet werden:

Leistung: Wie waren die Ergebnisse im Geschäftsbereich? Hat der Mitarbeiter kontinuierlich gute oder schlechte Leistung gezeigt? Hier geht es um die messbaren Ergebnisse wie Verkaufszahlen, also um das »Was«.

Verhalten: Wie lebt der Mitarbeiter die Unternehmenskultur und Werte? Wie die Führungsprinzipien? Wie ist sein Engagement? Hat er Gespür für das Geschäft? Hier geht es um die Kompetenzen, also um das »Wie«.

Potenzial: Wird Potenzial für die nächsthöhere Position oder für die verantwortungsvollere Aufgabe gesehen? Würde die Person als neuer externer Mitarbeiter für die nächsthöhere Position eingestellt werden? Ist die Person mobil? Ist sie ambitioniert und möchte aufsteigen?

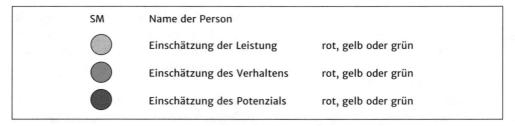

Abb. 37: MA-Einschätzung nach dem Ampelprinzip: Beispiel eines Mitarbeiters »SM« mit sehr guter Leistung, mittelmäßig ausgeprägten Kompetenzen und mittlerem Potenzial für die nächsthöhere Ebene

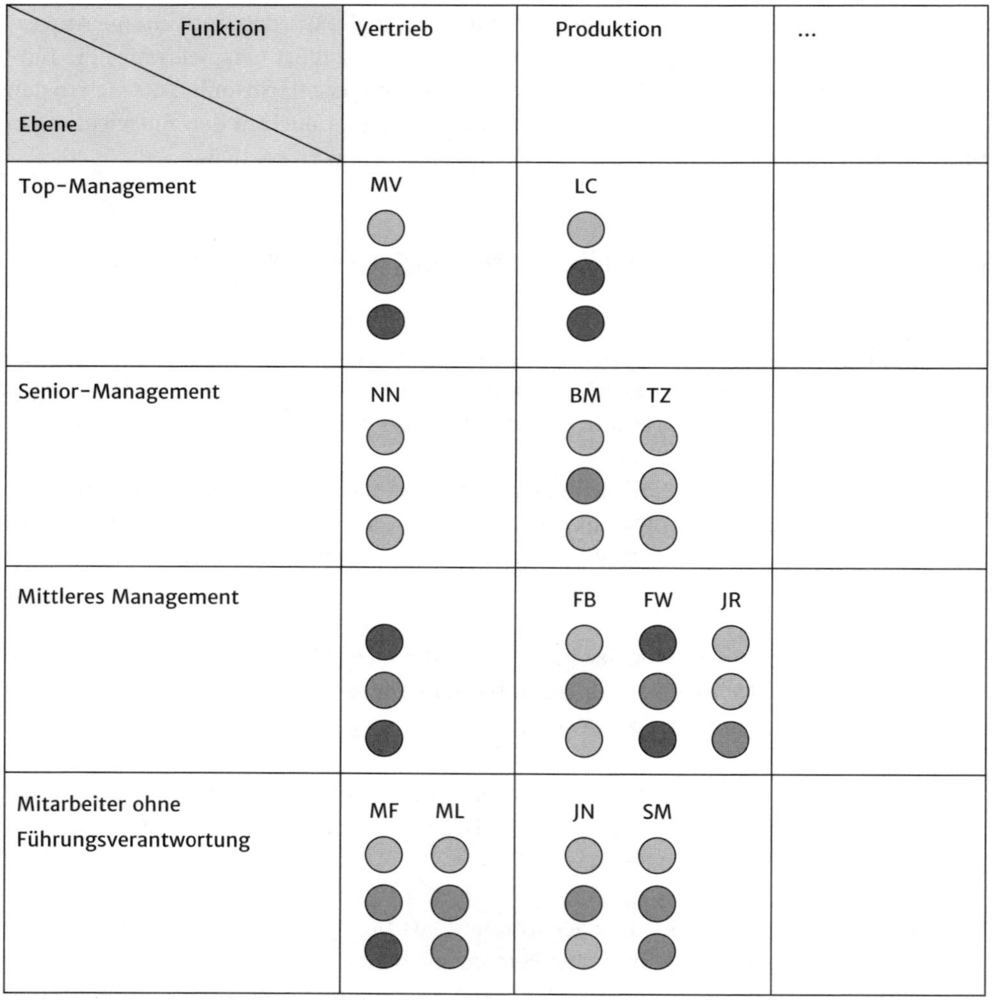

Funktion / Ebene	Vertrieb	Produktion	...
Top-Management	MV ○ ○ ●	LC ○ ● ●	
Senior-Management	NN ○ ○ ○	BM ○ ○ ○ TZ ○ ○ ○	
Mittleres Management	● ○ ●	FB ○ ○ ○ FW ● ● ● JR ○ ○ ○	
Mitarbeiter ohne Führungsverantwortung	MF ○ ○ ● ML ○ ○ ○	JN ○ ○ ○ SM ○ ○ ○	

Abb. 38: Beispiel der Darstellung einer Ampelmatrix als vereinfachte Performance-Potenzial-Matrix für ein kleineres Unternehmen

Jeder der drei Bereiche wird nach dem Ampelprinzip in rot, gelb, grün eingeschätzt: Rot bezieht sich auf die schlechteste Beurteilung, gelb auf eine mittlere Beurteilung und grün auf eine gute Beurteilung. Jede Person im Organigramm kann diese Einschätzung erhalten (s. Abb. 37).

Auf Basis dieser Einschätzungen können die Mitarbeiter zur Nachfolgeplanung in verschiedene Farben eingeteilt werden. Dies gibt einen Überblick über die Stärken und möglichen Lücken bei der Aufstellung in der Organisation.

Hier lässt sich beispielsweise schnell erkennen, dass Person »NN« im Senior-Management des Vertriebs bereit ist, auf das nächsthöhere Level zu gelangen, weil alle ihre Felder grün sind. Der Nachfolger PB allerdings ist noch nicht fähig aufzusteigen, da sowohl Potenzial als auch momentane Leistung im kritischen roten Bereich liegen. Durch diese Visualisierung und Einteilung lassen sich systematisch Maßnahmen ableiten, um die Talent-Pipeline zu füllen.

4. Mitarbeiterentwicklung

Die Entwicklung der Mitarbeiter wird zielgerichtet betrieben, um sie auf wechselnde Leistungsanforderungen vorzubereiten und so die Produktivität des Unternehmens zu sichern. Wie in klassischen Personalentwicklungen werden auch im Rahmen eines Talent Management Systems Fertigkeiten und Qualifikationen in Schulungen vermittelt und klassische Personalentwicklungs(PE)-Maßnahmen angewendet. Allerdings vertraut kaum ein Unternehmen mehr auf die Qualifikation der Erstausbildung, deren Reichweite kontinuierlich abnimmt und nicht mehr ausreicht, den Anforderungen der Ökonomie gerecht zu werden. Zudem wird angestrebt, dass die Mitarbeiter Kompetenzen erwerben, die relevant sind, um auch noch nicht vorhersehbare Situationen zu meistern. Kompetenzen integrieren verschiedene Ebenen, die, wie bereits ausführlich dargelegt wurde, als Kopf, Herz und Hand darstellbar sind. Daraus lassen sich kognitive, affektive und instrumentelle Lernziele ableiten.

Für die Personalentwicklung ist es entscheidend zu berücksichtigen, dass Wissensvermittlung oder das Erlernen von Methoden ohne Erfahrungsbezug mit emotionaler Komponente — ohne Herz — nicht zu Kompetenzerwerb führen. Dieser Zusammenhang sowie entsprechende Techniken werden in diesem Kapitel erläutert. Auch werden typische Instrumente skizziert, die off-the-job und on-the-job wirksam die Entwicklung fördern. Am Ende des Kapitels werden zwei konkrete Coachingtechniken vorgestellt, die für die Führungskraft in der Rolle des Personalentwicklers hilfreich sind.

4.1 Wie entwickeln sich Menschen?

Voraussetzung zur Kompetenzentstehung ist die Verfügbarkeit von Wissen, Werten, Fähigkeiten und dem entsprechenden Willen (vgl. Erpenbeck & Heyse, 2007), die als Handlungsdispositionen abrufbar sind. Eine Kompetenz kann erworben werden, indem zunächst entsprechendes Verhalten und Wissen erlernt werden. Wird beispielsweise im Laufe eines Führungstrainings geübt, wie professionelles Feedback gegeben wird, kann das Wissen vermittelt und das Verhalten antrainiert werden. Ohne Erfahrungsbezug führen beide Ebenen — Kopf und Hand — jedoch noch nicht zum Kompetenzerwerb, da Kompetenzen darüber hinaus noch Werte und Willen beinhalten: Ein Wille geht der Phase der Entschließung und Entscheidung voran, die wiederum mit Emotionen — Herz-Komponenten — gekoppelt sind, welche wiederum durch Werte ausgelöst werden können. Werte können durch entsprechende Lernerfahrungen verinnerlicht werden. Erst die verinnerlichten Werte führen dazu, dass der Mitarbeiter das neu Erlernte abrufen und selbstorganisiert in neuen Kontexten anwenden kann. Die Lernerfahrungen müssen dergestalt sein, dass durch sie mentale Modelle infrage gestellt und verändert werden können. Mentale Modelle wurden bereits als Überzeugungen vorgestellt, die den Menschen als kognitive Landkarte dienen, nach der sie — bewusst oder unbewusst — ihr Handeln ausrichten. Um diese tief verankerten mentalen Modell infrage zu stellen, bedarf es einer sog. emotionalen Labilisierung (Erpenbeck & Sauter, 2007). Eine emotionale Labilisierung kann als »Irritation«[6] oder Instabilität des inneren mentalen Modells verstanden werden. Diese wird z. B. durch einen heilsamen Schock, der Unsicherheit auslöst, herbeigeführt. Auch ungewöhnliche Fragen, die kognitive Dissonanz auslösen (Festinger, 1957), können dazu führen, dass ein mentales Modell infrage gestellt wird. Eine solche Frage kann z. B. sein: »Wie können Sie als Führungskraft die unerwünschten Verhaltensweisen im Team noch verstärken?«. Die Irritation führt zu einem Spannungszustand, zu einem Widerspruch zwischen bisherigem Denken und durch die Frage ausgelöstem Denken. Diese Dissonanz führt zu einer emotionalen Reaktion, wenn sie sich auf für den Mitarbeiter relevante Aspekte bezieht. Eine solche emotionale Spannung ist eine Voraussetzung zur Internalisierung von neuen Werten: »Je größer das emotionale Gewicht, desto tiefer werden die zur Auflösung der Dissonanz führenden Werte später im ›Grund der Seele‹ verankert« (Erpenbeck & Sauter, 2007, S. 35). Lernen Menschen in diesem Zustand neue Werte und Inhalte kennen, die mit positiven Emotionen verbunden sind, können diese in dem labilisierten mentalen Modell verankern werden. Hierbei werden Internalisierungsprozesse in Gang gesetzt, die einer »emotionalen Speicherung« gleichkommen. Werden die mentalen Modelle durch Irritationen infrage gestellt und neue Werte internalisiert, wird damit die Herz-Ebene angesprochen; im Zusammenspiel mit der oben beschriebenen Hand- und Kopf-Ebene können dann Kompetenzen entwickelt werden. Sind diese Prozesse deutlich, kann man Personalentwicklungsmaßnahmen wirksam zur Kompetenzentwicklung

---

6 Es kann auch im konstruktivistischen Sinne von »Perturbation« oder »wahrgenommener Störung« gesprochen werden (vgl. Maturana & Varela, 2005).

einsetzen. Die Fragen, die sich dabei stellen, sind: Welche Techniken können dafür im Training angewendet werden? Wie genau entwickeln sich Menschen und wodurch werden mentale Modelle verändert? Um dies zu beantworten, werden im Folgenden zunächst das Reflexionsstufenmodell und danach das Modell der Transformationsübergänge vorgestellt.

4.1.1 Reflexionsstufenmodell

Das Reflexionsstufenmodell besteht aus drei Stufen, die sich v. a. durch den Grad an Reflexion über eigenes Verhalten, über die Konsequenzen des Handelns sowie durch die Reflexion über die eigenen mentalen Modelle unterscheiden. Deshalb werden die drei Stufen Reflexionsstufen genannt. Zur Modellbeschreibung dient ein Bild mit drei Tauchern, die untereinander schwimmen.[7]

Erste Reflexionsstufe: Der erste Taucher, der unten schwimmt, erlebt sich beim Tauchen und beurteilt das, was er sieht, anhand seiner Gefühle nach Lust und Unlust. Er freut sich z. B. über die Korallen und schwimmt dorthin, wo die schönsten Korallen zu finden sind. Er versucht, besonders schöne Korallen von ihrem Untergrund abzulösen. Führt sein Verhalten nicht zum gewünschten Ergebnis, findet »reaktives Lernen« statt, das als Anpassungslernen beschrieben werden kann. Was sich im Umfeld bewährt hat, wird beibehalten, was nicht, entsprechend verändert — bestehende Problemlösungen werden optimiert. Im Organisationskontext heißt dies, dass eine Ergebnisabweichung von den Unternehmenszielen festgestellt und durch Korrektur der Handlungen verbessert wird. Hier führt die Erfahrung, dass eine Methode nicht passt, zu einer Korrektur der Intensität der Methode, es wird mehr oder weniger dasselbe ausprobiert, ähnlich wie man mit einem Thermostatregler umgeht, wird die Durchführung in ihrer Intensität entsprechend den Umweltbedingungen justiert. Die Methode als solche wird dabei nicht infrage gestellt. Sie kann häufig nicht explizit beschrieben werden, weil die Person aus Gewohnheit handelt: Es werden die gewohnten mentalen Modelle abgerufen, die zum gewohnten Verhalten führen, Abb. 40 veranschaulicht dies. Ein Beispiel aus dem Unternehmenskontext für reaktives Lernen wäre eine Delegationssituation, in der die Führungskraft ihrem Mitarbeiter wiederholt eine Aufgabe erteilt, die der Mitarbeiter bisher nicht erfüllt hat, weshalb die Führungskraft aufgrund dessen die Vehemenz der Anweisung intensiviert, ohne zu hinterfragen, ob die Methode an sich sinnvoll ist. Hier betrachtet die Führungskraft ausschließlich das Ergebnis. In dieser Art des Lernens bleiben die impliziten mentalen Modelle unverändert.

---

[7] Angeregt durch eine Metapher mit drei Schwänen von B. Schmidt und J. Hipp, die in einem anderen Zusammenhang genutzt wird.

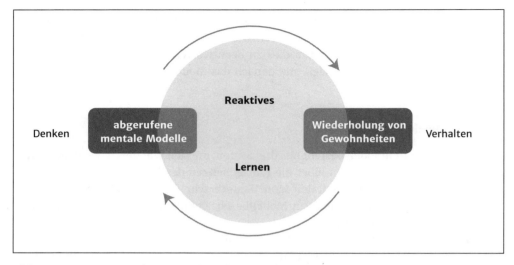

Abb. 39: Lernen erster Ebene: Durch reaktives Lernen werden mentale Modelle nicht verändert, sondern wiederholt abgerufen (in Anlehnung an Senge, Scharmer, Jaworski & Flowers, 2008)

Zweite Reflexionsstufe: Der zweite Taucher, der über dem ersten Taucher schwimmt, bezieht die erste Ebene mit ein, d. h. er erlebt sich ebenfalls beim Tauchen und freut sich über die Korallen. Zusätzlich reflektiert er sein Handeln und seine Konsequenzen des Handelns: Die Person reflektiert beispielsweise, dass sie Korallen zerstört, wenn sie sie anfasst und fragt sich, wie die anderen Mittaucher ihr Verhalten wahrnehmen. Die Person ist fähig, sich selbst aus der Distanz zu betrachten und kritisiert ihre Methode und Vorgehensweise. Führt eine Methode nicht zum Ergebnis, findet eine Korrektur der Methode oder Vorgehensweise statt. Auf dieser Ebene kann die Person ihr Verhalten explizit artikulieren und in Worte fassen. Ein Beispiel aus dem Führungskontext wäre eine Führungskraft, die erkennt, dass sie ihrem Mitarbeiter kritisches Feedback gibt, während seine Kollegen dabei sind. Sie betrachtet sich von außen und stellt fest, welche Konsequenzen ihr Verhalten auf andere hat. Deshalb verändert sie die Vorgehensweise und gibt Feedback künftig nur unter vier Augen. Hier werden zwar die Verhaltensweisen reflektiert, sodass eine Verhaltensänderung stattfindet, die mentalen Modelle bleiben dabei aber implizit und unverändert.

Dritte Reflexionsstufe: Der dritte Taucher taucht über den anderen beiden. Seine Reflexion bezieht die ersten beiden Ebenen mit ein, d. h. er erlebt sich beim Tauchen und sieht sich aus der Distanz handeln. Zusätzlich betrachtet er sich dabei, wie er sich betrachtet, d. h. er reflektiert seine mentalen Modelle, anhand derer er die Welt und also sich selbst sieht. Der Taucher fragt sich beispielsweise, warum er Korallen schön findet. Eine Korrektur des mentalen Modells findet statt, indem die grundlegenden Normen und Regeln auf ihre Angemessenheit und Angreifbarkeit überprüft werden. Es wird beispielsweise auf einer Meta-Ebene reflektiert, welche Erklärungsmuster dem eigenen Handeln zugrunde liegen, und es findet eine Einsicht über den Ablauf von Beurteilungsprozessen statt. Korrigiert wird die Art der Betrachtung. Die Wirklichkeitsgewohnheiten[8] werden infrage gestellt und neue Strategien und Möglichkeiten erarbeitet, um Lösungen herbeizuführen. Beispielsweise stellt eine Führungskraft das Feedbacksystem im Unternehmen infrage, vergleicht es mit anderen Unternehmen und führt das Vorgesetztenfeedback ein, sodass auch Mitarbeiter dem Vorgesetzten Feedback geben können. Hier wird das Verhalten in einen größeren Kontext gestellt, z. B. den der Gesamtorganisation oder der Gesellschaft. Führungskräfte, die auf der dritten Reflexionsstufe agieren und Dinge in einen größeren Kontext stellen, sind sich bewusst, dass Ziele, Werte und Prioritäten unterschiedlich sind und relativiert werden, wenn man sie aus verschiedenen Perspektiven betrachtet. Zudem lassen sie die Unsicherheit zu, dass alles einer Veränderung unterliegt, die nicht vorhersehbar ist. Dadurch erlangen Führungskräfte die nötige Weisheit, die Interessen der Stakeholder, z. B. der Mitarbeiter, des Unternehmens, und die eigenen Interessen ausbalancieren zu können (vgl. Sternberg, 2007). Diese Art des Denkens in komplexen Zusammenhängen wird auch als systemisches Denken bezeichnet, das im Gegensatz zu linearen Denkmodellen steht.

Durch die Veranschaulichung der dritten Ebene soll verdeutlicht werden, dass ein und derselbe Taucher betrachtet wurde, nicht drei verschiedene. Eine Person kann im Prozess der Selbstreflexion mental »aus sich heraussteigen« und sich in der Betrachtung ihres Handelns verdoppeln. Danach »steigt« sie noch einmal hinaus und betrachtet sich beim Betrachten ihres Verhaltens; die Betrachtung wird zum Gegenstand der Betrachtung. Auf dieser Ebene findet schöpferisches Lernen statt, wohingegen beim reaktiven Lernen keine kreative Kraft involviert ist. Reaktives Lernen ist notwendig und überlebenswichtig, aber erst das schöpferische Lernen bringt Neuerungen hervor und befähigt, mit Veränderungen konstruktiv umzugehen. Setzt sich ein Unternehmen aus lernenden Individuen zusammen und fördert diese Art von Lernen, kann sie lernfähig und proaktiv mit Wandel umgehen.

Im Arbeitsalltag fehlt es Menschen häufig an Möglichkeiten und Freiräumen, um zu reflektieren und sich mit dem größeren Kontext auseinanderzusetzen. Menschen streben zwar im Allgemeinen nach Wachstum sowie danach, etwas Sinnvolles beizutragen; in Druck- oder Stresssituationen wird allerdings ihre Möglichkeit eingeschränkt, sich zu entwickeln. Menschen befinden sich daher — v. a. in Arbeitssituationen mit hoher Arbeitsintensität — meist auf der ersten Reflexionsebene. Erst auf den beiden höheren Stufen gelingt es aber, Gedanken und Gewohnheiten aktiver zu steuern und damit eine nachhaltige Wirkung des Verhaltens zu erzielen. Durch das Bewusstwerden der mentalen Modelle auf der dritten Ebene erlangt der Mensch die Fähigkeit, neue Denkweisen zu entwickeln, die zu Verhaltensweisen führen, welche nun auch in zuvor unbekannten Situationen abgerufen werden können. Auf dieser Stufe setzen sich Menschen zunächst Unsicherheiten aus, die in der Regel als feindlich empfunden werden, da sich Menschen wohler fühlen, wenn sie sich der Welt sicher sein können. Diese Sicherheit wird durch das Infragestellen des mentalen Modells kurzzeitig genommen. Der Mensch muss also, um sich zu entwickeln, die Komfortzone verlassen. Dies geschieht selten freiwillig.

---

8 Der Begriff »Wirklichkeitsgewohnheit« tauchte bei Milton Erickson erstmals auf, der über Wirklichkeitsgewohnheiten spricht, die beibehalten werden, obwohl sie zur Entwicklung von Problemen und der Minderung von Lebensqualität beitragen, wenn sie dem Menschen nicht zugänglich sind.

Meist geben Menschen nur aufgrund von Leidensdruck oder durch einen heilsamen Schock ihre Gewohnheiten auf. Gewohnheit heißt hier auch, dass Menschen durch Erfahrung gelernt haben, welche Verhaltensweisen erfolgreich waren. Das Loslassen von bekanntem und vormals erfolgreichem Verhalten ist eine der schwierigsten Aufgaben bei der Entwicklung neuer Kompetenzen oder Verhaltensweisen, da diese durch Konditionierungsprozesse fest verankert ist. Auf der dritten Reflexionsstufe können also — wenn die Veränderung der mentalen Modelle mit einem Erlernen von Wissen und Verhalten einhergeht — neue Kompetenzen aufgebaut werden. Vor diesem Hintergrund wird Lernfähigkeit erklärt als die Fähigkeit, seine Komfortzone verlassen zu können und sich seines Verhaltens und seiner mentalen Modelle bewusst zu sein.

Um die Mitarbeiter dabei zu unterstützen, diese dritte Stufe des Lernens zu erreichen, sollte zum einen die entsprechende Lernkultur etabliert werden, in der Freiräume zum Denken und Reflektieren, beispielsweise in interdisziplinären Teams, gegeben werden. Zudem sollten Entwicklungsprogramme so aufgebaut sein, dass sie dabei unterstützen, mentale Modelle aktiv zu verändern, indem sie der Person bewusst zugänglich gemacht werden, indem neue Wissensbestände angeeignet und ausprobiert werden sowie durch neue Erfahrungen alternative Werte internalisiert und neue Verhaltensweisen gelernt werden. Im Arbeitsalltag sollte das Verhalten des Mitarbeiters, das den neuen und gewünschten mentalen Modellen entspricht, durch positive Reaktionen, z. B. Belohnungen, verstärkt werden.

4.1.2 Modell der Transformationsübergänge

Welche Maßnahmen sind auf Basis dieser Überlegungen in Entwicklungsprogrammen zu beachten? Eine aktive Veränderung der mentalen Modelle beginnt beim Übergang vom impliziten zum expliziten Vorliegen (vgl. Nonaka & Takeuchi,1997; Nonaka, 1991) der mentalen Modelle. Sobald die mentalen Modelle explizit vorliegen, können neu erworbene Inhalte durch die oben beschriebene emotionale Speicherung verinnerlicht werden. Bei dieser Transformation sind Entwicklungsprogramme hilfreich. Der Transformationsprozess sowie entsprechende Maßnahmen zur Personalentwicklung sind in Tabelle 40 veranschaulicht. Angemerkt sei, dass die Veränderung auch passiv erfolgen kann, indem die Unternehmenskultur unbewusst verinnerlicht wird. Dies wurde im Kapitel B. »Kultur« bereits skizziert.

Art des Übergangs	Elemente der Personalentwicklung
Implizit → Explizit Mentale Modelle werden der Person bewusst zugänglich gemacht.	Externalisierung wird angestoßen durch • reflexive Kommunikation, d. h. durch den Prozess der bildhaften »Versprachlichung« durch Artikulation in Metaphern, Analogien, symbolhafter Sprache oder Bildern, • durch Infragestellen des Selbstverständlichen, indem bisherige Wirklichkeitsgewohnheiten »irritiert« werden (z. B. durch interkulturelle Erfahrungen; verstörenden Fragen, vgl. dazu entsprechende Coachingfragen), • Erzeugen von Dissonanzen, die zu einer kurzfristigen Verunsicherung führen, z. B. durch klares und kritisches Feedback,

Art des Übergangs	Elemente der Personalentwicklung
Implizit → Explizit Mentale Modelle werden der Person bewusst zugänglich gemacht.	• Reflexion durch eine überzeugende Darstellung von Alternativen durch inspirierende Redner, • Achtsamkeitsübungen, die das Bewusstsein für das Zustandekommen des eigenen Handelns stärken, • Übungen, in denen die Mitarbeiter sich in die Lage anderer versetzen und sich wie »von außen« betrachten, • Abgleich des Selbstbildes mit dem Fremdbild, • durch interkulturelle Erfahrungen im Ausland oder durch gemeinsames Arbeiten mit Mitarbeitern, die einer anderen Kultur angehören.
Explizit → Explizit Neue Wissensbestände werden angeeignet und ausprobiert.	Die Kombination bereits bestehender Inhalte mit neuen Inhalten geschieht durch • Erwerb von Wissen, • Informationsaustausch, • Diskussionen, • Medien wie Vorträge, Filme, Bücher, Podcasts.
Explizit → Implizit Durch neue Erfahrungen werden alternative Werte internalisiert.	Die Internalisierung geschieht durch »emotionale Speicherung« der neuen Werte durch • Erfahrung im Rollenspiel oder Simulationen mit anschließendem Videofeedback, • sehr positive Erfahrung, z. B. eine Einsicht oder Erkenntnis, • Auslösen positiver Emotionen durch Anerkennung, • negative Erfahrungen, z. B. kritisches Feedback, mit dem nicht gerechnet wurde, oder auch heilsamer Schock, z. B. sich plötzlich in einer sicheren Lernumgebung »bloßgestellt«[9] fühlen, • Auslösung persönlicher Betroffenheit, indem beispielsweise die Konsequenzen einer Handlung bewusst gemacht oder in einen größeren Kontext gestellt werden.
Implizit → Implizit Implizite mentale Modelle können passiv verändert werden durch eine unbewusste Verinnerlichung der Unternehmenskultur.	Verinnerlichung der Unternehmenskultur geschieht mittels Sozialisation und Prägungen durch • gemeinsame Erfahrungen, • Nachahmungen, • Rituale wie wiederkehrende Veranstaltungen u. Ä., • Symbolik, wozu das Erzählen von Geschichten und Legenden gehört. • Vgl. die Maßnahmen zur Etablierung einer neuen Unternehmenskultur (Kapitel B »Kultur«).

Tab. 40: Transformationsübergänge mentaler Modelle

Wie aus der Tabelle ersichtlich wird, sind durch die verschiedenen Elemente die Komponenten »Kopf, Herz und Hand« angesprochen. Die Elemente werden in die Personal-

---

[9] Gelingt einem Teilnehmer beispielsweise ein Rollenspiel innerhalb der Gruppe nicht, wird er sich kurzfristig bloßgestellt fühlen. Hierbei muss beachtet werden, dass der »Schock« tatsächlich heilsam ist, d. h. dass sich das kurzfristige Gefühl von »bloßgestellt sein« nicht negativ auswirkt. Dies gelingt nur in einer Lernumgebung, in der sich die Teilnehmer sicher fühlen, weil sie darauf vertrauen können, dass Fehler erlaubt sind und alles vertraulich behandelt wird, ohne dass über die Veranstaltung nach außen — gegenüber dem eigenen Vorgesetzten — gesprochen wird.

entwicklungsmaßnahmen integriert; so kann beispielsweise die Externalisierung im Coachinggespräch angestoßen werden. Einige nützliche Fragen hierfür werden weiter unten aufgelistet. An dieser Stelle soll betont werden, dass die Haltung desjenigen, der die Irritation auslöst, nicht die eines »mehr Wissenden« ist. Es geht nicht um den Abgleich von »richtigen« oder »falschen« Ansichten, sondern um die Einsicht, dass Ansichten relativierbar sind und die eigenen Weltsicht prinzipiell angreifbar ist. Um eine Verhaltensveränderung innerhalb des Entwicklungsprozesses zu unterstützen sollten regelmäßige Reviews mit Feedbacks zu erreichten Verhaltensänderungen mit der Führungskraft abgehalten und ein individueller Entwicklungsplan aufgestellt werden (s. Tab. 41).

4.2 Welche Entwicklungsmaßnahmen werden eingesetzt?

Die Entwicklungsmaßnahmen im TMS zielen darauf ab, die Kompetenzlücken zwischen Ist- und Soll-Profilen zu schließen und so die Belegschaft im Sinne der Geschäftsstrategie zu entwickeln. Die Belegschaft soll für jetzige aber auch für zukünftige Herausforderungen entwickelt werden. Entwicklungsprogramme sollen gleichzeitig attraktiv für die Mitarbeiter sein, sodass sie zur Bindung von Mitarbeitern beitragen. Die Maßnahmen werden — wie oben im Kapitel A. »Strategie« unter 2.4 beschrieben — zielgruppenspezifisch und themenspezifisch geplant. Inhaltlich fließen sowohl die Ergebnisse der Bedarfsanalysen sowie der Diskussionen aus den Personalkonferenzen wie Talentkonferenz als auch die ausgefüllten Entwicklungspläne aus den Mitarbeitergesprächen in die Planung ein. Idealerweise dienen zudem das Kompetenzmodell oder die Anforderungsprofile als Planungsvorlage. Die Entwicklungsmöglichkeiten sollten auf allen Ebenen aufeinander aufbauen, d. h. wenn anhand der Anforderungsprofile oder Kompetenzmodelle deutlich wird, welche Kompetenzen und Qualifikationen pro Ebene benötigt werden, sollten entsprechende Maßnahmen angeboten werden. Vor dem diskutierten Hintergrund, dass Menschen in einem sich ändernden Umfeld arbeiten, stehen Maßnahmen, die die Lernfähigkeit und Selbstorganisation aller Mitarbeiter erhalten und fördern, im Rahmen des TMS im Mittelpunkt. Maßnahmen für Manager zielen u. a. auf die Entwicklung folgender Fähigkeiten ab: strategisches Denken, Entscheidungen in einem unsicheren Umfeld treffen, Einfluss ausüben und stabile Arbeitsbeziehungen knüpfen, überzeugen können, Mitarbeiter fördern und entwickeln sowie ein diversiziertes Umfeld mit kulturellen und generationsbedingten Unterschieden managen können. Für Führungskräfte steht die Entwicklung von Führungsfähigkeiten wie Coaching sowie die Entwicklung von emotionaler Intelligenz (z. B. Goleman, 1998; Williams & Penman, 2015) auf der Agenda.

4.2.1 Zielgruppen für Entwicklungsmaßnahmen

Für alle Mitarbeiter sollten Entwicklungsmaßnahmen angeboten werden, weil kontinuierliches Lernen für jeden Mitarbeiter entscheidend ist. Durch den Trend, Mitarbeiter aus dem eigenen Unternehmen zu befördern, verfolgen PE-Maßnahmen das Ziel, alle

Mitarbeiter zu außergewöhnlichen Leistungen zu befähigen bzw. dazu zu bringen, die eigenen Talente, die jeder hat, einbringen zu können.

Die Maßnahmen werden zielgruppenspezifisch — möglichst nach Funktion und nach Ebene — angeboten, beispielsweise Führungstrainings für Führungskräfte, bestimmte Produktschulungen für bestimmte Vertriebsmitarbeiter etc. Für die beiden Gruppen, die den kleinsten Prozentsatz im Unternehmen ausmachen — die überdurchschnittlichen Talente und die falsch eingesetzten Mitarbeiter — werden zudem gesonderte Maßnahmen durchgeführt. Erstere befinden sich im Potenzialreservoir und erhalten besondere Programme, weil sie schneller lernen als der Durchschnitt und auf Schlüsselpositionen hin entwickelt werden. Ihre Entwicklungsfelder und besonderen Maßnahmen werden in den Personalkonferenzen priorisiert. Mit der zweiten Ausnahmegruppe, den falsch eingesetzten Mitarbeitern, die weniger Leistung zeigen als erwartet, wird insbesondere in gemeinsamen Gesprächen analysiert, warum es Probleme gibt, um dann einen entsprechenden Maßnahmenplan zu erarbeiten, der darauf abzielt, die Leistungsfähigkeit wieder herzustellen bzw. zu erhöhen. Da Leistungseinbrüche verschiedene Gründe haben, sollten diese nach dem Triple-Grundsatz »Wollen, Können, Situation« analysiert werden. Die Führungskraft sollte also sowohl erfragen, ob und warum der Mitarbeiter Motivationsschwierigkeiten hat — womit der »Wollens«-Aspekt angesprochen wird — oder ob die Person Kompetenz- oder Qualifikationsdefizite hat, die sich durch Entwicklungsprogramme beheben lassen — womit der »Könnens«-Aspekt betrachtet wird. Zudem sollte die Situationsanalyse hinzugezogen werden, d. h. es sollte berücksichtigt werden, ob sich der Mitarbeiter in einer Situation befindet, die einen vollen Leistungseinsatz erschwert, und ob für temporäre Ausnahmesituationen, die z. B. familienbedingt sind, bestimmte Unterstützungen angeboten werden können. Um die Situation zu analysieren, sollten zudem die veränderten Bedingungen für ältere Arbeitnehmern berücksichtigt werden (s. Kapitel B »Kultur«). Angepasst an die spezifischen Aspekte werden individuelle Maßnahmen ergriffen.

4.2.2 Entwicklungsmaßnahmen on-the-job und off-the-job

Es werden typischerweise im Rahmen von TMS Entwicklungsmaßnahmen »on-the-job« und »off-the-job« eingesetzt: »on-the-job«, oder sog. »Action-learning«-Maßnahmen, eröffnen die Möglichkeit, Entwicklung unmittelbar am Arbeitsplatz beim Vollzug der Arbeit zu implementieren. Beim »action learning« befasst sich ein Projektlernteam für einen abgegrenzten Zeitraum mit aktuellen Organisationsproblemen. Ziel ist nicht nur die Lösungsfindung, sondern das Handlungsfeedback untereinander. Demgegenüber finden »Off-the-job«-Maßnahmen üblicherweise in räumlicher, zeitlicher und inhaltlicher Distanz zur Position statt (vgl. Conradi, 1993), typischerweise im Training oder im Workshop. In den meisten Organisationen gibt es interne Akademien, die Workshops von internen oder externen Anbietern zu einem Programm zusammenführen. Idealerweise ist das Programm nach Kompetenzen gegliedert, die die Organisation nutzt. Zur Auswahl von Anbietern siehe unter 4.2.2.1.

On-the-job-Maßnahmen ermöglichen es, neues Wissen in langfristiges Verhalten zu transformieren: Mit herausfordernden Aufgaben, neuen Lernmöglichkeiten und verstärktem Austausch in Teams können die Mitarbeiter neue Fertigkeiten erwerben und Kompetenzen stärken. Zugleich sind die Projekte nutzbringend für das Unternehmen; im Unternehmensjargon heißt dieses Prinzip daher auch »Learning by Earning«. On-the-job- und Off-the-job-Maßnahmen stoßen Kompetenzentwicklung an, sofern die Mechanismen der mentalen Modelle berücksichtigt werden, indem die Ebenen Kopf, Herz und Hand beteiligt sind, beispielsweise indem für die Zielgruppe interessante Themen behandelt und eine persönliche Betroffenheit durch die Relevanz ausgelöst werden. Eine Liste von On-the-job-Maßnahmen findet sich in Abschnitt 4.2.2.1.

Abb. 40: Entwicklungsmaßnahmen für MA-Gruppen

4.2.2.1 Providerauswahl für In-house-Akademien bzw. systematisch aufgebaute Entwicklungsprogramme

Ein systematisches Entwicklungsprogramm basiert auf einer Bedarfsanalyse innerhalb des Unternehmens und sollte entlang des unternehmensspezifischen Kompetenzmodells gestaltet werden, um die Belegschaft im Sinne der Geschäftsstrategie zu entwickeln. Durch ein unternehmensweites Curriculum können bisher vereinzelte Trainings integriert werden. Das Kompetenzmodell, das dem Trainingsprogramm zugrunde liegt, sollte im Trainingskatalog oder dem Curriculum abgedruckt sein. Gleichzeitig sollten die erwarteten Verhaltens- und Einstellungsänderungen, die das Trainingsprogramm kultivieren soll, an die Mitarbeiter kommuniziert werden.

Externe Anbieter werden häufig als Lernpartner hinzugezogen, um solche Programme zu entwickeln. Beim Design eines Trainingsprogramms treten üblicherweise folgende Herausforderungen auf (Quelle: Return on Meaning):

Konsistenz und Kohärenz

Die Trainings werden von Lernpartnern geplant, bauen aber nicht aufeinander auf und bringen keinen integrierten Fortschritt.

IQ und EQ
Die meisten Trainings fokussieren sich auf klassischen IQ oder Know-how und vernachlässigen das erlebende Lernen oder sog. EQ (emotionale Intelligenz)-Themen, wo echte Durchbrüche und Verhaltens- und Einstellungsänderungen möglich sind.

Zeit und Engagement
Da antizipiert wird, dass die Teilnehmer wenig Zeit haben, trauen sich Personalentwickler nicht mehr, die Trainings ausreichend lang zu gestalten, um Erfahrungen möglich zu machen.

Didaktik und Lernstil
Trainings werden von sog. »Gurus« — z. B. solchen, die bereits Bücher über ihre Themen veröffentlich haben — oder Business-Schulen angeboten, die einen sehr guten Ruf haben, aber die Palette von Lernmethoden nicht immer voll ausschöpfen.

Individuen und Teams
Mitarbeiter lernen individuell, statt den Wert von Teams zu nutzen.

Eine gute Providerauswahl stützt sich auf eine Liste von Kriterien, folgt Leitsätzen und wird nach einem Ablaufplan strukturiert. Der Prozess soll schließlich adäquate Anbieter für ein differenziertes und flexibles Trainingsangebot, das auf das Unternehmen zugeschnitten ist, identifizieren. Bei der Providerauswahl gilt grundsätzlich, dass nicht jeder renommierte Provider auch gute Qualität für das Unternehmen liefert. Es gibt drei typische Arten von Lernpartnern, die spezifische Vor- und Nachteile haben:

- **Business-Schulen** haben einen guten Ruf, aber sie neigen dazu, Standardcurricula statt State-of-the-Art-Curricula anzubieten und relativ unflexibel im Vorgehen zu sein.
- **Key note speaker bzw. »Gurus« für bestimmte Themen** bieten sehr gute Einsichten und Inspiration, aber sie liefern dies oft in vorlesungsartigen Formaten und passen sich wenig an den Kontext an.
- **Trainings- und Beratungsfirmen** sind flexibel und stellen sich auf die Organisation ein, sind aber auf dem Markt stark fragmentiert — die Qualität der Leistungen variiert selbst innerhalb einer Firma.

Unternehmen sollten grundsätzlich in Erwägung ziehen, ihr eigenes Programm zu entwerfen, das nur teilweise von verschiedenen, ausgewählten Providern unterstützt wird, z. B. Kaminabende mit einem Experten, Lernexkursionen etc., anstatt das komplette Programm an einen Lernpartner abzugeben. Unternehmensinterne Manager sollten dabei unbedingt eingebunden werden, z. B. in einer Fokusgruppe gemeinsam mit der Personalentwicklung. Folgende Kriterien helfen dabei, die passenden Lernpartner auszuwählen (s. Tab. 41).

Dimension	Kriterium
Budget und Anforderungen	Bleibt beim Budget, selbst nach erneuten Verhandlungen Kann alle geforderten Trainings in der vorgegebenen Zeitspanne anbieten Bringt bei kurzfristigen Dingen Flexibilität mit
Inhalt und Recherche	Bietet State-of-the-Art-Inhalte (basierend auf neusten wissenschaftlichen Studien) Setzt den Schwerpunkt auf einen Wandel in Einstellung und Verhalten Adressiert angebracht Bottom-up-Innovation und externe Ideen festzuhalten, Wissensaustausch Kreativ und unternehmerisch Personal Ownership und Konsequenzen-Management
Maßgeschneiderte Lösungen	Bietet dem Klienten Unterstützung bei der Entwicklung von Inhalten Ist darauf vorbereitet, Inhalte anzupassen Widmet der Anpassung ausreichend Zeit Ist in der Anpassung von Trainingsinhalten erfahren
Ruf und Vertrauen	Gibt passende und umfangreiche Referenzen an Macht einen guten ersten Eindruck Präsentation vermittelt Professionalität
Lieferung	Hat ausreichende Einsicht bzw. Wissen über das Unternehmen Bietet angemessene Gruppengrößen Beurteilt den Trainingsbedarf vor dem oder am Anfang des Trainings Verspricht gute Evaluierung Bietet qualifizierte Trainer mit relevanter Erfahrung

Tab. 41: Kriterien zur Anbieterauswahl (Quelle: Return on Meaning)

Außerdem ist es empfehlenswert, die Providerauswahl auf diese Leitsätze zu stützen:
1. Verwenden Sie eine Mischung aus Lernformaten, die die Ebenen Kopf, Herz und Hand (also IQ und EQ) ansprechen.
2. Trauen Sie sich, unübliche Formate auszuprobieren, Top-Manager haben keine Angst, Zeit in etwas zu investieren, das unüblich ist, solange es höchst professionell ausgearbeitet wird, neue Erfahrungen bringt und für ihre Rollen einen Mehrwert stiftet.
3. Verwenden Sie eine Auswahl gemischten Lernens für die Praxisphasen, die On-the-job-Maßnahmen, Coachings und Aufsicht, Unterstützung aus der Gruppe sowie Technik vereinen, um Lerneffekte einzubetten und das Lernen über Trainings hinaus zu unterstützen.
4. In einem fragmentierten Lernpartnermarkt sollten Sie sich darüber im Klaren sein, was genau Sie von welchem Lernpartner benötigen.
5. Binden Sie seniore Führungskräfte und Experten in den Designprozess ein, wenn möglich sogar als Trainer in einem Tandem mit einem erfahrenen Trainer.

Ein systematischer Prozess unterstützt die Auswahl des richtigen Providers. Die Auswahl könnte beispielsweise folgendermaßen ablaufen:

	Kriterien der Vorauswahl	Anfrage des des Angebots	Pitch vor-ausgewählter Provider	Bewertung der Provider	Synthese der Befunde	Finale Auswahl
Inhalt	• Auswahl-komitee aufstellen • Kriterien für die Auswahl definieren • Gewichtung/Hierarchie der Kriterien identifizieren	• Anfrage für Angebote an Premium Provider senden • Die Angebote bewerten • Beste Provider vor-auswählen	• Voraus-ausgewählte Provider einladen • 45- bis 60-minütige Präsentation und Q&A jedes Providers	• Jeden Provider individuell nach vorher definierten Kriterien bewerten	• Ausrichtung der Gesamt-bewertung für jeden Provider erreichen	• Provider nach höchster Gesamt-wertung auswählen • Ausgewählten Provider an Exekutiv-komitee empfehlen
Ziel	• Auswahl Format mit Kriterien und Gewichtung	• Angebot der Provider Liste von Providern, der zum Pitch eingeladen werden	• Präsentation der Provider • Realitäts-check des Aufbaus des Trainings-angebots	• Bewertung nach Aus-wahlkriterien für jeden Provider	• Synthese individueller Bewertungen aller Komitee-mitglieder	• Ein aus-gewählter Provider

Abb. 41: Vorlage: Ein systematischer Prozess unterstützt die Auswahl des richtigen Providers
(Quelle: Return on Meaning)

4.2.3 Maßnahmen für Mitarbeiter aller Ebenen

Für Mitarbeiter aller Ebenen werden off-the-job typischerweise Seminare zu Themen wie effektive Kommunikation und Rhetorik, Verhandlung, Kundenmanagement, Umgang mit Konflikten, Moderationstraining, Präsentationstechniken, Zeitmanagement, Kreativitätstechniken und Projektmanagement angeboten. Persönlichkeits- und Teamtraining, in denen sich die Teilnehmer durch Selbstreflexion und Feedbacks zu Verhaltensstilen entwickeln, nutzen als Basis häufig 360-Grad-Feedbacks oder Persönlichkeitsfragebögen wie beispielsweise INSIGHTS Leadership-check; Myers-Briggs-Typenindikator (MBTI) oder DISG-Persönlichkeitsprofil.

An systematischen Fortbildungen nehmen Mitarbeiter jeder Ebene und Funktion teil, weil Fachwissen immer schneller veraltet. Regelmäßige Schulung, Fachtraining zu Produkten, Fremdsprachentraining, PC- und Software-Schulungen u. a. sind unverzichtbar. Die Mitarbeitergespräche beinhalten Entwicklungsgespräche, in denen ein persönlicher Entwicklungsplan erstellt wird. Zudem erhalten die Mitarbeiter idealerweise regelmäßiges Feedback von ihrem Vorgesetzten, was zu den wichtigsten Instrumenten zur Weiterentwicklung gehört. Zu On-the-job-Maßnahmen gehören Projektmitarbeit oder -leitung sowie die Übernahme besonderer Geschäftsinitiativen oder internationaler Aufgaben. Die Präsentation von Vorträgen zu bestimmten Ereignissen oder die Durchführung von Trainings können zudem als Entwicklungsaufgaben eingesetzt werden. Shadowing ist eine Maßnahme, in der der Mitarbeiter einen Senior-Manager über einen abgegrenzten Zeitraum hinweg begleitet. Auch verschiedene Formen der Arbeitsgestaltung wirken entwicklungsfördernd. Dazu zählen

- Job rotation d. h. Arbeitsplatzwechsel, auch Wechsel in ein anderes Land;
- Job enlargement, d. h. Vergrößerung des Aufgabenfeldes ohne Erhöhung von Verantwortlichkeit;
- Job enrichment d. h. Erhöhung der Verantwortlichkeit und ggf. des Aufgabenbereiches ähnlich einer Beförderung und
- teilautonome Arbeitsgruppen, d. h. Arbeitsanreicherung auf Gruppenbasis.[10]

Auch Lernpartnerschaften, die selbstbestimmt agieren, wenn sie einmal offiziell z. B. im Rahmen eines Weiterbildungsprogramms ins Leben gerufen wurden, stellen eine Möglichkeit der Weiterentwicklung dar. Selbstlernmöglichkeiten durch Apps, Bücher, PodCasts, Zeitschriften und Management-Magazine sowie webbasierte Trainings werden idealerweise ebenfalls angeboten.

4.2.4 Entwicklungstreiber für Führungskräfte und Manager

Bestimmte Tätigkeiten ermöglichen besonders starke Entwicklungen, weil mit ihnen die Mitarbeiter sehr schnell intensive Erfahrungen machen können, die in einem regulärem Job nicht gemacht würden. Zu diesen Entwicklungstreiberjobs zählen nach Lombardo & Eichinger (2006) folgende:

- die Arbeit als Veränderungsmanager, z. B. bei TQM[11]-Einführungen oder Integrationen zweier Firmenkulturen nach einer Unternehmensfusion;
- der Einsatz als Krisenmanager, z. B. in Krisen, die durch Produktfehler, durch Skandale, Terrorismus, Streik oder mangelhafte BU-Leitung hervorgerufen wurden;
- Teilnahme an interdisziplinären Projekten oder Task Forces;
- Arbeit in der strategischen Planung, meist unter Beobachtung des Senior-Managements;
- internationale Einsätze für mehr als ein Jahr;
- Wechsel von Linien- zu Stabsfunktionen, Versetzung in Firmenzentralen, Leitung eines Stabs, Assistent der Geschäftsführung;
- Wechsel von Stabs- zu Linienfunktionen;
- Positionen mit signifikant verändertem Mitarbeitereinsatz, z. B. Leiten von neuen Gruppen;
- Leitung von Projekten ohne Weisungsbefugnis;

---

10 Formen von Arbeitsgruppen, wie z. B. teilautonome Arbeitsgruppen wird in Selbstverantwortung ein erweiterter Arbeitsbereich übertragen, dessen Aufgaben in kommunikativer Selbstbestimmung ausgeführt werden sollen. Hierbei werden insbesondere positive Aspekte durch Partizipation der Mitarbeiter und der Erweiterung des Handlungsspielraumes betont. Andere Arbeitsgruppenformen sind Qualitätszirkel oder Taskforces, in denen sich kleine Arbeitsgruppen formieren, um gemeinsam Probleme zu lösen mit Managern verschiedener Funktionen oder Subfunktionen; mit Menschen mit interdisziplinärem Hintergrund, unterschiedlichen Erfahrung und Fähigkeiten. Mit vielen unterschiedlichen Personen effektiv zusammenzuarbeiten stellt eine intensive Lernmöglichkeit dar.

11 TQM steht für Total Quality Management.

- Aufbau von Start-Up-Unternehmen;
- Implementierung neuer Programme über verschiedene BUs hinweg.

4.2.5 Maßnahmen für Teilnehmer des Potenzialreservoirs

Diejenigen Mitarbeiter, die sich durch überdurchschnittliche Leistung und Potenzial im Potenzialreservoir befinden, nehmen an besonderen Entwicklungsprogrammen teil, die z. B. in einem Zeitraum von 3 bis 12 Monaten stattfinden, in dem 2-Wochen-Blöcke mit 3 Monaten Abstand oder mehrere Module über drei Tage verteilt stattfinden. Meist finden diese Programme in Kooperation mit Universitäten, Business-Schulen wie z. B. INSEAD, IMD Lausanne, Stanford Graduate School of Business, Harvard Business School oder in unternehmenseigenen Akademien statt. Zwischen den Ausbildungsblöcken arbeiten die Mitarbeiter in aktiven Projektphasen als virtuelles und überregionales Team zusammen. Die Entwicklungsprogramme sind dabei auf das Unternehmen zugeschnitten, d. h. die Lehrenden sind Professoren der Business-Schule sowie unternehmenseigene Manager. Zudem werden unternehmensspezifische, »reale« Projekte bearbeitet anstatt simulierter Fallstudien.

Häufig werden auch Feedback-Instrumente zur Standortbestimmung angeboten, sog. Development Center. Beobachter sind dabei das internationale Management sowie externe Berater. Durch die Teilnahme des Managements wird v. a. Wertschätzung ausgedrückt. Die Mitarbeiter erfahren zudem, was das Unternehmen von ihnen erwartet, was ihnen Orientierungshilfe gibt. Nebenbei bieten Development Center persönliche Entwicklungsmöglichkeiten informeller Art: Sie sind eine sehr gute Gelegenheit für die Teilnehmenden, ihre Sichtbarkeit vor dem Top-Management des eigenen Unternehmens zu erhöhen sowie Beziehungs- bzw. Netzwerkpflege zu betreiben.

4.2.6 Maßnahmen speziell für Führungskräfte

Für die Führungskräfteebene werden typischerweise neben den oben bereits genannten Maßnahmen Mentoring- und Coachingprogramme angeboten: Ein Mentor ist meist ein erfahrener Manager, der aus dem Unternehmen kommt und sich für regelmäßigen Austausch zur Verfügung stellt. Insbesondere bezüglich der Rollenerwartungen, die mit der Führungsebene zusammenhängen, ist der Austausch mit höheren Führungskräften, die als Rollenvorbilder fungieren, entwicklungsfördernd. Details zu Mentoring siehe S. 200 ff. Ein Coach kommt hingegen häufig nicht aus dem Unternehmen und hilft mit Methodenwissen bezüglich der persönlichen Weiterentwicklung. Insbesondere in der Phase des Eintritts bzw. Überganges von einer Führungsposition zur nächsthöheren oder an einen neuen Standort sind Coachings unterstützend. Klassischerweise werden Führungskräftetrainings mit Fokus auf Mitarbeiterbeurteilung und Coaching sowie 360-Grad-Feedback als Entwicklungsinstrument genutzt, um die Entwicklungsfelder klarer sichtbar und bearbeitbar zu machen. Bewerberinterviewtrainings und Arbeitsrecht für Führungskräfte gehören üblicherweise zum Programm der Entwicklung. Weitere Entwicklungsmöglichkeiten entstehen durch gezielte Reisen mit erfahrenen Managern, weil sich auf Reisen zahlreiche Möglichkeiten bieten, sich auszutauschen.

Wie verbreitet ist Mentoring und was sind die Effekte von Mentoring
Ca. 24% aller deutschen Unternehmen führen Mentorenprogramme durch. Laut einer internen Studie einer Großbank stammen dreimal so viele intern entwickelte Top-Führungskräfte aus einer Gruppe von ehemaligen Mentees wie aus der Gruppe der Mitarbeiter, die kein Mentorenprogramm durchlaufen haben (Möller, 2012). Beobachtete Veränderungen durch Mentoring sind z. B.
- gestiegenes Selbstbewusstsein, Souveränität, Gelassenheit,
- Selbstreflexion, Reflexionsfähigkeit,
- Offenheit, Vertrauenszuwachs sowie
- strategisches Vorgehen, verbessertes Arbeitsverhalten, stärkere Organisiertheit, höhere Ergebnisorientierung (Edelkraut & Graf, 2011).

Das Harvard Business Manager Magazin führte über sieben Jahre eine qualitative Umfrage zu Personalentwicklung mit 30 erfolgreichen Anbietern anspruchsvoller Dienstleistungen — u. a. Beratern, Anwälten und Banken — durch (DeLong, Gabarro & Lees, 2008). Angesichts des stetig steigenden Drucks in der Dienstleistungsbranche bezahlen Top-Manager hier oft mit hoher Personalfluktuation dafür, dass sie kaum noch Zeit haben, sich um ihr Personal zu kümmern. Mentoring ist deshalb zu einer beliebten Präventions- und Mitarbeiterbindungsmaßnahme unter Anwälten, Bankern etc. geworden.

Wie findet Mentoring statt? Ein konkretes Beispiel aus einer Organisation.
Jeder Mitarbeiter sollte einen Mentor aus einer höheren Hierarchieebene haben, der kein Vorgesetzter ist und nicht unmittelbar fachlich mit dem Mentee zusammenarbeitet. Während des Mentoring werden Fragen rund um die Karriereplanung und Herausforderungen im Unternehmen besprochen. Das Gespräch dient dem Austausch von Tipps, Erfahrungen und Empfehlungen. Über zwei Jahre hinweg sollten mindestens zweimal jährlich persönliche Gespräche zwischen Mentor und Mentee stattfinden, die jeweils ca. 120 min dauern.
Mentorengespräche sind eine Art von Coaching, sodass der Redeanteil des Mentors bei höchstens 30% liegen sollte. Ein Mentor zeichnet sich durch gutes Zuhören aus. Der Fokus des Gesprächs soll auf Stärken des Mentees liegen und erörtern, wie er diese nutzen kann, um seine beruflichen Ziele zu erreichen. Gleichzeitig soll auch über Schwächen offen gesprochen werden. Durch neue Perspektiven und Erfahrung des Mentors kann der Mentee Lösungsansätze entwickeln, die auf seinen Stärken basieren. Diese Ansätze können im nächsten Gespräch reflektiert werden, nachdem sie in der Praxis getestet wurden. Typischerweise ist ein Gespräch in drei Phasen unterteilt: Warm-up, Inhalt und Endphase. Der Anfang des Gesprächs sollte locker gestaltet werden: gegenseitige Erwartungen und Spielregeln (Vertraulichkeit vereinbaren) können abgeklärt und die Struktur des Gesprächs erläutert werden. Der Mentor sollte versuchen, eine angenehme Atmosphäre und einen vertrauensvollen Rahmen zu schaffen. Anschließend werden Inhalte abgestimmt. Hier sollte der Mentor erfragen, welche Themen für den Mentee wichtig sind, und diesen die Inhalte des Gesprächs bestimmen lassen. Eine wichtige Voraussetzung dafür ist eine

hohe Flexibilität des Mentors. Beispielsweise können die Gespräche dazu dienen, die Karriere des Mentees zu planen (»Ist-Soll«): Wo steht der Mentee heute, d. h. »Ist«-Zustand, gefolgt von einer Erörterung, wie der »Soll«-Zustand erreicht werden kann. Es ist wichtig, Erwartungen abzuklären: Welche Erwartungen hat die Organisation an den Mentee auf den verschiedenen Karrierestufen? Welche Erwartungen hat der Mentee an sich selbst? Ein Entwicklungsplan kann dazu genutzt werden, den Austausch zu Stärken, Schwächen und konkreten Herangehensweisen an eventuelle berufliche Hürden zu strukturieren. Abschließend werden nächste Schritte zusammengefasst und mögliche Ansätze, Lösungsideen etc., die aus dem Gespräch hervorgingen, wiederholt. Der Abschluss sollte positiv gestaltet werden: Was wird dem Mentee mit auf den Weg gegeben?

1	In die Beziehung investieren, um Vertrauen zu schaffen	Ausschließlich auf dieses eine Thema oder dieses eine Problem fokussieren
2	Potenziale durch wertschätzende Nachfragen maximieren	Monologe halten
3	Einander und den Kontext verstehen, bevor das Problem zusammen gelöst wird	Sofort eigene Vorschläge und Lösungen bringen
4	Mentee die Lösung selbst finden lassen und eigene Erfahrungen beisteuern	Problem selber lösen
5	Offene Fragen stellen	Größten Redeanteil haben
6	Aufrichtig und sachlich sein und genau darlegen, was Sie anbieten können	Mehr anbieten, als Sie halten können
	Zuhören, nachfragen, das Gespräch öffnen	*Reden, anleiten, die Unterhaltung beschränken*

Abb. 42: Sechs Tipps für ein gelungenes Mentorengespräch (linke Spalte: wie es sein sollte; rechts: was zu vermeiden ist) (Quelle: Return on Meaning)

Wie sollte ein Mentor sein?
Die oben genannte Umfrage unter den Dienstleistungsunternehmen (DeLong, Gabaroo & Lees, 2008) ergab, dass die Karriereförderung nicht im Vordergrund des Mentorings steht. Vielmehr wurde hervorgehoben, dass ein guter Mentor

- eine sehr authentische, glaubwürdige Person ist, die es vermag, durch Integrität zu kommunizieren,
- dem Mentee immer das Gefühl gibt zuzuhören, auch wenn die Antworten vielleicht manchmal unangenehm sind,
- den Mentee durch das Mentoring durchweg anspornt, sich zu verbessern,
- es schafft, dass die Mentees sich trauen, Risiken einzugehen, denn er vermittelt ihnen das Gefühl von Sicherheit,
- auch hilft, Ängste und Zweifel zu überwinden, da der Mentor hilft, das nötige Selbstvertrauen zu kultivieren,
- die Mentees dabei unterstützt, sich Ziele zu setzen, und die Mentees dabei fordert und
- Herausforderungen und Chancen aufgezeigt, die die Mentees sonst evtl. nicht wahrgenommen hätten (DeLong, Gabaroo & Lees, 2008).

4.2.6.1 Die Führungskraft als Coach

Zunehmend agieren Führungskräfte als Personalentwickler on-the-job, da sie im Rahmen von TMS für die Entwicklung der Mitarbeiter verantwortlich sind. Um sie mit dieser Aufgabe nicht allein zu lassen, sollten idealerweise in Führungskräftetrainings Methoden erlernt werden, um ein Coachinggespräch zu leiten. Unter Coaching wird ein lösungsorientiertes Vorgehen verstanden, bei dem der Mitarbeiter durch Fragen inspiriert wird, alternative Verhaltensweisen zu generieren, die seine Lage verbessern werden. Im Coaching verzichtet der Vorgesetzte weitestgehend darauf, Ratschläge zu geben. Erst wenn dem Mitarbeiter keine Optionen mehr einfallen, wie er mit seiner Situation umgehen sollte, kann der Vorgesetzte über seine Erfahrungen sprechen und Tipps geben. Im Folgenden wird auf zwei Instrumente eingegangen, die Führungskräfte nutzen können, um ein Coachinggespräch zu führen: das GROW-Modell als grundlegende Coachingtechnik sowie Coachingfragestellungen. Die Handlungskompetenz der Führungskraft ist hier hinsichtlich des Talent Managements bedeutsam, da sie die erste Quelle ist, auf der alle weiteren Talent-Management-Elemente wie Nachfolgeplanung und Mitarbeiterentwicklung aufbauen.

4.2.6.2 Grundlegende Coachingtechniken

Ein Coachinggespräch ist aus verschiedenen Gesprächsphasen aufgebaut. Hilfreich für Führungskräfte ist die sog. GROW-Technik, mit deren Hilfe das Gespräch strukturiert werden kann. GROW setzt sich aus den Initialen der vier Phasen »Goal« (Ziel), »Reality« (Wirklichkeitsbeschreibung), »Options« (Optionen) und »Will do« (Motivation) zusammen und verdeutlicht, dass es in dem Gespräch um das Wachstum bzw. die Entwicklung des Mitarbeiters geht. Tabelle 42 stellt dies dar.

Phase	Inhalt	Dauer
Goal	Einstieg ins Coachinggespräch und Festlegung des Themas (»Warum sind wir heute hier?«).	5 min.
	Festlegung von Spielregeln wie z. B. Vertraulichkeit, zeitlicher Rahmen, Umgang mit Notizen, falls sich die Führungskraft Notizen während des Gesprächs macht.	
Reality	Problemschilderung seitens des Mitarbeiters und kurze Darstellung der Situation. Fördernde und hemmende Faktoren werden identifiziert. Die Darstellung der Situation wird hinterfragt: »Gibt es die Möglichkeit von Irrtümern und Fehlwahrnehmungen?«; »Wie würden andere Personen die Situation beschreiben?«	10-15 min.
Options	Lösungsgestaltung durch Erfragung der Optionen des Mitarbeiters. Der Mitarbeiter entwickelt die Ideen, indem die Führungskraft fragt, was der Mitarbeiter sich vorstellen kann. Da Führungskräfte gewohnt sind, Anweisungen zu geben, fällt es ihnen meist schwer, bei den Fragestellungen zu bleiben und nicht gleich Ratschläge zu geben. Die Führungskraft sollte sich hier zurücknehmen und den Mitarbeiter die Alternativen zur Lösung entwickeln lassen. Wenn dem Mitarbeiter keine Punkte mehr einfallen, kann die Führungskraft ihre Ratschläge vorbringen, am besten als Angebot, nicht als Ratschlag. Dies ermöglicht dem Mitarbeiter, leichter zu entscheiden, ob die vorgebrachten Ideen der Führungskraft für ihn machbar und sinnvoll erscheinen.	20-30 min.
Will do	Festhalten der konkreten Maßnahmen in einem Entwicklungsplan. Vor- und Nachteile der Lösungen werden abgewogen, mögliche Hindernisse bei der Erreichung des Ziels erörtert. Aufstellung eines Zeitplans. Zum Abschluss bietet die Führungskraft ihre Unterstützung an.	10 min.

Tab. 42: Beispiel für die GROW-Phasen eines Coachinggesprächs

Die Zeitangaben in der Tabelle sind idealtypische Werte eines Coachings im Arbeitsalltag. Sie können — je nach Thema und je nach Erfahrenheit des Coaches — stark variieren.

Entlang der GROW-Struktur werden lösungsorientierte Fragen (im Sinne von de Shazer, 2004) entsprechend der Haltung im TMS gestellt. Diese Haltung ist wertschätzend und mitarbeiterorientiert und geht davon aus, dass Menschen die notwendigen Ressourcen aktivieren können, um ihre Probleme zu lösen.

Tipps zur Haltung und zu Fragetechniken beim Coaching mit 360-Grad-Feedback

A) Tipps zu Haltung

Beim Gegenüber bleiben und gleichzeitig präsent sein
- Präsent sein: d. h., sich seiner bewusst sein, spüren, ob man entspannt ist, was das Gegenüber auslöst, ob man gedanklich abschweift; achtsam im Moment sein;
- gleichzeitig auf das Gegenüber konzentriert sein: aktiv zuhören, teilweise wiederholen bzw. zusammenfassen, was der andere sagt, Blickkontakt, nicken, »surfing the answer«, d. h. dann, wenn der andere aufhört zu sprechen, eines seiner Worte aufnehmen und das Gespräch weiterführen;
- im Gesprächsfluss bleiben: mögliche Fragen im Hinterkopf abrufbar haben, aber nicht über nächste Frage nachdenken;
- nicht bewerten: zunächst zuhören, offen, neugierig ohne zu bewerten; Demut vor dem anderen und vor den Themen des anderen behalten und diese nicht sortieren nach »schwierig« oder »unbedeutend«.

Kein guter Coach sein wollen
- Zuversicht in den Prozess: davon ausgehen, dass das Wichtige sowieso genannt wird, egal, welche Frage gestellt wird; in diesem Sinne kann man keine falsche Frage stellen; mit dieser Haltung entwickelt man selbst eine gewisse Ruhe.
- Egozentrismus vermeiden: Offenheit und Neugierde beibehalten, sich selbst nicht wichtig nehmen; es geht nicht darum zu zeigen, dass man ein toller Coach ist oder etwas leisten muss; mutig Fragen stellen (s. Techniken wie zirkuläre Fragen).
- Unabhängig bleiben: nicht gefällig sein, nicht gefallen wollen; immer wieder achtsam einen »Check-in mit sich selbst« machen (»wo stehe ich gerade, bin ich entspannt?«, »bin ich mit meinen Gedanken voll beim anderen?«); dies hilft, nicht in das Problemfeld des anderen zu fallen.

Sich aus dem Problemfeld wieder befreien
- Falls man doch in die Problemfalle tappt und selbst nicht mehr weiter weiß (was man daran erkennt, dass man z. B. denkt »das Problem würde ich auch ungern haben« oder »das Problem habe ich auch und kann es nicht lösen«) eine Frage zum Perspektivwechsel oder konkretisierende Fragen stellen
    - Fragen zum Perspektivwechsel
        - Coachee als Coach: »Wenn Sie sich nun selbst zuhören und sich vorstellen, sie würden dieses Problem von einer anderen Person hören, was würden Sie dieser Person raten zu tun? (...) Was noch? (...) Was noch? (...) Ich frage nicht, um Sie zu nerven, sondern um zu hören, ob noch mehr Lösungen möglich sind. Also erlauben Sie mir die Fragen: Was noch? (...). Was nehmen Sie selbst daraus mit bzw. welche Lösung gefällt Ihnen am besten?«;
        - Vorbild als Coach: Stellen Sie sich jemanden vor, der dieses Problem mit Leichtigkeit lösen würde, jemand aus Ihrem Bekanntenkreis — haben Sie

jemanden vor Augen? Was würde diese Person tun? (...) Was davon könnten Sie mitnehmen bzw. machen?)
- Dritte Person als Coach: Was würde xy, Ihr Chef oder Ihr Bruder dazu sagen?
- Konkretisierende Fragen: »Ich kann mir vorstellen, was Sie damit meinen; ich frage Sie dennoch, was genau Sie damit meinen, damit ich Sie wirklich richtig verstehe. Beschreiben Sie eine dafür typische Situation der letzten zwei Wochen doch einmal ganz genau: was haben Sie da konkret gemacht«

Balkonperspektive
- nicht in die Beziehungsmuster des Gegenüber einbinden lassen: z. B. wenn das Gegenüber sich über andere bzw. die Firma beschwert oder lästert, nicht mitmachen, auch nicht mitlachen oder nicken; wenn möglich reflektieren, ob die Interaktion in Richtung eines Beziehungsspiels geht, z. B. im Sinne von Narzissmus;
- spiegeln: z. B. wenn der andere nicht auf den Punkt kommt, nicht auf Fragen antwortet, eher jammert, als an Lösungen zu arbeiten: »Ich möchte einmal spiegeln, was ich gerade wahrnehme: ... Kennen Sie das aus anderen Situationen?«
- falls das Gegenüber bei keiner Frage Ansätze zur Lösung zeigt, möglicherweise akzeptieren, dass die Person nicht als »Klient« da ist, um Lösungen zu erarbeiten und mitzuarbeiten, sondern als sog. »Besucher« nur einmal schauen möchte, wie Coaching funktioniert oder sich einmal »ausweinen« möchte ohne den Wunsch, eine Lösung zu finden. Diese innere Haltung gibt Ihnen selbst Ruhe und hält Sie davon ab, den anderen überzeugen zu wollen, dass eine Lösung möglich ist

Interesse zeigen und Raum geben
- mitschreiben,
- die Sprache des anderen wiederholen,
- Namen von Protagonisten im Leben des Coachees erfragen und diese nennen, nicht abstrakt über »die relevanten anderen« sprechen, dann wird das Gespräch auch abstrakt,
- Pausen aushalten (wenn der Coachee nachdenkt und eine längere Pause entsteht, einfach davon ausgehen, dass dies ein Zeichen ist, dass es eine gute Frage ist).

Einbringen eigener Impulse
- Hypothesen anbieten: bei einer starken Intuition dafür, welche Lösung für den Coachee sinnvoll wäre, diese mitteilen bzw. als Hypothese anbieten; nicht »dorthin coachen« (das führt selten weiter, da es eine Art der Manipulation ist, so etwas merkt der Coachee bewusst oder unbewusst); eigene Lösungen als Hypothese anbieten und nicht als Lösung (»Ich bin mir nicht sicher, ob es passt, es geht mir gerade so durch den Kopf und ich dachte, ich biete es mal als Hypothese an, Sie können Sie gerne verwerfen«).

Kurzinterventionen
- Minirollenspiele einbauen: auch wenn diese nur 2 min dauern, sind sie sehr wirksam; unterbrechen, wenn der Coachee sagt »ich würde nun xy sagen« und darum bitten, dass er die Dinge sagt und nicht über die Dinge spricht;

- aufschreiben lassen: den anderen ermutigen, relevante Einsichten aufzuschreiben, z. B. im Entwicklungsplan;
- Gegenstände aufstellen: Teams bzw. Familien aufstellen lassen mit Gegenständen auf dem Tisch, die verfügbar sind.

Die Führungskraft kann die folgende Liste an Fragen als weiteres Coachinginstrument nutzen, um den Dialog mit dem Mitarbeiter zu gestalten.

B) Tipps zu Fragetechniken

Coachingfragen — im Anschluss an ein 360-Grad-Feedback

Akzeptanz
- Welche Aspekte können Sie nachvollziehen?
- Was fällt Ihnen schwer zu akzeptieren? Was würde Ihnen helfen, um es besser akzeptieren zu können?
- Woran würden Sie selbst gerne arbeiten wollen? Was sind wichtige Themen?
- Bei Ablehnung des Reports
  - Fokus auf Menschen, die von Bedeutung sind: »Wessen Meinung ist Ihnen nicht egal?«
  - Ergründen der Botschaft dahinter »Was, denken Sie, will man Ihnen sagen?«
  - Emotionalität verbalisieren: »Sie hören sich wütend an, wenn Sie das so sagen.«
  - Auf konkrete Handlung gehen: »Was könnten Sie tun, damit Person x merkt, dass ...?«
  - Sagen, was vorhanden ist; »Ich habe den Eindruck, dass es Sie nicht interessiert. Deckt es sich vielleicht mit dem Feedback, dass Sie distanziert wirken?«
  - »Aber« vermeiden: Sagen Sie nicht »Ihre Mitarbeiter sehen Bedarf in der mündlichen Kommunikation, aber Ihre Kunden finden Sie hier stark«

GROW-Model
Goal?
- Was sind Ihre Ziele in diesem Bereich?
- Bei mehreren Zielen: Was ist Ihre Priorität, worüber sollten wir heute sprechen?

Reality? (Fragen über die Situation)
- Wo stehen Sie im Moment in diesem Bereich auf einer Skala von 1 bis 10, wobei 1 »ganz am Anfang« und 10 »Problem gelöst« bedeuten?
- Was können Sie schon gut? Was sind Ihre Stärken? Woran merken Sie, dass dies zu Ihren Stärken gehört?
- Woran haben Sie schon gearbeitet? Was sind bisherige Lösungsversuche?
- Welche positiven Aspekte sind mit dem Entwicklungsbereich verbunden (Was, glauben Sie, haben Sie davon? Wer hat etwas davon, dass das »Problem« besteht?)

- Wie beschreiben andere Ihr Problem?
- Was sind fördernde Bedingungen für Ihr Verhalten?
- Was sind hemmende Bedingungen? Wann verhalten Sie sich anders?
- Ausnahmefrage:
    - Was sind Ausnahmesituationen, in denen »Problemverhalten« nicht vorkommt? Warum nicht?
    - Alternativ: Wann hat es schon einmal besonders gut geklappt?
    - Was können Sie aus dieser Situation lernen bzw. auf andere übertragen?

Options? (Lösungsorientierung)
- Was genau könnten Sie noch ausprobieren bzw. anders machen in diesem Bereich?
- Welche weiteren Optionen gibt es? Was noch ...? Was noch ...? (Anmerkung: Bei der Lösungsgenerierung einige Male »was noch« zu fragen aktiviert das Gegenüber und führt zu mehr als einer Lösung, aus der der Coachee dann wählen kann.)
- Skalierungsfrage:
    - Bei einer Skalierung von 1 bis 10, wobei 1 »ganz am Anfang« und 10 »Problem gelöst« bedeuten, wo stehen Sie jetzt? (Anmerkung: falls Frage in R (Reality) noch nicht gestellt wurde). Was müssen Sie tun, um einen Schritt weiterzukommen bzw. auf der Skala aufzusteigen? Was noch?
- Vorbild:
    - Haben Sie eine Art Vorbild in diesem Bereich, das Ihr Wunschverhalten bereits zeigt?
    - Was macht diese Person anders?
    - Was davon könnten Sie vielleicht übernehmen?
- Was würde eine Veränderung bringen? Wer würde als erstes eine Veränderung bemerken? (Ähnlich ist die Wunderfrage: Angenommen, über Nacht würde ein Wunder passieren und ihr Problem wäre gelöst. Sie wachen auf und wissen nicht, dass das Problem nicht mehr existiert. Woran merken Sie, dass das Wunder passiert ist? Was tun Sie anders?)
- Woran würden andere merken, dass sich etwas geändert hat?
- Was würde passieren, wenn Sie ihr Verhalten nicht ändern würden?
- Was könnte sich verschlechtern, wenn Sie sich verändern?
- Was müsste Sie tun, um die Situation zu verschlimmern?
- Stärken stärken:
    - Wann haben Sie das letzte Mal so ein Problem gelöst?
    - Wie haben Sie das gemacht?
    - Auf welchen Stärken können Sie aufbauen?
    - Wie würden Sie es nun angehen?
- Perspektivwechsel:
    - Denken Sie an eine Person im Arbeitsumfeld, die das Problem gut meistern würde.
    - Welche Art von Ratschlag könnte die Person geben?
    - Was würde die Person an Ihrer Stelle machen?

Will do? (Ressourcenfragen)
- Was von den Lösungsmöglichkeiten, die Sie genannt bzw. aufgeschrieben haben können und wollen Sie jetzt tun, um einen Schritt weiterzukommen? Was noch? Was noch?
- Wann ist die nächste Möglichkeit, das auszuprobieren?
- Was glauben Sie, warum Sie das hinbekommen?
- Welche Hilfen können Sie nutzen, um die nächsten Schritte zu realisieren? (Sparringspartner; Freunde; Kollegen)

Diese Fragetechnik wird idealerweise im Training geübt, da die Fragen nicht entlang der Liste abgefragt, sondern im Dialog mit dem Mitarbeiter in den verschiedenen GROW-Phasen gestellt werden. Im Anschluss an das Coaching wird der individuelle Entwicklungsplan ausgefüllt, wie in Tabelle 43 dargestellt. Dieser stellt ein sich stetig weiterentwickelndes »lebendes Dokument« dar, das idealerweise im sechsmonatigen Rhythmus und typischerweise während des Mitarbeitergespräches 2 besprochen wird. Die Felder werden möglichst nach der SMART-Methode (s. S. 138) ausgefüllt.

Entwicklungs-ziele	Entwicklungs-aktivitäten	messbare Erfolgskriterien	Zeitrahmen	notwendige Unterstützung
Ich will durch eine offene Kommunikation wertschätzender mit den Kollegen und Assistenten umgehen, um dadurch die Arbeitsatmosphäre zu verbessern.	Ich möchte fortan bedenken, dass andere Ideen von Teammitgliedern ebenfalls eine Daseinsberechtigung haben und nicht mehr glauben, dass andere Ideen von vornherein unrealistisch sind.	Feedback von Kollegen und Assistenten bezüglich meines Verhaltens.	Beginn: morgen weihe ich Frau X als Vertrauensperson ein sowie Buchung der Seminare.	Team als Feedbackgeber.
	Dazu will ich mehr Interesse signalisieren und aktiv in den Projektsitzungen um Ideen bitten und Kollegen direkt dazu ansprechen (mindestens zweimal pro Woche).	Ich ziehe Frau X als Vertrauensperson hinzu, die mir nach jeder Teamsitzung Feedback zu meinem Verhalten gibt.	1. Review zum Mitarbeitergespräch 2 am (Datum).	Frau X; HR wegen Seminar.
	Ich nehme mir vor, meine Teammitglieder häufiger zu loben und ihnen offen und positiv zu begegnen.	360-Grad-Feedback-Ergebnisse können Aussagen zu Entwicklung geben.		

Entwicklungs-ziele	Entwicklungs-aktivitäten	messbare Erfolgskriterien	Zeitrahmen	notwendige Unterstüt-zung
	Training in »mitei-nander reden«.			

Tab. 43: Ausschnitt aus einem individuellen Entwicklungsplan

Ist der Plan ausgefüllt, werden im nächsten Schritt Besprechungen festgelegt, die die Überprüfung der Veränderung zum Ziel haben. Es empfiehlt sich für den Mitarbeiter, ein Entwicklungstagebuch anzulegen, in dem er seine Veränderungen dokumentiert. Die HR-Abteilung erhält eine Kopie der Entwicklungspläne, um darauf aufbauend den Bedarf der Mitarbeiter zu analysieren und entsprechend Seminare planen zu können.

In vielen Unternehmen gibt es einen Katalog mit Ideen zu Entwicklungsmaßnahmen pro Kompetenz, um es der Führungskraft zu erleichtern, Maßnahmen jenseits von Seminaren mit dem Mitarbeitenden festzulegen.

Katalog zu On-the-job-Entwicklungsmaßnahmen

Tipps zur Zusammenarbeit
Beziehungen können Sie aufbauen, indem Sie Folgendes beachten:
- Ein unterstützendes Umfeld schaffen, z. B. durch gemeinsame Mittagessen oder durch das Versenden einer von allen Teammitgliedern unterschriebenen Geburtstagskarte.
- Neutralität und Gleichbehandlung aller Teammitglieder sowie die Vermittlung in Konfliktsituationen gewährleisten.
- Politik der offenen Tür einführen und Ihre Mitarbeiter ermutigen, von ihr Gebrauch zu machen.
- Wöchentliche Teammeetings einführen, die allen einen Überblick über die einzelnen Aufgaben und die unter Umständen benötigte Unterstützung geben.
- Eine wertschätzende Arbeitsatmosphäre schaffen, indem Sie das Verhalten vorleben, das Sie bei anderen sehen wollen, z. B. dadurch, dass Sie immer freundlich sind, wenn Sie angesprochen werden.

Konstruktive Diskussionen können Sie folgendermaßen herausfordern:
- Fordern Sie Ihre Kollegen konstruktiv heraus mit offenen Fragen wie »Warum sollten wir in diese Richtung gehen?«, »Was wäre eine alternative Herangehensweise?«, und zeigen Sie dabei nonverbal eine positive Einstellung.
- Installieren Sie eine Pinnwand, zu der alle Teammitglieder Zugang haben, um aktuelle Fragen zu stellen, sodass Kollegen Hilfe anbieten können.
- Kreieren Sie Lösungen mit Ihrem Team in gemeinsamen Problemlösungssessions.

Techniken, um zuzuhören, beinhalten
- die Bemühung, die individuellen Gründe und Einstellungen der Menschen hinter den offensichtlichen herauszufinden, indem Sie sich in die Lage des Gegenübers versetzen;

- aktives Zuhören, was und wie Ihre Mitarbeiter Ihnen etwas sagen — auch mit nonverbaler Kommunikation.

Konflikte können Sie vermeiden bzw. lösen, indem Sie
- bei den Fakten bleiben und es vermeiden, bei Konflikten persönlich zu werden;
- klares und direktes, aber wertschätzendes Feedback geben, indem Sie »Ich-Botschaften« verwenden, z. B. »Ich stimme nicht zu, weil ich glaube, dass...«;
- Mitarbeiter ermutigen, ihre Stärken besser einzusetzen, indem Sie diese transparent machen.

Weitere Tipps
- Bitten Sie Personen um Rat, die dafür bekannt sind, sehr gut darin zu sein, mit anderen zusammenzuarbeiten.
- Ermutigen Sie Wissensteilung und Offenheit unter Teammitgliedern, z. B. durch ein regelmäßiges »Wissensfrühstück«, bei dem jedes Mal ein anderes Teammitglied eine Präsentation zu einem Thema hält, von dem er bzw. sie begeistert ist (idealerweise in Bezug auf die Arbeit, aber nicht zwingend).

Empfohlene Literatur
- Schulz von Thun, F. (2010). Miteinander reden. Rororo
- Von Hehn, S. & von Hehn, A. (2015). Achtsamkeit in Beruf und Alltag. Haufe

Tipps zum Performance Management

Ein gemeinsames Verständnis von wirtschaftlichen Interessen stellt sich ein, wenn Sie
- bei Zielsetzungen den Gesamtkontext auf Unternehmenslevel vermitteln und ihn auf Teamebene herunterbrechen; zeigen Sie den Zusammenhang auf;
- das Gesamtziel klarmachen und einen Team-Meilensteinplan inkl. der Wechselwirkungen skizzieren, um die Richtung deutlich zu machen;
- Teamziele in einem Gemeinschaftsbereich visualisieren, wo alle Teammitglieder diese sehen bzw. regelmäßig vorbeikommen.

Eine klare Zielsetzung können Sie wie folgt sicherstellen:
- Setzen Sie Ziele und Maßnahmen für das Gesamtprojekt und die einzelnen Aufgaben so, dass der Fortschritt vergleichbar wird.
- Verstehen Sie individuelle Stärken und Entwicklungspotenziale Ihrer Mitarbeiter, um entsprechend Ziele zu setzen.
- Entwickeln Sie MECE(»mutually exclusive and collectively exhaustive«)-Rollenbeschreibungen über das gesamte Team und wenden Sie dabei IBZED (Information, Beratung, Zustimmung, Entscheidung, Durchführung) an.

Ihre gesetzten Ziele können Sie nachhalten, indem Sie
- wöchentliche Teammeetings halten, um den Fortschritt von laufenden Prozessen zu überprüfen und potenziellen Unterstützungsbedarf festzustellen;
- in 1:1-Gesprächen nicht lockerlassen, wichtige Aufgaben zu besprechen, bis diese verstanden sind und Sie helfen können, mögliche Probleme zu lösen und
- regelmäßig individuelle Leistungsprobleme beobachten und nicht zu lang damit warten, Entscheidungen zu treffen (falls hilfreich, diskutieren Sie Ihre Bedenken mit Kollegen).

Der Umgang mit Leistungsproblemen gelingt, wenn Sie
- sicherstellen, dass alle Team- und Einzelziele die SMART-Kriterien erfüllen: spezifisch, messbar, ambitioniert, realistisch, terminiert;
- verständliche und knackige KPIs auf Team- und Einzelebene definieren;
- sich ausgiebig auf Leistungsgespräche vorbereiten und sich Zeit nehmen, diese mit allen Mitarbeitern durchzuführen.

Empfohlene Literatur
- Meifert, M. T. & Sattler, J. & Förster, L. & Saller, T. & Studer, T. (2011). Führen. Haufe-Lexware
- Drucker, P. & Ferber, M. (2009). Die fünf entscheidenden Fragen des Managements. Weinheim: Wiley Verlag

Tipps zu Fachwissen und Analysefähigkeit

Bilden Sie Expertenwissen:
- Sie können auf dem Laufenden bleiben, indem Sie Fachveranstaltungen besuchen und relevante Literatur lesen.
- Sie können sich selbst Herausforderungen erleichtern, indem Sie ein Netzwerk externer Experten aufbauen.
- Eine »Bibel« für Ihr Fachgebiet, z. B. das eine Referenzwerk, das es für jeden Bereich und jede Technologie gibt, lohnt es sich zu finden.

Werden Sie ein effektiver Problemlöser indem Sie
- gemeinsame Problemlösungssessions mit Ihrem Team und — wenn möglich — externen Experten ermöglichen;
- mit einem Kollegen, dem Sie vertrauen, sprechen und mit dieser Person auch schwierige Herausforderungen besprechen; bemühen Sie sich um einen Perspektivwechsel;
- einen Vorgesetzten bitten, Sie kritisch zu hinterfragen, um sicherzugehen, dass Sie alles Relevante erfasst haben;
- einem strukturierten Problemlösungsansatz folgen (d. h. Sie definieren das Problem sorgfältig und finden heraus, wie das Problem zu verhindern wäre);
- die 3 Fragen, die Sie sich nach jeder Analyse stellen wollen, z. B. »Habe ich wirklich versucht, meine Hypothese zu widerlegen«, beschreiben sowie
- lösungsorientierter werden, indem Sie nach Ideen suchen, das Problem anzugehen, anstatt die Ursachen des Problems verstehen zu wollen.

Um Prioritäten zu setzen, können Sie
- Aufgaben nach Prioritäten unterteilen, z. B. indem Sie sie in Kategorien wie A, B, C, D einteilen (d. h. A = wichtig und dringlich, D = nicht dringlich und nicht wichtig);
- 2–3 Schlüsselprioritäten festlegen und für diese mehr Zeit als für andere Aufgaben einplanen.

Ermöglichen Sie Komplexität:
- Folgen Sie der 10-20-30-Regel für Kommunikation bei komplexen Sachverhalten, z. B. max. 10 Seiten, max. 20 Minuten mit einer 30-Punkt-Schrift.

- Seien Sie klar in Ihren Botschaften: Reduzieren Sie Diskussionen auf 2–3 Hauptpunkte und strukturieren Sie Ihre Gedanken, bevor Sie sprechen.
- Erläutern Sie eine komplexe Situation einer außenstehenden Person.
- Überprüfen Sie Ihre Unterlagen auf Fachsprache, schwierige technische Ausdrücke etc. Vereinfachen Sie Ihr Dokument und lassen Sie es klarer wirken, indem Sie es entsprechend umformulieren.
- Treten Sie einen Schritt zurück, bevor Sie eine wichtige Nachricht übermitteln. Es hilft, noch einmal das »große Bild« in Augenschein zu nehmen, indem Sie z. B. fragen, was das Problem ist, das Sie lösen wollen, oder was die Perspektive Ihrer Zielgruppe ist.

Empfohlene Literatur
- Balzer, K. (2000). Die McKinsey Methode: Die 10 Erfolgsgeheimnisse der gefragtesten Unternehmensberatung der Welt. Wirtschaftsverlag Überreuter
- Minto, B. (2005). Das Prinzip der Pyramide: Ideen klar, verständlich und erfolgreich kommunizieren. Addison-Wesley Verlag

Tipps zu Innovations- und Veränderungsmanagement (Agilität)

Öffnen Sie sich für Veränderung:
- Wenden Sie Kreativtechniken gemeinsam mit Ihrem Team, einer erweiterten Expertengruppe oder Kunden an.
- Führen Sie Methoden wie Benchmarking oder Reverse Engineering ein.
- Interpretieren Sie Misserfolg als Chance und präsentieren Sie Ideen, die noch nicht ausgereift sind (80/20-Regel).
- Wenn Sie das Gefühl haben, festzustecken oder selbst resistent für Veränderung zu werden, nehmen Sie einen Coach in Anspruch.

Treiben Sie Innovation und Veränderung voran, indem Sie
- die Wirkung potenzieller Ideen am Markt antizipieren;
- vom Markt lernen, indem Sie Einblicke nutzen, aber sichergehen, dass Innovation finanziell Sinn ergibt;
- fachübergreifende und multidisziplinäre Teams einsetzen, um Innovation zu fördern;
- eine holistische Perspektive einnehmen oder Dinge proaktiv verändern, indem Sie eine veränderte Einstellung ansprechen;
- sich selbst ermutigen, Experimente und Versuche zu unternehmen und
- über Entscheidungen schlafen — das Gehirn verarbeitet auch Gedanken, wenn wir nicht aktiv nachdenken.

Sie können effektiv mit Widerstand umgehen, wenn Sie
mit Ihrem Team regelmäßige »Was wir gelernt haben«-Sessions durchführen;
- Ihr Team ermutigen, einen Schritt ins Unbekannte zu machen, indem sie z. B. zuerst Freunde bzw. Bekannte fragen, wie das Problem anders angegangen werden könnte und
- diejenigen involvieren, die sich gegen Veränderung sperren, indem Sie proaktiv 1:1-Gespräche mit ihnen suchen und versuchen, ihre Bedenken zu verstehen.

Demonstrieren Sie Führungsqualitäten durch
- Inspiration, indem Sie noch mehr Enthusiasmus für Ihre Arbeit zeigen und deutlich machen, wo Ihre Passion liegt;
- Fokussierung auf positive Anteile und Ermutigung, während des Veränderungsprozesses zu überlegen, was bisher gut gelaufen ist — sog. Lichtblicke;
- Gestaltung einer Veränderungsgeschichte (»change story«), um Ihr Team und andere relevante Stakeholder positiv aufzustellen sowie
- Schaffung einer Umgebung, in der Experimente, Lernen und das Streben nach kontinuierlicher Verbesserung möglich sind.

Empfohlene Literatur
- Von Hehn, S.; Cornelissen, N. & Braun, C. (2015). Kulturwandel in Organisationen. Springer Verlag
- Heath, C. & D. (2011). Switch: Veränderung wagen und dadurch gewinnen. Scherz Verlag
- Peters, T. (2002). Der Innovationkreis: Ohne Wandel kein Wachstum — wer abbaut, verliert. Econ Verlag

Tipps zur effektiven Führung von Mitarbeitern

Sie können es schaffen, effektiv zu delegieren, wenn Sie
- delegierte Aufgaben und Deadlines nachhalten, und zwar für Ihr gesamtes Team bzw. für jedes Teammitglied,
- ein wöchentliches Check-In auf Basis von Fragen wie »Was ist dringend«, »Wo brauchen Sie Unterstützung und von wem« und »Wie geht es Ihnen/Was bewegt Sie noch« vereinbaren, bei dem Sie das Team oder einzelne Teammitglieder durch die Aufgaben führen,
- nicht an zu vielen Aufgaben festhalten, sondern an andere glauben und sie für sich arbeiten lassen,
- sehr deutlich damit sind, was Sie erwarten und bis wann Sie es erwarten (geben Sie mehr Zeit, als Sie selbst brauchen würden), gleichzeitig aber offen in Bezug darauf sind, wie die Aufgabe erledigt wird,
- individuelle Stärken nutzen, wenn Sie delegieren.

Zeigen Sie Anerkennung dadurch dass Sie
- loben, wann immer jemand seine Stärken einsetzt bzw. etwas besonders gut macht,
- alle Ihre Mitarbeiter respektieren, indem Sie ausschließlich inhaltliche Schwierigkeiten, aber niemals die Probleme eines Mitarbeiters in der Öffentlichkeit besprechen und
- Ihre Mitarbeiter offen für gute Leistungen loben.

Stärken Sie Ihre Teammitglieder durch folgende Techniken:
- Verantwortlichkeiten und Erwartungen werden von Ihnen definiert.
- Hilfe wird von Ihnen angeboten, wenn sie benötigt wird, um den nächsten Schritt zu machen bzw. Lösungen für eine schwierige Aufgabe werden gemeinsam mit Ihnen erarbeitet.

- Das Gefühl von Verantwortung wird von Ihnen gefördert, indem Sie z. B. die Aufgaben mit dem größeren Ganzen verknüpfen und indem Sie fragen, was die Person meint, was die Bedeutung der Aufgabe sei.
- Ihr Team wird von Ihnen befähigt und einzelne Teammitglieder werden von Ihnen befähigt, die delegierten Aufgaben alleine angehen zu können.

Ihre Entschlusskraft können Sie demonstrieren, wenn Sie
- mit Ansagen bei Dringlichkeit (sind Sie hier ruhig weniger partizipativ) klarer führen,
- mit starker Stimme, Augenkontakt und gerader Haltung präsent sind und noch mehr wie eine selbstsichere Führungskraft auftreten,
- sichergehen, dass Ihr Team, bzw. Ihre Teammitglieder wissen, was Sie erwarten, warum und bis wann sowie
- vergangene Entscheidungen analysieren und nachvollziehen, inwieweit sie gut waren und wo Sie Unterstützung hätten gebrauchen können.

Empfohlene Literatur
- Tichy, N. M. & Devanna, M. A. (1995). Der Transformational Leader. Das Profil der neuen Führungskraft. Klett-Cotta
- Zur Bonsen, M. (2000). Führen mit Visionen. Falken
- White R., Hodgson, P. & Crainer, S. (1996). The Future of Leadership. Pitman Publishing

Tipps zur Entwicklung von Mitarbeitern

Coachen Sie Ihre Mitarbeiter indem Sie
- zwischen Beobachtung und Wertung unterscheiden, indem Sie durchführbare und relevante Anregungen zu beobachtetem Verhalten geben, aber nicht zu Charaktereigenschaften,
- teilen, wie Sie schwierige Situationen angegangen sind und was Sie getan haben, um die Situation zu lösen.

Geben Sie aussagekräftiges Feedback durch
- eine Einladung Ihrer Mitarbeiter, Ihnen Ihre Perspektive oder Ihre Position zu dem gegebenen Feedback mitzuteilen,
- Rückfragen, ob Sie richtig verstanden wurden, indem Sie hauptsächlich offene Fragen stellen,
- die Vereinbarung einer expliziten 1:1-Feedback- und Coaching-Session mit Ihren Mitarbeitern, um Beobachtungen zu teilen und Empfehlungen auszusprechen sowie
- Notierung spezifischer Beobachtungen, die Sie im Arbeitsalltag gemacht haben, und Empfehlungen, wie konkretes Verhalten verbessert werden kann.

Unterstützen Sie die Laufbahnen Ihrer Mitarbeiter dadurch dass Sie
- sich bewusst über die Karriereziele Ihrer Mitarbeiter sind,
- Ihre Mitarbeiter explizit fragen, wie Sie helfen können und was sie brauchen, um Fortschritte zu machen und sich zu entwickeln,
- Ihre Mitarbeiter dabei unterstützen, ihren Horizont zu erweitern, z. B. indem sie fachübergreifende Arbeitsgruppen bilden oder indem Sie sie an Meetings teilnehmen lassen, die Mitarbeiter aus anderen Bereichen mit einschließen und

- zweiwöchentliche oder monatliche Meetings oder Mittagessen vereinbaren, um auf dem Laufenden zu bleiben.

Sie ermutigen Entwicklung, wenn Sie
- gemeinsam schlüssige Entwicklungspläne erarbeiten und Ihre Mitarbeiter verantwortlich machen, diese umzusetzen,
- herausfordernde Aufgaben übertragen, die Ihre Mitarbeiter dazu bringen, Ihre Komfortzonen zu verlassen sowie
- einfache, «was war gut/was können wir besser machen»-Fragen nach jedem größeren Meeting einbauen.

Empfohlene Literatur
- Landsberg, M. (1998). Das Tao des Coaching: Effizienz und Erfolg durch meisterhafte Führung. Campus Verlag
- Malik, F. (2006). Führen, Leisten, Leben: Wirksames Management für eine neue Zeit. Campus Verlag
- Heifetz, R. A., Grashow, A. & Linsky, M. (2009). The Practice of Adaptive Leadership: Tools and Tactics for Changing Your Organization and the World. Harvard Business Press

5. Mitarbeiterbindung

Wurden im Industriezeitalter die Bedürfnisse der Menschen in Unternehmen noch ignoriert, ist die Position des Individuums im Unternehmen mittlerweile unumstritten. Eine stärkere Berücksichtigung der Bedürfnisse von Beschäftigten im Einklang mit der geschäftlichen Zielerreichung wird angestrebt, um Mitarbeiter zu binden. Verbundenheit und Bindung werden als verhaltensstabilisierende Verpflichtung verstanden, die einem Entschluss entspringt. Die psychologische Bindung — nicht die vertragliche, um die es hier nicht geht — ist gleichzusetzen mit Commitment oder Engagement. Die aktuelle Gallup-Studie für Deutschland (2015) mit über 2.000 befragten Arbeitnehmern zeigt, dass nur 15% eine hohe Bindung zeigen. Im Vergleich zu anderen befragten europäischen Ländern liegt Deutschland damit sogar noch relativ gut, Frankreich liegt bei 8% Bindung. Der Anteil derer, die in Deutschland Dienst nach Vorschrift machen, liegt bei 70% und der Anteil derjenigen, die bereits innerlich gekündigt haben, bei 15%.

Laut Gallup haben über 5 Millionen erwerbstätige Menschen innerlich gekündigt; die Gründe dafür liegen v. a. an mangelndem Feedback, fehlender Einbindung, geringer Wahrnehmung der eigenen Bedürfnisse und Erwartungen sowie mangelnder Anerkennung — dies habe einen stark negativen Effekt auf die Motivation und Bindung der Mitarbeiter (ebenda). Die Folgen aus niedriger Bindung sind erhöhte Fehltage, hohe Fluktuation, niedrige Produktivität sowie messbar weniger Ideen (s. auch Kap. »Einführung«).

Auch die Studie »A Great Place To Work« gibt Hinweise darüber, welche Kriterien diejenigen Unternehmen erfüllen, die für die Mitarbeiter einen ausgezeichneten Arbeitsplatz darstellen und sie an sich binden. Sie zeichnen sich durch folgende Attribute aus: Die Mitarbeiter vertrauen den Menschen, für die sie arbeiten; sie sind stolz auf das, was sie tun, und haben Freude an der Zusammenarbeit mit anderen. In diesen Studien zeigt sich, dass die Kultur, insbesondere das Führungsverhalten, einen großen Einfluss auf die Arbeitgeberattraktivität und die Bindung hat.

5.1 Positive Folgen von Bindung an das Unternehmen

In Maßnahmen, die eine Bindung erhöhen, investieren Unternehmen nicht nur, um Mitarbeiter zu halten oder Kosten, die durch Fluktuationen entstehen, zu minimieren, sondern auch, damit die gesamte Belegschaft engagierter arbeitet. Bindung bezeichnet die freiwillige Selbstverpflichtung, die die Bereitschaft einschließt, auch unliebsame Aufgaben zu erfüllen und engagiertes Verhalten zu zeigen. Fühlen sich Mitarbeiter mit dem Unternehmen und ihren Aufgaben verbunden, erzielen sie bessere Ergebnisse (vgl. Asplund, Fleming & Harter, 2008). Verbundene Mitarbeiter arbeiten engagierter und zeigen Extrarollenverhalten, d. h. eine ungewöhnliche Leistungsbereitschaft über vertragliche Verpflichtungen hinaus. Sie arbeiten um 25% engagierter als weniger gebundene und sind eher bereit, ihre Führungskräfte zu unterstützen (Bischoff, 2008). Bindung beinhaltet, dass sich Menschen mit Personen oder Objekten aus der Arbeitswelt identifizieren, d. h. dass sie frei gewählte Werte mit diesen Gegebenheiten verbinden. Identifizieren sich Menschen, werden sie sich besser selbst motivieren und in der Folge besser führen lassen (vgl. Wunderer, 2006).

5.2 Rolle von Werten und Lebensstilwandel

Verbundenheit oder Identifikation entsteht durch Übereinstimmung des Mitarbeiters mit den Werten und Zielen, die ein Unternehmen oder eine Person — z. B. der Vorgesetzte — verkörpert. Ein Mitarbeiter kann sich auch mit dem Produktangebot des Unternehmens identifizieren, mit dem Nachhaltigkeitsprogramm oder mit dem Team. Die Änderung der Werte und Lebenseinstellungen in der Gesellschaft spiegeln sich in den individuellen Werten der Mitarbeiter wider. Unternehmen sollten mit veränderten Arbeitsstrukturen reagieren, um Mitarbeiter zu binden. Die bereits erwähnte »Generation Y« zeichnet sich durch ein stärkeres Bedürfnis nach ausreichender Entscheidungsfreiheit aus, was einem Bedürfnis nach Autonomie und Selbstbestimmtheit (vgl. Deci & Ryan, 1996) gleichkommt. Dies kann gefördert werden durch die Flexibilisierung der Arbeitszeit, die unterschiedliche Lebensphasen wie Familiengründung angemessen berücksichtigt, sowie die Möglichkeit, kürzere oder längere Weiterbildungsphasen einzulegen. Das Ansparen von Zeitguthaben über Arbeitszeitkonten oder Flexibilisierungsspielräume durch Sabbaticals entsprechen ebenfalls dem Lebensstil, der sich vom ehemaligen Arbeit-Freizeit-Paradigma entfernt: Wo noch vor fünfzig Jahren die Biografie des Einzelnen klar strukturiert und vorausschaubar war durch die Einteilung in Schulzeit, Ausbildung, Arbeitsleben und Rente, ist diese Einteilung heute hinfällig. Arbeit, Freizeit und Ausbildung existieren nebeneinander, nicht nacheinander. Ein Berufsleben ist durch Phasen der Arbeitslosigkeit oder der Neuausbildung unterbrochen. Ausbildung begleitet die Menschen lebenslang, selbst im Rentenalter spielt sie eine Rolle, z. B. als sinnvolle Freizeitbeschäftigung. Die frühere Einteilung in Arbeit und Freizeit entwickelt sich zunehmend zu einem gemischten Lebensstil.

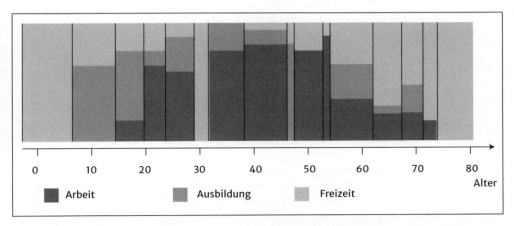

Abb. 43: Arbeit, Ausbildung und Freizeit bilden heute einen gemischten Lebensstil (in Anlehnung an Microsoft, 2008)

5.3 Investitionsmodell

Ein Modell, das direkt bei der Wahrnehmung des Mitarbeiters ansetzt, um Bindung zu erklären, ist das Investitionsmodell nach Rusbult (1980). Es wird im Folgenden zur Erklärung von Bindung im Managementkontext dargestellt.[12] Enge Beziehungen zeichnen sich durch Zufriedenheit und Bindung aus. Ob Mitarbeiter ein Unternehmen wechseln, hängt maßgeblich von deren Bindung an das Unternehmen ab. Bindung wird — in Anlehnung an das Investitionsmodell — durch drei Faktoren bestimmt:
- Zufriedenheit,
- Qualität von Alternativen,
- wahrgenommene Größe der intrinsischen oder extrinsischen Investition vom Mitarbeiter selbst.

Zufriedenheit wiederum bestimmt sich durch das Verhältnis: hohe Belohnung und niedrige Kosten im Vergleich zu dem, was ein Mitarbeiter erwartet (subjektives Vergleichsniveau). Dieser Zusammenhang wird in Abbildung 44 dargestellt.

---

12 In Anlehnung an das Investitionsmodell nach Rusbult (1980), welches die Bindung in Beziehungen erklärt und hier auf den Unternehmenskontext übertragen wird.

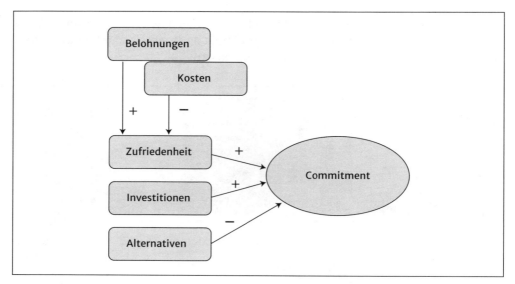

Abb. 44: Das Investitionsmodell beschreibt, welche Komponenten für die Entstehung von Commitment relevant sind

Zu den intrinsischen Investitionen gehören emotionale Anstrengungen wie Beziehungspflege mit Kollegen oder die emotionale Verbundenheit mit dem Tätigkeitsbereich, d. h. dass das »Herz daran hängt«. Extrinsische Investitionen beziehen sich beispielsweise auf einen Umzug in die Nähe des Arbeitsplatzes oder eine zeitaufwendige Weiterbildung. Die wahrgenommene Attraktivität der Alternativen auf dem Arbeitsmarkt, einschließlich der Arbeitslosigkeit oder einer Auszeit beeinflussen die Bindung an das Unternehmen ebenfalls. Die Zufriedenheit hängt davon ab, welches Vergleichsniveau ein Mitarbeiter seiner Bewertung zugrunde legt und was er erwartet. Abhängig von diesen Erwartungen werden bestimmte Bedingungen eher als Belohnung oder eher als Kosten wahrgenommen. Für manche Mitarbeiter gehören Kosten wie Arbeitsweg, Überstunden oder schlechte Atmosphäre im Team zu den Kostenfaktoren. Ebenso ist auch die Wahrnehmung dessen, was eine Belohnung ausmacht, subjektiv, z. B. die Möglichkeit sportlicher Betätigung nach der Arbeit oder die Teilnahme an gesellschaftlichem Engagement durch Corporate-Social-Responsibility-Projekte.

Aus Rusbults Modell ergibt sich, dass Zufriedenheit nicht automatisch zu Bindung führt. Ob ein zufriedener Mitarbeiter tatsächlich dem Unternehmen treu bleibt, hängt zu großen Teilen auch von den Alternativen ab, die sich ihm bieten. Zudem spielen die von ihm bereits getätigten Investitionen, sowohl materielle als auch immaterielle, eine große Rolle. So lässt sich erklären, warum zufriedene Mitarbeiter kündigen oder unzufriedene Mitarbeiter bleiben.

Commitment wird qualitativ unterteilt in emotionales, ethisches und kalkulatives Commitment (Meyer & Allen, 1991), wobei jede der drei Formen gleichzeitig erlebt werden kann. Wurden starke intrinsische Investitionen getätigt, die für die Person emotional relevant sind, überwiegt wahrscheinlich das emotionale Commitment. Überwiegt das ethische Commitment, empfindet die Person aufgrund von Normen und Werten die Verpflichtung zu bleiben: Die Kosten, die mit dem Verlassen verbunden sind, wären moralischer Art, beispielsweise ein schlechtes Gewissen. Ist das Commitment von kalkulativer Qualität, rechnet der Mitarbeiter explizit in Kosten-Nutzen-Aspekten im Vergleich zu den Erwartungen, wobei häufig die Frage nach dem Verhältnis zwischen Zeitaufwand zu Ertrag und Status gemeint ist.

Das Modell kann leicht verwendet werden, um darauf aufbauend Maßnahmen zur Stabilisierung der Bindung für das eigene Unternehmen abzuleiten. Im Folgenden werden Maßnahmen dargestellt, die in verschiedenen Unternehmen eingesetzt werden. Bei der Auswahl der Maßnahmen für die Mitarbeiter sollte die Höhe des Fluktuationsrisikos der Personen mit den Kosten der Maßnahmen abgewogen werden. Die Tabelle 38 »Retentionsrisikokriterien« in Kapitel C.3 »Nachfolgeplanung« gibt dazu Hilfestellungen.

5.4 Maßnahmen zur Steigerung von Bindung

Im Folgenden werden Maßnahmen skizziert, die die Bindungsintensität steigern können.

Regelmäßig wird in Studien erhoben, was einen attraktiven Arbeitgeber ausmacht, an den sich Mitarbeiter gebunden fühlen. So bringen Hewitt Associates jedes Jahr die Studie »Attraktive Arbeitgeber« heraus. Unternehmen, die zu den besten Arbeitgebern gehören, zeichnen sich demnach durch folgende Punkte aus:
- Wertschätzung für die Mitarbeiter,
- mitarbeiterorientierte Führung und
- personalisierte Entwicklungsmöglichkeiten (Bischoff, 2008).

Wertschätzung für die Mitarbeiter
Wertschätzung wird durch eine respektvolle Haltung dem Menschen gegenüber zum Ausdruck gebracht, die sich in der Art des Umgangs, des Feedbacks, der Wortwahl, des Interesses an dem Mitarbeiter und der Wahl der Führungsinstrumente ausdrückt. Um Wertschätzung zu steigern, müssen Führungskräfte zunächst ihre Haltung dem Mitarbeiter gegenüber reflektieren. Sie können dafür zum einen explizit um Feedback fragen, ob ihr Umgang mit den Mitarbeitern als wertschätzend wahrgenommen wird. Sie können auch ihr Menschenbild darlegen, um daraus Rückschlüsse auf ihre Haltung ziehen zu können. Sie können hinterfragen, ob sie davon ausgehen, dass Menschen a) komplex sowie anpassungs- und wandelfähig sind bzw. dass Menschen selbstaktualisierend danach streben, einen Beitrag zu leisten, oder ob sie das Menschenbild vertreten, dass b) Menschen abgeneigt sind zu arbeiten, wenig ehrgeizig und mehr an persönlicher Sicherheit als an Innovation interessiert sind und Demotivation eine wesentliche Eigenschaft der Mitarbeiter ist. Diese Menschenbilder haben einen direkten Einfluss auf ihr Verhalten. Im Sinne einer »sich selbst erfüllenden Prophezeiung« verstärkt die Haltung der Führungskraft (FK) das Verhalten der Mitarbeiter (MA): Führungskräfte mit letzterem Menschenbild werden strenge Vorschriften, top-down

gesteuerte Weisungen und Regeln sowie Kontrolle als Führungsinstrumente nutzen. Dieser Führungsstil bewirkt bei den Mitarbeitern passives Arbeitsverhalten, was zu Verantwortungsscheue und geringer Initiativbereitschaft führt. Diese Entwicklung wiederum bestätigt das Menschenbild der FK. Wird vom Management das Menschenbild a) vertreten, werden dem MA ein hoher Handlungsspielraum und Möglichkeiten der Selbstkontrolle eingeräumt. Ein solches Arbeitsumfeld ermöglicht dem Mitarbeiter, Engagement für die Arbeit zu zeigen, und führt zu Initiativ- und Verantwortungsbereitschaft, was die Denkweise der Führungskräfte bestärkt (vgl. Menschenbildtheorien von McGregor, 1960; Kappler, 1992).

Mitarbeiterorientierte Führung
In Kapitel B »Kultur« wurde darauf eingegangen, was zu einer mitarbeiterorientierten, achtsamen Führung gehört und wie diese gefördert werden kann. Mitarbeiterorientierung kann zudem gezeigt werden, indem die Mitarbeiter danach gefragt werden, was ihnen am Herzen liegt, wo sie ihre Berufung sehen. Finden sich Möglichkeiten der Gestaltung seiner Tätigkeit entsprechend dem, was dem Mitarbeiter am Herzen liegt, steigert sich gemäß dem Investitionsmodell die emotionale Verbundenheit. Da dies nicht immer im Arbeitsalltag der Fall ist und sich nur im Idealfall umsetzen lässt, sind in Kapitel B weitere Möglichkeiten aufgeführt, mitarbeiterorientiert zu führen.

Personalisierte Entwicklungsmöglichkeiten
Personalisierte Entwicklung wird durch den Einsatz des persönlichen Entwicklungsplanes und v. a. durch seine konsequente Umsetzung ermöglicht (s. »Entwicklung«). Zudem wirken folgende Punkte bindungsfördernd:

Beziehungspflege zwischen Mitarbeitern, Vorgesetzten und Kollegen
Auch das Great Place to Work Institut beschäftigt sich mit der Attraktivität der Arbeitgeber. Es erstellt jedes Jahr eine Liste der Unternehmen, die für die Mitarbeiter einen ausgezeichneten Arbeitsplatz darstellen. Dieser zeichnet sich dadurch aus, dass die Mitarbeiter den Menschen vertrauen, für die sie arbeiten, stolz sind auf das, was sie tun und Freude an der Zusammenarbeit mit anderen haben. Die Qualität eines ausgezeichneten Arbeitsplatzes ist durch drei miteinander verbundene Arten von Beziehungen bestimmt:
- die Beziehung zwischen Mitarbeitern und Management,
- die Beziehung zwischen Mitarbeitern und ihrer Arbeitstätigkeit sowie dem Unternehmen bzw. der Organisation,
- die Beziehung zwischen Mitarbeitern untereinander (Great Place to Work Institute Deutschland, 2008).

Nach dem Investitionsmodell bewirken Möglichkeiten der Beziehungspflege mit Kollegen eine Erhöhung der intrinsischen Investitionen der Mitarbeiter und ermöglichen daher einen Beitrag zur Bindungsstärke. Aus diesen Überlegungen ergibt sich, dass den Mitarbeitern im Arbeitsalltag Möglichkeiten der Beziehungspflege gegeben werden sollten, beispielsweise durch Teamveranstaltungen oder Arbeit im Team. Zudem zeigt sich hier erneut, dass der Vorgesetzte einen Einfluss auf den Mitarbeiter hat, sodass die bereits dargestellten Führungskräfteentwicklungen auch für die Bindung eine Rolle spielen.

Befragungen und Reflexion der Bindungsfaktoren
Um ein »Frühwarnsystem« zu entwickeln, welches darstellen kann, ob sich die Belegschaft gebunden fühlt, sind Arbeitszufriedenheitsanalysen zwar hilfreiche Indikatoren, lassen aber keine ausreichenden Aussagen über zukünftige Fluktuationsbewegungen im Unternehmen zu. Zudem können Mitarbeiterbefragungen durchgeführt werden, die Rückschlüsse auf sowohl ebenen- als auch funktionsabhängige Erwartungen und Wertevorstellungen zulassen. Tabelle 44 gibt eine Liste mit typischen Fragen zu Mitarbeiterbefragung sowie grundsätzliche Überlegungen zum Prozess.

Der Vergleich der Arbeitsstrukturen im eigenen Unternehmen mit Bevölkerungsumfragen aus der Werteforschung geben möglicherweise ebenfalls Rückschlüsse. Unternehmenskulturerhebungen zeigen, inwieweit das Klima wahrgenommen wird. Engagementbefragungen, Identifikationserhebungen sowie die kontinuierliche Evaluation der bindungsförderlichen Maßnahmen auf ihre Wirksamkeit hin geben Hinweise auf die Bindungsstärke bzw. mögliche Fluktuationsbewegungen. Solche Erhebungen können jedoch die Gespräche zwischen Führungskraft und Mitarbeiter nicht ersetzen.

Um auch ohne aufwendige Erhebungen eine Möglichkeit zu haben, das Unternehmen danach einzuschätzen, wie stark es bindend auf Mitarbeiter wirkt, können Ergebnisse von Studien eine Reflexionsfläche bieten, anhand welcher verglichen werden kann, ob bereits implementiert wird, was die eigenen Mitarbeiter binden könnte, und welche Maßnahmen eingeleitet werden sollten. Das Ergebnis einer Befragung von 3.000 deutschen Arbeitnehmern zu Bindungsfaktoren (Sebald, Denison, Enneking & Richter, 2007) drückt sich in folgender Rangliste aus:
- Ruf des Unternehmens als attraktiver Arbeitgeber,
- ausreichende Entscheidungsfreiheit,
- faire Vergütung im Vergleich zu Kollegen,
- innovatives Unternehmen,
- gutes Trainingsangebot im Vergleich zu anderen Unternehmen,
- Zufriedenheit mit den Personalentscheidungen des Unternehmens,
- positiver Einfluss von Technologie auf die Work-Life-Balance,
- klare Vision der Unternehmensleitung für langfristigen Erfolg,
- Einfluss auf Entscheidungsprozesse im eigenen Bereich,
- Zufriedenheit mit den Geschäftsentscheidungen des Unternehmens.

Klima und Zusammenarbeit
Meine aktuellen Aufgaben machen mir Spaß.
Es bestehen ein großer Zusammenhalt und eine gute Kommunikation zwischen den Mitarbeitern in meinem Bereich.
Unterschiedliche Meinungen werden in meinem Bereich offen diskutiert, um zu Entscheidungen zu gelangen.
Zwischen den Bereichen und Standorten gibt es einen guten Austausch.
Ich habe (mindestens) einen guten Freund/eine gute Freundin innerhalb der Firma.
Das Betriebsklima der Firma finde ich insgesamt positiv.

Kommunikation und Klarheit
Ich habe eine klare Vorstellung von meiner Verantwortung im Rahmen meiner Tätigkeit.
Ich bekomme alle notwendigen Informationen, um effektiv arbeiten zu können.
Ich habe eine klare Vorstellung von den Geschäftszielen meines Unternehmens.
Ich bin zufrieden mit meiner Einbindung in Entscheidungen, die meine Arbeit betreffen.
Ich fühle mich ausreichend über die Strategie der Firma informiert.

Rahmenbedingungen und Ausstattung
Ich habe die Ausstattung/Arbeitsmittel/Ressourcen, um meine Arbeit effektiv zu bewältigen.
Es gibt keine wesentlichen Hindernisse, die es mir erschweren, meine Arbeit gut zu erledigen.
Ich arbeite in schöner Umgebung mit guter Technik.
Mich belastet übermäßiger Arbeitsdruck.
Meine Arbeitszeiten erlauben mir genügend Möglichkeiten, um meinen persönlichen/familiären Bedürfnissen gerecht zu werden.
Die Regeln zur Arbeitssicherheit werden genau eingehalten, auch wenn dies zu einer Verlangsamung der Arbeitsprozesse führt.
Ich bin bereit, mich über das normale Maß hinaus anzustrengen, um meinem Unternehmen zum Erfolg zu verhelfen.

Fachliche Arbeit in den Projekten
Ich arbeite in interessanten Projekten.
Ich kann meine Arbeit bewältigen, ohne häufig Überstunden zu machen.
Meiner Meinung nach gibt es zu viele administrative Tätigkeiten (Dokumentenführung).
Ich bin von der Qualität der Produkte und Dienstleistungen der Firma überzeugt.
Das hohe Qualitätsbewusstsein der Firma zeigt sich in unserer täglichen Arbeit.
Wir arbeiten stetig daran, unsere Prozesse so effizient wie möglich zu gestalten.

Führung
Ich bekomme regelmäßig Lob und Anerkennung für meine Leistungen.
Meine direkte Führungskraft ist da, wenn man sie braucht.
Meine direkte Führungskraft kommuniziert effektiv.
Mein Vorgesetzter behandelt mich respektvoll.
Meine direkte Führungskraft erklärt die Gründe für Veränderungen in der Organisation auf eine gute Art und Weise.
Meine Vorgesetzten sind bzgl. des Verhaltens im Betrieb und des Umgangs mit Kunden Rollenvorbilder.
Ich vertraue den Entscheidungen des Vorstands/der Geschäftsleitung.
Der Vorstand/die Geschäftsleitung meines Unternehmens kommuniziert offen und ehrlich mit den Mitarbeitern.
Die Führung der Firma steht loyal zu den Mitarbeitern.
Der Vorsitzende des Aufsichtsrats ist offen für Neuerungen.

Identifikation mit der Firma
Ich bin stolz darauf, anderen erzählen zu können, Mitarbeiter der Firma zu sein.
Ich bin fest von den Geschäftszielen meines Unternehmens überzeugt.
Wir Mitarbeiter reden im Allgemeinen gut über die Firma.
Bei der Firma kann man seine Meinung frei äußern.
Mein Unternehmen ist gut darin, Anregungen schnell umzusetzen.
Ich würde meinen guten Freunden die Firma als Arbeitgeber empfehlen (sofern diese fachlich geeignet sind).

Weiterentwicklung und Perspektiven
Ich habe bei der Firma gute Möglichkeiten, mich weiterzuentwickeln (z. B. durch ein gutes Seminarangebot).
Meine direkte Führungskraft fördert die Fähigkeiten ihrer Mitarbeiter.
Das Seminarangebot (fachlich und überfachlich) finde ich sehr gut.
In den letzten sechs Monaten hat jemand in der Firma mit mir über meine Fortschritte gesprochen.
Ich bringe meine Kenntnisse und Fähigkeiten bei meiner Arbeit voll ein.

Ich finde, dass meine Leistung fair bewertet wird.
Der Vorstand/die Geschäftsleitung meines Unternehmens fördert gleiche Chancen für alle Mitarbeiter.
Die Firma wächst und entwickelt neue Perspektiven.
Meine Beschäftigung würde ich als recht sicher einstufen.

Offene Fragen
Wenn Sie sich etwas wünschen dürften, was sich bei der Firma verändern sollte, was wäre das?
Welche drei Begriffe fallen Ihnen spontan zur Kultur bei der Firma ein (die diese beschreiben)?
Haben Sie Verbesserungsvorschläge oder persönliche Bemerkungen zu dieser Befragung? Wenn ja, welche?

Tab. 44: Typische Fragen einer Mitarbeiterbefragung

Grundsätzliche Überlegungen zur Befragung:

Skalierung

Bis auf die offenen Fragen werden alle Fragen auf einer Skala von 1–5 beantwortet. Die einzelnen Bewertungen stehen für:

5 — stimme voll und ganz zu
4 — stimme eher zu
3 — weder/noch
2 — stimme eher nicht zu
1 — stimme nicht zu
0 — weiß nicht/nicht zutreffend

Sind folgende Fragen zum Prozess geklärt:

Die Ziele der Mitarbeiterbefragung (Beispiele):

- Die Befragung dient der Nutzung für die Organisationsentwicklung, d. h. eine saubere Bestandsaufnahme, um qualitativ und quantitativ Verbesserung feststellen zu können.

- Die Befragung zur Zufriedenheitsmessung/Beteiligungsform: Mitarbeiter werden gehört, Wertschätzung wird transportiert.

Der Zeitraum für die Mitarbeiterbefragung: z. B. das dritte Quartal

Der Umfang der Befragung: alle Mitarbeiter inkl. gewerblichen? Haben alle einen Internetzugang? Wenn nicht, wie wird die Befragung auf dem Papier ablaufen?

- Information der Führungskräfte, sodass diese auskunftsfähig sind.
- Einbindung des Betriebsrats (§ 87 Abs. 1 Nr. 1 und 6, § 94 BetrVG) und des Datenschutzbeauftragten (§ 1 Abs. 1 BDSG).
- Bis zu welcher Ebene der Organisationseinheiten sollen die Ergebnisse heruntergebrochen werden? Stimmt dies mit der demografischen Abfrage überein?
- Operative Durchführung der Befragung (Online, auch Textversion notwendig?).
- Sollen Voruntersuchungen durchgeführt werden?
- Wie sieht das Kommunikations-, Informations-, Marketingkonzept aus?
- Gibt es eine Hotline/Ansprechpartner während der Befragung?
- Wie werden die Ergebnisse kommuniziert?
- Wie ist der Follow-up-Prozess angelegt (Follow-up-Workshops?)?
- Wie kann der Follow-up-Prozess speziell für die Führungskräfte unterstützt werden (Trainings, Material, Hilfestellungen etc)?
- Wie erfolgt das Maßnahmenmonitoring und Controlling des Follow-up-Prozesses?

Erhebung der Demografie, z. B.:
- Geschlecht m/w?
- In welchem Bereich arbeiten Sie?
- Welcher Gruppe lässt sich Ihre Position am ehesten zuordnen?
- Wie lange arbeiten Sie bereits für die Organisation (weniger als 1 Jahr, 1 bis weniger als 3 Jahre, 3 bis weniger als 5 Jahre, 5 bis weniger als 10 Jahre, mehr als 10 Jahre)?

Persönliche Befragung der Mitarbeiter

Was Mitarbeiter als Belohnung empfinden bzw. was gemäß dem Investitionsmodell zu Zufriedenheit führt, ist individuell verschieden und hängt von Bedürfnissen und Motiven[13] ab. Daher sollten Führungskräfte diese bei den Mitarbeitern erfragen. Es kann für Führungskräfte hilfreich sein, in einem Training verschiedene Persönlichkeitstheorien und damit verbundene Bedürfnisstrukturen von Mitarbeitern kennenzulernen. Zudem sollten sie über Motivatoren aufgeklärt werden, z. B. zentrale Motive von Führungskräften wie sichtbarer Erfolg, sinnvolle Tätigkeit, Freude in und an der Arbeit, Handlungsspielräume, Feedback und Anerkennung, soziale Beziehungen, Work-Life-Balance, Selbstentwicklung, Status und Perspektiven, Vergütung mit Leistungsbezug sowie Kontext, z. B. Firmenkultur (Wunderer, 2006). Auf diesem Wege verstehen die Führungskräfte besser, dass unterschiedliche Mitarbeiter auf verschiedene Arten Anerkennung erfahren sollten. Zudem wird es ihnen leichter fallen, entsprechende Fragen zu stellen. Eine besondere Art der Befragung ist das »Exit-Interview« (s. S. 225), in

---

[13] Motive sind durch Lernerfahrungen erworbene, hoch generalisierte Wertungsdispositionen zur Ausführung bestimmter Klassen von Handlungen. Der Begriff Motiv bezeichnet wertgeladene Zielzustände, die vom Menschen angestrebt werden.

dem ein Mitarbeiter, der das Unternehmen freiwillig verlässt, interviewt wird, um Rückschlüsse zu den Faktoren der Mitarbeiterbindung machen zu können.

Exit-Interviews mit Kartensortierübung
Verlässt ein Mitarbeitender die Organisation freiwillig, geben Abschlussgespräche mit einer Person wie dem Ombudsmann (bzw. der Ombudsfrau), der neutraler als der eigene Vorgesetzte ist, Aufschluss darüber, warum Mitarbeiter das Unternehmen verlassen und sich nicht mehr gebunden fühlen. Ein solches sog. Exit-Interview findet in der Regel im Anschluss an das letzte Gespräch mit dem Linienmanager statt. Neben Informationen darüber, inwiefern die Organisation an Mitarbeiterattraktivität verloren haben könnte oder die Mitbewerber sich durch andere Angebote auszeichnen, kann ebenso in einem Exit-Interview beleuchtet werden wie die Frage, wie die angestrebte Unternehmenskultur wahrgenommen wird: Werden die Werte gelebt? In der Regel sind Mitarbeiter während ihrer Entlassungsgespräche offener als während normaler Mitarbeitergespräche, sodass Exit-Interviews zu einer wertvollen Informationsquelle werden. Gängige Fragen für ein solches Interview sind z. B. »Mit welchem Gefühl verlassen Sie das Unternehmen?« oder »Gibt es etwas, das Sie vermissen werden?«. Was ein Mitarbeiter mit seiner Organisation assoziiert — oder auch welche Werte er gerade nicht mit dem Unternehmen verbindet -, kann mithilfe einer Kartensortierübung ermittelt werden. Basierend auf dem Leitbild oder den Werten des Unternehmens werden für diese Übung Karten erstellt, die der zu entlassende Mitarbeiter in Kategorien wie »entspricht dem Unternehmen immer«, »entspricht dem Unternehmen manchmal« oder »entspricht dem Unternehmen nie« einordnet und dabei seine Wahl begründet, indem er eingeladen ist »laut zu denken«. Es sollte Vertraulichkeit über die Inhalte der Gespräche vereinbart werden. (Quelle: Return on Meaning)

Anerkennungsmöglichkeiten

Um Bindung zu fördern, sollten Führungskräfte verstärkt dazu angehalten werden, die Leistungen von Mitarbeitern anzuerkennen. Unterstützend kann eine Datenbank etabliert werden, in der Möglichkeiten der Anerkennung aufgelistet sind und Angaben darüber, welches Budget dafür zur Verfügung steht.

In jedem Falle müssen Lob und Anerkennung vom Vorgesetzten wertschätzend vermittelt werden; eine entsprechende Haltung der Führungskräfte den Mitarbeitern gegenüber ist dafür eine notwendige Bedingung. Fehlt diese, wird eine Datenbank nicht viel bewirken können.

Steigerung der Attraktivität durch Value Proposition

Die beruflichen Alternativen des Mitarbeiters werden umso unattraktiver, je besser sich das Unternehmen des Mitarbeiters präsentiert. Unternehmen stellen dazu Vergleiche mit anderen Unternehmen an, um darauf aufbauend den Mitarbeitern zeigen zu können, welchen einzigartigen Nutzen die eigene Firma zu bieten hat. In Form von Nutzenversprechen oder Value Propositions kann dies gegenüber dem Mitarbeiter dargestellt werden. Ein Beispiel aus einem Auszug zur Value Proposition: Wir bemühen uns gezielt um die Weiterentwicklung und Bindung unserer Mitarbeiter, und darum, ein Klima zu schaffen, das unsere Mitarbeitervielfalt positiv bewertet, weltweite Mobilität fördert und unseren Mitarbeitern hilft, Beruf und Privatleben harmonisch miteinander zu verbinden (»Work-Life-Balance«). Wir bieten unseren Mitarbeitern auch die Möglichkeit, an einer Vielzahl von internen Sportangeboten teilzunehmen (adidas, 2008).

Gleichzeitig erreicht eine Akzentuierung der negativen Aspekte möglicher Alternativen einen ähnlichen Effekt, dabei darf es allerdings nicht zu einer Diffamierung anderer Unternehmen kommen.

Karrierepfade
Mit Karrierepfaden werden typische Stationen beschrieben, die Mitarbeiter auf dem Weg in höhere Positionen durchlaufen sollten. Sie dienen als Bindungsinstrument und wirken sich positiv auf die Motivation der Mitarbeiter aus, weil sie Karriereoptionen aufzeigen und Karriereerfolge nachvollziehbar machen. Durch die Beschreibung der Erwartungen wird klar ersichtlich, was zum Erreichen einer Position gebraucht wird, was überhaupt möglich ist und wie der Einzelne dies erreichen kann. Für den Mitarbeiter werden Karrieren subjektiv kalkulierbarer und langfristig planbar. Mit der Führungskraft können auf dieser Basis unter Hinzuziehung der Lebensphase und persönlichen Motivation des Beschäftigten sowie des Bedarfs des Unternehmens leicht Perspektiven diskutiert und Entwicklungsmaßnahmen abgeleitet werden. Neben klassischen Führungslaufbahnen werden Projekt- und Fachlaufbahnen zunehmend attraktiv, da aufgrund eines zu erwartenden »Beförderungsstaus« in Unternehmen mit flachen Hierarchien Anreize geschaffen werden müssen. Im Folgenden werden typische Karrierepfade dargestellt, ohne dabei auf die spezifischen Erwartungen einzugehen.

- **Führungslaufbahn**: Die Karriereschritte verlaufen von einer Hierarchieebene zur nächsthöheren. Wechsel in einen anderen Unternehmensbereich sind möglich. Klassische Führungsschritte sind die vom Teamleiter über den Abteilungsleiter zum Bereichsleiter. Die Erwartungen wurden in Anlehnung an die Leadership Pipeline ausführlich beschrieben (s. S. 55).
- **Projektlaufbahn**: Karriereschritte verlaufen von kurzen Projekten mit weniger Teamführung und niedrigerer Bedeutung für das Unternehmen hin zu größeren Projekten mit höherer Bedeutung. Die Projekte können interdisziplinär aufgestellt sein. Die projektbezogenen Führungsaufgaben beschränken sich auf die Dauer des Projekts, die disziplinarische Führung der Mitarbeiter bleibt bei dem jeweiligen Vorgesetzten. Klassische Karrierepfade sind die vom Projektmanager über den Senior-Projektmanager zum Programmdirektor.
- **Fachlaufbahn**: Die Karriere eines fachlichen Experten oder Spezialisten verläuft von der Übernahme kleinerer bis hin zu komplexeren Aufgaben mit stärkerer Verantwortung. Die Aufgaben sind nicht — wie bei Projekten — zeitlich befristet und finden innerhalb einer Funktion statt. Typischerweise steigt ein Experte zum Senior-Experten auf, wofür es funktionsabhängig verschiedene Bezeichnungen gibt.

Karrierepfade vermitteln Orientierung darüber, welche Stationen ein Mitarbeiter durchlaufen muss, um die nächste Position zu erreichen. Es gibt Karrierepfade innerhalb eines Feldes sowie feldübergreifende, die die Grenzen zwischen Führungs-, Fach- und Projektfeld überschreiten, hier als »Multipfade« bezeichnet. (vgl. Abb. 45). Durch die Transparenz der Äquivalente der Karrierefelder kann ein Fachexperte sehen, wo er im Vergleich zu anderen steht. Damit wird die Bedeutung der häufig als prestigeträchtig angesehenen Führungsposition relativiert und die Notwendigkeit der eigenen Position hervorgehoben.

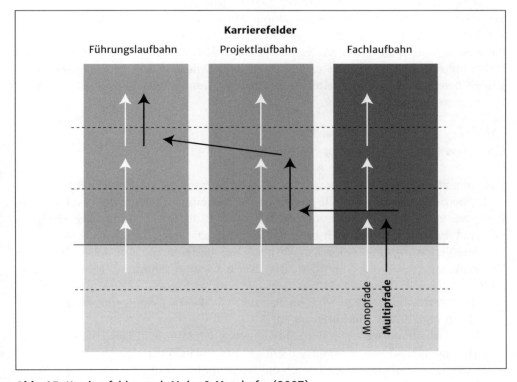

Abb. 45: Karrierefelder nach Majer & Mayrhofer (2007)

Karrierepfade sind im Unternehmen als Prototypen zu verstehen, von denen es zahlreiche Abweichungen geben kann, da in der Realität die Karrierewege oft sehr komplex und Möglichkeiten weniger vorhersehbar sind. Karrierepfade werden im Unternehmen daher als Orientierungsinstrumente verwendet, die beispielhaft kommuniziert werden, um transparent zu machen, was von einem Mitarbeiter idealerweise erwartet wird. Sie sind weniger geeignet, statische Vorgaben zu machen.

Die positiven Auswirkungen von Karrierepfaden lassen sich wie folgt zusammenfassen: Karrierepfade
- binden und motivieren leistungsorientierte Mitarbeiter;
- unterstützen Führungskräfte für die Mitarbeitergespräche und zur Ableitung von Entwicklungsmaßnahmen für die Mitarbeiter;

- wirken attraktiv für externe Bewerber, die sehen, dass sich das Unternehmen um die Entwicklung der Mitarbeiter kümmert, was eine wertschätzende, weil mitarbeiterorientierte, Haltung signalisiert;
- kommunizieren die Erwartungen, was ein Mitarbeiter idealerweise mitbringen und welche Erfahrungen er auf seinem Weg nach oben machen sollte; Karrieremöglichkeiten und -erfolg werden so erkennbar bzw. besser messbar und nachvollziehbarer.

Werden diese Karrierepfade in Unternehmen eingesetzt, müssen die Personal-Praktiken darauf abgestimmt werden. So sollten Entwicklungsmaßnahmen die Karriereschritte unterstützen. Auch die Mitarbeiterbeurteilungen müssen darauf abgestimmt werden. So sollten die Kriterien der Potenzialeinschätzung modifiziert werden, wenn bisher Führungsmotivation ein ausschlaggebendes Kriterium war. In den Mitarbeitergesprächen sollten die Mitarbeiter danach befragt werden, welche Laufbahn sie einschlagen wollen (s. Tab. 24).

5.5   Wirkung von TMS auf die Bindung

Zusammenfassend kann gesagt werden, dass Menschen eine stärkere Bindung entwickeln, wenn sie sich als wertvolle Ressource wahrgenommen fühlen. Dabei spielen insbesondere die Führungs- und Unternehmenskultur, die Entwicklungsmöglichkeiten, der Grad an Selbstbestimmtheit bei sinnvoller und passender Tätigkeit, Belohnungen wie faire Vergütung und Feedback sowie die Arbeitsbeziehungen eine Rolle. Ein ideales Talent Management System berücksichtigt bereits wichtige Punkte zur Mitarbeiterbindung:

- Das Unternehmensimage wird im Rahmen von Rekrutierungsprozessen berücksichtigt (vgl. unten »Rekrutierung«).
- Die Mitarbeiterentwicklung wird individuell in den Mitarbeitergesprächen besprochen und anhand von persönlichen Entwicklungsplänen verfolgt.
- Die Karriereentwicklung wird durch die Talentkonferenz und die Karrierepfade gefördert.
- Eine mitarbeiterorientierte Führungskultur wird mittels entsprechender Maßnahmen etabliert.
- Die wertschätzende Unternehmenskultur gehört zu den Grundsäulen des Talent Management Systems.
- Mitarbeitergespräche, in denen motivierende, »smarte« Ziele gesetzt werden, die bonusabhängig sein können, sind ebenfalls Teil des Systems.
- Eine Übereinstimmung des Mitarbeiters mit den Werten und Zielen der Organisation wird zudem angestrebt (s. Kapitel A »Strategie«).

6. Rekrutierung

Die Personalauswahl basiert idealerweise auf den Soll-Profilen, die für die zu besetzenden Positionen erstellt werden (s. Kapitel A. »Strategie«). Der Prozess beginnt mit der Schaltung von Anzeigen sowie anderen Wegen, mit denen das Unternehmen auf sich und die vakante Position aufmerksam macht. Idealerweise bewerben sich aufgrund einer Vakanz im Unternehmen gute Kandidaten, die sich durch das Unternehmen angezogen fühlen und anhand der genutzten Personalauswahlverfahren als solche erkannt werden. Im nächsten Schritt des Personalauswahlprozesses sollten die neuen Mitarbeiter entsprechend eingearbeitet werden, sodass das Risiko, diese zu verlieren, verringert wird. Damit dies gelingt, beachten Unternehmen im Idealfall folgende Punkte: Employer Branding, Personalauswahlverfahren und Onboarding-Strategien.

6.1 Employer Branding

Ein deutlicher Mangel an qualifizierten Bewerbern ist schon jetzt, u. a. bedingt durch den demografischen Wandel, in einigen Bereichen zu verzeichnen. Viele Unternehmen verstärken aus diesem Grund ihre Aktivitäten, Bewerber aktiv auf sich aufmerksam zu machen. Employer Branding, also Arbeitgeber-Markenbildung, bezeichnet eine Strategie, die zur Steigerung der Attraktivität des Unternehmens führen soll. Beim Employer Branding werden Konzepte aus dem Marketing verwendet, um das Unternehmen als Marke auf dem Arbeitsmarkt zu platzieren. Ziel ist es, die Menge an qualifizierten Bewerbern zu erhöhen. Neben dem direkten Nutzen, Stellen mit passenden Aspiranten zu besetzen, können auf diesem Wege die Kosten aufwendiger Rekrutierungsmaßnahmen wie für Assessment Center oder Headhunter minimiert werden. Die Auswahl der Maßnahmen hängt von der Budgetierung sowie von der Zielgruppe ab. Im Folgenden wird eine Reihe gängiger Aktivitäten skizziert:

- Nutzung eines firmeneigenen Slogans, der für das Unternehmen steht, seine Werte transportiert und mit der sich die Zielgruppe identifizieren soll (z. B. die »Grow further«-Kampagne der BostonConsultingGroup). Mit einem wiedererkennbaren Design und Logo wirbt die Firma für freie Stellen.
- Nutzenversprechen für die Mitarbeiter wird in einer Value Proposition dargestellt, die z. B. flexible Arbeitsmodelle oder ungewöhnliche Karrieren herausstellt. Damit sollen Unterschiede zum Wettbewerber hervorgehoben und Alleinstellungsmerkmale betont werden, um für den Bewerber das Besondere an der Firma darzustellen.
- Karriereportale im Internet machen es dem Kandidaten leicht, sich zu bewerben. In großen Unternehmen finden sich vereinzelt Videos oder Möglichkeiten, Karrierewege von Mitarbeitern zu lesen, die sich vorstellen. Gelegentlich werden webbasierte Spiele genutzt, die Bewerber anziehen sollen. Aus den durch das Spiel generierten Daten will das Unternehmen zudem Aussagen über die Wettbewerbs- oder Ergebnisorientierung des Kandidaten herausfiltern.
- In Stellenanzeigen, im Hochschulmarketing, in der Presse- und Öffentlichkeitsarbeit sowie in den Karriereportalen finden sich Slogan, Design und Value Proposi-

tion wieder. Zunehmend kommt es weniger auf die Auflagenstärke der Medien an als vielmehr darauf, die richtigen Zielgruppen anzusprechen.
- Sog. »Summer schools« für Studierende mit Vordiplom werden in Zusammenarbeit mit Hochschulen veranstaltet.
- Im »Speed recruiting« stellen sich Firmen nacheinander vor. Jede Firma hat zehn Minuten Zeit, sich vor Hochschulabsolventen als attraktiver Arbeitgeber zu präsentieren.
- Durch Hochschulmarketing werden Studenten mit dem Unternehmen vertraut gemacht. Dies geschieht nicht nur durch Messen oder gemeinsame Vorträge, sondern auch durch Sponsoring ausgewählter Lehrstühle. Auch durch direkte Ansprachen in den Studentengremien, z. B. Fachschaften in den Universitäten, wird versucht, Kontakt herzustellen.
- Stipendien werden für Studenten und Abiturienten mit herausragenden Leistungen angeboten.
- Praktikanten-Pools werden gebildet, in denen die ehemaligen Praktikanten die Möglichkeit haben, Kommunikationsplattformen und Angebote zur Mitarbeit an bestimmten Projekten zu nutzen. Zudem erhalten sie Einladungen zu Firmenveranstaltungen sowie Auslandspraktika und die Möglichkeit, eine praxisnahe Diplom- oder Masterarbeit zu schreiben.
- Förderung und Finanzierung von Sportveranstaltungen. Vereinzelt werden Bewerber auf mehrtägige Workshops eingeladen, die an attraktiven Orten stattfinden.
- Um als Wunscharbeitgeber anerkannt zu werden, nehmen Firmen an »Great Place to Work«-Ausschreibungen oder entsprechenden Studien zu Arbeitgeberattraktivität teil.
- Zudem werden Strategien entwickelt, um potenzielle Bewerber anzusprechen, wie z. B. die Arbeit mit externen Personaldienstleistern oder Jobplattformen. Internet-Gruppen wie »Xing« oder »LinkedIn« im Internet werden zur Direktansprache genutzt. Der Kontakt zu ehemaligen Mitarbeitern wird mit Alumni-Programmen aufrechterhalten und ehemalige Mitarbeiter werden erneut angeworben.

Bei der Ansprache von potenziellen Bewerbern kann berücksichtigt werden, welche Faktoren Kandidaten in Deutschland als besonders attraktiv empfinden, um diese hervorzuheben. In einer Studie kristallisierten sich folgende Punkte heraus: Flexible Arbeitszeiten, herausfordernde Tätigkeiten, wettbewerbsfähige Vergütung, Ruf des Unternehmens als guter Arbeitgeber, Lern- und Entwicklungsmöglichkeiten, akzeptable Arbeitsbelastung, Aufstiegs- und Karrieremöglichkeiten, gute Produkte und Leistungen des Unternehmens, gute Lage des Standorts sowie die positive finanzielle Situation des Unternehmens (Sebald, Denison, Enneking & Richter, 2007).

6.2 Personalauswahlverfahren

In der Personalauswahl sollte der Personaler zwei Fehler vermeiden: a) den unpassenden Kandidaten einzustellen sowie b) einen passenden Kandidaten nicht einzustellen.

Zu a) Der Fehler in der Rekrutierung, der direkt Kosten verursacht, besteht darin, Kandidaten fälschlicherweise einzustellen, obwohl sie nicht passen. Dieser Fehler wird in der Rekrutierung auch »Alpha-Fehler«genannt. Die Kosten, die damit verbunden sind, sind folgende:
- Entwicklungskosten für die Person, die auf die Stelle nicht passt bzw. Kosten, die mit dem Weggang der Person oder dem Einsatz auf eine neue Stelle entstehen;
- Einarbeitungskosten, die für die Person bereits aufgewendet wurden, die keinen Return on Invest leisten;
- Kosten aufgrund der Fehler, die die Person verursacht (z. B. Imageschaden beim Kunden, Vertragsbeendigung aufgrund nicht eingehaltener Fristen o. Ä.);
- Opportunitätskosten, also jene Alternativkosten, die den entgangenen Nutzen in Geld ausdrücken können;
- weitere Rekrutierungskosten, um eine passendere Person zu finden;
- Opportunitätskosten, die durch die sinkende Produktivität der anderen Mitarbeiter entstehen, da diese die Minderleistung der auf unpassender Stelle arbeitenden Person ausgleichen müssen;
- eventuell Kosten, die die Person im Team erzeugt; insbesondere Führungskräfte, die auf einer für sie unpassenden Stelle arbeiten, können hohe Kosten durch erhöhte Fluktuation oder Demotivation im Team verursachen.

Durch die Erhöhung des Anspruchsniveaus bzw. der Einstellungskriterien kann diese Gefahr reduziert werden: Ein Kandidat wird nur dann eingestellt, wenn er dem hohen Niveau, d. h. dem Auswahlverfahren, standhält. Dies kann allerdings nur erfolgreich sein, wenn die Bewerberquote hoch, die Selektionsquote niedrig und wenn die Gefahr, dass ein geeigneter Kandidat abgelehnt wird, in Kauf genommen wird.

Zu b) Der zweite Fehler, den ein Personaler vermeiden sollte, einen passenden Kandidaten nicht einzustellen, wird als »Beta-Fehler« (ß-Fehler) bezeichnet. Ein Beta-Fehler verursacht zwar keine direkten Kosten, allerdings Opportunitätskosten, da dem Unternehmen ein qualifizierter Bewerber verloren geht, was angesichts der Problematik des Bewerbermangels aus demografischen Gründen eine Herausforderung darstellt. Zeigt sich, dass sich nur wenige qualifizierte Menschen bewerben, müssen das Anspruchsniveau gesenkt und die eingestellten Mitarbeiter anschließend intern durch entsprechende Entwicklung aufgebaut werden. Bei dieser Art der Auswahl wird stärker darauf geachtet, welche Kompetenzen relativ einfach trainierbar sind und welche nicht.

	Kandidat eingestellt	Kandidat nicht eingestellt
Kandidat geeignet	»richtig« (wird erfasst)	ß-Fehler (wird nicht erfasst)
Kandidat nicht geeignet	α-Fehler (wird erfasst)	»richtig« (wird erfasst)

Tab. 45: Rekrutierungsfehler

Um möglichst Alpha- und Beta-Fehler zu vermeiden, versuchen Unternehmen nicht nur, qualifizierte Bewerber anzuziehen, um die Bewerberquote zu erhöhen, sondern nutzen auch verschiedene Personalauswahlverfahren.

Um aus der Vielzahl von Bewerbern die passenden auszuwählen, die die Position wahrscheinlich erfolgreich ausfüllen werden, muss zunächst eine Vorauswahl aus den Bewerbungen getroffen werden. Im nächsten Schritt finden üblicherweise das Bewerberinterview sowie für bestimmte Positionen Assessment Center statt.

6.2.1 Vorgehen bei der Vorauswahl

Für die Vorauswahl sind IT-gestützte Rekrutierungsportale hilfreich; hier können die Bewerberdaten zentral gespeichert werden. Auf diesem Wege lassen sich z. B. Kandidaten nach Schulabschluss oder anderen Kriterien sortieren. Durch solche Filter grenzt die Personalabteilung das Feld der Bewerber zügig ein. Dies ermöglicht eine effiziente Bearbeitung auch großer Mengen an Bewerbungen. Bewerber, die die Grundkriterien erfüllen, bekommen dann oft die Möglichkeit, an einem Leistungstest teilzunehmen, der die Anzahl infrage kommender Kandidaten weiter einschränkt, falls sehr viele Bewerbungen zu bearbeiten sind. Nach dem darauf folgenden Telefoninterview sollte eine übersichtliche Anzahl von Kandidaten übrig bleiben, die schließlich zum persönlichen Interview mit HR- und Fachabteilung ins Unternehmen eingeladen werden.

Immer häufiger werden für komplexe Jobs Leistungstests, die analytische Fähigkeiten messen, für die Vorselektion eingesetzt. Dies gilt insbesondere bei hohen Bewerberzahlen, da sich hier die schnell anwendbaren und kostengünstigen Tests aus ökonomischen Gründen anbieten. Die Anwendung dieser Tests ergibt nur dann Sinn, wenn ein Zusammenhang zwischen Berufserfolg in der vakanten Position und analytischen Fähigkeiten, wie sie durch die Tests gemessen werden, vorliegt. Die Tests sollten innerhalb der Bewerbervorauswahl nur für die Negativselektion genutzt werden, d. h. Kandidaten, die schlechter abschneiden, werden nicht zur Teilnahme an weiteren Verfahren eingeladen. Zu beachten ist, dass sich Leistungstests weniger zur Auswahl oder Bewertung von Führungskräften eignen: Je berufserfahrener die Fokusperson ist, umso weniger wird dieses Verfahren akzeptiert. Auch die Aussagekraft der Tests muss vor dem Hintergrund diskutiert werden, dass eine Differenzierung zwischen einer erfolgreichen und wenig erfolgreichen Führungskraft stärker von persönlichkeitsbezogenen Merkmalen abhängt.

6.2.2 Vorgehen bei der Eignungsbeurteilung

Um die Eignung der Kandidaten zu erfassen, werden insbesondere für komplexe Positionen verschiedene Instrumente eingesetzt, die messen sollen, ob die Erwartungen des Soll-Profils von den Bewerbern erfüllt werden. Vor allem, wenn davon ausgegangen wird, dass unter den Bewerbern nur wenige in der vakanten Position erfolgreich sein werden, werden passende eignungsdiagnostische Auswahlverfahren kombiniert: Denn ein einziges Verfahren reicht nicht aus, um die geforderten Fertigkeiten, Erfahrungen, Qualifikationen und bisherigen Erfolge sowie Kompetenzen, Wissen, Persönlichkeitsdimensionen und Motivation des Kandidaten zu erheben. Die Form der Personaldiagnostik, die möglichst viele Aspekte der Bewerber erfasst, nennt man multimodale Diagnostik. Auf Basis der Ergebnisse wird eine Prognose über den späteren Berufserfolg in dem anvisierten Job getroffen. Diese prognostische Stärke eines Verfahrens wird mit Validitätskennzahlen ausgedrückt, die die Stärke des Zusammenhangs zwischen Verfahrensergebnissen und Berufserfolg darstellen. In einer Reihe von umfangreichen Metaanalysen konnte die Stabilität solcher Zusammenhänge aufgezeigt werden (vgl. Schmidt & Hunter, 1998; Nyfield, Gibbons & McIver, 1993; McDaniel, Whetzel, Schmidt & Maurer, 1994; Hunter & Hunter, 1984). Dabei lagen den Metaanalysen zwischen 5.000 und 50.000 Datensätze zugrunde. Je höher die Validität, desto eher kann aufgrund des Verfahrensergebnisses auf späteren Berufserfolg geschlossen werden.

6.2.3 Gängige Verfahren zur Personaldiagnostik

Folgende Verfahren werden zur Personalauswahl eingesetzt:
Unstrukturierte Interviews: Dies ist das am häufigsten genutzte Verfahren zur Personalauswahl. Meist verlässt sich der Vorgesetzte hierbei auf seine Menschenkenntnis. Die prognostische Güte eines klassischen, unstrukturierten Interviews hängt stark von den individuellen Fähigkeiten des Interviewers ab. Durch den geringen Standardisierungsgrad ist diese Form sehr anfällig für Beobachtungs- und Beurteilungsfehler. Aus diesem Grunde sollten unstrukturierte Interviews durch strukturierte Interviewverfahren oder standardisierte Fragebögen ergänzt werden.

Strukturierte Interviews: Strukturierte Interviews geben gezielt Fragen vor, mit denen bestimmte berufsrelevante Kompetenzen und Eigenschaften auf ihr Vorhandensein bzw. ihre Ausprägung hin abgefragt werden. Aus strukturierten Interviews können mit größerer Nachvollziehbarkeit Schlüsse gezogen werden als aus unstrukturierten Interviews: Durch die Standardisierung können einige Verzerrungen aufgrund von Beobachtungsverzerrungen gemindert und die Treffsicherheit bei der Auswahl deutlich erhöht werden. Zudem sind Bewerberaussagen leichter vergleichbar durch die standardisierte Abfrageform.

Persönlichkeitsfragebögen: Persönlichkeitsfragebögen fragen allgemeine Persönlichkeitsdispositionen ab, die für beruflich relevant gehalten werden. Hierunter fallen auch Werte und Einstellungen, z. B. zu Veränderungsbereitschaft. Persönlichkeitsfragebögen können einen Beitrag leisten, um über den Berufserfolg prognostische Aussagen machen zu können. Es muss beachtet werden, welche Dimensionen des Fragebogens geeignet sind, um Aussagen zur jeweiligen Position machen zu können. Persönlichkeitsfragebögen eignen sich ebenfalls zur Vorbereitung eines strukturierten Interviews.

Tests zur Erhebung der kognitiven Leistungsfähigkeit: Kognitive Leistungstests fragen sprach- bzw. zahlenanalytische Fähigkeiten ab. Unter Zeitdruck müssen möglichst viele Fragen korrekt beantwortet werden, was den Leistungsaspekt betont. Den Ergebnissen der Tests wird ein relativ hoher Bezug zum späteren Berufserfolg zugebilligt,

d. h. dass Menschen mit hohem analytischen Denkvermögen wahrscheinlich in komplexen Tätigkeiten beruflich erfolgreich sein werden.

Assessment Center: Ein Assessment Center (AC) ist eine Maßnahme, in der mehrere Teilnehmer von mehreren Beobachtern in verschiedenen Verfahren auf eine Anzahl von Eigenschaften geprüft werden. Assessment Center werden daher auch als Multi-trait-multi-method-Ansatz beschrieben. Zu den gängigen Überprüfungsverfahren gehören Rollenspiele, Unternehmensfallstudien, strukturierte Interviews, Simulationen, Gruppendiskussionen, Persönlichkeitsfragebögen und sonstige Tests. All dies dient meist der Eignungsdiagnostik, also der Einschätzung, ob eine Person für eine bestimmte Position geeignet ist. Sie haben eine sehr hohe Aussagekraft, d. h. Validität; dies kann darauf zurückzuführen sein, dass in einem Assessment Center zum einen konkretes Verhalten beobachtet wird und zum anderen die vielen verschiedenen Verfahren systematisch kombiniert werden, womit die Treffsicherheit erhöht wird.

Grafologie: Grafologie bezeichnet die Abschätzung charakterlicher Eigenschaften einer Person aufgrund ihrer Handschrift. Betrachtet werden z. B. der Neigungswinkel der Schrift, die Gleichmäßigkeit des Schriftbildes, Größe der Buchstaben etc. Die großen Metaanalysen geben keine Hinweise darauf, dass mithilfe grafologischer Verfahren Berufserfolg zuverlässig prognostiziert werden kann; es wurden sehr niedrige Validitäten berichtet. Dennoch wird Grafologie in einigen Ländern noch immer als Auswahlverfahren genutzt. Davon kann auf Basis der Studien abgeraten werden.

Referenzen: Referenzen sind Beurteilungen früherer Arbeitgeber, manchmal auch nur die Kontaktdaten früherer Arbeitgeber, sodass potenzielle zukünftige Arbeitgeber die Möglichkeit haben, sich neben der Selbstdarstellung des Bewerbers eine Zweitmeinung einzuholen. Werden nur Referenzen zur Eignungsdiagnostik genutzt, ist die prognostische Aussagestärke eher gering; dies hängt z. B. damit zusammen, dass Referenzen grundsätzlich positiv ausfallen und keine negativen Aussagen über den Bewerber bzw. vorherigen Mitarbeiter getroffen werden.

Personalauswahlverfahren lassen nur dann eine prognostische Aussage zu, wenn auf Basis eines eindeutigen Soll-Profils, idealerweise aufgrund einer Anforderungsanalyse (s. S. 46 ff.), geklärt ist, welche Erwartungen an den Bewerber gestellt werden, und die Verfahren diese Anforderungen testen. Zudem ist bei der Durchführung eignungsdiagnostischer Verfahren die Akzeptanz durch den Bewerber zu beachten, die zum einen das Ergebnis beeinträchtigen und zum anderen bei Nichteinstellung zu einem Imageverlust der Firma führen kann. Die Bewerbungssituation wird als sozial akzeptabel erlebt, wenn z. B. die Verfahrensdurchführung und Ergebniserstellung transparent gemacht werden, wenn ausreichend Informationen über das Unternehmen, die Personen in der Bewerbersituation und die Anforderungen mitgeteilt werden sowie wenn ein Feedback über die Ergebnisse gegeben wird. In diesem Fall wird von sozialer Validität gesprochen (vgl. Schuler & Stehle, 1985).

Exkurs: Tests und Persönlichkeitsfragebögen
Psychometrische Verfahren wie Persönlichkeitsfragebögen oder Tests leisten einen kosteneffizienten Beitrag innerhalb der Methodenzusammenstellung für die Auswahl und Entwicklung von Mitarbeitern. Tests und Persönlichkeitsfragebögen kommen innerhalb der Vorauswahl, eines Assessment Centers, Management Audits oder im Rahmen des Auswahlinterviews zum Einsatz. Persönlichkeitsfragebögen werden ebenfalls in der Personal- und Teamentwicklung eingesetzt. Der Einsatz dieser Verfahren hilft, multimodal vorgehen zu können und möglichst viele verschiedene Facetten der Eignung einer Person für eine Position zu erheben, um zu einer fairen Bewertung zu gelangen.

Die Nutzung von Intelligenz- und Persönlichkeitstests ist bei der Personalauswahl in Deutschland nicht weit verbreitet; ca. 20-30% der befragten Firmen bauen Tests in den Entscheidungsprozess bei der Personalauswahl ein (Schuler et al., 2007; Dick, 2000). Doch es sind heute nicht mehr nur Auszubildende, die mit personaldiagnostischen Verfahren beurteilt werden, sondern auch Führungskräfte. Als Grund für den relativ seltenen Einsatz von Testverfahren kann die Unübersichtlichkeit der Verfahren interpretiert werden: 73% der befragten Unternehmen gaben an, dass es für sie schwierig sei, sich für passende Testverfahren zu entscheiden.

Deshalb folgen nun grundlegende Hinweise und Anregungen, was bei der Testauswahl grundsätzlich zu beachten ist, welche gängigen Persönlichkeitsfragebögen für die Personalauswahl eingesetzt werden sowie Literaturhinweise, um über psychometrische Verfahren erschöpfende Information zu erhalten.

Zu beachtende Kriterien bei der Auswahl von psychometrischen Test-Verfahren
In Deutschland wurde 2002 mit der DIN 33430 eine Norm zu »Anforderungen an Verfahren und deren Einsatz bei berufsbezogenen Eignungsbeurteilungen« eingeführt. Mithilfe dieser Forderungen können Qualitätsstandards verglichen werden (vgl. Kersting, 2006). Das Verfahren sollte relevante Fragen bzgl. des Verhaltens bzw. der Fähigkeiten des Bewerbers beantworten. Es sollte einen erkennbaren Nutzen bringen, praktikabel sein und möglichst für einen Einsatz bzgl. wirtschaftsrelevanter Fragestellungen konzipiert sein.

Die Verfahren sollten strengen wissenschaftlichen Gütekriterien genügen. Die wichtigsten sind:
- **Objektivität:** Ist das Ergebnis ausschließlich abhängig vom Kandidaten oder spielen Umgebungsbedingungen, die Qualität der Instruktionen oder die Fähigkeiten des Testleiters eine Rolle beim Zustandekommen des Ergebnisses? Entscheidend ist hier die Standardisierung des Verfahrens. Je höher der Standardisierungsgrad in Durchführung, Auswertung und Interpretation, desto höher die Objektivität.
- **Reliabilität:** Wie genau arbeitet das Verfahren? Werden die Merkmale zuverlässig gemessen?
- **Validität:** In welchem Maße ist das Verfahren in der Lage, Verhalten und Leistungen zu prognostizieren?

Bei seriösen Verfahren werden diese Kriterien fortlaufend untersucht und die Ergebnisse dokumentiert. Fehlen entsprechende Angaben, so sind Zweifel an der wissenschaftlichen Qualität angebracht.

Ergebnisse von Persönlichkeitsfragebögen — und wenn möglich auch die anderer Verfahren — müssen den Teilnehmern in einem Feedbackgespräch zurückgemeldet und mit deren subjektiver Sicht abgeglichen werden (vgl. soziale Validität). Insofern ist solchen Instrumenten der Vorzug zu geben, bei denen der Anbieter qualifizierende Anwenderschulungen anbietet.

Praktikabilität

Zur praktischen Anwendung im Personalwesen sollten die Verfahren online von der Person, die im Fokus steht, bearbeitet werden, sodass von Online Assessment gesprochen wird. Dies ist je nach Zielsetzung mit verschiedenen Vorteilen verbunden, beispielsweise:

Online-Assessments sind besser zu verwalten und schneller auszuwerten als Tests in Papierform. Sie sind günstig, schon weil wegen der fehlenden Verwaltungsnotwendigkeit keine Personalkosten anfallen.

Sie entsprechen durch die Möglichkeit des flexiblen Einsatzes den Bedingungen in der modernen Arbeitswelt, denn die Person im Mittelpunkt kann jederzeit und überall mit einem geeigneten Rechner die Verfahren online bearbeiten.

Sie genießen eine hohe Akzeptanz bei den Zielpersonen und dienen damit auch dem Marketing für das Unternehmen.

Sie sind in bestehende, unternehmensspezifische IT-Formate integrierbar. Normgruppenvergleiche und unternehmensspezifische Statistiken können einfacher erhoben werden.

Gängige Persönlichkeitsfragebögen und Übersichten der Verfahren in der Literatur

Persönlichkeitsfragebögen werden als ein Baustein im Rahmen von multimodaler Personaldiagnostik eingesetzt. Sie eignen sich nicht als alleinige Methode zur Personalauswahl, sondern nur im Zusammenspiel mit anderen Methoden. Zudem muss auf Basis der Anforderungsanalyse ein Einsatz angezeigt sein, d. h. die Auskunft zu persönlichkeitsrelevanten Punkten muss relevant für die Position sein. Eine Vielzahl von Persönlichkeitsfragebögen und Testangeboten macht die Auswahl des geeigneten Instruments in Deutschland schwierig. Die Angebote differieren im Grad von Seriösität, Qualität, Aussagekraft, Zeitaufwand und Kosten. Gängige Fragebögen zur Erhebung von Verhaltenspräferenzen oder Persönlichkeitsdimensionen sind beispielsweise das Bochumer Inventar zur berufsbezogenen Persönlichkeitsbeschreibung (BIP), Hogan Personality Inventory (HPI); Occupational Personality Questionnaire 32 (OPQ 32), Eligo-Testbatterien, Shapes von CUT-E und viele andere.

Diese Verfahren zur Persönlichkeitsdiagnostik zeichnen sich zum Teil dadurch aus, dass sie international genutzt werden können. Für kleinere und mittlere Unternehmen (KMU) können andere Kriterien entscheidender sein. Daher werden an dieser Stelle folgende Bücher empfohlen, die einen profunden Überblick über die Testlandschaft in Deutschland verschaffen:

Sarges, W. & Wottawa, H. (Hrsg., 2004). Personalpsychologische Instrumente, Bd. 1, Handbuch wirtschaftspsychologischer Testverfahren, 2. Aufl., Lengerich u. a.: Pabst Science Publ.

Hossiep, R. & Mühlhaus, O. (2005). Personalauswahl und -entwicklung mit Persönlichkeitstests, Göttingen u. a.: Hogrefe.

Erpenbeck, J. & Rosenstiel, L. von (Hrsg., 2007). Handbuch Kompetenzmessung. Erkennen, verstehen und bewerten von Kompetenzen in der betrieblichen, pädagogischen und psychologischen Praxis, 2. Aufl., Stuttgart: Schäffer-Poeschel.

6.3 Onboarding

6.3.1 Was Onboarding bringt und welche Techniken häufig genutzt werden

Die Einarbeitung stellt die letzte Phase des Personalauswahlprozesses dar. Unter Onboarding werden alle Maßnahmen zusammengefasst, um neue Talente effektiv in das Unternehmen und evtl. in die neue Umgebung zu integrieren. Oft wird unter Onboarding ein bestimmter Termin verstanden, an dem alle neuen Mitarbeiter die notwendigen Informationen erhalten, allerdings beginnt Onboarding bereits bei der Vertragsunterschrift und dauert mindestens bis zum Ende der Probezeit.

Um Mitarbeiter in das Unternehmen einzuführen, sollten ein individueller Einarbeitungsplan erarbeitet und von Anfang an Bedingungen geschaffen werden, um den Mitarbeiter so schnell wie möglich zu integrieren. Zum Einarbeitungsplan gehören beispielsweise die Regeln für den Umgang im Unternehmen, klare Ansprechpartner für bestimmte Fragen, feste Termine für Gespräche mit Vorgesetzten und Teamkollegen, Einführung in die Systeme wie Intranet und IT-Programme, evtl. Werksführung und andere Aktivitäten. Das Bereitstellen von ausreichenden Informationen und Orientierungsmöglichkeiten sind die zentralen Bausteine eines erfolgreichen ersten Tages, eines »Welcome Days«. Häufig wird dem neuen Mitarbeiter ein Pate zur Verfügung gestellt, der Fragen zur Unternehmenskultur beantwortet und eine nachhaltige Integration v. a. neuer Führungskräfte ermöglicht. Neben den klassischerweise relevanten Punkten wie Bereitstellung des Arbeitsplatzes mit Kommunikationstechnologien und der Grundausstattung sollten den neuen Mitarbeitern im Rahmen des Talent Management Systems die Erwartungen vermittelt werden: Der neue Mitarbeiter kann dafür z. B. Werteleitlinien und das Kompetenzmodell — sofern diese vorliegen — sowie das von ihm erwartete Kompetenzprofil erhalten. Neu gewonnene Führungskräfte erhalten zudem die Führungsleitlinien und die Erwartungen an ihre Ebene entsprechend der Leadership Pipeline. Um die Informationen mit Leben zu füllen, wird die Einarbeitung idealerweise von Welcome-Veranstaltungen begleitet: Dies können Einführungstrainings, Kurzseminare oder Kaminabende bzw. Round-Table-Treffen sein, in denen erfahrene Manager die Kompetenzen und Erwartungen auf Geschichten aus dem Alltagsgeschäft im Unternehmen übertragen. Es kann diskutiert werden, welche Verhaltensweisen in dem Unternehmen zum Erfolg führen, sodass der neue Mitarbeiter eine klare Orientierung erhält. Am Ende der Einarbeitung haben die neuen Mitarbeiter Klarheit über ihre Aufgaben sowie Kenntnisse über die wichtigsten Prozesse und Informationskanäle in der Organisation erlangt. Zudem sollten die Teamintegration und idealerweise eine Bindung an das Unternehmen bereits stattgefunden haben, was eine Fluktuation frühzeitig verhindert.

Unternehmen mit einem Onboarding-Programm erhoffen sich laut einer Studie von Laurano (2013) mit 230 Unternehmen von diesem v. a., dass
- neue Mitarbeiter schneller produktiv arbeiten (Mitarbeiterproduktivität),
- sich durch Integration eine höhere Leistungsbereitschaft neuer Mitarbeiter einstellt (Mitarbeiterengagement),
- sie sich an das Unternehmen gebunden fühlen (Mitarbeiterbindung) und
- sich die Mitarbeiter schnell in das zukünftige Team integrieren (Mitarbeitereingliederung).

Diesen Erwartungen stehen gute Ergebnisse gegenüber (Lorano, 2013): 91% der Unternehmen mit einem guten Onboarding-Programm übernehmen neue Mitarbeiter nach ihrer Probezeit, wobei dies nur 30% der Unternehmen tun, die im Onboarding schlecht abschneiden. Des Weiteren erreichen 62% der neuen Mitarbeiter in Unternehmen mit idealen Onboarding-Prozessen fristgerecht ihre ersten Meilensteine — im Vergleich erreichen dies nur 17% in Vergleichsunternehmen ohne Onboarding. Zusätzlich ist interessant, dass sich die Zufriedenheit mit neuen Mitarbeitern seitens der Recruiting-Manager in Unternehmen mit guten Onboarding-Prozessen jährlich um 33% steigert, während diese Steigerung in Unternehmen mit weniger gutem Onboarding mit 3% deutlich geringer ist (ebenda).

Unternehmen, die am besten im Onboarding abschneiden, haben laut Laurano
- eine klare und übersichtliche Organisation ihrer Einstellungsunterlagen,
- sichergestellt, dass alle Aufgaben rund um das Onboarding (Systemzugang, Computer, Treffen des Vorgesetzten etc.) rechtzeitig durchgeführt werden und
- eine Einführung für neue Mitarbeiter in die Unternehmenskultur und
- ermöglichen einen persönlichen Informationszugang zu anderen Mitarbeitern.
- Laut einer Studie von Hiekel und Neymanns mit 50 deutschen Unternehmen (2011) sind die am häufigsten eingesetzten Methoden des Onboardings:
- Vorbereitung von Arbeitsplatz und Material des neuen Mitarbeiters,
- terminierte Feedbackgespräche,
- Treffen mit Vorgesetzten und auch mit Teammitgliedern,
- Bereitstellung eines kontinuierlichen Ansprechpartners,
- Eröffnungsveranstaltungen,
- Gespräche mit Kollegen,
- Gespräche mit der Personalabteilung und
- fachliche Informationsveranstaltungen und Networking-Treffen.

6.3.2 Onboarding einer neuen Führungskraft in ein bestehendes Team

Eine besondere, aber nicht seltene Situation stellt das Onboarding der neuen Führungskraft (z. B. Geschäftsführer/in oder Abteilungsleiter/in) dar, die ein bestehendes Team übernimmt. Im Folgenden ist ein Leitfaden mit Fragen dargestellt, die eine neue Führungskraft in 1:1-Gesprächen mit ihren neuen Mitarbeitern in den ersten Tagen auf ihrer neuen Stelle nutzen kann, um möglichst effektiv in den ersten 100 Tagen einsteigen zu können.

Einzelgespräche einer neuen Führungskraft mit ihren neuen Mitarbeitenden innerhalb eines bereits bestehenden Teams.

A. Beginn: Ziele zu Beginn darstellen
»In diesen 1,5 Stunden geht es um den Erwartungsaustausch und darum, Sie kennenzulernen, damit ich von Ihnen einmal höre, wer Sie sind. Gibt es aus Ihrer Sicht etwas, was wir heute unbedingt besprechen sollten?«

B. Beispielfragen zur Person und Position:
- »Wer sind Sie, was haben Sie bisher gemacht, was sind Ihre Stärken?«
- »Was läuft hier besonders gut?«
- »Warum sind Sie gerne hier, was motiviert Sie am meisten dazu, hier morgens hinzukommen?«
- »Geben Sie mir bitte einen Überblick zum Stand von ›Aufgabe der Person‹.«
- »Wenn Sie hier Dinge verbessern könnten, was würden Sie als erstes tun? Warum? Was noch?«
- »Wie fließen hier die Informationen? Wer nimmt an welchen Meetings teil und was würden Sie verändern?«

C. Erwartungsklärung: Eigenen Führungsstil, was andere erwarten können und was die Führungskraft vom Mitarbeiter erwartet darstellen
Beispiel: »Mein Führungsstil ist es, zu fordern und zu fördern. Dabei können Sie von mir Folgendes erwarten: Ich bin transparent und gebe recht direktes Feedback. Ich gehe zunächst davon aus, dass hier jeder sein Bestes tut, um gemeinsam im Team erfolgreich zu sein. Wenn jemand sich auf Kosten des Teams ausruht, kann ich konsequent handeln. Ich bin für Sie immer ansprechbar: Wenn meine Tür geschlossen ist, bin ich konzentriert mit einem Thema beschäftigt; sobald sie offen ist, kann jeder hineinkommen. Zudem möchte ich, dass wir uns in dem regelmäßigen Jour fixe mit xyz jeden zz austauschen.
Was ich von Ihnen erwarte: Mir ist wichtig, dass Sie auch mir gegenüber offen sind und auf mich früh genug zukommen, wenn Sie das Gefühl haben, es steht etwas zwischen Ihnen und der effektiven Erledigung Ihrer Arbeit. Zudem wünsche ich mir, dass Sie mit Problemen rund um die Arbeit proaktiv auf mich zukommen, also ungefragt. Und dass Sie sich vorher bereits Lösungen überlegt haben, idealerweise gleich zwei Alternativen zu dem Problem. Ich erwarte auch eine Offenheit Verände-

rungen gegenüber und habe immer ein offenes Ohr, wenn Sie selbst Ideen für Veränderungen haben, wie man Prozesse schlanker oder besser machen kann oder noch besser mit den Kunden arbeiten kann. Ich kann mir vorstellen, dass es nicht immer einfach ist, diese Veränderungen umzusetzen; ich bin auch dafür hier, Sie dabei zu unterstützen, die von der Firma angestrebten Veränderungen umzusetzen. Zum Jour fixe: Bisher stellen Sie dort ja xyz vor, könnten Sie zudem bitte noch die Zahlen zu xx vorstellen?«

D. Erwartungen des Mitarbeiters bzw. der Mitarbeiterin
»Haben Sie dazu Fragen? Was erwarten Sie von unserer Zusammenarbeit?«

E. Fragen zur Situation mit Stakeholdern (Team, Kunden etc.):
»Wenn sie hier langjähriger Kunde wären, was würden Sie über diesen Bereich sagen, welche Begriffe fallen Ihnen als erstes ein? Und was möchten Sie, was die Kunden über Ihren Bereich sagen?«
»Gibt es Konfliktthemen innerhalb oder außerhalb des Teams?«

F. Abschluss
»Haben Sie noch Fragen an mich?«
»Gibt es noch etwas zu Ihnen, was für mich wichtig wäre zu wissen, was immer Sie hier sagen wollen?«

Resümee

Dieses Buch ist entstanden, um ein Talent Management System darzustellen, das Unternehmen dabei unterstützt, adäquat auf Veränderungen reagieren und ihre Geschäftsstrategie mit den passenden Mitarbeitenden umsetzen zu können. Es soll Hilfestellungen bieten, um einen besseren Zusammenklang zwischen den inter- und intrapsychischen Bedürfnissen von Beschäftigten und der ökonomischen Zielerreichung des Unternehmens zu erreichen. Dafür wurde das TMS-Rahmenmodell entwickelt, das auf den drei Säulen Strategie, Kultur und Human Resources-Praktiken fußt und in die Geschäftsprozesse integriert ist. In dem Modell wird Talent als Begabung verstanden, die jeder eingestellte Mitarbeiter hat und die — in unterschiedlichem Ausmaß — ein unternehmerisches Potenzial darstellt. Anhand des Modells wurde zunächst erläutert, wie ein TMS strategisch geplant und Kompetenzmanagement integriert wird. Im TMS werden die Kompetenzmodelle abgeleitet aus der Geschäftsstrategie und zur Unterstützung des Umgangs mit aktuellen Herausforderungen und unbekannten zukünftigen Veränderungen eingesetzt. Weiter wurde dargestellt, wie eine Kultur etabliert werden kann, die für die Umsetzung der Prozesse notwendig ist. Hier wurde verdeutlicht, dass eine achtsame, wertschätzende Haltung der Führungskräfte sowie eine Förderung von Offenheit und Lernfähigkeit zu den zentralen Aspekten der Unternehmenskultur gehören, ohne die ein erfolgreiches Talent Management nicht möglich ist. Talent Management ist kein reines HR-Thema, sondern ein Führungsthema. Der Führungsstil, wie er im Kapitel »Kultur« beschrieben wird, sowie die Nutzung der Personaltechniken durch die Führungskräfte sind elementare Bestandteile eines Talent Managements. Zeitgemäße Innovationen im Talent Management einer Organisation setzen sich v. a. dann durch, wenn das Top-Management diese vorantreibt und vorlebt — beraten und unterstützt durch HR, aber eben nicht als HR-Projekt durchgeführt.

Die dritte Säule beinhaltet die systematische Verknüpfung der Personal-Praktiken Mitarbeiterbewertung bzw. Performance Management, Talent-Identifikation, Nachfolgeplanung, Mitarbeiterentwicklung, Mitarbeiterbindung und -rekrutierung. Es wurde erläutert, wie die Personalaktivitäten auf die geschäftlichen Herausforderungen konsequent ausgerichtet werden. Zu jeder Säule wurden Techniken und Instrumente dargestellt, die bereits in der Praxis erprobt sind.

Ich möchte mit diesem Buch zeigen, dass eine mitarbeiterorientierte Haltung mit einer Leistungsorientierung in Einklang stehen kann: Führung mit einem positiven Menschenbild kann zu einer höheren Profitabilität führen und eine achtsame, wertschätzende Kultur wirkt sich positiv auf die Leistung aus. Um dies zu realisieren, müssen die Protagonisten des Talent Management Systems — die Mitarbeiter, die Führungskräfte, das Senior-Management und die HR-Business-Partner — unterstützt und befähigt werden, die Haltungen und Techniken des Talent Management Systems umzusetzen. Idealerweise führt ein TMS dazu, dass Unternehmen zunehmend Entfaltungsmöglichkeiten für die Talente und mehr Entwicklungsmöglichkeiten für die Kompetenzen der Mitarbeiter bereitstellen. Ich glaube daran, dass der Gesamterfolg eines Unternehmens wächst, wenn es gelingt, einen Raum für Wertschätzung und Achtsamkeit zwischen den Menschen im Unternehmen herzustellen.

Anhang

1. Begriffserklärungen

Talent Management System: Im hier vorgestellten Talent Management System (TMS) wird Talent als Begabung gesehen, die jeder eingestellte Mitarbeiter hat und die — in unterschiedlichem Ausmaß — ein unternehmerisches Potenzial darstellt. Das Talent Management System ist darauf ausgerichtet, dieses Potenzial strategiekonform für gegenwärtige und zukünftige Herausforderungen optimal zu nutzen. Um dies zu gewährleisten, steht das TMS auf drei Säulen: Strategie, Kultur und Personal-Praktiken. Jedes Talent Management System basiert auf Kompetenzmanagement. Das TMS fragt nach dem Gesamtzusammenhang von persönlichkeitsrelevanten Merkmalen, Talenten und Kompetenzen und nach der optimalen Nutzung dieses Zusammenhangs im Interesse der Unternehmensperformanz. Hingegen werden im konventionellen Talent Management die wenigen besten Mitarbeiter als Talente bezeichnet und die Aktivitäten darauf ausgerichtet, diese wenigen Mitarbeiter zu identifizieren, zu fördern und zu binden.

Kompetenzen: Kompetenzen sind aktuell verfügbare Verhaltensdispositionen einer Person zum selbstorganisierten Handeln in für sie bisher neuen Situationen. Menschen verfügen über unterschiedliche Arten von Kompetenzen, die notwendig sind, um in verschiedenen Situationen physischen oder geistigen Handelns erfolgreich zu sein.

Kompetenzmanagement: Kompetenzmanagement fokussiert darauf, wie die Grundlagen der menschlichen Fähigkeiten, selbstorganisiert und kreativ in neuen Problemsituationen zu handeln, zu erfassen und zu nutzen sind. Das mündet in der Entwicklung unternehmensspezifischer Kompetenzmodelle und der systematischen Verzahnung von Personal-Praktiken durch die Nutzung von Kompetenzbeschreibungen, die erfolgsrelevantes Verhalten der Mitarbeiter bestimmen.

Potenzial: Potenzial bezieht sich auf die Ausübung einer bestimmten Tätigkeit oder Anforderung, die derzeit noch nicht ausgeübt wird. Damit kann es kein Potenzial per se oder »allgemeines« Potenzial geben, sondern nur solches, das sich auf konkrete Aufgaben bezieht. Von Potenzial in der Mitarbeiterbeurteilung wird gesprochen, wenn dem Mitarbeiter von anderen Führungskräften zugetraut wird, in kurzer Zeit eine verantwortungsvollere Aufgabe auszuführen; die Zeitspanne wird vom Unternehmen definiert

(z. B. 24 Monate). Somit wird mit Potenzial eine Lernfähigkeit bzgl. bestimmter Aufgaben gemeint, die Vorgesetzte Mitarbeitern zutrauen, um anspruchsvollere Aufgaben für eine nächsthöhere Hierarchieebene oder eine verantwortungsvollere Aufgabe zu erfüllen. Potenzial kann als die individuelle Aussicht auf Kompetenzen in der Zukunft gesehen werden, die zum gegenwärtigen Zeitpunkt noch unter- oder nicht entwickelt sind.

Leistung (im Mitarbeitergesprächsbogen): Arbeits- und aufgabenbezogene Erfolge der Vergangenheit.

Talent: Talent als Begabung: Die psychologische Definition bezeichnet Talente als Begabungen, die in künftigen — meist positiv bewerteten — geistigen oder physischen Handlungen zum Tragen kommen können. Talent wird als Begabung verstanden, die eine Ansprechbarkeit im Sinne einer Disposition für künftige Handlungen darstellt. Menschen verfügen über verschiedene Talente, die sie aber möglicherweise nicht einbringen. Mit einem entsprechend positiven Menschenbild lässt sich sagen, dass jeder Mensch Talent hat. Diese Definition wird im Talent Management System eingesetzt.

2. Zu den Studien

Studie in Kooperation mit der Fresenius Hochschule Köln (2013):

Aufbauend auf dem Rahmenmodell zum Talent Management System wurde ein idealtypischer Ist-Zustand des Talent Managements in (Groß-)Unternehmen entwickelt, welcher in der Praxis aber voraussichtlich nur selten anzutreffen sein dürfte. Für die Fragebogenbearbeitung wurde besonders viel Wert darauf gelegt, dem Bearbeiter nicht einfach eine vordefinierte Skala vorzulegen, mit der in abstrakter Weise die tatsächliche Reifegradausprägung bewertet werden soll. Vielmehr wurden unterhalb des Optimums die suboptimalen Reifegradausprägungen für jedes Einzelelement auf einer vierstufigen Skala (0, 33, 66 und 100%) ausformuliert, die eine rasche Orientierung ermöglichten. Abbildung 46 zeigt dazu zwei Beispielitems.

Gleichzeitig wurden noch ergänzende offene Fragen als Freitextfelder eingeschlossen. Ohne das dahinter liegende Modell explizit in den Vordergrund zu stellen, wurden die Einzelausprägungen des Talent-Management-Modells in einen Online-Fragebogen übertragen. Zielgruppe der Untersuchung waren Personalexperten aus DAX-Unternehmen und weiteren Großorganisationen. Angesprochen wurden im 2. Quartal 2013 HR-Experten von: adidas, BASF, Bayer, Beiersdorf, Bertelsmann, Bosch, BMW, Commerzbank, CreditSuisse, Daimler-Benz, Dt. Bahn, Dt. Bank, Dt. Lufthansa, Dt. Post, Dt. Telekom, DZ Bank, EnBW, E.ON, E-Plus, Evonik, Fielmann, General Motors, HeidelbergCement, Henkel, 50 Hertz, Infineon, Lanxess, Merck, Metro, PWC, RWE, SAP, Siemens, Springer, Targobank, Tesa, ThyssenKrupp, Vodafone, Volkswagen, Vorwerk, Zalando, Zeiss. Von insgesamt 42 persönlich versendeten Fragebogen konnten 15 Rückläufe vollständig ausgewertet werden, was einer Rücklaufquote von 38% ent-

Wie genau ist die Personalstrategie und der Fahrplan zur Erreichung der Personalziele definiert?	Es gibt keine oder nur eine grobe Personalstrategie	Es gibt eine klare Personalstrategie mit Meilensteinen	Ein Fahrplan mit klaren Meilensteinen und Endprodukten wurde verabschiedet; KPIs wurden definiert, die in größeren Abständen (ca. ½ Jahr) gemessen werden	Ein detaillierter Fahrplan beinhaltet klare Meilensteine, Endprodukte und Verantwortlichkeiten; für jede Initiative gibt es einen Satz KPIs, die regelmäßig (mind. alle 3 Monate) gemessen werden
	☐	☐	☐	☐
Wie üblich ist es für Mitarbeiter, zu anderen Abteilungen zu wechseln?	Wechsel und Rotationen in andere Abteilungen sind selten, mit großen zeitlichen Abständen und meist zufällig	Für Leistungsträger und Mitarbeiter, die selbst die Initiative ergreifen, besteht die Möglichkeit für Wechsel und Rotationen in andere Abteilungen	Regelmäßige Wechsel und Rotationen in andere Abteilungen sind ein integraler Bestandteil für die Karriereentwicklung in der Organisation	Wechsel und Rotationen sind organisationsweit und auch international Voraussetzung für die Erreichung von zentralen Führungspositionen
	☐	☐	☐	☐

Abb. 46: Beispielitems aus dem verwendeten Online-Fragebogen

spricht. Der vollständige Fragebogen einschließlich der Operationalisierung kann unter www.returnonmeaning.com eingesehen und heruntergeladen werden.

Im Zeitraum von Februar bis Juli 2008 wurden 17 Managerinnen und Manager erfolgreicher Organisationen von der Autorin interviewt. Die Interviewpartnerinnen und -partner befinden sich in führenden Positionen in Unternehmen unterschiedlicher Branchen und sind für Talent Management zuständig. Die meisten Manager sind Leiter der Personalentwicklung oder Leiter Personal.

3. Methode des Interviews

Es wurde ein halb strukturiertes Interview konzipiert, welches methodisch zu den Leitfaden-Interviews (z. B. Flick, 2002) zählt. Es ermöglicht einerseits ein weites Antwortspektrum und andererseits viele kompakte Informationen in kurzer Zeit. Vorliegendes Material und Präsentationen der Interviewpartnerinnen und -partner wurden zudem angefordert. Die Stichprobe besteht aus Managern und HR-Business-Partnern, die in ihrer beruflichen Rolle und in ihrem beruflichen Handlungsfeld betrachtet werden. Aufgrund dessen handelt es sich hier um ein Experteninterview.

Die inhaltsanalytische Auswertung des Interviewmaterials lehnt sich an die qualitativen Techniken der »Grounded Theory« im Sinne von Strauss und Corbin (1990/1996) an. Die Mitschriften der Interviews geben allerdings nicht — wie sonst zur Auswertung mittels »Grounded Theory«-Techniken üblich — den Wortlaut der Interviewpartner wieder, weshalb die Analyse nur den grundlegenden Schritten folgt. Dies ist für das Ziel der Auswertung, inhaltlich zusammengehörige Themenkomplexe aus den Rohdaten herauszufiltern, eine passende Vorgehensweise. Diese besteht im Wesentlichen darin, die Interviews zu kodieren, indem Interviewabschnitte mit Abschnittsüberschriften versehen werden, welche die Hauptidee der Aussage adäquat wiedergeben können. Diese Hauptidee bzw. — in der Sprache der Grounded Theory — das Konzept wird mit den Konzepten aller Interviews verglichen. Bilden bestimmte Konzepte ein gemeinsames Muster, werden diese zu Kategorien klassifiziert.

Namentlich haben folgende Interviewpartnerinnen und -partner folgender Unternehmen (in alphabetischer Reihenfolge) teilgenommen:

Unternehmen	Interviewpartner/in	Funktion
adidas AG	Tilo Kann	Leiter Development & Training Region EMEA
Audi AG	Ralph Linde	Geschäftsführer Audi Akademie GmbH
Aviva plc.	Arvinder Dhesi	Group Talent Management Director
Axel Springer AG	Dr. Christian Wein	Leiter Nachwuchskräfteentwicklung
Beiersdorf AG	Dr. Siegfried Marks	Corporate Vice President HR Development
BMW Group	Annette Bothe-Danckers	Leiterin Qualification Projects (inkl. Competence Management Aftersales und Sales)
Cargill Europe BVBA	Karina Janning	Leitung Executive Management Development
Daimler AG	Martijn van den Assem	Executive Management Development/ Executive HR
DOUGLAS HOLDING AG	Birgit Massalsky	Leitung Managemententwicklung
LANXESS Deutschland GmbH	Izabela Megerle	Head of Management Development
McKinsey & Company, Inc.	Lars Putzer	Associate Principal
Merck KGaA	Andrea Schäfer	Senior HR Manager Corporate HR/Management Development
Microsoft Deutschland GmbH	Tina Goddard	People Organization Capability Lead Germany

Unternehmen	Interviewpartner/in	Funktion
SAP AG	Dr. Harald Borner	Global Head Top Talent Management SVP, Office of the CEO
Sparkasse Krefeld	Andrea Kolleker	Senior HR Manager
Symrise GmbH & Co. KG	Dr. Andrea Beddies	Human Resources EAME HR Director Head of HR Scent & Care
tesa AG	Helge Kochskämper	Vice President Human Resources tesa AG

Tab. 46: Übersicht Interviewpartnerinnen und Interviewpartner

Die Performanz der Unternehmen ist in Zahlen darstellbar: Fünf der befragten Unternehmen gehören zum DAX 30, vier zum DAX 100 und fünf sind in der Fortune 500 gelistet. Zehn Unternehmen erzielen Umsätze von bis zu 10 Milliarden Euro, vier zwischen 30 Milliarden und 60 Milliarden Euro und zwei über 60 Milliarden Euro. Da sich TMS in Großunternehmen auf die weltweite Organisation bezieht, sind hier die internationalen Mitarbeiterzahlen genannt: Zehn der interviewten Unternehmen beschäfti-

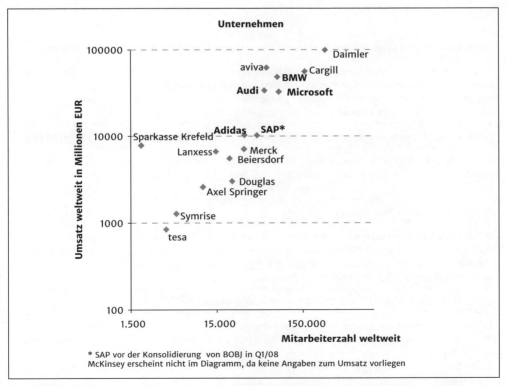

* SAP vor der Konsolidierung von BOBJ in Q1/08
McKinsey erscheint nicht im Diagramm, da keine Angaben zum Umsatz vorliegen

Abb. 47: Überblick über Umsätze und Mitarbeiterzahlen der interviewten Unternehmen
(Quellen: Geschäftsberichte 2007)

gen zwischen 10.000 und 30.000 Mitarbeiter weltweit; fünf Unternehmen zwischen 30.000 und 80.000 Mitarbeiter, ein Unternehmen über 150.000 und ein Unternehmen über 270.000 Mitarbeiter. Die befragten Unternehmen gehören der Automobilbranche, den Branchen Chemie-/Pharma-/Kosmetikindustrie, Handel und Einzelhandel, Lebensmittelindustrie, Softwareproduktion, Unternehmensberatung, Konsumentengüter, Medien sowie Banken und Versicherungen an. Bis auf ein rein in Deutschland tätiges Unternehmen sind alle international tätig. Abbildung 49 gibt einen Überblick über Umsätze und Mitarbeiterzahlen der interviewten Unternehmen.

4. Interviewleitfaden

Interviewleitfaden zu den halb strukturierten Experteninterviews zum Thema Talent Management (TM).

Es wurden Frageblöcke ausgelassen, wenn zu erwarten war, dass Fragen für die Interviewpartnerin oder den Interviewpartner aufgrund ihrer Rolle oder Funktion unpassend sein würden.

Wenn Material oder Veröffentlichungen zu TM aus dem Unternehmen vorlagen, wurden diese ausgewertet.

Block 1: Hintergrund und Begriffsklärung von »Talent Management« und Kompetenzen
Was ist für Sie Talent Management? Was gehört dazu (Gewinnung, die Identifikation, die Entwicklung, den Einsatz sowie die Motivation und Bindung von Talenten)?   Warum führt Ihr Unternehmen TM durch? (Knappheit von Fachkräften auf dem Arbeitsmarkt erkennbar? Änderung in Kompetenzanforderungen u. a.?)
Block 2: Instrumente, um strategische Perspektive und HR-Anforderungen zu synchronisieren
Findet die Unternehmensstrategie Eingang in die HR-Instrumente? Wenn ja, wie? (Vision/Strategie des Unternehmens in einem Talentrahmenmodell. Welche Positionen/Stellen werden berücksichtigt?)
Block 3: Kompetenzmanagement
Werden die Anforderungen an die Mitarbeiter in einem Kompetenzmodell dargestellt?   Was sind Kompetenzen für Sie? Gehören fachliche bzw. überfachliche Aspekte in das Modell?   Wie wird das Kompetenzmodell entwickelt? (In Workshops mit Managern?)   Gibt es Indikatoren für Kompetenzen? Wie werden diese definiert?
Block 4: Messinstrumente und Performance Management
Welche Tests/Verfahren werden genutzt zur Vorselektion und Personalauswahl, aber auch generelle Performance-Messungen? Welche Persönlichkeitsfragebögen werden wofür genutzt und wie sind die Erfahrungen?   Wird 360-Grad-Feedback genutzt?   Wie finden MA-Gespräche statt?   Wie messen FK die Leistung von ihren MA?

Block 5: Bewertung von Potenzial

Was ist für Sie Potenzial? (Definition)
Wie messen und beurteilen Sie Potenzial? Haben Sie Tipps für Führungskräfte?
Was passiert mit den Ergebnissen? Werden diese gespeichert?

Block 6: Darstellung von Talenten/Nachfolgeplanung

Wird zwischen Leistung und Potenzial getrennt? Nutzen Sie ein Talentgitter? Wie führen Sie Talentplanning/Nachfolgeplanung durch?
Gibt es Karrierepfade, also Meilensteine, die Sie festlegen?
Werden Kategorien kommuniziert? Welche Erfahrungen haben Sie gemacht?
Wie lange bleibt ein MA in der Kategorie? Wer nimmt teil?
Haben Sie Prozentzahlen zu den Ergebnissen?
Wie wird ein Überblick über Leistungsträger realisiert?
Sind Kategorien mit Bonus/Vergütung gekoppelt?
Wie werden gezielte Nachfolgeplanung und effektiver Mitarbeitereinsatz gewährleistet?

Block 7: Personalentwicklung/Potenzialmanagement (Coaching/Training)

Wie entwickeln Sie Ihre MA? (Darstellung von Verfahren wie Development Center, Coaching, Business Schools/MBA, Mentoring, Trainingsverfahren, Rotation, Welcome-package, Mitarbeitergespräche, Zielvereinbarungen, Feedback, 360-Grad-Feedback, Personalkonferenzen)
Welche Ebene berücksichtigen Sie: Kopf/Herz/Hand? Wenn Herz, wie gestalten Sie hier PE?
Welche Coaching-Schule bevorzugen Sie? Nutzen Sie nur externe, nur interne Coaches?
Wie werden »B-« und »C-Performer« gezielt eingesetzt und entwickelt?

Block 8: Bindung und Retention

Wie schaffen Sie es, dass die Firma ein »great place to work« ist/bleibt/wird?

Block 9: Evaluation der Maßnahmen, Darstellung des Return on Investment

Werden die Maßnahmen evaluiert?
Welches sind die generellen Erfolgskriterien (Feedback von FK, MA etc.)?

Block 10: Etablierung/Einführung von Talent Management

Haben Sie Tipps für eine interne Kommunikationsstrategie?
Gab es Widerstände von FK oder MA bei der Implementierung von TM? Haben Sie Tipps für die Einführung?
Wie werden Maßnahmen legitimiert?
Hat sich die Rolle von HR verändert?
Welche Aspekte müssen bei globalen Unternehmen berücksichtigt werden, was bei KMU evtl. nicht berücksichtigt werden muss?

Block 11: Abschließende Fragen

Haben Sie grundsätzliche Tipps bei der Ein- und Durchführung von TM?
Was hebt Sie von anderen Firmen ab?
Was würden Sie anders machen?
Was ist für die Zukunft geplant?

Tab. 47: Interviewleitfaden

Literatur

Adidas (2008): Mitarbeiter. Quelle: http://www.adidas-group.com/de/sustainability/employees/default.asp. Abgerufen 24.10.2008.

Aghina, W.; de Jong, M & Simon, D. (2011). How-the-best-labs-manage-talent. http://www.mckinsey.com/business-functions/organization/our-insights/how-the-best-labs-manage-talent. Abgerufen 21.12.2015.

Apollo Research Institute. (2012). The VUCA world: From building for strength to building for resiliency. http://apolloresearchinstitute.com/sites/ default/files/future-of-work-report-the-vuca-world.pdf. Abgerufen 15.01.2014.

Asplund, J., Fleming, J. H. & Harter, J. (2008). Return on Investment in Engaging Employees. In: Gallup Management Journal. http://gmj.gallup.com/content/102523/Return-Investment-Engaging-Employees.aspx. Abgerufen 14.11.2008.

Axelrod, E. L., Handfield-Jones, H. & Welsh, T. A. (2001). The war for talent, part 2. In: The McKinsey Quarterly, 2, S. 80–88.

Balzer, K. (2000). Die McKinsey Methode: Die 10 Erfolgsgeheimnisse der gefragtesten Unternehmensberatung der Welt. Wirtschaftsverlag Überreuter.

Bandura, A. (1986). Social foundations of thought and action: A social cognitive theory. Englewood Cliffs, NJ: Prentice-Hall.

Bandura, A. (1989). Perceived self-efficacy in the exercise of personal agency. In: The Psychologist, 10, S. 191–215.

Bandura, A. (1997). Self-efficacy: The exercise of control. New York: Freeman.

Barrett, A. & Beeson, J. (2002). Developing business leaders for 2010. New York: The Conference Board.

Barrick, M. R., Day, D. V., Lord, R. G. & Alexander, R. A. (1991). Assessing the utility of executive leadership. In: Leadership Quarterly, 2 (1), S. 9–22.

Barrick, M. R., & Mount, M. K. (1991). The big five personality dimensions and job performance: A meta-analysis. In: Personnel Psychology, 44 (1), S. 1–26.

Barrick, M. R., Mount, M. K. & Judge, T. (2001). Personality and performance at the beginning of the new millenium: What do we know and where do we go next? In: International Journal of Selection and Assessment, 9 (1/2), S. 9–30.

Bartram, D. (2005). The Great Eight Competencies: A criterion-centric approach to validation. In: Journal of Applied Psychology, 90 (6), S. 1185–1203.

Beattie, B. Cole, M., Jauffret P., Lowsky, B., Schaefer, R., Swan, M. (2014). Talentmanagement: Die Geschäftsentwicklung beschleunigen – Globale Trends, Herausforderungen und Prioritäten, Right Management. http://www.right.com/wps/wcm/connect/5d228cd7-296f-439d-9fa0-a443564f29b5/rm_wp_lo-res_6-27-14.pdf?MOD=AJPERES. Abgerufen 22.03.2016.

Bennis, W. & O'Toole, J .(2000). Don't hire the wrong CEO. In: Harvard Business Review, 78 (3), S. 171–176.

Bischoff, J. (2008): Neue Hewitt-Studie: Attraktive Arbeitgeber in Zentral- und Osteuropa. http://www.pressemeldungen.at/11828/top-talente-steigende-anspruche-und-zunehmende-wechselbereitschaft/. Abgerufen 25.12.2008.

BMBF (2014). Gute Arbeit im digitalen Zeitalter. https://www.bmbf.de/de/gute-arbeit-im-digitalen-zeitalter-582.html. Abgerufen 22.01.2016.

BoAg – Bochumer Arbeitsgruppe für Sozialen Konstruktivismus und Wirklichkeitsprüfung (1991). Variationen über den Konstruktivismus. Arbeitspapier Nr. 7. http://www.boag-online.de. Abgerufen 20.08.2008.

Borman, W. C., Penner, L. A., Allen, T. D. & Motowidlo, S. (2001). Personality predictors of citizenship performance. In: International Journal of Selection and Assessment, 9 (1/2), S. 52–69.

Buckingham, M. (2005). What great managers do. In: Harvard Business Review, 83 (3), S. 70–79.

Butler, T. & Waldroop, J. (2000). Wie Unternehmen ihre besten Leute an sich binden. In: Harvard Business Manager, 2, S. 1–10.

Byham, W. C., Smith, A. B. & Paese, M. J. (2002). Grow your own leaders. How to identify, develop and retain leadership talent. Acceleration Pools: a new method of succession management. New York u.a.: Financial Times Prentice Hall.

Chambers, E. G., Foulon, M., Handfield-Jones, H., Hankin, S. M. & Michaels, E. G. (1998). The war for talent. In: The McKinsey Quarterly, 3, S. 44–57.

Charan, R. & Colvin, N. J. (1999). Why CEOs fail. In: Fortune, 139 (12), S. 68–78.

Charan, R., Drotter, S. & Noel, J. (2001). The Leadership Pipeline. How to build the leadership powered company. London: Wiley.

Conradi, W. (1983). Personalentwicklung. Stuttgart: Enke.

Day, D. V. & Lord, R. G. (1988). Executive leadership and organizational performance: Suggestions for a new theory and methodology. In: Journal of Management, 14 (3), S. 453–464.

Day, D. V. & Silverman, S. B. (1989). Personality and job performance: evidence of incremental validity. In: Personnel Psychology, 42 (1), S. 25–36.

Debane, F., Defossez, K. & McMillan, M. (2014). Developing Talent for large IT Projects. http://www.mckinsey.com/business-functions/business-technology/our-insights/developing-talent-for-large-it-projects. Abgerufen 22.03.2016.

Deci, E. L. & Ryan, R. M (1996). Intrinsic Motivation and Self-Determination in Human Behavior (5. Aufl.). New York u.a.: Plenum Press.

De Shazer, S. (2004). Der Dreh: überraschende Wendungen und Lösungen in der Kurzzeittherapie (8. Aufl.). Heidelberg: Carl-Auer-Systeme-Verlag.

DeLong, T., Gabarro J. & Lees, R. (2008). Warum Mentoring so wichtig ist. Harvard Business Manager.

De Smet, A., Schaninger, B. & Smith, M. (2014). The hidden value of organizational health–and how to capture it, The McKinsey Quarterly. http://www.mckinsey.com/business-functions/organization/our-insights/the-hidden-value-of-organizational-health-and-how-to-capture-it. Abgerufen 22.03.2016.

Devilder, A. (2001). Skizzen einer sozial-konstruktivistischen Psychologie. In: Bochumer Berichte, Heft Nr. 5. Bochum: Boag. http://boag-online.de/pdf/boagbb05.pdf. Abgerufen 28.12.2008.

Dhesi, A. S. (2007). Bucking conventional talent management wisdom. In: Talent Management Review. September 2007, S. 16–20.

Dick, J. (2000). Einsatz psychologischer Tests in den Top 300 Industrieunternehmen in Deutschland. http://www.alpha-test.de/html/pdf/studie.pdf. Abgerufen 01.11.2008.

Dörner, D. (1989). Die Logik des Mißlingens, Reinbek: Rowohlt.

Drucker, P. (1993). Post-capitalistic society, Oxford: Butterworth-Heinemann.

Drucker, P. & Ferber, M. (2009). Die fünf entscheidenden Fragen des Managements. Weinheim: Wiley Verlag.

Edelkraut, F. (2011). Der Mentor – Rolle, Erwartungen, Realität. Hamburg: Mentus GmbH.

Effron, M., Greenslade, S. & Salob, M. (2005). Growing great leaders: Does it really matter? In: Human Resource Planning, 28 (3), S. 18–23.

Erickson, T. J. (2008). Wie die Generation Y arbeiten will. In: Harvard Business Manager, 2, S. 10. http://www.manager-magazin.de/harvard/0,2828,531126,00.html. Abgerufen 23.09.2008.

Erpenbeck, J. (2007). KODE – Kompetenz-Diagnostik und -Entwicklung. In: J. Erpenbeck & L. von Rosenstiel (Hrsg.): Handbuch Kompetenzmessung, 2. Aufl., Stuttgart: Schäffer-Poeschel, S. 365–375.

Erpenbeck, J. & Heyse, V. (1996). Betriebliche Weiterbildung und berufliche Kompetenzentwicklung. In: Arbeitsgemeinschaft Qualifikations-Entwicklungs-Management (Hrsg.): Kompetenzentwicklung '96. Strukturwandel und Trends in der betrieblichen Weiterbildung. Münster: Waxmann, S. 15–152.

Erpenbeck, J. & Heyse, V. (2007). Die Kompetenzbiografie. Wege der Kompetenzentwicklung (2. Aufl.). Münster: Waxmann.

Erpenbeck, J. & Rosenstiel, L. von (2006). Geleitwort. In: S. Grote, S. Kauffeld & E. Frieling (Hrsg.): Kompetenzmanagement. Stuttgart: Schäffer-Poeschel, S. VII-XI.

Erpenbeck, J. & Rosenstiel, L. von (Hrsg., 2007). Handbuch Kompetenzmessung. Erkennen, verstehen und bewerten von Kompetenzen in der betrieblichen, pädagogischen und psychologischen Praxis (2. Aufl.). Stuttgart: Schäffer-Poeschel.

Erpenbeck, J. & Sauter, W. (2007). Kompetenzentwicklung im Netz. New Blended Learning mit Web 2.0. Köln: Luchterhand.

Europäische Kommission, Datenbank über Frauen und Männer in Entscheidungsprozessen (2007). Entscheidungsprozesse in den größten börsennotierten Unternehmen. http://ec.europa.eu/employment_social/women_men_stats/out/measures_out438_de.htm. Abgerufen 01.12.2008.

Feser, C., Mayol, F., Srinivasan, R. (2015). Decoding Leadership: What really matters, The McKinsey Quaterly, http://www.mckinsey.com/global-themes/leadership/decoding-leadership-what-really-matters. Abgerufen 01.02.2016.

Festinger, L. (1957). A theory of cognitive dissonance. Stanford: Stanford University Press.

Fiege, R., Muck, P. M. & Schuler, H. (2006). Mitarbeitergespräche. In: H. Schuler (Hrsg.): Lehrbuch der Personalpsychologie (2. Aufl.). Göttingen u.a.: Hogrefe, S. 471–525.

Field, A. (2007). When the Boomers leave, will your company have the leaders it needs? In: Harvard Management Update, 12 (4), S. 3–6.

Fisher, A. (1998). Success Secret: A high emotional IQ. In: Fortune, 138 (8), S. 293–297.

Flanagan, J. C. (1954). The critical incident technique. In: Psychological Bulletin, 51(4), S. 327–358.

Flick, U. (2002). Qualitative Sozialforschung: eine Einführung (6. Aufl.). Reinbek: Rowohlt-Taschenbuch Verlag.

Foerster, H. von (1993). KybernEthik. Berlin: Merve.

Foerster, H. von & Pörksen, B. (2004). Wahrheit ist die Erfindung eines Lügners (6. Aufl.). Heidelberg: Carl-Auer-Systeme-Verlag.

Forum demografischer Wandel des Bundespräsidenten in Zusammenarbeit mit der Bertelsmann Stiftung (2005). Ein Panorama der Fakten und Herausforderungen. http://www.forum-demographie.de/2005-Panorama.8.0.html. Abgerufen 25.08.2008.

Foth, J. (2006). Evaluation eines Pilottrainings zur Personal- und Potenzialbeurteilung. Diplomarbeit Universität Hamburg.

Fried, A., Wetzel, R. & Baitsch, C. (2000). Wenn zwei das Gleiche tun… Diskriminierungsfreie Personalbeurteilung. Herausgegeben vom Eidgenössischen Büro für die Gleichstellung von Frau und Mann. Zürich: vdf Hochschulverlag.

Gaugler, B. G., Rosenthal, D. B., Thornton III, G. C. & Bentson, C. (1987). Meta-analysis of Assessment Center Validity. In: Journal of Applied Psychology, 72 (3), S. 493–511.

Gergen, K. (1996). Das übersättigte Selbst: Identitätsprobleme im heutigen Leben. Heidelberg: Carl-Auer-Systeme-Verlag.

Goleman, D. (1998). What makes a leader? In: Harvard Business Review, 76 (6), S. 93–102.

Goleman, D. (1998). Working With Emotional Intelligence. New York, NY: Bantam Books.

Goleman, D. (2000). Leadership that gets results. In: Harvard Business Review, 78 (2), S. 78–90.
Goodwin, T: (2015). Crunch Network: The Battle Is For The Customer Interface, Geposted am 03.03.2015 auf http://techcrunch.com/2015/03/03/in-the-age-of-disintermediation-the-battle-is-all-for-the-customer-interface/#.lahllzr:0sCdo.
Gottwald, M. (2013). HR Trend Report 2013. Freiburg: Haufe-Lexware GmbH.
Great Place To Work Institute Deutschland (2008). Deutschlands Beste Arbeitgeber 2008. http://www.greatplacetowork.de/best/list-de.htm. Abgerufen 05.07.2008.
Groysberg, B., Nanda, A. & Nohria, N. (2004). The risky business of hiring stars. In: Harvard Business Review, 82 (5), S. 93–100.
Gullup (2015). Enagement Index Deutschland. http://www.gallup.com/de-de/181871/engagement-index-deutschland.aspx. Abgerufen 04.03.2016.
Guthridge, M., Komm, A. B. & Lawson, E. (2006). The people problem in talent management. In: The McKinsey Quarterly, 2, S. 6–8.
Guthridge, M. & Komm, A. B. (2008): Why multinationals struggle to manage talent. The McKinsey Quarterly, 2, S. 1–5.
Guthridge, M., Komm, A. B. & Lawson, E. (2008). Making talent a strategic priority. In: The McKinsey Quarterly, 1, S. 48–59.

Hacker, W. (1986). Arbeitspsychologie. Psychische Regulation von Arbeitstätigkeiten. Bern: Huber.
Hamel, G. & Prahalad, C. K. (1995). Wettlauf um die Zukunft. Wien: Ueberreuter.
Heath, C. & Heath, D. (2011). Switch: Veränderung wagen und dadurch gewinnen. Scherz Verlag.
Heifetz, R. A., Grashow, A. & Linsky, M. (2009). The Practice of Adaptive Leadership: Tools and Tactics for Changing Your Organization and the World. Boston, MA: Harvard Business Press.
Herrmann, K.; Komm, A.; McPherson, J.; Lambsdorff, M.; Kelner, S. (2011). https://www.mckinsey.de/sites/mck_files/files/Return%20on%20Leadership.pdf. Abgerufen 21.02.2016
Hewitt Associates (2006). Attraktive Arbeitgeber 2006. http://www.merck.at/news/arbeitgeber2006.pdf. Abgerufen 28.11.2008.
Heyse, V. & Erpenbeck, J. (2004). Kompetenztraining. Stuttgart: Schäffer-Poeschel.
Hiekel, A. & Neymanns, T. (2011). »Neue Mitarbeiter an Board nehmen«. Meta Five Studie. In: Personalmagazin (6/11), Köln: S. 31–33.
Hölzel, B.K.; Lazar, S.W.; Gard, T.; Schuman-Olivier, Z.;.Vago, D.R. & Ott, U. (2011). How Does Mindfulness Meditation Work? Proposing Mechanisms of Action From a Conceptual and Neural Perspective. Perspectives on Psychological Science 2011 6: 537.
Hogan, R. T. & Hogan, J. (2001). Assessing leadership: A view from the dark side. In: International Journal of Selection and Assessment, 9 (1/2), S. 40–51.
Hogan, R. T. & Holland, B. (2004, April). Incompetence across the hierarchy. In: R. B. Kaiser and S. B. Craig (Co-chairs): Filling the Pipe I: Studying Management Development across the Hierarchy. Symposium presented at the 18th Annual Conference of the Society for Industrial and Organizational Psychology, Chicago, II.
Hossiep, R. (2000). Konsequenzen aus neueren Erkenntnissen zur Potenzialbeurteilung. In: L. von Rosenstiel & T. Lang-von Wins (Hrsg.). Perspektiven der Potenzialbeurteilung, Göttingen u. a.: Hogrefe, S. 75–105.
Hossiep, R. (2001). Psychologische Tests – die vernachlässigte Dimension in Assessment Centern. In: W. Sarges (Hrsg.): Weiterentwicklung der Assessment Center-Methode (2. Aufl.). Göttingen u. a.: Hogrefe, S. 53–68.
Hossiep, R. & Mühlhaus, O. (2005). Personalauswahl und -entwicklung mit Persönlichkeitstests. Göttingen u.a.: Hogrefe.
Hough, L. M. (1992). The »Big Five« personality variables-construct confusion: Description versus prediction. In: Human Performance, 5 (1/2), S. 139–155.
Hough, L. M. & Oswald, F. L. (2000). Personnel selection: Looking toward the future – remembering the past. In: Annual Review of Psychology, 51 (1), S. 631–664.

Hunter, J. E. & Hunter, R. F. (1984). Validity and utility of alternative predictors of job performance. In: Psychological Bulletin, 96 (1), S. 72-98.

Huselid, M. (1995). The impact of human resource management practices on turnover, productivity, and corporate financial performance. In: Academy of Management Journal, 38 (3), S. 635-672.

IBM (2010). Business-Intelligence-Studie 2010: Einsatz, Nutzung und Probleme von Analyse- und Berichtssoftwarelösungen in mittelständischen Unternehmen in Deutschland. Conunit, IBM Deutschland, TU Chemnitz.

Jeserich, W. & Schulz, H.-W. (1996). Künftige Kompetenzen für Schlüsselpositionen. In: Arbeitskreis Assessment Center e.V. (Hrsg.): Assessment Center als Instrument der Personalentwicklung: Schlüsselkompetenzen, Qualitätsstandards, Prozeßoptimierung, Reihe Assessment Center, Bd. 3, Hamburg: Windmühle Verlag und Vertrieb von Medien, S. 182-188.

Kabat-Zinn, J. (2003). Mindfulness Based Interventions in context: Past, present and future. Clinical Psychology: Science and Practice, V 10, pp. 144-156.

Kaplan, R. S. & Norton, D. P. (2004). Strategy Maps. Der Weg von immateriellen Werten zum materiellen Erfolg, übersetzt von P. Hórvath. Stuttgart: Schäffer-Poeschel.

Kappler, E. (1992). Menschenbilder. In: E. Gaugler & W. Weber (Hrsg.): Handwörterbuch des Personalwesens (2. Aufl.). Stuttgart: Schäffer-Poeschel, Sp. 1324-1342.

Kegan, R. & Lahey, L. L. (2009). Immunity to Change. Boston, MA: Harvard Business Press.

Kelley, R. (1988). In Praise of followers. In: Harvard Business Review, 66 (6), S. 142-148.

Kelly, G. A (1955). The psychology of personal constructs, Vol. I, II. Norton, New York, 1955. (2nd printing: 1991, Routledge, London, New York).

Kersting, M. (2006). Stand, Herausforderungen und Perspektiven der Managementdiagnostik. In: Personalführung, 10, S. 16-27.

Kestel, C. (2015). Bindung steigt, Leidenschaft dümpelt. In: Harvard Business Manager. http://www.harvardbusinessmanager.de/blogs/gallup-index-mitarbeiterbindung-steigt-a-1022614.html. Abgerufen 04.03.2016.

Kolb, M. (2014). HRTrends Mittelstand 2014. Nürnberg: Nürnberger QRC Group.

Kolleker, A. & Wolzendorff, D. (2007). Das Personal-Entwicklungs-Seminar (PES) der Sparkasse Krefeld - ein Instrument zur Potenzialdiagnose und Laufbahnplanung. http://www.t-velopment.de/extras/tagung2007/tagung2007.htm. Abgerufen 03.01.2009.

Komm, A., Putzer, L. & Cornelissen, N. (2007). So funktioniert Führungskräfteentwicklung. In: Harvard Business Manager, Sonderdruck Juni 2007, S. 1-5.

Königswieser, R. & Exner, A. (2008). Systemische Intervention: Architekturen und Designs für Berater und Veränderungsmanager. Stuttgart: Schäffer-Poeschel.

Krater, K. F. (2002). Quo vadis - Human Resources als Businesspartner? In: H.-C. Riekhof (Hrsg.): Strategien der Personalentwicklung. Wiesbaden: Gabler, S. 301-308.

Krieger, S. & Weinmann, J. (2008). Lebensformen in der Bevölkerung, Kinder und Kindertagesbetreuung, Datenreport 2008 des Statistischen Bundesamtes, Kapitel 2: Familie, Lebensformen und Kinder. http://www.destatis.de/jetspeed/portal/cms/Sites/destatis/Internet/DE/Navigation/Publikationen/Querschnittsveroeffentlichungen/Datenreport___downloads,templateId=renderPrint.psml___nnn=true. Abgerufen 23.11.2008.

Kromrei, S. (2006). Zur Bedeutung und Praxis von Kompetenzmodellen für Unternehmen. Reihe: Personal- und Organisationsentwicklung, Band 3, herausgegeben von M. Müller-Vorbrüggen. München: R. Hampp Verlag.

Kuhl, J. (1983). Leistungsmotivation. In: H. Thomae (Hrsg.): Enzyklopädie der Psychologie. Bd C IV 2. Göttingen: Hogrefe, S. 505-624.

Kuhl, J. (1987). Action control: The maintenance of motivational states. In: J. Kuhl & J. Beckmann (Hrsg.): Action control: From cognition to behaviour. Berlin: Springer, S. 101-128.

Kuhl, J. (1995). Handlungs- und Lageorientierung. In: W. Sarges (Hrsg.): Managementdiagnostik. Göttingen: Hogrefe, S. 303–316.

Kurz, R. (1999). Automated prediction of managerial competencies from personality and ability variables. Proceedings of the test user conference. Leicester: BPS, S. 96–101.

Kurz, R. & Bartram, D. (2002). Competency and individual performance: Modelling the world of work. In: I. T. Robertson, M. Callinan & D. Bartram (Hrsg.): Organizational Effectiveness: The role of psychology. London: Wiley & Sons Ltd, S. 227–255.

Laloux, F. (2014). Reinventing organizations. Brussels: Nelson Parker.

Landsberg, M. (1998). Das Tao des Coaching: Effizienz und Erfolg durch meisterhafte Führung. Campus Verlag.

Laurano, M (2013). Onboarding 2013: A New Look at New Hires. Aberdeen Study, Boston: The Aberdeen Group.

Leventhal, G. S. (1980). What Should Be Done with Equity Theory? New Approaches of the Study of Fairness in Social Relationships. In: K. J. Gergen, M. S. Greenberg & R. H. Willis (Hrsg.): Social Exchange: Advances in Theory and Research. New York: Plenum, S. 27–53.

Lombardo, M. M. & Eichinger, R. W. (2000). High potentials as high learners. In: Human Resource Management, 39 (4), S. 321–329.

Lombardo, M. & Eichinger, R. (2003). The leadership architect norms and validity report. Minneapolis: Lominger Limited, Inc.

Lombardo, M., & Eichinger, R. (2006). The Leadership Machine (3. Aufl.). Minneapolis: Lominger Limited, Inc.

Losada, M. & Heaphy, E. (2004). The role of positivity and connectivity in the performance of business teams a nonlinear dynamics model. *American Behavioral Scientist*, 47(6), 740–765.

Lucia, A. D. & Lepsinger, R. (1999). The art and science of competency models. San Francisco: Jossey-Bass.

Majer, C. & Mayrhofer, W. (2007). Konsequent Karriere machen. In: Personal – Zeitschrift für Human Resource Management, 11, S. 36–39.

Malessa, M. (2007). Talente identifizieren, entwickeln und binden. In: K. Schwuchow & J. Gutman (Hrsg.): Jahrbuch Personalentwicklung 2008: Ausbildung, Weiterbildung, Management Development. Köln: Luchterhand, S. 206–215.

Malik, F. (2006). Führen, Leisten, Leben: Wirksames Management für eine neue Zeit. Campus Verlag.

Maturana H. R. & Varela, F. J. (2005). Der Baum der Erkenntnis. Die biologischen Wurzeln des menschlichen Erkennens (12. Aufl.). München: Goldmann Verlag.

McClelland, D. C. (1973). Testing for competence rather than for intelligence. In: American Psychologist, 28 (1), S. 1–14.

McDaniel, M. A., Whetzel, D. L., Schmidt, F. L. & Maurer, S. D. (1994). The validity of employment interviews: a comprehensive review and meta-analysis. In: Journal of Applied Psychology, 79 (4), S. 599–616.

McGregor, D. (1960). The human side of enterprise. New York u.a.: McGraw-Hill.

McKinsey & Company (2008). Deutschland 2020. Zukunftsperspektiven für die deutsche Wirtschaft. Zusammenfassung der Studienergebnisse. http://www.mckinsey.de/downloads/profil/initiativen/d2020/D2020_Exec_Summary.pdf. Abgerufen 09.12.2008.

Meifert, M. T. & Sattler, J. & Förster, L. & Saller, T. & Studer, T. (2011). Führen. Freiburg: Haufe-Lexware GmbH.

Meyer, J. P. & Allen, N. J. (1991). A three-component conceptualization of organizational commitment. In: Human Resource Management Review, 1 (1), S. 61–89.

Microsoft Deutschland GmbH (2008). Wettbewerb um die besten Köpfe, Vortrag von Brigitte Hirl-Höfer gehalten auf der 14. Handelsblatt-Jahrestagung zu »Personal im 21. Jahrhundert«, 19.02.2008 in München.

Minto, B. (2005). Das Prinzip der Pyramide: Ideen klar, verständlich und erfolgreich kommunizieren. Addison-Wesley Verlag.

Möller, H. (2012). Ein Mentor ist wie Doping für die Karriere. http://www.welt.de/wirtschaft/karriere/junge-profis/article13797670/Ein-Mentor-ist-wie-Doping-fuer-die-Karriere.html. Abgerufen 04.03.2016.

Morschhäuser, M., Ochs, P. & Huber, A./Bertelsmann Stiftung, Bundesvereinigung der Deutschen Arbeitgeberverbände (2003, Hrsg.). Erfolgreich mit älteren Arbeitnehmern – Strategien und Beispiele für die betriebliche Praxis. Gütersloh: Verlag Bertelsmann Stiftung.

Most, R. (1990). Hypotheses about the relationship between leadership and intelligence. In: K. E. Clark & M. B. Clark (Hrsg.): Measures of Leadership, West Orange, NJ: Leadership Library of America, S. 459–464.

Mühlenhoff, H. & König, D. (2006). Kompetenzmanagement in Unternehmen. Eine Studie der Mühlenhoff + Partner Managementberatung und des Fraunhofer Instituts Arbeitswirtschaft und Organisation. Düsseldorf: Mühlenhoff + Partner.

Nonaka, I. (1991). The knowledge-creating company. In: Harvard Business Review, 69 (6), S. 96–104.

Nonaka, I., Byosiere, P., Borucki, C. C. & Konno, N. (1994). Organizational knowledge creation theory: A first comprehensive test. In: International Business Review, 3 (4), S. 337–351.

Nonaka, I. & Takeuchi, H. (1997). Die Organisation des Wissens. Wie japanische Unternehmen eine brachliegende Ressource nutzbar machen. Frankfurt a. M. u.a.: Campus-Verlag.

Nyfield, G., Gibbons, P. & MacIver, R. (1993). Practical Implications of Assessing International Managers. Paper presented at the International Assessment Conference, Minneapolis, USA, October 1993. http://www.peopleworking.co.uk/articles_seminars.htm. Abgerufen 05.01.2009.

OECD (2008a). Education at a glance 2008: OECD indicators, Indicator A2. http://dx.doi.org/10.1787/401482730488. Abgerufen 09.12.2008.

OECD (2008b). Education at a glance 2008: OECD indicators, Indicator B4. http://dx.doi.org/10.1787/402021027265, Abgerufen 09.12.2008.

Ones, D. S. & Viswesvaran, C. (2001). Integrity-tests and others criterion-focused occupational personality scales (COPS) used in personnel selection. In: International Journal of Selection and Assessment, 9 (1/2), S. 31–39.

PDI (2008). CEO's say Talent Management is a top business challenge according to PDI Pulse on Leaders Study. http://www.personneldecisions.com/uploadedFiles/PressRoom/CEOsaysTalentManagementisatopbusinesschallenge.pdf. Abgerufen 26.12.2008.

Peters, T. (2002). Der Innovationkreis: Ohne Wandel kein Wachstum – wer abbaut, verliert. Econ Verlag.

Prahalad, C. K. & Hamel, G. (1990). The core competence of the corporation. In: Harvard Business Review, 68 (3), S. 79–91.

Probst, G. J. & Romhardt, K. (1997). Bausteine des Wissensmanagements – ein praxisorientierter Ansatz. In: Dr. Wieselhuber und Partner Unternehmensberatung (Hrsg.): Handbuch Lernende Organisation: Unternehmens- und Mitarbeiterpotenziale erfolgreich erschließen. Wiesbaden: Gabler, S. 129–143.

Ray, R., Mitchell C., Abel, A., Phillips, P., Lawson E., Hancock, B., Watson & A. Weddle, B (2012). The state of Human Capital 2012, Research Report: The Conference Board and McKinsey & Company.

Ricard, M. (2015). Gespräche. Buddhismus aktuell, S. 13–18, 4/15.

Robertson, I. T. & Kinder, A. (1993). Personality and job competencies: The criterion-related validity of some personality variables. In: Journal of occupational and organizational psychology, 66 (3), S. 225–244.

Romhardt, K. (2009). Wir sind die Wirtschaft: Achtsam Leben – Sinnvoll Handeln. J. Kamphausen.
Rosenstiel, L. von (2003). Grundlagen der Organisationspsychologie (5. Aufl.). Stuttgart: Schäffer-Poeschel.
Rosenstiel, L. von (1998). Wertewandel und Kooperation. In: E. Spieß (Hrsg.): Formen der Kooperation. Bedingungen und Perspektiven. Göttingen: VAP, S. 279–294.
Rudolph, E., Schönfelder, E. & Hacker, W. (1987). Tätigkeitsbewertungssystem für Geistige Arbeit. Berlin: Psychodiagnostisches Zentrum an der Humboldt-Universität.
Rump, J. & Eilers, S. (2006). Employability im Zuge des demografischen Wandels. In: J. Rump, T. Sattelberger & H. Fischer (Hrsg.): Employability Management. Grundlagen, Konzepte, Perspektiven. Wiesbaden: Gabler, S. 129–148.
Rusbult, C. E. (1980). Commitment and Satisfaction in Romantic Associations: A Test of the Investment Model. In: Journal of Experimental Social Psychology, 16 (2), S. 172–186.
Rüttinger, R. (2006). Talent Management. Strategien für Mitarbeiter, Manager und Organisationen. Herausgegeben von Ekkehart Crisand und Gerhard Raab, Arbeitshefte Führungspsychologie, Bd. 58. Frankfurt a. M.: Verlag Recht und Wirtschaft GmbH.

Salgado, J. F. (1997). The Five Factor Model of personality and job performance in the European community. In: Journal of Applied Psychology, 82 (1), S. 30–42.
Salgado, J. F. (2002). The Big Five personality dimensions and counterproductive behaviors. In: International Journal of Selection and Assessment, 10 (1/2), S. 117–125.
Salgado, J. F. (2003). Predicting job performance using FFM and non-FFM personality measures. In: Journal of Occupational and Organizational Psychology, 76 (3), S. 323–346.
Salgado, J. F., Anderson, N., Moscoso, S., Bertua, C. & de Fruyt, F. (2003). International Validity generalisation of GMA and cognitive abilities: A European Community Meta-analysis. In: Personnel Psychology, 56 (3), S. 573–605.
Sarges, W. (2000). Diagnose von Managementpotenzial für eine sich immer schneller und unvorhersehbarer ändernde Wirtschaftswelt. In: L. von Rosenstiel & T. Lang-von Wins (Hrsg.): Perspektiven der Potenzialbeurteilung. Göttingen u. a.: Hogrefe, S. 107–128.
Sarges, W. (2001). Lernpotenzial-Assessment Center. In: W. Sarges (Hrsg.): Weiterentwicklungen der Assessment Center-Methode (2. Aufl.). Göttingen: Verlag für angewandte Psychologie, S. 97–108.
Sarges, W. (2002). Competencies statt Anforderungen – nur alter Wein in neuen Schläuchen? In: H.-C. Riekhof (Hrsg.): Strategien der Personalentwicklung. Wiesbaden: Gabler, S. 285–300.
Sarges, W. & Wottawa, H. (Hrsg., 2004). Handbuch wirtschaftspsychologischer Testverfahren (2. Aufl.). Lengerich u.a.: Pabst Science Publ.
Sattelberger, T. (2006). Ein langer, dorniger Weg. In: Personalwirtschaft, 11, S. 10–16.
Schein, E. H. (1985). Process consultation. Reading, Mass.: Addison-Wesley.
Schenk, A. & Spiewak, M. (2008). Verprellte Talente. In: Die Zeit, Nr. 50 (4.12.08), S. 79.
Schippmann, J. S., Ash, R. A., Battista, M., Carr, L., Eyde, L. D., Hesketh, B., Kehoe, J., Pearlman, K., Prien, E. P. & Sanchez, J. I. (2000). The practice of competency modeling. In: Personnel Psychology, 53 (3), S. 703–740.
Schlippe, A. von & Schweitzer, J. (2007). Lehrbuch der systemischen Therapie und Beratung (10. Aufl.). Göttingen: Vandenhoeck & Ruprecht.
Schmidt, B. & Hipp, J. (2003). Schlüsselbegriffe am Institut für systemische Beratung. http://www.systemische-professionalitaet.de/isbweb/content/view/75/129/. Abgerufen 10.11.2008.
Schmidt, F. L. & Hunter, J. E. (1998). Meßbare Personenmerkmale: Stabilität, Variabilität und Validität zur Vorhersage zukünftiger Berufsleistung und berufsbezogenen Lernens. In: M. Kleinmann & B. Strauß (Hrsg.): Potenzialfeststellung und Potenzialentwicklung. Göttingen u. a.: VAP, S. 15–43.
Schmidt, D. F. P. (2006). Präventives Konfliktmanagement. European Management Publications.

Schuler, H.; Hell, B.; Trapmann, S.; Schaar, H. & Boramir, I. (2007). Die Nutzung psychologischer Verfahren der externen Personalauswahl in deutschen Unternehmen. Ein Vergleich über 20 Jahre. In: Zeitschrift für Personalpsychologie 6 (2007), 2. S. 60-70.

Schuler, H. (2000). Psychologische Personalauswahl: Einführung in die Berufseignungsdiagnostik (3. Aufl.). Göttingen u.a.: VAP.

Schuler, H. & Stehle, W. (1985). Soziale Validität eignungsdiagnostischer Verfahren: Anforderung für die Zukunft. In: H. Schuler & W. Stehle (Hrsg.): Organisationspsychologie und Unternehmenspraxis: Perspektiven der Kooperation. Göttingen: Hogrefe, S. 133-138.

Schulz von Thun, F. (2010). Miteinander reden. Reinbek: Rororo.

Sebald, H., Denison, K., Enneking, A. & Richter, T. (2007). Was Mitarbeiter bewegt zum Unternehmenserfolg beizutragen – Mythos und Realität. Towers Perrin Global Workforce Study 2007-2008. http://www.towersperrin.com/tp/getwebcachedoc?webc=HRS/DEU/2008/200801/TPGWSGermany.pdf. Abgerufen 03.11.2008.

Sebald, H., Enneking, A. & Woeltje, O. (2005). Talent Management zwischen Anspruch und Wirklichkeit. Towers Perrin Talent Management Studie 2005. https://www.towersperrin.com/tp/getwebcachedoc?webc=HRS/USA/2005/200510/ErgebnisberichtTalentManagementDACHStudie102005Druckversion.pdf. Abgerufen 11.11.2008

Seligman, M. E. (2012). Flourish – Wie Menschen aufblühen: Die Positive Psychologie des gelingenden Lebens. Kösel Verlag.

Senge, P. M. (1993). Die fünfte Disziplin – die lernfähige Organisation. In: G. Fatzer (Hrsg.): Organisationsentwicklung für die Zukunft. Köln: Edition Humanistische Psychologie, S. 145-178.

Senge, P. M. (1996). Die fünfte Disziplin. Kunst und Praxis der lernenden Organisation. Stuttgart: Klett-Cotta. (Original erschienen 1990: The fifth discipline: The art and practice of the learning organization, New York: Doubleday).

Senge, P. M., Scharmer, C. O., Jaworski, J. & Flowers, B. S. (2008). Presence: exploring profound change in people, organizations and society, London: Brealey.

Spencer, L. M. & Spencer, S. M. (1993). Competence at work: Models for superior performance. New York u. a.: Wiley & Sons.

Stangel-Meseke, M. (2005). Veränderung der Lernfähigkeit durch innovative Konzepte zur Personalentwicklung: Das Beispiel Lernpotenzial-Assessment-Center. Wiesbaden: Deutscher Universitäts-Verlag.

Statistisches Bundesamt (2015). https://www.destatis.de/DE/Publikationen/Thematisch/Bevoelkerung/VorausberechnungBevoelkerung/BevoelkerungDeutschland2060Presse5124204159004.pdf?__blob=publicationFile. Abgerufen 22.12.2015.

Sternberg, R. J. (2007). A Systems Model of Leadership: WICS. In: American Psychologist, 62 (1), S. 34-42

Sternberg, R. J., Wagner, R. K., Williams, W. M. & Horvath, J. A. (1995). Testing common sense. In: American Psychologist, 50 (11), S. 912-927.

Stulle, K., Wensing, J., Steinweg, S., Cornelissen, N., Braun, C. (2014). Mittlere Reife. Personalwirtschaft. 7, 2014, S. 48-50.

Strauss, A. L. & Corbin, J. (1996). Grounded Theory: Grundlagen qualitativer Sozialforschung. Weinheim: Beltz-Psychologie Verlags Union. (Original erschienen 1990: Basics of qualitative research. London: Sage).

Subramaniam, M. & Youndt, M. A. (2005). The influence of intellectual capital on the type of innovative capabilities. In: Academy of Management Journal, 48 (3), S. 450-463.

Tan, C. M. (2012). Search Inside Yourself. München: Arkana.

Tichy, N. M. & Devanna, M. A. (1995). Der Transformational Leader. Das Profil der neuen Führungskraft. Klett-Cotta.

Ulrich, D. (1997). Human Resource Champions: the next agenda for adding value and delivering results. Boston, Mass.: Harvard Business School Press.
Ulrich, D. (2007). The Talent Trifecta. In: Workforce Management, 86 (15), S. 32–33.

Vahs, D. & Schäfer-Kunz, J. (2007). Einführung in die Betriebswirtschaftslehre (5. Aufl.). Stuttgart: Schäffer-Poeschel.
Varga von Kibéd, M. & Sparrer, I. (2005). Ganz im Gegenteil: Tetralemmaarbeit und andere Grundformen systemischer Strukturaufstellungen (5. Aufl.). Heidelberg: Carl-Auer-Systeme-Verlag.
Von Hehn, S., Cornelissen, N. & Braun, C. (2015). Kulturwandel in Organisationen. Berlin Heidelberg New York Tokio: Springer.
Von Hehn, S. & von Hehn, A. (2015). Achtsamkeit in Beruf und Alltag. Freiburg: Haufe Lexware GmbH.
Vroom, V. H. (1964). Work and Motivation. New York u.a.: Wiley.

Walker, J. W. & LaRocco, J. M. (2002). Talent Pools: The best and the rest. In: Human Resource Planning, 25 (3), S. 12–14.
Warner, R. (2013). Millenial Workers: Understand or lose them. http://www.huffingtonpost.com/russ-warner/millennials-jobs_b_2566734.html. Abgerufen 22.03.2016.
Watzlawick, P., Beavin, J. H. & Jackson, D. D. (2007). Menschliche Kommunikation. Formen, Störungen, Paradoxien, (11. Aufl.). Bern u.a.: Huber.
Wegerich, C. (2007). Strategische Personalentwicklung in der Praxis. Instrumente, Erfolgsmodelle, Checklisten. Weinheim: Whiley-VCH.
White R., Hodgson, P. & Crainer, S. (1996). The Future of Leadership. Pitman Publishing.
Williams, M.& Penman, D. (2015). Das Achtsamkeitstraining. 20 Minuten täglich, die Ihr Leben verändern. München: Goldman.
Wittgenstein, L. (1984). Philosophische Untersuchungen, Schriften Bd. 1. Frankfurt a. M.: Suhrkamp.
Wooldridge, A. (2006). The Battle for brainpower. In: The Economist, 7th October 2006, Vol. 381 Iss. 8498, S. 1–14.
Wottawa, H. (2000). Perspektiven der Potenzialbeurteilung: Themen und Trends. In: L. von Rosenstiel & T. Lang-von Wins (Hrsg.): Perspektiven der Potenzialbeurteilung. Göttingen u. a.: Hogrefe, S. 27–51.
Wottawa, H. & Gluminski, I. (1995). Psychologische Theorien für Unternehmen. Göttingen: VAP.
Wunderer, R. (2006). Führung und Zusammenarbeit. Eine unternehmerische Führungslehre (6. Aufl.). München: Luchterhand.

Zenger, J. H. & Folkman, J. (2002). The extraordinary leader: turning good managers into great leaders. New York u.a.: McGraw-Hill.
Zur Bonsen, M. (2000). Führen mit Visionen. Falken

Stichwortverzeichnis

360-Grad-Feedback 5, 109, 197

Achtsamkeit
- achtsame Führung 108
- achtsame Kultur 108

Achtsamkeitstechniken
- achtsame Kommunikation 111
- achtsame Meetings 111
- stärkenorientiertes, wertschätzendes Feedback 111

Advokatenmemo 158
Aktivitäten
- Planung 29
Ampelmatrixvorgehen 183
Anforderungsanalyse 31, 51
Anforderungsprofil 32
Ansatz
- integriert 4
- konventionell 4
Assessment Center 115, 170, 234
Aufgabenkaskade 31, 33

Beratungsunternehmen 94
Bewertung von Leistung 135, 149
Bindung
- Mitarbeiter 14
Bindungssteigerung
- Maßnahmen 219
Bottom-up-Verfahren 52
Business-Partner 127

Coaching 199, 202, 204
Critical-Incident-Methode 52

Demografischer Wandel 13, 15
Development Center 115

Eignungsbeurteilung 232
Emotionale Intelligenz 109

Emotionale Kompetenz 64
Employer Branding 229
Entwicklungsmaßnahmen 192
- on-the-job 193
- Zielgruppen 192
Entwicklungsplanung 38, 143, 209
Erfolgskriterien 42, 44
Exit-Interview 224, 225

Faire Bewertung 145
- Bewertungsprinzipien 145
- psychologische Prozesse 146
Feedback 164
- stärkenorientiertes, wertschätzendes 111
Fragetechniken 206
- Tipps 206
Führungskraft
- Coach 202
Führungsstil
- mitarbeiter- und ergebnisorientiert 108

Generation Y 6, 37
Geschäftsstrategie 26
Geschäftsziele 23
Goldene Feedbackregeln 121
Google 7, 111
GROW 202

High-Potential 4
HR-Business-Partner 8

Indikatoren 42, 44
Industrie 4.0 11
Innovationen 1
Input-Faktoren 43
Investitionsmodell 217
Ist- und Soll-Situation 26

Karrierepfade 226
Kognitive Landkarte 105
Kompetenzen

- Determinanten 76
Kompetenzkatalog 69
Kompetenzmodell 31, 63, 73
- Entwicklung 91
- Nutzen 74
- Variante 86
Kopf, Herz und Hand 107, 191, 196
Kultur 103
Kulturveränderung
- Maßnahmen 107

Leadership-Pipeline 31, 55
Lernfähigkeit 25
- Mitarbeiter 120

McKinsey 13, 16, 64
Mengenbedarfsplanung
- quantitative 29
Mentale Modelle 105, 186
Mentorengespräch
- sechs goldene Regeln 201
Mentoring 110
Mentoringprogramme 199
Millenials 37
Mitarbeiterbefragung
- typische Fragen 223
Mitarbeiterbindung 215
- Gallup-Studie 215
- positive Folgen 216
- Werte und Lebensstilwandel 216
Mitarbeiterentwicklung 185
- Kompetenzentstehung 186
Mitarbeitergespräch 136 f., 143
Mitarbeiterprofil 158
Modell individueller Performanz-Einflüsse 80

Nachfolgekonferenz 174
Nachfolgeplan 181
Nachfolgeplanung 35, 36, 172
Nachfolgerprofil 179

Onboarding 237
– neue Führungskraft in bestehendes Team 239
On-the-job-Entwicklungsmaßnahmen 209
Organigramm 175
Outcome-Faktoren 43
Output-Faktoren 43

Performance Cycle 40
Performance Management 135
Performance-Potenzial-Matrix 156, 160
Personalauswahl 38
Personalauswahlverfahren 230
Personalbereitstellung 35
Personalbindung 17
Personaldiagnostik
– gängige Verfahren 233
– Tests und Persönlichkeitsfragebögen 235
Personaleinsatz 17, 38
Personalentwicklung 17
Personalgewinnung 17
Personalidentifizierung und Nachfolgeplanung 17
Personalmarketing 17
Personalpraktiken 8, 133
– Verzahnung 39
Planung 23
Potenzialeinschätzung 150
Potenzial-Quick-Test 152, 155
Potenzialreservoir 168

Profitabilität 13
Providerauswahl 194

Qualitativer Bedarf
– Planung 30

Rahmenmodell zum Talent Management System 3
Reflexionsstufenmodell 187
Rekrutierung 37, 229
Retentionsrisiko 178
– Kriterien 178
Return on Meaning GmbH 1, 12, 18
Review 49
Rollen und Verantwortlichkeiten 29, 42

Schlüsselpositionen 175
– Identifikationscheck 177
– Liste 177
Schlüsselpositionskriterien 50
Senior Management
– Eingebundenheit 117
Situationsanalyse 27
SMART-Formel 137
Soll-Profile 30
Sounding Board 123
Spiky-Leaders 141
Strategie 8, 23
SWOT-Analyse 27
Systemische Methoden 114

Talent 3
Talent-Development-Seminar 171

Talent-Identifikation 35, 36, 155
Talentkonferenz 156
Talent Management
– Hindernisse 106
– Kultur 108
Talent Management System (TMS) 1, 3, 10
Talent-Pipeline 173
Talent-Scouts 36
Terminierung 41
TMS-gesteuerter Weg
– Mitarbeiter 39
Top-down-Verfahren 52
Transformationsübergänge 190
– mentale Modelle 191

Unternehmenskultur 8, 25, 104
Unternehmensleitlinien 71

Veränderungsbereitschaft
– Mitarbeiter 120
Vorauswahl 232
VUCA 11

Werte-Workshop 125
Wertschätzung 219
Wettbewerbsfähigkeit 12
Widerstände 165
Wissensmanagement 122
Zielbildung 24
– Ableitung der Ziele 25, 26
Zielvereinbarung 136